本书由陕西师范大学出版基金资助出版

陕西师范大学国家重点学科建设项目

张懋镕　主编

中国古代青铜器整理与研究

青铜壶卷

裴书研　著

科　学　出　版　社
北　京

图书在版编目（CIP）数据

中国古代青铜器整理与研究. 青铜壶卷 / 张懋镕主编；裴书研著. —北京：科学出版社，2015. 12

ISBN 978-7-03-046617-4

Ⅰ. ①中… Ⅱ. ①张…②裴… Ⅲ. ①青铜器（考古）-研究-中国 Ⅳ. ①K876. 414

中国版本图书馆CIP数据核字（2015）第295402号

责任编辑：李 茜 曹 伟 / 责任校对：邹慧卿

责任印制：吴兆东 / 封面设计：北京美光制版有限公司

科学出版社 出版

北京东黄城根北街 16 号

邮政编码：100717

http://www.sciencep.com

北京建宏印刷有限公司 印刷

科学出版社发行 各地新华书店经销

*

2015年12月第 一 版 开本：787×1092 1/16

2024年 1 月第四次印刷 印张：24 3/4

字数：586 000

定价：209. 00元

（如有印装质量问题，我社负责调换）

多卷本《中国古代青铜器整理与研究》编写缘起

经过十几年的准备工作，多卷本的《中国古代青铜器整理与研究》即将出版。回顾往事，真是百感交集。

30年前，我的处女作《释“东”及与“东”有关之字》发表，从那时候起，青铜器的学习与研究注定成为我一生的追求。

29年前，我开始师从李学勤先生研习古文字。中国古文字有很多分支，如甲骨文、金文、战国文字、简牍帛书文字。先生告诉我：“你在陕西，陕西有很多青铜器，你就做金文研究吧。”在先生的指导下，我受到严格的学术训练，这令我终生受益。我的硕士学位论文是《周原出土西周有铭青铜器综合研究》。所谓综合研究，就是从青铜器、古文字、历史文献三方面来研究。从此综合研究成为我研究青铜器遵循的准则与方法。

1989年，西北大学文博学院成立新的专业——博物馆专业，大概考虑到我本科学的是考古，于是把我从文献专业调到博物馆专业。除了继续讲古文字，又开了一门新课“青铜器鉴定”。自此之后，我开始系统研习青铜器，包括没有铭文的青铜器。

在长期的教学与研究工作中，我渐渐对中国古代青铜器有了新的认识。

概而言之，中国古代青铜器的研究，自两宋以来，已有一千多年的历史，取得了丰硕的成果。尤其是近百年来的研究，在青铜器的分期、分区系、分国别、分器类诸方面卓有成效，为世人所瞩目。

回顾历史，也毋庸讳言，我认为就青铜器基础性工作而言，其资料的整理还远远不够。且提一个最基本也是最简单的问题：迄今为止究竟有多少件中国古代青铜容器？（尚且没有涉及兵器、工具、车马器、钱币、铜镜等）几万还是十几万，恐怕连一个非常粗略的估计都没有，专家也说不清楚。家底不清，研究对象模糊，研究很难继续深入。由于中国古代青铜器资料十分庞杂，其收集、整理并非易事，所以这一部分的工作非常重要。说到研究，比如青铜器的定名，鼎、鬲、簋等各类器物的分类研究，它们之间的相互关系，各类纹饰的分类研究，纹饰和器物之间的相互关系，各个阶段铭文的特点，器物、纹饰、铭文三者之间的互动关系以及对断代的作用等等，其研究或不够系统，或不够深入，有些方面甚至是空白。

20多年来，我一直在进行这方面的研究工作，写了《西周方座簋研究》《两周青铜盨研究》《西周青铜器断代两系说刍议》《试论中国古代青铜器器类之间的关系》《青铜器自名现象的另类价值》等文章，希望从器类、断代、地域、定名等多个角度和层面对青铜器进行探索。

同时我也十分关注国内外青铜器研究专家的成果，他们的论著是我案头的必备书籍，我经常地反复阅读，受益无穷。

在研究中，我深感个人力量的有限。从1999年招收青铜器方向研究生起，就逐渐形成了一个构想：如果研究生本人没有更好的研究题目，我就请他（她）来作青铜器中的某一部分，整理、研究某一类青铜器，或某一类纹饰，或某一时段的铭文，等等。经过十多年的积累，已经完成了20多篇硕士和博士学位论文。其中分器类的整理与研究完成多半，某一地区、某一时段的铜器的整理与研究正在进行，纹饰与铭文的分类、分时段研究也做了一部分。这些为多卷本《中国古代青铜器整理与研究》的编撰奠定了基础。同时，我注意到其他先生也在指导研究生做类似的学位论文，对我们也很有启发与帮助。

前几年，在编写《青铜器论文索引》的过程中，与北京线装书局的刘聪建先生多有接触。他听了我的上述介绍后，很感兴趣，遂与我商定，在原有研究生论文的基础上，由我主编，各专题作者分别著述，形成一套多卷本《中国古代青铜器整理与研究》。但由于种种原因，在线装书局只出了三卷。如今，在科学出版社的大力支持下，计划得以重新实现，拟在今后的若干年里，陆续完成和出版20卷以上的著作。

写作多卷本《中国古代青铜器整理与研究》的目的拟在全面、系统整理青铜器资料，充分吸取古今中外研究成果的基础上，对青铜器的形制、纹饰、铭文、组合关系等方面作全方位考察和研究，并试图总结出关于中国古代青铜器产生、发展、消亡的基本途径、规律、特点及其原因。这是一个遥远的目标，但我们有信心一步一步地走近它。

由于这套多卷本《中国古代青铜器整理与研究》的作者都是毕业不久的研究生，眼界有限、文字青涩也在所难免。我的指导也很有限，很多问题我也不懂或知之甚少。当时作学位论文时，我希望他（她）们放大胆子去写，因此他（她）们的观点与我也不尽一致。但无论如何，在阅读他（她）们的学位论文时，在与他（她）们的反复讨论、交流中，我也有很多的收获，这是最令人快乐的事情。我将阅读后的感想写出来，作为序言放在书前，就是希望继续与大家讨论，将《中国古代青铜器的整理与研究》延续下去。而随着一本本书稿的出版，这一批年轻的作者也正在走向成熟，这或许是比书稿的出版更有意义的事情。

最后要感谢参加我的研究生学位论文答辩以及审阅论文的诸位先生，并希望今后继续得到你们的批评与帮助。感谢陕西师范大学暨历史文化学院给予的大力支持，感谢科学出版社李茜与曹伟两位编辑的辛勤工作，让我们十几年来的梦想终于得以实现。

乙未年立冬后二日张懋镕写于
陕西师范大学中国青铜文化研究中心

青铜壶缘何一枝独秀？*

——兼论商周青铜器的生命力问题（代序）

记得四年前，与裴书研商定学位论文题目时，考虑到青铜壶数量很多，类型丰富，流行时间长，流行地域广，对于一名硕士生来说，恐怕难以驾驭，建议他选取其中一个时段来做。但他表示，愿意做全面的整理与研究。我欣赏他的勇气，尊重他的想法。2012年论文定稿时，洋洋洒洒已超出10万字，接近一篇博士论文。经过一年多的修改，现在就要出书了。（下面简称《裴著》）裴书研是这套书籍最年轻的作者。他的努力可嘉，只是写作时间较短，而青铜壶涉及的问题又很多，难以一一顾及，所以我在这里想对青铜壶的兴衰等问题发表一点意见，也算是对书稿做一点补充，并希望得到裴书研及诸位同行的指正。

一、在酒器中，青铜壶一枝独秀

就青铜容器的器类而言，饪食器至少有11类，酒器更超过饪食器，至少有17类：爵、角、斝、觚、觯、杯、尊、卣、方彝、觥、瓿、罍、𨱇、缶、盉、钘、壶。

酒器中，爵、角、斝、盉出现最早，自二里头文化晚期（相当于夏代晚期）就崭露头角，但爵在西周中期以后就基本消失了；角、斝消亡的时间更早，在西周早期；盉持续的时间稍长一点，但它在西周中期以后与盘相配，形成水器组合，功能发生变化，已经不是酒器了。春秋战国时期有一种鐎，有人说它是盉，有人则持不同意见，迄今尚无定论，但无论如何，鐎与盉还是有所区别的[1]。

觚、杯、尊、卣、瓿、罍、缶自商代早期或中期出现，但觚、瓿在西周早期之后就消失了；杯、尊、卣在西周晚期以后基本不见踪影；罍延续到东周，但数量很少。觶、与觥的寿命更短，殷墟二期方露面，西周中期以后就遁迹了，方彝则勉强维持到春秋早期，但多为明器，已难登大雅之堂。𨱇出现在西周晚期，钘、缶行用于东周，时间也不很长。

---

* 本文系国家社会科学基金项目《夏商周青铜礼器的兴衰及其原因》（立项号15BKG007）阶段性研究成果之一。

再来看青铜壶。青铜壶流行时间長、流行地域广，自商代早期出现，迭经西周、东周，穿越两千年时空，在秦汉时依然沿用。甚至在今天，我们还在用酒壶，可是爵、角、斝、觚、觯、尊、卣、方彝、觥、瓿、罍、鑩、缶、盉、铆之类，若非专业人员，又有几人知道它们?

以上是本书出版之前，我们对青铜壶的一个基本了解。至于更为详细的情况，则有赖于《裴著》的研究。《裴著》有一个各个期别青铜壶数量的统计表格，我们删减一些内容后制成表1[2]：

表1　各期别青铜壶数量统计表

朝代	分期	出土数量	传世数量	小计	百分比
商代	早中期	7	2	9	0.76%
	晚期早段	20	62	82	6.93%
	晚期晚段	18	57	75	6.33%
西周	早期	42	106	148	12.51%
	中期	40	55	95	8.03%
	晚期	47	47	94	7.94%
春秋	早期	115	39	154	13.02%
	中期	55	7	62	5.24%
	晚期	49	37	86	7.27%
战国	早期	80	22	102	8.62%
	中期	102	30	132	11.16%
	晚期	106	38	144	11.62%
总计		681	502	1183	100%

仅仅从数量还不能比较准确地判断青铜壶的发展轨迹及其特点，尚需要考察各个期别青铜壶的质量，质量主要表现在体量方面，于是我们在《裴著》的基础上收集了青铜壶的通高数据（表2、表3）。

表2　出土青铜壶通高统计表

朝代	分期	20厘米以下	20～29厘米	30～39厘米	40～49厘米	50～59厘米	60～69厘米	70～79厘米	80～89厘米	90～99厘米	100厘米以上	小计
商代	早中期		2	4		1						7
	晚期早段	2	5	5		2	2					16
	晚期晚段	1	2	12	2							17
西周	早期		10	17	8		2					37
	中期	3	2	10	11	6	2					34
	晚期	2	4	9	13	12	3					43
春秋	早期	1	24	30	27	12	4					98
	中期		1	9	17	4	12	2	2	1		48
	晚期	2	5	13	8	4	6	5	2		2	47
战国	早期		19	28	17	9	1			2		76
	中期	2	13	53	20	4	1	2				95
	晚期		19	38	15	2						74
总计		13	106	228	138	56	33	9	4	3	2	592

表3　传世青铜壶通高统计表

朝代	分期	20厘米以下	20～29厘米	30～39厘米	40～49厘米	50～59厘米	60～69厘米	70～79厘米	80～89厘米	90～99厘米	100厘米以上	小计
商代	早中期		1									1
	晚期早段	6	13	24	4	1						48
	晚期晚段		15	28	5							48
西周	早期		21	38	9							68
	中期	1	5	17	12	5						40
	晚期		2	8	7	11	2					30
春秋	早期		8	7	10	4		1				30
	中期		2	2	1							5
	晚期		3	15	10	1		1				30
战国	早期	1	5	11	3	1	1					22
	中期	1	4	10	8							23
	晚期	2	3	16	2	4						27
总计		11	82	176	71	27	3	2				372

首先要强调一下本文划分期别的理由。商代早中期尽管时段较长，考虑到这一阶段出土青铜壶数量很少，所以并为一期。商代晚期有273年，时间比较长，所以分成早晚两段。西周、春秋、战国三个历史时期，都在二百多到三百年之间，时段长度比较接近，各分为早、中、晚三个时段。共分11个期别，每一期的时间在一百年上下。

其次，在表一中，我们可以清楚地看到出土青铜壶与传世青铜壶的数量是有差别的，商代晚期与西周早中期的传世青铜壶数量要明显多于同时期的出土青铜壶，与此相反，春秋战国的传世青铜壶数量要明显少于同时期的出土青铜壶。原因有两个：一是由于传统金石学对铭文的偏爱，使商代晚期与西周早中期有铭文的青铜壶得以较多地保存下来，而缺少铭文的春秋战国青铜壶被更多地抛弃了；二是商代晚期与西周早期青铜器比较厚重，纹饰比较华丽，深受公私藏家的喜爱，因此得以保存。可见，如今我们看到的各期别的传世青铜壶的数量之间的比率是失衡的，是经过人们主观选择之后的状态，而各期别的出土青铜壶的数量之间的比率是客观情况的反映，因此我们在评价青铜壶的发展态势时，主要观察出土青铜壶的数量与质量，同时酌情参考传世青铜壶。

通过以上三份表格，可以看出青铜壶发展的基本趋势和特点。

第一，除了商代早期属于发轫期，数量少以外，从商代晚期到战国晚期，虽然各个阶段青铜壶的数量有差别，但总的来说并不悬殊。一般来说，青铜器发展到战国中期开始走下坡路，但是青铜壶不同，从春秋晚期到战国晚期，依然保持着强劲发展的势头。这种势头甚至持续到西汉晚期。可见在一千多年的漫长发展过程里，青铜壶的发展总体来说是比较平稳的，这一点显然为其他酒器望尘莫及，在所有青铜器类中，也只有青铜鼎可以胜出。

第二，依据青铜壶的发展态势，大致可以划分为四个阶段。第一个阶段从商代早期到西周早期。

这一阶段的特点是：从商代早期到西周早期，壶的数量在逐渐增加。过去我们简单地将商代晚期与西周早期比较，认为前者比后者如何辉煌，这是有问题的。商代晚期从盘庚迁殷到武王克商共273年，西周总积年是276年，而西周早期的年数只有西周总积年的三分之一，所以将商代晚期与西周早期相比，显然缺乏可比性。数量是重要指标。表一显示，西周早期出土的青铜壶有42件，比整个商代晚期的出土数量38件还要多。同时，西周早期的青铜壶在通高方面也超出商代晚期。表二显示通高超过60厘米的西周早期出土青铜壶有两件，与商代晚期早段情况相当，比商代晚期晚段要强。虽然西周早期缺乏通高50～59厘米的出土青铜壶，但是通高40～49厘米的有8件，而商代晚期早段没有一件，晚段也只有2件。通高在30～39厘米的出土青铜壶，西周早期也比商代晚期要多。表三也可以为证。在传世青铜壶中，西周早期虽然没有通高超过50厘米的壶，但是通高40～49厘米的有9件，相当于商代晚期早段与晚段的总和。以往我们常说商代晚期是中国古代青铜器的第一个高峰期，但具体到青铜壶，事情就没有那么简单，商代晚期的青铜壶除了在精致方面或占优势以外，在数量与体量方面均不会超出西周早期。或许我们可以说西周早期才是青铜壶发展史上的第一个高峰期。

第三，说西周早期是青铜壶发展史上的第一个高峰期，还有其他理由。商代晚期是中国古代青铜酒器最为发达的时期，除了缶及鉌之外，几乎所有酒器都登场亮相，非常热闹。但是进入西周，爵、角、斝、觚、觶、方彝、觥、瓿、罍等大部分酒器开始锐减，逐步退出历史舞台，将地盘拱手让给青铜壶，青铜壶怎么能不发达呢？

第四，值得注意的是这一阶段的青铜壶多出在墓室面积在4平方米以上的墓葬中，表明青铜壶在出现伊始，就不是一般的酒器，中级及其以上的贵族才有资格使用，而且级别越高，使用的壶的数量越多。这一点对于我们准确把握青铜壶的特质非常重要。另外，在这一阶段的墓葬中，开始出现形制、纹饰、铭文相同或基本相同的两件一对的青铜壶。譬如：妇好壶2件，（《商周》11999-12000）[3]，通高50.9厘米，商代晚期器。后巧母方壶两件，（《商周》12031-32）通高分别为64.4与64厘米，商代晚期器。这两对青铜壶都是1976年安阳小屯M5出土的。还有师卫父壶两件，（《商周》12402-03）通高31厘米，2010年见于西安，传山西出土。是西周早期器。青铜壶以两件一对的形式出现，无疑加重了青铜壶在墓葬出土酒器组合中的分量，这为青铜壶日后取代其他酒器而一枝独秀积累了资本，奠定了基础。

第五，青铜壶发展的第二阶段是西周中期到春秋早期。

进入西周中期以后，情况有了变化。数量突然锐减，分别为95和94，只有早期148件的64%。可见，虽然青铜壶不像其他酒器遭遇灭顶之灾，但是数量的减少，仍然说明在周人禁止酗酒的政策影响下，青铜壶的发展也受到一定的限制，这是我们以前不太了解的情况，从一个方面说明了周人禁止酗酒的决心与效果。不过从出土青铜壶的数量来说，西周中晚期与西周早期分别为：40、47、42，差别不大。还要看到另一方面，西周中晚期青铜壶的数量是减少了，但出现了一些大型青铜壶，如：

（1）晋侯㚤马壶2件（通高分别为42.6与43.5厘米），1994年山西曲沃县曲村镇北赵村M92出土（《商周》12276-77）。西周中期器。

（2）尚壶2件（通高为40.7厘米），1955年河南泌阳县前梁河村出土（《商周》12302-03）。西周中期器。

（3）仲南父壶2件（通高分别为54.3与53.8厘米），1975年陕西岐山县董家村窖藏出土（《商周》12329-30）。西周中期器。

（4）晋侯㚤马方壶2件，1件1994年山西曲沃县曲村镇北赵村M91出土，1件M33出土（《商周》12430-31）。西周中期器。

（5）周𡢁方壶2件（通高分别为48.0与48.3厘米）（《商周》12392-93），虽然不是出土品，但为同一单位（清宫）收藏，可推断为同时同地出土。西周中期器。

（6）贾伯壶方2件（通高48厘米），海外收藏家收藏，传山西出土（《商周》12417-18）。西周中期器。

（7）伯壶2件（通高为64厘米），1961年西安市长安区马王镇张家坡窖藏出土（《商周》12109-10）。西周中期器。

（8）三年㾓壶2件（通高分别为65.2与65.4厘米），1976年陕西扶风县法门乡庄白村窖藏出土（《商周》12441-42）。西周中期器。

（9）十三年㾓壶2件（通高59.9厘米），1976年陕西扶风县法门乡庄白村窖藏出土（《商周》12436-37）。西周中期器。

（10）几父壶2件（通高60厘米），1960年陕西扶风县法门乡齐家村窖藏出土（《商周》12438-39）。西周晚期器。

（11）晋侯昕方壶2件（通高68.8厘米），1992年山西曲沃县曲村镇北赵村M8出土（《商周》12396-97）。西周晚期器。

（12）射方壶2件（通高为51.2厘米），2004年入藏中国国家博物馆（《商周》12443-44）。西周晚期器。

（13）㲃方壶2件（通高分别为59.0与58.5厘米），1967年西安市长安区马王镇马王村窖藏出土（《商周》11979-80）。西周晚期器。

（14）𠤳车父方壶2件（通高为51.5厘米），1976年陕西临潼零口乡西段村出土（《商周》12237-38）。西周晚期器。

（15）杨姞壶2件（通高为35.8厘米），1993年山西曲沃县曲村镇北赵村M63出土（《商周》12239-40）。西周晚期器。

（16）应侯壶2件（通高分别为54.3与55厘米），传河南平顶山市应国墓地出土（《商周》12265-66）。西周晚期器。

（17）吕季姜壶2件（通高为36.7厘米），1943年西安市长安区普渡村镐京故址出土（《商周》12283-84）。西周晚期器。

（18）矩叔方壶2件（通高为20.9寸）（《商周》12344-45），虽然不是出土品，但为同一人（陈承裘）收藏，可推断为同时同地出土。西周晚期器。

（19）单五父方壶2件（通高分别为58.1与58.8厘米），2003年陕西眉县杨家村窖藏出土,（《商周》12349-50）。西周晚期器。

（20）晋叔家父方壶2件（通高分别为42.6与50.8厘米），1994年山西曲沃县曲村镇北赵村M93出土（《商周》12356-57）。西周晚期器。

这些青铜壶的通高超过西周早期，甚至商代晚期，恰恰说明禁止酗酒的对象主要是级别较低的贵族，而在级别较高的贵族那里，青铜壶反而有了进一步发展，表面上看数量有所减少，但实际上质量提高了。

西周中晚期青铜壶的数量虽然明显少于西周早期，但是出现多件通高超过50乃至60厘米的大型青铜壶，所以不能简单地说西周中晚期是青铜壶发展的低谷。

第六，包括《裴著》在内的论著已指出：从西周中期开始，青铜壶在墓葬中的重要性逐渐凸显，最终成为墓葬中不可或缺的器物。相比第一阶段，这一阶段青铜壶的特点是：由于周人重食，禁止酗酒，导致商代以来的传统酒器爵、觚、斝、尊、卣、觯等渐次退出酒器组合，青铜壶成为绝大部分墓葬出土青铜器组合中唯一的酒器，造就了青铜壶在酒器组合中的独尊地位。

第七，值得注意的是春秋早期承绪西周晚期的特点，形制、纹饰、铭文相同或基本相同的对壶大量出现，收集到如下实例：

（1）陈侯方壶2件（通高分别为51与50.4厘米），1963年山东肥城县小王庄出土（《商周》12294-95）。春秋早期器。

（2）鲁侯方壶2件（通高为57厘米），1995年河南登封告成M1出土（《商周》12121-22）。春秋早期器。

（3）秦公方壶2件（通高为52厘米），甘肃礼县大堡子山秦公墓地出土（《商周》12182-83）。春秋早期器。

（4）虢季方壶2件（通高分别为49.5与48.1厘米），1990年河南三门峡市虢国墓地出土（《商周》12221-22）。春秋早期器。

（5）芮公方壶2件（通高分别为37.3与37.6厘米），原藏清宫（《商周》12244-45）。春秋早期器。

（6）仲姜方壶2件（通高为53.6厘米），2007年陕西韩城市梁带村M26出土（《商周》12247-48）。春秋早期器。

（7）曾仲斿父方壶2件（通高为66.7厘米），1966年湖北京山县苏家垅出土（《商周》12285-86）。春秋早期器。

（8）郳君庆壶2件（通高为46.4厘米），2002年山东枣庄市东江小郳国墓地M2出土（《商周》12333）。春秋早期器。

（9）郳君庆壶4件（通高未见著录），2002年山东枣庄市东江小郳国墓地出土（《商周》12334-37）。春秋早期器。

（10）黄子壶2件（通高分别为30.7与28厘米），1983年河南光山县宝相寺上官岗砖瓦厂G2出土（《商周》12338-39）。春秋早期器。

（11）彭伯壶2件（通高：1件未包括盖为50厘米，1件为58.4厘米），1975年河南南阳市西关楚墓出土（《商周》12321-22）。春秋早期器。

通常认为春秋早期是中国古代青铜器的低谷时期，然而看看春秋早期的青铜壶，则完全是另一幅景象。就出土数量而言，春秋早期的青铜壶是115件，比西周中期的40件与西周晚期的47件之和还要多。在我们所划分的11个期别中，无论是出土数量，还是总量，春秋早期都占据第一名的位置。就通高而言，春秋早期在40～49、50～59、60～69厘米的出土物也要比西周中、晚期多。而且在传世器中，首次出现超过70厘米的大型青铜壶。《裴著》已经指出春秋早期是青铜壶的繁盛期，这是《裴著》的一大亮点。

第八，还有一点值得注意，就是这一阶段的方壶很多，在以上31批壶中，方壶17

批，占54.8%。如同方鼎在墓葬中的地位一样，方壶的出现也标志墓主人级别很高。在上述方壶中，晋侯僰马、晋侯断、晋叔家父、陈侯、鲁侯、秦公、虢季、芮公、曾仲斿父、贾伯是诸侯国的国君，仲姜是国君夫人，周𦎫、射、劦、𠥫车父、矩叔、单五父等人的身份从壶的高度（大致在48-58厘米之间）以及出土单位、铭文内容来分析也是地位很高的贵族。

对壶或者可以称之为列壶，将它与单壶相比较，意义是不同的。就好比鼎以列鼎的形式出现墓葬中，标志着鼎在饪食器组合中的强势地位，同样对壶的大量出现，有效地排斥其他酒器，尤其那么宏伟的一对酒壶耸立在那里，其地位不言而喻。如果说在第一阶段，青铜壶只是青铜器组合中的一个有分量的参与者的话，那么在第二阶段，青铜壶已经确立了它作为酒器的代言者地位。

第九，青铜壶发展的第三阶段是春秋中期—战国晚期。

对于青铜壶来说，春秋中期是发展的一个低谷期，数量少，出土物只有55件，不到春秋早期的一半。形制、纹饰、铭文相同或基本相同的对壶只有两组，一组是䜌叔壶两件（通高为39.0厘米），1980年湖北随县刘家崖M1出土（《商周》12287-88），一组是伯遊父壶2件（通高分别为37.4与37.9厘米），（《商周》12412-13）。

如果从通高来看，春秋中期则是一个令人关注的阶段。首次出现多件通高超过80、90厘米的大型青铜壶，甚至在一个墓葬中出土了7件形制、纹饰、铭文相同的壶（1977年山东沂水县刘家店子村M1出土），这种现象极为罕见，它预示着一个新的发展高潮（在春秋晚期至战国早中期）的到来。

第十，从春秋晚期到战国，壶的数量在节节攀升。尤其是春秋晚期出土了通高超过100厘米的莲鹤方壶，且铸造精良，表明青铜壶的发展到一个新的高峰时期。

第十一，在这一阶段，有一种新型酒器开始威胁青铜壶，它就是青铜钘。新型器类的出现，通常会挤占固有器类的空间，譬如青铜盨流行在西周中晚期到春秋早期，此时墓葬出土青铜器组合中，盨部分或全部取代簋，与鼎形成新的饪食器组合。簠流行于西周晚期到战国时期，簠部分或全部取代簋，与鼎形成新的饪食器组合。钘在春秋早期崭露头角后，迅速扩张，在春秋中期到战国早期的很多墓葬中成为必不可少的成员。但是意味深长的是它也无法排挤青铜壶，甚至也没有撼动壶的地位，反而在战国中期以后，钘渐渐衰落，而壶依然如故[4]。

第十二，从春秋晚期到战国晚期，形制、纹饰、铭文相同或基本相同的对壶依然很多，有：

（1）蔡侯申方壶2件（通高为80厘米），1955年安徽寿县蔡侯墓出土（《商周》12187-88），春秋晚期器。

（2）赵孟庎壶2件（通高为14.49寸），传河南辉县出土（《商周》12365-66）。春秋晚期器。

（3）洹子孟姜壶2件（通高为22.1厘米），（《商周》12449-50）。春秋晚期器。

（4）曾侯乙壶2件（通高分别为42.4与40.5厘米），1978年湖北随县擂鼓墩曾侯乙墓出土（《商周》12206-07）。战国早期器。

（5）曾侯乙联壶2件（通高为99厘米），1978年湖北随县擂鼓墩曾侯乙墓出土（《商周》12208）。战国早期器。

（6）右屖尹壶2件（通高为50厘米），分别于1966年、1981年河北容城县南阳村出土（《商周》12227-28）。战国早期器。

（7）十四年方壶2件（通高分别为45.2与45厘米），1977年河北平山县七汲村中山王䜌墓出土（《商周》12340-41）。战国中期器。

（8）曾姬无卹方壶（通高分别为78.1与78.6厘米），1933年安徽寿县李三孤堆楚王墓出土（《商周》12424-25）。战国中期器。

（9）令狐君嗣子壶2件（通高13.5寸），1929年洛阳太仓古墓出土（《商周》12434-35）。战国中期器。

（10）左使车壶2件（通高为43厘米），1977年河北平山县七汲村中山王墓出土（《商周》12158-59）。战国中期器。

以上10批对壶中，方壶有3批。在上述方壶中，蔡侯申是诸侯国的国君，十四年方壶的主人是中山王国的国君，曾姬无卹是楚国国君夫人，主人身份均显赫。另外圆壶主人的身份也不一般。曾侯乙是诸侯国的国君，洹子孟姜是齐国重臣田桓子的夫人，赵孟庎是晋国正卿，地位很高。左使车壶出在中山王国国君的墓中，也非寻常之物。

总而言之，从西周早期到战国晚期，青铜壶不仅始终是酒器组合中的核心，也一直是各个历史阶段墓葬出土青铜器组合中的核心。青铜壶的发展经历了三个高峰期：西周早期、春秋早期、春秋晚期，但总的来说发展的轨迹起伏不大，相对比较平稳，发展势头十足，显示出青铜壶具有强大的生命力。

二、青铜壶缘何一枝独秀？

在考察了青铜壶的发展历程之后，再来看青铜壶缘何在酒器中一枝独秀，就容易明白了。

第一，体量硕大，据有优势地位。

从前列的《表二》中可以看到，壶是一种大型的盛酒器。按照通常的说法，20厘米以下是小型器，20～50厘米是中型器，通高超过50厘米就算大型青铜器了，那么计算结果，小型壶24件，占2.3%；中型壶801件，占83.1%；大型壶139件，占14.4%。显然大中型壶占绝对优势。可以设想，当一对高大的青铜壶与其他鼎、簋、豆排在一起，是不是有一点鹤立鸡群的味道？这样的器物又如何会轻易地被排挤出去呢。

第二，形式多样，处处占有先机。

在酒器中，壶的形制比较稳定，这一点有些像鼎。一般来说，壶的主体部分由颈部、腹部与足组成，构成比较简单，呈长条状，不是鼓腹就是垂腹。就壶的主体部分而言，从商代早期出现，到两汉时期，没有多大的变化。

但青铜壶并非没有变化，壶之生存之道，恰恰在于它能顺应时代要求，及时改换面孔。当然其他器类也有不同的类型，但壶表现得尤其突出。商代出现的是无耳壶、长颈提梁壶、三足壶、贯耳壶、方壶；西周增加橄榄形壶、环耳壶；春秋又新添提鏈壶、铺首衔环壶、爬兽耳壶、瓠壶；战国还有扁壶、蒜头壶。在以上每一类壶中，又包含很多不同的型式。壶以形制多变适应不同时期礼制的需要。

难能可贵的是壶的类型不仅多样，而且很多类型具有持续发展的生命力。

这里特别要关注一下方壶。在各类青铜器中，不缺乏方形器，譬如鼎中有方鼎，簋中有方簋，还有方甗、方豆、方爵、方觚、方斝、方尊、方卣、方觥、方罍、方缶、方盘、方鉴，等等，但是有多少方形器能与圆形器善始善终？方鼎、方簋、方甗、方豆、方爵、方觚、方斝、方尊、方卣、方觥、方罍、方缶、方盘、方鉴，都只存在于历史的一小段落，唯有方壶从商代晚期出现，一直持续下去，流行到汉代。方壶不但数量多，而且如前所言还有很多对壶，成双成对，蓬蓬勃勃，为青铜壶的发展增色不少。

再看青铜簋，也有很多类型，但流行时间不长，譬如无耳簋主要流行在商代，西周早期以后就很少见了。而壶不同，无耳壶、长颈提梁壶、贯耳壶等类型，自商代出现之后，在西周、春秋到战国各个阶段数量都很多，质量也不错。

第三，功能多样，适应礼制需要。

壶不仅具有储存器的基本功能，而且功能多样，如《裴著》已经指出在酒器衰落、水器上升的西周时期，壶兼有水器的功能。它能装酒，也能装水，如同青铜盉。我们曾专文讨论过青铜器的功能转化问题，它们既可以是酒器，也可以成为水器，譬如壶[5]。功能多样化使壶更容易适应礼制的需要，生存下来。

第四，适于铸造长篇铭文。

壶的体量与表面积较大，适合将铭文铸或刻在其上。如前所言，所有青铜器类中，有铭文的壶很多，同时壶的铭文很长，仅次于鼎与簋，排在第三名。在所有酒器中，壶的铭文最多，排在第一。

东周时期铭文盛行刻款，大面积的壶腹正好派上用场。代表性器物有中山王䜌壶，四壁刻铭450字（《商周》12455），𡖖蚉壶腹部刻铭182字，圈足刻铭22字（《商周》12454），复封壶两件，颈部刻铭136字（《商周》12447-48）。尤其是中山王䜌壶的铭文，书工与刻工俱佳，已到登峰造极境地。

第五，受到周人的青睐。

商周易帜，革故鼎新，商代流行的器类能否传下来，是一大考验。酒器如瓿、斝、爵、觚、觯、尊、卣依次退出历史舞台，唯有壶躲过这一次危机，保留了下来。我们在《试论商周青铜器的文化属性与器类演变的关系》一文中已经谈到对待各类酒器，姬周贵族是有选择的[6]。形制相近的器类，譬如卣与壶比较接近，最终周人选择了壶，可见周人并非一概排斥酒器。西周早期周人用壶有：曾侯壶、王七祀壶盖、应公壶；西周中期有：应伯壶、楷侯壶、芮伯壶、晋侯僰马壶、师望壶、邢叔烟壶、虞侯政壶、晋侯昕壶、贾伯壶；西周晚期有：鲁侯壶、楷侯宰銮壶、应侯壶、虢季氏子组壶、晋叔家父壶、蔡侯壶；总共25件，而同时期姬周贵族所有的爵（7件）、觚（1件）、觯（2件）、尊（9件）、卣（7件）、方彝（5件）、罍（1件）加起来也才32件，前者因周人喜爱而繁盛，后者因周人冷落而衰亡，由此可见姬周贵族在西周青铜壶持续发展中所起的作用。

第六、引领时代潮流。

壶要生存下去，仅靠以上几点还不够。前面我们说了，壶的优长之处是从商代早期到战国晚期，主干器型形保持一致，但这并不意味壶的形制呆板，缺乏变化，相反，它非常注意花样翻新，弥补形制较为单一化带来的不足。

（1）在盖、耳、足等部位刻意装饰。

青铜壶的盖样式繁多，有四阿平顶式、镂空方斗形、花冠形、蟠龙形、鹰首等。纽有方柱四阿形纽、圆锥形纽、瓜棱形纽、四环纽、四龙形环纽、桥形纽、梅花形纽、蟠龙纽、伏鸟形环纽、飞鸟形纽、“S”形环纽、菌状纽、衔环纽等。捉手有圈状捉手、镂空花瓣形捉手、山字形镂空捉手等。提梁两端有蛇首、龙首、犀首、貘首、羊首等。盖作莲瓣形者，有六瓣、八瓣、十瓣、十二瓣之分，中间或有卧牛、飞鸟等。姿态多样，形象生动。

春秋晚期的莲鹤方壶是典型例子。盖上中央展翅飞翔的莲鹤，四周双层镂空的莲瓣，顾首匍匐的龙形器耳，器腹四隅装饰的四条立雕怪兽，圈足下的一对咋舌怪兽，将一件老旧的青铜壶装扮得十分新潮。一方面是端庄凝重的器形，一方面是清新活泼的动态装饰，反映出当时一种新的艺术革命精神。这件青铜壶被郭沫若赞誉为“时代精神之象征。”思想革命偏偏选择了青铜壶，可见壶在当时引领潮流的意义。

战国中期青铜器开始走下坡路，然而壶的制作还是比较讲究。譬如中山王方壶从盖到圈足都是素面，十分简朴，制造者在盖上与边饰上做文章。肩部四隅设计四条伏龙形扉棱，盖纽也是龙形，张牙舞爪，极为生动，让平板、素面的壶立时有了勃勃生气。

（2）在器表纹饰上下工夫。

令狐君嗣子壶的装饰很有趣味。自肩部至下腹部，设计者用了五条花纹带，每两条花纹带之间是素面，在上下花纹带的映衬下，素面看起来也像是纹饰，而花纹带则由于上下素面的反衬，更显得清晰、靓丽，这就是中国画“留白”技法的效应，让空白处也成为美的欣赏点，是一种高超的艺术表现手法。当然这也与壶的形制有关。

还有一些壶的装饰与令狐君嗣子壶相似，也是用纹饰带从上到下依次将壶的腹部分割，不同的是用数条绹索纹来分界，上下填以蟠螭纹等，通过不同的纹饰带以及纹饰带的宽窄来展示这种变化，层次十分丰富，壶的单调因此得到改观。

（3）新工艺的运用。

青铜壶在春秋早期之后，数量减少很多，面临第二次危机。按理说壶到了春秋晚期及战国时期，一路奔波已经进入它的衰老期，壶何以重塑形象，继续赢得领袖地位呢？它靠的是这一时期新兴的工艺：错金、鎏金、镶嵌绿松石等。

在一般人看来，模特的首选标准应当是面孔漂亮，其实在化妆师眼里，最重要的条件是模特的可塑性强不强。有的模特脸庞很有特点，招人喜欢，但正因为有个性，却难以重塑；有的模特脸庞似乎大众化，反而让化妆师有了大展身手的空间。壶就是一个很适于塑造的对象。在春秋晚期到战国晚期，墓葬中常见的青铜器是鼎、敦、壶、钘、豆。大部分鼎、敦、钘、豆有一个共同点：上部与下部宽侈，中间收拢，像两个顶点相对的三角形，虽然投合人们的欣赏习惯，但下腹部圜收，这对于装饰来说是一个不小的限制。而壶则不同，此时的壶不是鼓腹壶就是垂腹壶，它们的上下左右都显得比较开阔，器身表面积大，呈现出一个大平面（方壶）或凸面（圆壶），装饰时尽可以放开胆量设计，没有碍手碍脚的地方。加上壶的个头很高，因此有大块的篇幅可供装饰，所以在鼎、敦、钘、豆上无法设计的图案，在壶上可以轻松地表现出来。很多论著在介绍东周时期的装饰工艺时，都习惯使用壶的例子，就充分说明了这一点。

譬如战国中晚期的错金银扁壶、镶嵌红铜扁壶，从口沿到圈足，布满错金银云纹或红色的龙纹，尤其是腹部，因为像个扁鼓，所以表面积显得很大，从而使欣赏者的目光多停留一会儿，收到更好的艺术效果。

还有像水陆攻战纹、狩猎纹这样复杂的纹饰，虽然在豆上也有，但更多地装饰在壶上。如1965年四川成都百花潭中学10号墓出土的宴乐水陆攻战纹壶，用三道凸起的窄带纹将器身分为四段，一、二段是宴乐、采桑、射弋情景，三、四段是徒兵搏斗、攻城的场面。有人说这就是后来中国画的滥觞，一段图案就像一个条幅，自上而下形成相互关联的一组画。这样丰富的内容很难在其他器物上表现，放在壶上就很合适。壶显然为这种艺术构思与设计提供了很好的载体，同时，前者也为后者美化到极致[7]。

除了纹饰，铭文也可以用错金银工艺。譬如栾书缶，颈部及肩下有错金铭文5行40字，至今光彩熠熠，在素面衬托下尤为醒目。看似文字，又像图案，达到了很好的装饰效果。

三、关于青铜器器类的生命力问题

通过对青铜壶资料的整理与研究，引发我们的一连串思考。除了青铜壶在酒器中一枝独秀外，青铜鼎在饪食器中也是一枝独秀，类似的还有青铜盘，从商代早期一直延续到战国晚期，在水器中一枝独秀。它们为什么历经艰难，能留存下来呢？而有些青铜器器类为什么被较早地淘汰了呢？要回答这个问题，不妨先来看看其他器类的兴衰历史。纵观中国古代青铜器的各个类别，以及每种器类下的不同器形，可以发现它们兴盛与消亡有一些基本的规律：

（1）基本形式留存下来，特殊形式消失了。

先谈青铜饪食器。

青铜鼎是青铜器中数量最多、型式最丰富、持续时间最长的一类器物。值得注意的是最早出现的青铜鼎制是圆鼎，具体来说是盆形鼎，时间在夏代晚期，最晚消失的还是盆形鼎，时间在汉代。盆形鼎是鼎的主流型式，或者可以说是青铜鼎的基干。

除了盆形鼎，还有形制特殊的方鼎、分裆鼎、扁足鼎等等。这几种鼎出现在商代早期，比盆形鼎晚，有的可以看做盆形鼎的分支。其中分裆鼎消失得最早，进入西周中期不久就不见了；方鼎与扁足鼎坚持到西周晚期，已是强弩之末，外观也不好看了。

在烹煮器中，青铜鬲的重要性仅次于青铜鼎。从商代早期到战国晚期，鬲的型式并不丰富，主要有分裆鬲与联裆鬲两大类。前者大致流行于商代早期到西周早期，后者大致流行于西周早期以后到战国晚期，流行时间都很长。偶尔出现的方鬲等特殊型式，存留时间都不长。

青铜簋的数量仅次于青铜鼎。最常见的簋是盆式簋，从商代早期一直延续到战国晚期，这是簋的主流型式。除此之外还有形制特殊的方座簋、方簋等等。方座簋即在一般的簋体下增加一个方座，可看做是簋的变异。方座簋自西周早期出现，主要流行在西周时期，东周数量不多，战国中期以后就消失了。方簋如同方鼎，数量很少，只是零星出现而已。

我们曾经论证过，青铜盨是青铜簋的派生物，它们的特点就是流行时间较短，主要流行在西周中晚期到春秋早期，早期以后盨就逐渐消失了。换言之，青铜簋是主干盛食器，盨是其分支，分支早于主干消失。至于簠和敦虽然也是簋的派生物，但是由于它们取代簋成为主干盛食器，身份地位发生了很大变化，所以生命得以延长，否则也会较早被淘汰[8]。

豆从商代晚期出现到战国晚期，流行时间很长，主要型式是浅腹的粗柄豆和深腹的粗柄豆。在西周中晚期出现豆的异形器——铺，豆盘极浅，豆柄很粗，但流行时间不长，春秋早期以后就很少见了，数量也不多。其他如方豆、细柄豆只是零星出现而已。

甗、盆的数量相对来说不多，形式变化也不大。

其次谈酒器。

在酒器中，形制特殊的器类出现时间晚，然而首先被淘汰。譬如方彝，殷墟二期才出现，西周早期数量锐减，虽然延缓到春秋早期，但多是些明器，影响很小了。觥与方彝的命运差不多，殷墟二期才出现，西周早期以后就逐渐消失了。相比而言，方彝的形态比较稳定，结构像人居住的房屋，早晚变化不大。觥的形态多样，有四足觥、三足觥、圈足觥等等，除了圈足觥，其它觥的流行时间都很短。

尊的发展历程长一点，商代早期出现，流行到西周中期。尊的形式很多，有大口尊、觚形尊、觯形尊、鸟兽尊，但各自流行的时间也不长。大口尊主要流行在商代早期到晚期，觚形尊与觯形尊流行在商代晚期到西周中期，鸟兽尊则偶尔出现，不成系列。

我们认为卣是一种形态矮胖的酒器，是壶的派生物，出现时间很晚，商代晚期才出现，西周中期以后就消失了，以往所谓的商代早期与中期的卣，其实还是壶。在西周早期还出现过一种筒形卣，但流行时间很短，早期以后就消失了[9]。

爵、角、斝、罍、觚、觯的形式变化不多，流行时间不太长，就不再赘言。

再谈水器。

从商代早期开始到战国晚期，盘的流行时间很长。主流形态的盘是敞口，浅腹，有足。也出现了一些异形盘，如方盘、带流盘等，但持续时间都不长。至于鉴，在某种意义上可以说是大型的盘，可惜它在春秋中期才出现，流行时间自然有限了。

匜比盘出现要晚，一般来说在西周中晚期。也有学者表示怀疑，认为现在所认定的一部分觥，其实就是匜，匜的历史要长得多[10]。这个意见值得重视。匜的主流型式像个瓢，有流，有鋬，有足，形制符合倒水功能的基本要求，因此得以持续发展，一直生存到战国晚期。其他型式的匜，譬如方匜则存在时间不长。

（2）偏大的器物留存下来，体量小的器物消失了。

鼎有小鼎，但也有大鼎，从商代晚期的司母戊大鼎到战国中期的中山王鼎，在每一个历史阶段都有体量巨大的鼎，适应性强，所以鼎一直是青铜器中最重要的器类。同样是烹煮器，鬲的体量就比较小，在青铜器中的地位就差多了。

在春秋中期之后，簠能取代簋，成为墓葬中青铜器组合的核心器物，也与体量有关。簋的口径一般在20厘米上下，而春秋战国时的簠，除了口纵在20厘米上下，口横多在30厘米以上。这样的器物才有资格与墓葬中硕大的鼎以及高大的壶相匹配。

在酒器中，尊、卣、罍属于体量比较大的器类，爵、角、觚、觯属于体量比较小的器类，相对而言，前者比后者流行时间要長一些。

如果有一类器初现时体量较小，那么为了适应生存环境，其体量必须增大，青铜豆就是很好的例子。年代最早的青铜豆是新干大洋洲商代大墓出土的假腹豆，通高只有13.4厘米。到了春秋中晚期，不少豆的通高超过20厘米，还有30厘米以上的豆[11]。

（3）商代晚期以后，由于铭文的发展，相对而言，适于铸造长篇铭文的青铜器类容易留存下来，不适宜的则容易被淘汰。这一点在西周时期表现得尤为突出。

我们统计出一组数据，30字以下的器类有（括号内字数表示该类器的最多字数，按字数多寡排序）：斝（26字）、爵（21字）、觚（14字）、瓿（4字）。30字以上的器类有（括号内前一数字表示该类器的最多字数，后一数字表示30字以上该类器的件数，按件数多寡排序）：簋（221字，304件）、鼎（497字，193件）、壶（450字，46件）、盨（156字，41件）、盘（373字，35件）、卣（114字，35件）、簠（92字，32件）、尊（186字，30件）、鬲（64字，14件）、方彝（187字，10件）、甗（98字，8件）、敦（79字，7件）、缶（40字，6件）、盆（149字，5件）、盉（123字，3件）、豆（30字，3件）、觶（69字，3件）、⿰缶霝（35字，3件）、罍（43字，1件）、觥（42字，1件）、角（30字，1件）。

很明显，铭文较多的簋、鼎、盨、盘、卣、簠、尊、鬲在西周时期比较流行，数量也多，而斝、爵、觚、瓿、角的铭文很少，首先被淘汰，其次是觥、罍、⿰缶霝、觶等器。

综上所述，关于包括青铜壶在内的中国古代青铜器的生命力问题，是一个重要而又复杂的问题。本文只是提出一些想法，粗浅得很，希望得到大家的批评，来日有时间再作探讨。

张懋镕

2014年11月15日初稿

2015年11月12日修改

注　释

[1] 朱凤瀚：《古代中国青铜器》，南开大学出版社，1995年，95、96页。

[2] 本文在一些青铜壶的分期断代上与《裴著》有差异，如后者将三门峡虢国墓地出土的青铜器断在西周晚期，本文则放在春秋早期。

[3] 吴镇烽：《商周青铜器铭文暨图像集成》（简称《商周》），上海古籍出版社，2012年。

[4] 齐耐心：《青铜鉌整理与研究》，陕西师范大学硕士学位论文，2011年。

[5] 张懋镕：《夷曰匜研究——兼论商周青铜器功能的转化问题》，《古文字与青铜器论集》第三辑，科学出版社，2010年，161页。

[6] 张懋镕：《试论商周青铜器的文化属性与器类演变的关系》，《古文字与青铜器论集》第四辑，科学出版社，2014年，212页。

[7] 本节所论请参考张懋镕、任雪莉：《试论青铜器纹饰的布局特点及其艺术效应》，《古文字与青铜器论集》第三辑，科学出版社，2010年，198～205页。

[8] 张懋镕：《试论中国古代青铜器器类之间的关系》，《古文字与青铜器论集》第二辑，科学出版社，2006年，133 ~ 135页。
[9] 张懋镕：《青铜器定名的新方法：组合关系定名法——以青铜卣的定名为例》，待刊。
[10] 孙华：《商周铜卣新论——兼论提梁铜壶及铜匜的有关问题》，《洛阳博物馆建馆四十周年纪念文集》，科学出版社，1999年，23、24页。
[11] 张懋镕：《试论中国古代青铜容器器形演变与功能转化的互动关系》，《古文字与青铜器论集》第四辑，科学出版社，2014年，179 ~ 183页。

目　　录

第一章 绪　论

第一节 青铜壶的研究概况

青铜壶在商代早期出现，至东汉末期逐渐消失，作为一种重要的青铜礼器，其贯穿了青铜礼容器所流行的整个时期。商代的青铜壶以中原地区为中心；西周时以关中地区为中心；进入东周以后，各地先后出现了多个青铜壶的中心。青铜壶也是墓葬青铜器组合中非常重要的一种礼器，在商周礼制中起着举足轻重的作用。因此，对商周青铜壶做系统性的研究，将有助于我们加深对商周青铜礼容器、社会和礼仪制度的认识。

北宋时期，金石之风兴起，开创了金石学，出现了以收集传世青铜礼容器及零星出土青铜器为主并附带研究的著录。以《集古录》《考古图》肇始，出现了一些流传后世的金石学著作。虽无对青铜壶单独录著，却以此开启了对青铜壶的收集和研究。进入元、明时期后，金石学的发展几乎停滞，有关金石学方面的著作基本不见。直至清朝时期，随着考据学的兴起，金石学也进入了复兴阶段，一时间涌现出了不少金石学的著录，将青铜壶收录其中的著作多为图录类和款识类著录。民国时期，由于西方的考古学传入中国，便进入了由传统金石学向新兴考古学交替转变的新阶段。新中国成立至今，随着大规模田野考古工作的展开，通过科学发掘获得的出土器物逐渐增加，丰富了研究的材料。对于青铜礼器的研究也逐步向着更深、更广的方向发展，进入对青铜礼容器研究的全面繁荣时期，青铜壶的研究也向着科学合理的方向发展。迄今为止，纵观对青铜壶研究的发展历程，按研究的方法及特点等方面，可以分为以下三个阶段。

一、宋至清末——商周青铜壶研究的初期

商周青铜器中对青铜壶收录及研究的著录最早始于北宋时期，此时的金石学家将青铜壶作为青铜器的一类器物对其进行整理收录，与其他各类青铜器整合，按器类分章节，并对器物做简单介绍，给予器名和时代（表1-1）。

表1-1 宋—清时收录商周青铜壶著作一览表

著书时间	著者	著作	器物	壶
北宋元祐七年	吕大临	《考古图》	211	16
作于大观初年，宣和五年重修	王黼等	《博古图》	839	20
宣和五年	赵九成	《续考古图》	100	3
明神宗万历年	胡文焕	《古器具名》	—	1
清乾隆二十年	梁诗正	《西清古鉴》	1436	96
清乾隆四十四年	梁诗正等	《宁寿鉴古》	600	31
清乾隆四十六年至五十八年	王杰等	《西清续鉴》（甲编）	844	45
		《西清续鉴》（乙编）	800	35
清道光十九年	曹载奎	《怀米山房吉金图》	60	3
清咸丰六年	吴云	《二百兰亭斋收藏金石记》	39	1
清同治十一年		《两罍轩彝器图释》	120	2
清同治十一年	潘祖荫	《攀古楼彝器款识》	50	3
清光绪十一年	吴大澂	《恒轩所见所藏吉金录》	136	4
清光绪三十四年	端方	《陶斋吉金录》	213	2

北宋吕大临所著《考古图》①共十卷，当中收商周器148件，秦汉63件。此书所定器名多有错误，即以铜钍作卣、壶作罍、提壶作彝等，遂以今日定名重视之，属商周时期青铜壶共16件，其中提梁壶4件、方形壶3件、圆形壶8件、瓠壶1件。每器均按其形态绘画器物图，摹写铭文，并注明器物的大小、容量、重量及收藏之人。赵九成著《续考古图》②亦有将壶作彝、作卣，实际共收录商周青铜壶3件，著录方式与考古图无异。

王黼等著《博古图》③共三十卷，收录青铜器839器，分二十类。对壶类进行总说，收录商周时期青铜壶19件，壶盖1件，另有瓶1件④。按照器物时代将其进行了划分，其中商壶3件、周壶16件。各器皆有手绘图，并记录大小、容量、重量、铭文识录及考说。

明神宗万历年间，胡文焕编纂《古器具名》⑤中将《博古图》中收录的1件周代饕

① （宋）吕大临：《考古图》，作于元祐七年（1092年）原刻本失遗，乾隆四十六年（1781年）重刻，收于四库全书中（文渊阁书录钱曾影钞宋刻本）。

② （宋）赵九成：《续考古图》，四库全书文渊阁书录钱曾影钞宋刻本，乾隆四十六年（1781年）。

③ （宋）王黼：《博古图》，吴万化宝古堂刻本，万历二十八年（1600年）。

④ 复录《考古图》卷十·8“携瓶”，实为东周时期瓠壶。

⑤ （明）胡文焕：《古器具名》，自刻本，万历年间。

饕方壶复收其中，并对该器物的尺寸、容积及纹饰装饰等方面做以注明。由于“元明两朝彝器之学中衰，清代之复兴”①，因此，元、明两朝在青铜器的研究上处于低落阶段，少有青铜器著录及研究性著作。

清乾隆时期关于青铜壶的研究再次兴起。清乾隆二十年，梁诗正编《西清古鉴》②乃导其先路，功不可没者。全书共四十卷，收录彝器1529件，按器类分卷，铜壶由卷十九始至卷二十二，前两卷为商周铜壶、后两卷为汉壶，四卷中共收壶173件③。但在器形、时代立定上均有少量错误④，其中属商周青铜壶85件，盖3件。另外，卣卷中误收7件提梁壶、11件提链壶。每件青铜壶都按照形制摹绘出器物的图形，并且对器物的尺寸、容积、重量等方面做详细描述，对有些带铭文器物上的铭文做以识别和考释。

清乾隆四十六年至五十八年，王杰、彭元瑞等7人编《西清续鉴》（甲编）⑤，依照《西清古鉴》的体例收录彝器844件，附录唐以后青铜器31件。其中商周时期青铜壶45件、商壶1件、周壶44件。摹绘器物图形，并对每件器物的尺寸及重量等都有较为详细的说明。《西清续鉴》（乙编）⑥中收录彝器800件，铜镜100件，其中商周时铜壶35件。与《西清续鉴》（甲编）的体例基本相同，摹绘器物图形，并对每件青铜壶的形制、尺寸、重量、容积等方面进行了详细的记录。

清乾隆四十四年敕编，梁诗正、王杰等编著《宁寿鉴古》⑦，其体例与《西清古鉴》相同，收录彝器600件。当中商周时期青铜壶31件，商壶2件，周壶29件，皆摹绘图像、描其尺寸及重量大小。

清道光十九年，曹载奎辑《怀米山房吉金图》⑧为刻石拓印流传本，其中青铜壶2件，均为周壶，皆记大小及重量，并摹释铭文。

清咸丰六年吴云著《二百兰亭斋收藏金石记》⑨所收彝器39件，石刻5件，其中收青铜壶1件。而后因所收彝器有所增加，乃删去石刻器并进行增订。另吴云于同治十一

① 容庚：《商周彝器通考》，台湾大通书局，1973年，259页。

② （清）梁诗正：《西清古鉴》，内府刻本，乾隆二十年（1755年）。

③ 属商周之器者69件，因器形为手绘图，未能对时代准确判断，但具有商壶形制特点的仅5件（亦有可能为西周早期壶），其余均为西周中期以后，东周壶占大多数。

④ 错收的有：卷十九·一四：周妇壶实则为罍；二二：周夔凤壶实则为尊；三九、四十：蟠夔扁壶一、二实则为鈚。另有将16件东周壶认作汉壶，收至卷二一。

⑤ （清）王杰：《西清续鉴》（甲编），涵芬楼石印宁寿宫写本，宣统三年（1911年）。

⑥ （清）王杰：《西清续鉴》（乙编），北平古物陈列所依宝蕴楼钞本石印本，民国二十年（1931年）。

⑦ （清）梁诗正、王杰等：《宁寿鉴古》，涵芬楼依宁寿宫写本石印本，民国二年（1913年）。

⑧ （清）曹载奎：《怀米山房吉金图》，拓本，道光年间。

⑨ （清）吴云：《二百兰亭斋收藏金石记》，自刻本，咸丰六年（1856年）。

年著《两罍轩彝器图释》①一书，该书按照时代分类收录，其中商器19件，周器40件，秦汉以后器物51件。商、周器中有青铜壶2件，皆记器物大小、重量及铭文考释。

清同治十一年，潘祖荫编《攀古楼彝器款识》②收彝器50件，乃吴大澂绘图，王懿荣楷书，周悦让、张之洞、王懿荣、吴大澂、胡义赞及潘祖荫作考释，但未对器物尺寸大小作记，实为憾事。当中收录青铜壶3件，盖1件。

清光绪十一年由吴大澂始编《恒轩所见所藏吉金录》③，收录商周彝器95件，兵器2件，秦器3件，汉以后器36件，共136件，收录青铜壶4件。所载器物多为各藏家所收藏器物。

端方《陶斋吉金录》④一书，绘图仍用旧法，而铭文则用拓本，正录中收商周时期彝器140，兵器9件，秦至唐权量32件，秦汉至明器148件，附录六朝隋唐造像30件。续录中收商周时期彝器55件，兵器4件，秦汉至宋时器21件。补遗中收商周彝器8件。总共收器447件，其中青铜壶2件，壶盖2件，皆记其大小尺寸。

据统计，由宋《考古图》至清末，各类有关金石学器物收录的著作，共收录商周时期青铜壶262件，因手绘图像且多为无铭文器，故此伪器、复收之状尚存。

宋至清末这一时期，对于商周青铜壶上的铭文拓片和铭文释义也有很多著作。南宋时期，薛尚功编著《历代钟鼎彝器款识法帖》⑤一书，当中收录496件青铜器铭文，属商周时期青铜壶铭文有5条，其中商壶铭文4条、周壶铭文1条，但对于铭文内容却未做释义。王俅编纂《啸堂集古录》⑥一书，当中收录青铜壶铭文3条，其中商壶2条、周壶1条，也只收铭文拓片，内容未做释义。王厚之编著《钟鼎款识》⑦一书，当中收录商周青铜壶铭文1条。张蓉镜编纂《啸堂集古录考异》⑧，其中对《啸堂集古录》中所收录的3条商周青铜壶铭文做释义。倪涛编著《六艺之一录》⑨收录青铜壶铭文5条，其中商壶铭文3条，周壶铭文2条。清阮元《积古斋钟鼎彝器款识》⑩收商周青铜壶铭16条，其中商壶铭文6条，周壶铭文8条，盖名2条。孙诒让《古籀拾遗》⑪一书，当中收

① （清）吴云：《两罍轩彝器图释》，自刻本，同治十一年（1872年）。
② （清）潘祖荫：《攀古楼彝器款识》，滂喜斋刻，同治十一年（1872年）。
③ （清）吴大澂：《恒轩所见所藏吉金录》，自刻本，光绪十一年（1885年）。
④ （清）端方：《陶斋吉金录》，石印本，光绪三十四年（1908年）。
⑤ （宋）薛尚功：《历代钟鼎彝器款识法帖》，阮氏刻本，嘉庆二年（1797年）。
⑥ （宋）王俅：《啸堂集古录》，涵芬楼影印本，民国十一年（1922年）。
⑦ （清）王厚之：《钟鼎款识》，自刻本，嘉庆九年（1804年）。
⑧ （清）张蓉镜：《啸堂集古录考异》，鸳湖张氏醉经堂，嘉庆十七年（1812年）。
⑨ （清）倪涛：《六艺之一录》，商务印书馆，民国二十四年（1935年）。
⑩ （清）阮元：《积古斋钟鼎彝器款识》，自刻本，嘉庆九年（1804年）。
⑪ （清）孙诒让：《古籀拾遗》，温州雕版，光绪十六年（1890年）。

录周代青铜壶铭1条，而其编著的《古籀馀论》[①]，则收录商周青铜壶铭文3条。徐同柏《从古堂款识学》[②]一书，当中收录周代青铜壶铭文1条。吴式芬编著《攈古录金文》[③]一书，当中收商周青铜壶铭30条，单盖铭文3条。刘心源编著《古文审》[④]一书，当中收商周青铜壶铭13条，对于多数铭文拓本附有文字的隶定及铭文的考释。吴荣光《筠清馆金文》[⑤]收录铭文5条，其中商壶铭文1条、周壶铭文4条，并分别对其铭文内容做隶定考释。吴大澂编著《愙斋集古录》[⑥]一书，当中收商周青铜壶铭文33条。朱善旂编著《敬吾心室彝器款识》[⑦]一书，当中收商周青铜壶铭文4条。刘心源著《奇觚室吉金文述》[⑧]中收商周青铜壶铭文18条。方濬益《缀遗斋彝器考释》[⑨]收商周青铜壶铭文34条。盛昱著《郁华阁金文》[⑩]收商周青铜壶铭文22条。陈介祺、邓宝著《簠斋吉金录》中收录商周青铜壶铭文1条。

宋至清末，这一时期关于商周青铜器壶的著作，虽在收录方式和研究方法上尚未成熟，但所收图形、铭文价值仍然很高，开创了商周青铜壶研究的先河。但由于这一时期商周青铜壶资料的缺少，因此在收录整理后未能找到发展变化的规律，在对青铜壶时代上的划分也未能明确标注，且对青铜壶与其他器物在形制划分上未能明确，多有将钘、罍、尊认作壶，又或将壶认作卣、觯等器型。在纹饰方面，没有找出发展变化的规律、先后关系的判定。而铭文则为直接收录或对其释义，整体上看在划分器物时代关系和特点上仍处于萌芽时期。

二、民国时期——商周青铜壶研究的发展时期

进入民国时期后，各家对青铜器的研究主要表现为两方面：一方面，由于长期以来（宋—清）受到传统金石学的影响，因此大部分的著作仍然是以收录青铜器的器形图片及铭文为主（表1-2）。

---

① （清）孙诒让：《古籀馀论》，籀经楼，光绪二十九年（1903年）。
② （清）徐同柏：《从古堂款识学》，蒙学报馆影石印本，光绪三十二年（1906年）。
③ （清）吴式芬：《攈古录金文》，吴氏家刻本，光绪二十一年（1895年）。
④ （清）刘心源：《古文审》，刘氏龙江楼刻本，光绪十七年（1891年）。
⑤ （清）吴荣光：《筠清馆金文》，宜都杨氏重刻本，道光二十年（1840年）。
⑥ （清）吴大澂：《愙斋集古录》，涵芬楼影印本，民国七年（1918年）。
⑦ （清）朱善旂：《敬吾心室彝器款识》，朱之溱石印本，光绪三十四年（1908年）。
⑧ （清）刘心源：《奇觚室吉金文述》，石印本，光绪二十八年（1902年）。
⑨ （清）方濬益：《缀遗斋彝器考释》，涵芬楼影印本，民国二十四年（1935年）。
⑩ 盛昱：《郁华阁金文》始为手稿于《金文文献集成》中首次刊印，15卷，线装书局，2005年。

表1-2　民国时收录商周青铜壶著作一览表

著书时间	著者	著作	器物	壶
民国五年	邹安	《双王鉩斋金石图录》	24	1
民国十六年	邹寿祺	《梦坡室获古丛编》	42	1
民国十八年	容庚	《宝蕴楼彝器图录》	92	3
民国十二年	靳云鹗	《新郑出土古器图志初编》	-	5
民国十八年	关百益	《郑冢古器图考》	93	6
民国二十年	孙壮	《澂秋馆吉金图》	47	1
民国二十三年	容庚	《武英殿彝器图录》	数百	13
民国二十三年	于省吾	《双剑誃吉金图录》	53	1
民国二十四年	商承祚	《十二家吉金图录》	169	3
民国二十四年	容庚	《海外吉金图录》	-	8
民国二十五年	容庚	《善斋彝器图录》	632	4
民国二十五年	黄濬	《尊古斋所见吉金图》	190	3
民国二十六年	孙海波	《新郑彝器》	95	6
民国二十九年	容庚	《西清彝器拾遗》	20	3
民国二十九年	孙海波	《河南吉金图賸稿》	50	6
民国二十九年	于省吾	《双剑誃古器物图录》	40	3
民国二十五年	伦敦筹委会	《艺展图说》①	-	14

（一）著录类

著录类文献中收录青铜壶的有很多，民国五年邹安著《双王鉩斋金石图录》②，收商周彝器18件，秦器2件，汉器4件，当中收壶1件。

民国十二年，由靳云鹗著录的《新郑出土古器图志初编》③，收录周蟠虺尊、周蟠龙尊等5件青铜壶的发掘过程及出土后的状况，这也是有记载的最早出土的青铜壶。周蟠虺尊、周蟠龙尊为两两一对的器物，周蟠虺尊，即是现今台北“历史博物馆”馆藏重器，龙纹方壶，而周蟠龙尊即赫赫有名的莲鹤方壶。而该书图像过小，破碎之器均未能修理，故未尽善也。随后又有《新郑出土古器图志续编》④《新郑出土古器图志附

① 伦敦中国艺术国际展览会筹备委员会：《参加伦敦中国艺术国际展览会出品图说》，商务印书馆，民国二十五年（1936年）。

② 邹安：《双王鉩斋金石图录》，影印本，民国五年（1916年）。

③ 靳云鹗：《新郑出土古器图志初编》，影印本，民国十二年（1923年）。

④ 靳云鹗：《新郑出土古器图志续编》，影印本，民国十二年（1923年）。

录》[①]，此三卷于民国十七年由关百益合纂为《郑冢古器图考》[②]共收93器，分上下两卷，共七章，一史略、二正名、三分类、四修补、五度量、六释文、七疑年，将《新郑出土古器图志初编》中收录的周蟠虺尊（2件）、周蟠龙尊（2件），进行了考释，并对器物出土时残缺，而后修补的过程等做以讲述，故较之前更为详尽，另收圆壶2件，共6件。

民国十六年邹寿祺编《梦坡室获古丛编》[③]将铜器分为八类，为礼器、乐器、实用器、制定器、明器、兵器、杂器。礼器中收42件，未有壶属，但卣属中一器商鸟形祖甲卣，按形制应归属周代提壶类。

民国十八年容庚编《宝蕴楼彝器图录》[④]，收《西清续鉴》（乙编）中有铭文或花纹佳，形状异者92件，其中壶3件，并注明时代。其中商代1件、周代2件，有图片，注明尺寸、重量、颜色等，并对商壶的铭文加以考释。

民国十九年，孙壮著《澂秋馆吉金图》[⑤]，收商周彝器47件，兵器4件，汉杂器7件，铜镜24件，五代元明杂器3件，共85件。书中定为青铜壶者仅1件，另有2卣、1盉实应为壶。皆注明尺寸、重量等。

民国二十三年，容庚著《武英殿彝器图录》[⑥]，乃从851器中选百器著成此书。共收录商周青铜壶13件，其中圆壶5件、方壶6件。皆描述器物形制、纹饰、尺寸、重量、铭文字数，并对颂壶，152字铭文通篇进行注释。同年于省吾著《双剑誃吉金图录》[⑦]，收商周彝器53件，加之兵器、秦器、汉器等，共115件。其中青铜壶仅1件，在时代上未做隶定，实应为汉代蒜头壶。

民国二十四年，容庚著《海外吉金图录》[⑧]收青铜壶9件，其中商周壶8件、汉壶1件，将《攈古录金文》中𩰫壶及《陶斋集金录》中所收芮壶录入。先对器物尺寸及重量详细描述，后评价器物凸显的价值，并说明每件器物的出处，以及器物所属的大致时代。同年，商承祚著《十二家吉金图录》[⑨]中收录于省吾、方焕经、方若等12家共169器，当中有青铜壶3件、壶盖1件，均摹拓铭文及其纹饰，并对铭文加以考释。

民国二十五年，容庚著《善斋彝器图录》[⑩]收商周青铜器632件，其中铜壶4件、壶

---

① 靳云鹗：《新郑出土古器图志附录》，影印本，民国十二年（1923年）。
② 关百益：《郑冢古器图考》，中华书局影印本，民国十七年（1928年）。
③ 邹寿祺：《梦坡室获古丛编》，影印本，民国十六年（1927年）。
④ 容庚：《宝蕴楼彝器图录》，北平内政部古物陈列所，民国十八年（1929年）。
⑤ 孙壮：《澂秋馆吉金图》，北平商务印书馆分馆石印本，民国十九年（1930年）。
⑥ 容庚：《武英殿彝器图录》，燕京大学哈佛燕京学社影印本，民国二十三年（1934年）。
⑦ 于省吾：《双剑誃吉金图录》，影印本，民国二十三年（1934年）。
⑧ 容庚：《海外吉金图录》，考古学社专集第三种影印本，民国二十四年（1935年）。
⑨ 商承祚：《十二家吉金图录》，燕京大学哈佛燕京学社影印本，民国二十四年（1935年）。
⑩ 容庚：《善斋彝器图录》，燕京大学哈佛燕京学社影印本，民国二十五年（1936年）。

盖1件，其中两件方壶，曾姬无卹壶各有铭文37字，时代应为春秋早期。同年，黄濬辑《尊古斋所见吉金图》[①]中，收录青铜壶彝器、石刻、造像、钥匙、令牌、印玺等各种铭文拓片1000余，其中商周至清青铜器拓片190余，青铜壶铭文拓片3幅，仅录拓片而无介绍，也未对铭文进行考释。

民国二十六年，孙海波著《新郑彝器》[②]，在之前《新郑古器图录》的基础上复编而成，收录器物与之前基本无异，只是分类方式及器名略有不同，将95器按照器物功用分为乐器、烹饪器及食器、酒器、用器、杂器、兵器六类，收录青铜壶与之前相同，共6件。

民国二十九年，容庚著《西清彝器拾遗》[③]中收青铜器20件，其中青铜壶3件、盖1件。对器物形制、纹饰做以描述记录，对器盖上铭文做以注释，另外还对每件器物的时代大致进行判断。同年，孙海波著《河南吉金图賸稿》[④]共收青铜器50件，其中青铜壶6件。同年，于省吾著《双剑誃古器物图录》[⑤]上卷收彝器40件，戎器12件；下卷收杂器10件，玺印6件，石6件，玉6件，甲骨8件，陶6件，由商至宋，共97器；收铜壶3件。

另外，民国二十五年由伦敦中国艺术国际展览会筹备委员会编辑，商务印书馆出版的《参加伦敦中国艺术国际展览会出品图说》[⑥]一书中，丁类壶及锺属，收录壶、锺、钫等共16件器物，其中属商周青铜壶14件，汉器2件，这14件商周铜壶中，复收《武英殿彝器图录》九九、殷句壶，一〇六、□侯壶，一〇九、猎壶，一一二、四兽壶，一一三、四兽壶二，一二〇、绹纹钫6件，而其余8件，为新见器物。

（二）款识类

这一时期收录青铜壶铭文的著作丰富，有邹安所著《周金文存》，当[⑦]中收录青铜壶铭文42条，其中百字铭文以上者4件，10字铭以上25件。所收之器均注明器名，每器有铭文拓本，器形拓印少有，对铭并无注释。罗振玉编著《三代吉金文存》[⑧]，可谓商周青铜器铭文辑录中大成之作。其收录方式是按照器上铭文字数，由少至多进行排列而成，均为器物铭文拓片，共收录青铜壶铭文113条，为传世青铜壶铭文考究也起到了

① 黄濬：《尊古斋所见吉金图》，珂罗版印，民国二十五年（1936年）。

② 孙海波：《新郑彝器》，影印本，民国二十六年（1937年）。

③ 容庚：《西清彝器拾遗》，影印本，民国二十九年（1940年）。

④ 孙海波：《河南吉金图賸稿》，影印本，民国二十九年（1940年）。

⑤ 于省吾：《双剑誃古器物图录》，影印本，民国二十九年（1940年）。

⑥ 伦敦中国艺术国际展览会筹备委员会：《参加伦敦中国艺术国际展览会出品图说》，商务印书馆，民国二十五年（1936年）。

⑦ 邹安：《周金文存》，仓圣明智大学刊本，民国五年（1916年）。

⑧ 罗振玉：《三代吉金文存》，中华书局，1983年。

参考的作用中，是铭文集录重要著作之一。另外，罗先生在其编著的《贞松堂集古遗文》[①]，卷七收壶铭文31条，卷十三收壶铭文5条。卷七壶铭文为三代时期，卷十三壶铭文为汉代。卷七中百字铭文以上者1条，10字铭文以上者10条，收录方式为摹写并注释，且说明每器发现时的情况。《贞松堂集古遗文补遗》[②]，上卷中收壶铭文9条，下卷收壶铭文12条。上卷壶铭文为三代时，下卷壶铭文为汉代，收录方式与之前无异。之后又著《贞松堂集古遗文续编》[③]，当中再次补收三代时青铜壶铭文6条，著录方式也与之前相同。于省吾著《双剑誃吉金文选》[④]卷上之二中收青铜壶铭文7条，卷下之二中收青铜壶铭文8条。

（三）研究类

收录青铜壶并做以考释的著作有，王国维著、罗福颐校注《三代秦汉金文著录表》[⑤]，当中收录商周时期青铜壶13件，用列表的方式分类记录，最后一项为杂记，多指出历代著录之不确切或者失误，甚至辨别出每种青铜器的真伪。王国维《国朝金文著录表》[⑥]收录青铜壶11件，以表格形式列出器名、诸家著录、字数及杂记。鲍鼎《国朝金文著录表补遗》[⑦]收录青铜壶6件。鲍鼎《窓斋集古录校勘记》[⑧]12件。

民国时期将摄影技术运用于青铜器研究中，以相片为主的图录出现，通过对器物正视图或多角度的拍摄，便可以准确直观地了解器物的形制、纹饰及铭文。加之测量单位的变化（厘米、千克等），更加准确地记录了器物的尺寸、重量等相关信息，较前人的收录方式和研究更为科学合理。另外，民国时期西方考古学理论及方法的传入，这对我国多年来形成的传统金石学研究带来了新的方式，也为后来的考古学的发展产生了重要的影响，西方考古发掘先进的理论方法的传入，是开启以科学方法进行考古发掘的起源，为研究青铜器提供了科学的资料及理论依据，也为青铜壶的研究提供了基础条件，最初将科学的研究方法运用于青铜器研究当中的，为商周青铜壶的研究提供了更为广阔的空间，因此，这一时期出现了不少对后世产生深远影响的著作。

容庚著《商周彝器通考》中分上下两篇：上篇为通论，下篇为各论。在上篇通论第三章类别中，将青铜壶按照其功用归为酒器一类提出，对其定义为："豆腹而敛口，或以盛酒或以盛水浆。"并且根据壶的形态对罍等器物进行分类，认为："壶

① 罗振玉：《贞松堂集古遗文》，蟫隐庐石印本，民国十九年（1930年）。
② 罗振玉：《贞松堂集古遗文补遗》，蟫隐庐石印本，民国二十年（1931年）。
③ 罗振玉：《贞松堂集古遗文续编》，蟫隐庐石印本，民国二十三年（1934年）。
④ 于省吾：《双剑誃吉金文选》，石印本，民国二十二年（1933年）。
⑤ 王国维著、罗福颐校注：《三代秦汉金文著录表》，墨缘堂影印本，民国三年（1914年）。
⑥ 王国维、罗福颐：《国朝金文著录表》，上虞罗氏雪堂丛刻本，民国四年（1915年）。
⑦ 鲍鼎：《国朝金文著录表补遗》，石印本，民国二十年（1931年）。
⑧ 鲍鼎：《窓斋集古录校勘记》，石印本，民国二十一年（1932年）。

之敛口广肩者"则为罍，"壶罍之无足者"[①]则为鉼。在下篇各论中共收录青铜壶82器[②]，其中商器10件、西周器18件、春秋战国54件。对于青铜壶流行时代方面的定义为："通行于商代者少，而通行于周代者多，尤盛行于春秋战国。"[③]按照时代对青铜壶进行分类，将商代青铜壶分为三类：其一为有盖之缘特高者，其二为椭圆者，其三为椭圆无盖者。将西周时期流行青铜壶分为兽耳、兽耳衔环、盖作莲瓣、体长方面圆角、体圆无耳、耳作象鼻这6种，并对西周时期流行青铜壶的器类描述为："西周前期……有腹前有鼻者。西周后期贯耳者少见，多兽耳衔环。"[④]将春秋战国时期流行青铜壶按照器耳、器盖、提梁（链）及整体形态等特点分为17种，并对这一时期青铜壶的流行特点做总结："春秋战国期盖多作莲瓣形，或无盖，耳多蹲兽或兽面衔环。"[⑤]

郭沫若《两周金文辞大系图录考释》[⑥]是青铜器铭文研究方式创新之作。书中共收录青铜壶铭文19条，用青铜器上铭文作为研究对象，将铭文内容中出现同属或铭文中书写体例相近的器物进行系统考释，成为与史料相互印证的重要依据。并且通过对器物的形制、纹饰、铭文等方面的综合研究，提出并确立了标准器的断代方法，这也标新了对当时以青铜器为研究对象的各学家对青铜器研究方法的认知，对于青铜壶的研究给予了科学合理的方式，按照青铜壶在青铜器中所处的地位及功用等方面都做以诠释，提出了新的器物类型的分类方法。

此外，1948年李济在《中国考古学报》第三册上发表的《记小屯出土之青铜器》[⑦]一文中，将小屯地区出土的青铜器进行分类，将青铜礼器分为圜底器、平底器、圈足器、三足器、四足器与器相失之盖6类，并列表统计。青铜壶仅1件，为圈足器中一个分类，为279式是小屯M238出土的觯型壶，并在后文壶形器的介绍中认为："器的形态可以算作觯形器加了扩大的一个支派。"[⑧]

民国时期为青铜壶研究的发展阶段，这一阶段关于青铜壶的研究状况从宏观角

① 容庚：《商周彝器通考》，台湾大通书局，1973年，21页。

② 引《武英殿彝器图录》中器11件，《精华》中器9件，引《海外吉金图录》中器6件，《故宫》中器12件，《善斋彝器图录》中器4件，《战国》中器4件，《贞松堂集古遗文》中器3件，《尊古斋所见吉金图》中器3 件，《双剑誃古器物图》中器2件，《新郑出土古器图志初编》中器2件，《十二家吉金图录》中器3件，《河南吉金图賸稿》中器2件；引《西清彝器拾遗》《两罍轩彝器图释》《澂秋馆吉金图》《双王鉨斋金石图录》《攀古楼彝器款识》《参加伦敦中国艺术国际展览会出品图说》等著作中各1件；另外新见器3件。

③ 容庚：《商周彝器通考》，台湾大通书局，1973年，433页。

④ 容庚：《商周彝器通考》，台湾大通书局，1973年，434页。

⑤ 容庚：《商周彝器通考》，台湾大通书局，1973年，434页。

⑥ 郭沫若：《两周金文辞大系图录考释》，《郭沫若全集》，科学出版社，1958年。

⑦ 李济：《记小屯出土之青铜器》，《中国考古学报》第三册，民国三十七年（1948年）。

⑧ 李济：《记小屯出土之青铜器》，《中国考古学报》第三册，民国三十七年（1948年），59页。

度上看，可以总结出以下几个方面。首先，由于这一时期国内受到西方考古学理论及方法的影响，开启了田野考古发掘之路，并学习、运用这些新的考古学理论方法，用以实践、指导我国境内的考古及发掘工作。其次，传统金石学逐渐运用到考古发掘资料，并与考古学形成了相互促进、共同发展且不可分割的局面。这样不仅有利于青铜器研究方法的进一步革新，且更加充分地展示了考古发掘工作的收获和成果。第三，对于器物分类的研究方式的逐渐确立统一，已不再拘泥于长期以来形成的传统金石学所运用的研究模式，更加注重对器物的形制、纹饰、铭文、族属等多个方面的综合性研究，将铭文与历史文献、史料更加紧密地结合起来。确立了标准器的断代方法，这使得青铜器的分期断代研究方法走上科学、合理的新路。最后，这一时期，国内所运用到的田野考古方法及相关工作尚处于初步形成阶段，通过科学方法进行的考古发掘所得到器物数量尚少，因此，在这一时期对于青铜壶的研究，其对象仍然以传世器物为主，不能明确研究对象的具体出土情况，亦无法对器物进行全面的科学合理的分析。

三、1949年迄今——商周青铜壶研究的繁荣时期

新中国成立后，各地考古发掘工作逐渐展开，运用田野考古的科学方法发掘并出土了大量青铜器，极大程度地丰富了对青铜器研究的考古发掘资料，因此使得学者们对青铜器的研究更加科学化和合理化。商周青铜壶在这一时期亦有大量出土，学者们对于这些新的考古发掘资料进行收集并整理，根据青铜壶所出土墓葬的时代对其时间上进行判断，并且通过出土器物的形制、纹饰、铭文进行类比，找寻青铜壶在不同阶段、不同地域发展及其变化的规律。由此在这一时期已全面开启了对青铜壶研究的新步伐，更能深入具体地对青铜壶进行科学合理的研究。

通过各地大规模田野考古工作的广泛展开，也揭起了学界对青铜壶研究的一个全新阶段。随着出土青铜壶及所发掘墓葬完整材料的日益增多，时至今日通过考古发掘所出土的青铜壶的数量，已超过了收录于历代著录中传世青铜壶的总量，这为研究青铜壶提供了丰厚的科学资料，扩展了研究的广度，提高了研究深度，深化了研究的价值。

从新中国成立至今，有关青铜壶研究的各类著作纷至沓来，按体例可以分为六个方面：①以综合性研究为主的通论类著作；②以收录青铜器图样并简介的图录类著作；③以收录对青铜器研究文章的工具类著作；④以收录对青铜器研究著录的检索类集成；⑤以器物类型研究为主的研究类著作；⑥以考古发掘出土青铜壶的考古报告类文章。国内关于青铜器的著作和文章的不断问世，加上海外学者的大量参与，使得新中国成立后对青铜器的研究出现了百花齐放的新局面。

（一）通论类著作

容庚、张维持所著的《殷周青铜器通论》[①]，依照容庚早期著作《商周彝器通考》中对青铜壶流行时代的判断，认为壶通行于殷代的少，通行于周代的多，盛于春秋战国。将青铜壶归为盛酒门，认为壶是与尊、卣同为一系的盛酒器，并对青铜壶的分类重新划分，分为圆壶属、椭圆壶属、方形壶属、瓠形壶属、卵形壶属这5类。共收录青铜壶21件，每件器物都标明尺寸、描述纹饰、器物著录，对于时代在每类最后皆做以判断，并附器物图，有铭文者对其铭文也进行记录，但对铭文未做注释。该书体例上与《商周彝器通考》无异，但新增材料颇多，并对青铜器时代、铸造技术等问题增设章节讨论。

马承源著《中国青铜器》[②]（简称《中青》）在第二章青铜器分类中将青铜壶归为酒器，认为青铜壶之功用应为盛酒之器，青铜壶的使用时间为自商至汉或更晚。将青铜壶的形式按时代进行划分为商代、西周、春秋时期。将商代时期青铜壶分为瓠壶、长颈圆壶、扁壶、长颈鼓腹壶5类。其中瓠壶类，按器口分为二式；长颈圆壶类按提梁、器腹的不同分为五式[③]；扁壶类按器口、器腹的不同分五式[④]；长颈鼓腹壶类按器口、器颈、器肩的区别分为五式[⑤]。西周时期青铜壶分为，扁壶、圆壶、长颈椭方壶3类。其中扁壶类按照器口、提梁、器耳的变化分为四式[⑥]；圆壶类按照器颈、器耳、器腹的不同分为八式[⑦]；长颈方壶类按照器盖的不同分为二式[⑧]。春秋时期青铜壶分为圆壶、方壶、瓠壶3类。其中圆壶类按照分器盖、器耳、器腹的变化分六式[⑨]；方壶类按

---

① 容庚、张维持：《殷周青铜器通论》，文物出版社，1984年。

② 马承源：《中国青铜器》，上海古籍出版社，1984年。

③ 这五式为：长颈圆体提梁式、长颈圆体长提梁垂腹式、长颈方腹提梁式、长颈圆体深鼓腹短提梁式、长颈深鼓腹提梁有流式。

④ 这五式为：宽口贯耳椭扁体式、次宽口椭扁体式、甚宽口椭扁体式、提梁椭扁体式、宽口椭扁体无耳式。

⑤ 这五式为：长颈小侈口扁腹式、长颈侈口扁腹式、长颈小侈口鼓腹式、方体有肩高圈足式、方体有肩短圈足式。

⑥ 这四式为：椭扁体宽口式、椭扁体次宽口提梁式、椭扁体宽垂腹提梁式、椭扁体甚宽口双耳式、扁方体小口圆肩式。

⑦ 这八式为：圆体长颈环耳鼓腹式、圆体短颈贯耳鼓腹式、圆体次长颈贯耳鼓腹式、圆体次长颈环耳垂腹式、圆体宽长颈狭腹式、圆体宽长颈鼓腹提梁式、筒形长鼓腹贯耳式、筒形长鼓腹提梁式、圆体长鼓腹悬胆式。

⑧ 这二式为：方体高盖兽耳宽垂腹式、方体高莲瓣盖兽耳宽垂腹式。

⑨ 这六式为：圆体宽颈莲瓣盖兽耳套环垂腹式、圆体甚宽颈垂腹式、圆体宽颈兽耳莲瓣盖鼓腹式、圆体宽颈鼓腹阔圈足式、圆体宽颈宽腹式、椭圆体宽颈宽腹式。

照器盖、器颈、器耳的变化分为七式[①]；瓠壶类则为一式，曲颈式。战国时期青铜壶分为圆壶、方壶、扁壶、瓠壶4类。其中圆壶类按照器盖、器颈、提梁分为七式[②]；扁壶按照器口分三式[③]；瓠壶按鋬分为二式，即瓠形斜颈有鋬式、瓠形斜颈鋬连式。

《中青》共收录商周时期青铜壶62件。每式均对器物形态进行描述，并对器物进行断代。首次将提梁器从卣类分出归为壶类，根据青铜壶的器形与铭文书写的形态相结合，认为提梁器中有自名为壶者，并且该类器符合青铜壶铭文书写的形态，故在该书中将提梁类壶归入壶类中。虽然在不同时期给予了各具时代特点的壶不同的名称，但总体看来马承源将青铜壶归为圆壶、方壶、提梁壶、扁壶、瓠壶这5类，这为青铜壶进行类型学分析研究打下了坚实的基础。

朱凤瀚著《古代中国青铜器》[④]，后修订重新出版《中国青铜器综论》[⑤]（简称《青综》）一书，第三章青铜器的分类与定名（上），将青铜壶归为酒器中的盛酒器类，先是对青铜壶的功用进行分析，认为青铜壶的功用主要为盛酒器，而东周时期壶也用作水器。在青铜壶分类时共收录45件壶，作为各型式的标本器。并将青铜壶分为椭圆腹壶、圆腹壶、圆角长方形（或称“椭方形”）腹壶、方形腹壶、扁鼓形腹壶、瓠壶这6大类，并在这6大类的基础上划分型式，将椭圆腹壶根据颈、口的不同，分为A、B二型。圆腹壶类根据器物体形分A、B二型：A型根据器底圈足的变化分为三式；B型根据器物最大腹径的位置的变化分为五式。圆角长方形壶类根据器物最大腹径的位置变化分为三式。方形腹壶根据颈、腹的不同分为A、B二型。扁鼓形腹壶根据器物颈部的不同分为A、B二型。瓠壶则未分型式。每型式皆举1件或多件标本器作为例证，并对器物形态进行描述，标注器物尺寸及所属时代，并附手绘图作为参照，对有铭器物则未对其铭文进行记录及注释。

朱凤瀚将提梁类器均归为卣类，这点与马承源的分类方式有所不同。此外，他还将器形似壶却平地无足者归为鈚类，并对其划分型式，将其分为A、B二型，又将A型分为三个亚型，B型分为二个亚型。收录方式与青铜壶相同。

通论类著作对于青铜壶的研究方法的认知是至关重要的，将考古学类型学分析的原理及方法运用于青铜器的器类分析，明确了器物发展变化的规律，根据不同时期流行器物的变化进行归纳类比，总结出各个时期不同地域所流行青铜壶的型式及发展变

---

① 这七式为：方颈椭腹式、方颈无耳椭腹壶、方体高莲瓣盖鼓腹式、方体莲瓣立鹤大兽耳龙负式、方体高颈大兽耳鼓腹负龙式、方体高颈四棱式、方体短颈高莲瓣盖垂腹式。

② 这七式为：圆体莲瓣立凤盖深鼓腹式、圆体短颈鼓腹宽体式、高颈鼓腹式、小口高颈球腹式、圆体提梁活链式、圆体高颈提梁活链式、圆体短颈球腹式。方壶类按照器口、器腹、器底分为四式：方体大口宽肩式、方体狭腹式、方体宽腹高圈足、方体宽腹矮圈足式。

③ 这三式为：扁体小口界栏式、扁体小口起棱式、八角宽口深腹式。

④ 朱凤瀚：《古代中国青铜器》，南开大学出版社，1995年。

⑤ 朱凤瀚：《中国青铜器综论》，上海古籍出版社，2009年。

化的特点，由此开启了青铜壶研究运用科学合理方法的大门，为之后的器物类型学分析打下了牢靠的基础。

（二）图录类著作（按时间顺序排列）

1962年8月，陈梦家著《美帝国主义劫掠的我国殷周铜器集录》[①]（简称《美集》），将流散于海外的我国商周青铜器进行收集整理而著成此书，其中共收录青铜壶92件，其中汉壶13件。将壶根据时代及器形变化分十个阶段收录：壶一为殷早中期，壶二为殷晚至西周初期，壶三为殷晚至西周初期，壶四为西周中期至西周晚期，壶五为西周晚期，壶六为春秋至东汉时期，壶七为战国初期至西汉，壶八为西周中期至战国初期，壶九为战国中期至汉，壶十为汉壶。并对每件器物的器名、前人所收著录名、器物尺寸、所属时代、所藏之处、器上铭文均进行记录。

该书中收录壶虽然对器物形制没有特殊说明，但从分期方式及顺序上看，壶一[②]所收青铜壶的器形特点为无盖、侈口、无耳、长颈、扁鼓腹，时代应为商代晚期。壶二[③]中所收青铜壶为商代晚期常见贯耳壶，器形特点为宽口、粗颈、贯耳（或无耳）、鼓腹、圈足，时代为商代晚期至西周早期。壶三中所收壶为西周常见长体贯耳壶[④]，器形特点为有盖（或无盖）、小口、长圆腹、圈底、长体，时代由西周早期至西周晚期。壶四中所收壶为西周晚期至春秋早期所流行的兽耳圆腹方壶[⑤]，器形特点为方口、半环兽耳、椭圆垂腹、方圈底，此类壶时代由西周晚期始出现至春秋中期消失。壶五为西周中期、晚期流行的细长颈圆鼓腹壶[⑥]，器形特点为小口、束颈、半兽环耳（或贯耳）、椭圆鼓腹、圜底圈足，此类壶由西周中期出现直至春秋中期消失。壶六收录壶数量众多，主要为春秋时流行的铺首圆壶，亦有半兽环耳圆壶，由于器形较多且各具形制特点，因此难以比论。壶七收录主要为铺首方壶（或称钫），由战国中期始至汉代一直存在也是汉方壶的主流型式。壶八收录为瓠壶，流行于战国至汉。壶九收录为扁壶，流行于战国至汉。壶十收录为蒜头壶，主要流行于汉，战国晚期亦有少量出现。

由《美集》中收录青铜壶的排列方式，不难看出青铜壶发展及器形演变的经过，

---

① 陈梦家：《美帝国主义劫掠的我国殷周铜器集录》，科学出版社，1962年。

② 高圈足。器物形制与《中青》中商代长颈鼓腹壶一式相同，为长颈小侈口扁腹式。

③ 因其形制及时代的不同，分别与《中青》商代时期扁壶，一、二式及西周时期扁壶一式形制相同，与《青综》中椭圆腹壶A型中标本一、二器形相同。

④ 该类型壶与《中青》中西周时期圆壶六、八式形制相同，与《青综》中圆腹壶A型形制基本相同。

⑤ 形制与《中青》中西周时期长颈椭方壶一、二式，方体高盖兽耳宽垂腹式，方体高莲瓣盘口兽耳宽腹式相同，与《青综》中圆角长方形腹壶Ⅰ式中，标本四、五形制相同。

⑥ 此类壶的形制与《中青》中西周时期圆壶一、二、三式相同，与《青综》中圆腹壶B型Ⅰ式标本一、二，Ⅱ式标本一，形制相同。

以及各个时期主流型式壶的形制，不仅为青铜壶的研究提供了大量清晰明了的传世器参考资料，还为青铜壶研究做器物类型学分析及分期断代提供了引证参考。

1978年，中新书局有限公司编辑部编著《中华文物珍品图说》（上册）①，收录青铜壶21件，每器均附照片，皆描述形制，记录尺寸、重量，判定年代。

1981年，河南出土商周青铜器编辑组编《河南出土商周青铜器》②（简称《河青》），收录青铜壶4件。在图版中仅对器物进行摄影拍照，给予名称。后对器物逐一介绍，标明器物所属时代、尺寸、器形特点、纹饰、铭文等，个别器物还介绍其出土墓葬及出土时情况。

1984年始，陕西省考古研究所、陕西省文物管理委员会编著《陕西出土商周青铜器》③三册（简称《陕青》），一册收录青铜壶5件；二册收青铜壶11件；三册收录青铜壶4件，壶盖1件，共收录商周时期出土青铜壶20件、壶盖1件。标注了每件出土器物所属墓葬编号及墓葬中器物编号，并叙述了出土墓葬及同出器物，这对青铜壶研究明确器物组合关系是有所帮助的。

1984年8月以来，中国社会科学院考古研究所编《殷周金文集成》④（简称《集成》）共收录青铜壶铭文拓片278条。每条拓片后对铭文字数、时代、著录、现藏地、拓片来源5个方面作以简介。

1988年，吴哲夫、杨美莉、刘玉芬编《中华五千年文物集刊·青铜器篇六》⑤，收录商至战国青铜壶17件。对每器都描述尺寸、花纹，隶定铭文，判定年代，记录出土时地、著录等，并配有彩色图版、黑白图版。

1988年，台北故宫博物院编辑委员会编辑《海外遗珍》⑥，按照朝代先后进行收录。收录商代晚期壶2件、西周时期壶2件、春秋时期壶2件、战国时期壶3件，共收壶9件。按照器物时代早晚的顺序进行排列，每器均有清晰的照片，下附该器物所属时代、器名、尺寸、器物藏处等简要说明。

1993年4月，安阳市文物工作队、安阳市博物馆编著《安阳殷墟青铜器》⑦，收录青铜壶2件。先是对殷墟南区墓葬群发掘情况及出土器物等作以论述，并列表统计，后与《河青》中收录方式相同。除此之外还标注了每件出土器物所属墓葬编号及墓葬中

① 中新昭明：《中华文物珍品图说》，中新书局有限公司编辑部，1978年。

② 河南出土商周青铜器编辑组：《河南出土商周青铜器》，文物出版社，1981年。

③ 陕西省考古研究所、陕西省文物管理委员会：《陕西出土商周青铜器》，文物出版社，1980年。

④ 中国社会科学院考古研究所：《殷周金文集成》，中华书局，1984年。

⑤ 吴哲夫、杨美莉、刘玉芬：《中华五千年文物集刊·青铜器篇六》，中华五千年文物集刊编辑委员会出版，1988年。

⑥ 台北故宫博物院编辑委员会：《海外遗珍》，台北故宫博物院出版，1988年。

⑦ 安阳市文物工作队、安阳市博物馆：《安阳殷墟青铜器》，中州古籍出版社，1993年。

器物编号，这对出土青铜壶的研究是十分关键的。

1995年12月，李学勤、艾兰著《欧洲所藏中国青铜器遗珠》①，收录青铜壶9件，其中商周青铜壶5件、汉壶4件。收录每件器物清晰照片，并附说明，标注每件器物的时代、尺寸、藏处，并对器形、花纹作以描述，有铭文者则对铭文作以注释，还将著录中所收器物进行特殊说明，这对于青铜壶研究搞清部分前人著录中所收传世器如今的现藏处起到了非常关键的作用。

1995年1月，国家文物局编著《中国文物精华大辞典·青铜器卷》②（简称《精华》）。此书按照时代由新时期时代出现青铜器始至明代止，共收录青铜器1342件。唯商周时期数量最多。收录商周时期青铜壶共计69件，其中商壶15件、西周壶13件、春秋壶17件、战国壶24件。以器物照片为主，围绕照片附录文字，先对器物尺寸作以标注，后标明器名、时代及功用，描述器物形制、纹饰、铭文等几个方面，对器物价值作以评价，最后写明出土地及器物藏出。该书对器物介绍较为笼统，对传世器均未作以标注，并且对于出土器物出土地的标注较为宽泛，没有标明出土墓葬、同出器物等，就价值看仅为科普教育类书籍，对青铜壶研究价值不高。

1995年以来，由中国青铜器编辑委员会编著《中国青铜器全集》③（简称《全集》）陆续出版。《全集》从国内外190家文物机构现存的数万件青铜器中，遴选3000多件精品，按时代分地区编排，共16卷。全套书共收录青铜壶154件，其中商壶31件、西周壶26件、东周壶97件。主要以器物照片为主，并附每件器物的尺寸，描述器物形制、纹饰等，并说明出土地及现藏地。

1998年10月，台北故宫博物院编辑委员会编《故宫商代青铜礼器图录》④，将商周时期6件铜壶，以高清摄影的照片为主，并附以器物尺寸、描述器物形制、纹饰等，确定出土地及时代。另外，与前不同的是将高科技手段运用到青铜器的鉴别上，对所收青铜器拍摄X光片，并将X光片照片随附。该书对青铜器研究开拓了创新之路，将现代高科技术运用于青铜器的研究当中，更加准确地对青铜器的真伪、时代等进行判断，迈出了现代考古学逐步走向科技化的新步伐。

2002年8月，刘雨、卢岩编著《近出殷周金文集录》⑤收录青铜壶铭文拓片28条，盖铭1条，在说明部分附有字数、器物尺寸、释文、出土地点及现藏地等。

2004年，陈佩芬著《夏商周青铜器研究》⑥全六册，按照时代分为三期（每期分上

① 李学勤、艾兰：《欧洲所藏中国青铜器遗珠》，文物出版社，1995年。

② 国家文物局：《中国文物精华大辞典·青铜器卷》，上海辞书出版社，1995年。

③ 中国青铜器编辑委员会：《中国青铜器全集》，文物出版社，1997年。

④ 台北故宫博物院编辑委员会：《故宫商代青铜礼器图录》，台北故宫博物院印行，1998年。

⑤ 刘雨、卢岩：《近出殷周金文集录》，中华书局，2002年。

⑥ 陈佩芬：《夏商周青铜器研究》，上海古籍出版社，2004年。

下）：一期为夏商篇，二期为西周篇，三期为东周篇。夏商篇分为夏代、商代早期、商代中期、商代晚期四个部分，其中商代中期收壶1件，商代晚期收壶6件。西周篇按时代分为西周早期、西周中期、西周晚期三个部分，其中西周早期收壶2件，西周中期收壶3件盖1件（另有3件卣，实则为壶）、西周晚期收壶3件。东周篇中按照时代分为春秋早期、春秋晚期、战国早期、战国晚期这四个部分，其中春秋早期收壶3件，春秋晚期收壶4件，战国早期收壶7件，战国晚期收壶14件。共收商周时期青铜壶43件。每件器物皆有清晰的照片，并附说明，包括对器物时代的判断、尺寸、重量、器形描述，并对多数器物与同类或同出器物进行器形对比和组合关系分析，以及对器物流传过程和功用等问题进行简要论述，丰富了青铜壶的研究。

2005年12月，曹玮编《周原出土青铜器》[①]，全书共十卷，收录1958～1996年，周原地区17处窖藏及39座墓葬中出土青铜器。其中共收录窖藏青铜壶13件，墓葬中青铜壶6件。首先对墓葬发掘情况进行简述，并对每件器物记录精确的尺寸、重量、容积及器形描述，并附高清的器物照片及器上重要纹饰的照片。尤其是对器物出土窖藏（墓葬）的情况、同出器物的分析及对时代判断等相关介绍，为商周青铜壶的研究提供了极大便利。

2006年，锺柏生、陈昭容、黄铭崇、袁国华编著《新收殷周青铜器铭文暨器影汇编》[②]，将近些年来新出的青铜器铭文，以及在《殷集》中所未收录的部分，分为上下两编：上编收录有铭青铜器1417件（礼、兵、乐等各类），其中铜壶33件、盖1件；下编收录587件，其中铜壶14件、盖1件。 每件器物均附有器物的小图片、拓片，器物说明以表格形式，对器物在该书中的编号、器名、尺寸、出土地、现藏地、时代、国族几个方面进行简介。其收录数量之庞大内容之丰富，足可谓是又一部关于青铜器著录类的巨著。

2006年2月，北京文物精粹大系编委会等编《北京文物精粹大系》（青铜器卷）[③]。收录方式与《精华》近同，按照时代进行收录，分为商代、西周、春秋时期、战国时期、汉至南北朝时期、隋唐至元明时期这6个部分。其中西周部分收壶2件，战国部分收壶6件，对每器则作以简介，为科普性著录。

2008年10月，中国社会科学院考古研究所、安阳市文物考古研究所编著《殷墟新出土青铜器》[④]，将殷墟地区1982年～2006年发掘的墓葬按照年份作以统计，并统计出土青铜器礼器数量，共出土青铜器1600件以上，其中有青铜壶8件，后对其中一件附图

① 曹玮：《周原出土青铜器》，巴蜀书社，2005年。

② 锺柏生、陈昭容、黄铭崇、袁国华：《新收殷周青铜器铭文暨器影汇编》，台北艺文印书馆，2006年。

③ 北京文物精粹大系编委会等：《北京文物精粹大系》（青铜器卷），北京出版社，2002年。

④ 中国社会科学院考古研究所、安阳市文物考古研究所：《殷墟新出土青铜器》，云南人民出版社，2008年。

介绍。该书对研究青铜壶的价值在于明确了殷墟地区青铜壶尚未流行开来，对研究青铜壶的起源及出现时初期在墓葬中的地位都十分重要。

2010年5月，山东省博物馆编《山东金文集成》①，收录青铜壶铭文22条，以隶书形式复书铭文内容，并在每篇铭文下注明曾收著录简称，后附有铭文拓片、器名、所属时代、铭文字数、流传经过、现藏之处。该书统计并收录了山东地区传世、出土青铜器（包括容器、兵器等）有铭文者，是一部详细全面的有关青铜铭文的著作。

2012年12月，吴镇烽主编《商周青铜器铭文暨图像集成》②，该丛书将有铭之器尽收其中。全套共35册，其中21、22册为“酒器·壶”，21册收有铭文青铜壶174件、壶盖4件，22册收壶313件、壶盖14件。包括出土壶、国内传世壶、海外收藏壶等，共487件。有器名者则沿用，未有著录无器名者则予以定名，对器物的时代、出土地点（传世器则说面收藏者或藏处）、器物尺寸、形制纹饰、曾经著录、铭文位置及字数、铭文释文及拓片等，进行了全面收录。由于该书仅对有铭文青铜壶予以收录，因此未对青铜壶进行分类，亦无其他研究。

这一时期，图录类著作对于研究商周时期青铜壶作用十分关键，通过器物图像的比对，可以十分清晰地判断器物的形制、纹饰等多个方面，对器物类型学分析是必不可少的，并且加深了通过类型学分析所得出的研究成果的可靠性。

（三）研究类著作

1981年，郭宝钧遗著《商周铜器群综合研究》③，全书共分六章④。该书的特点是以科学发掘的青铜器墓葬为基干，将郭沫若的标准器断代法扩大为标准器群断代法。虽然忽视传世品，但仍具有较高的科研价值。从青铜器数量的统计、铸造的进展、形制的演变、花纹的风尚、铭文的刻铸、用痕的遗留、组合的变化7个方面进行了综合考察，提出了关于青铜器分期断代的器群界标法。该书图版96页，插图42幅，收录了近2000件器物。青铜壶在该书中作为各铜器群中代表性器物，凸显了不同时代各器群间青铜壶造型及纹饰的差异。

1992年，尹盛平主编《西周微氏家族青铜器群研究》⑤。该书对陕西扶风庄白一号窖藏出土青铜器作以研究，并在附录中集合各家对窖藏铜器的研究成果，其中有对2件三年㾓壶、十三年㾓壶的铭文研究。

---

① 山东省博物馆：《山东金文集成》，齐鲁书社，2010年。

② 吴镇烽：《商周青铜器铭文暨图像集成》，上海古籍出版社，2012年。

③ 郭宝钧：《商周铜器群综合研究》，文物出版社，1981年。

④ 分别为中商铜器群、晚商铜器群、西周铜器群、东周初年及春秋时期铜器群、战国铜器群、商周铜器群总结。

⑤ 尹盛平：《西周微氏家族青铜器群研究》，文物出版社，1992年。

1995年，刘彬徽著《楚系青铜器研究》[①]。将东周楚系青铜壶分方壶、铺首、提链壶3个类型，并以出土青铜壶作为例证总结特点，分期排列。后又综合其他器物研究纹饰、组合、其他系青铜器的关系等问题。

1999年，王世民、陈公柔、张长寿合著《西周青铜器分期断代研究》[②]。该书按器物形制分类，壶为其中一类，根据西周青铜壶的变化分为椭圆体、圆体、椭方体三型，每型又分成各式。将有争议的提梁壶均归为卣，实际该书中Ⅰ型长颈圆形卣Ⅰ、Ⅱ两式均应为壶。并结合各器对纹饰、断代等进行研究。

2003年1月，施劲松著《长江流域青铜器研究》[③]。以今日行政区划之界，将长江流域青铜器分为4中心地域，对各区域出土青铜器的形制、组合、纹饰做介绍并与中原地区做比较。其中对江西新干大洋洲出土壶的形制特点，与中原地区同期器间的差异等问题做比较研究。

2003年2月，彭裕商著《西周青铜器年代综合研究》[④]。该书先对西周各类青铜器做形制划分，将青铜壶分为二型：A型横衔面为圆形，B型为横截面为椭圆或圆角长方形。各型分亚型，亚型分式。各式举出土器为例，分析时代。后综合各期，对时代、纹饰做分析研究。

2004年4月，陈梦家著《西周铜器断代》[⑤]出版。该书中部分内容为陈先生早年发表在《考古学报》中的文章，于2004年整理并出版，由张长寿略为补图。该书按照王室对西周时期有铭青铜器作以收录并分析论证，并标明每件器物曾收著录、及器物流传过程、出土地点、出土时间、器物藏处等。重点研究器上铭文，将每件器上铭文都进行隶定考释。

2006年5月，岳洪彬著《殷墟青铜礼器研究》[⑥]，运用考古学方法对殷墟青铜礼器的发现和研究历程做了概述，讨论了殷墟青铜礼器的分期、断代、纹饰等，并与二里头文化和西周青铜器的源流关系做了全面分析。收录殷墟地区出土青铜壶8件，并划分为三型：A型为圆壶，B型贯耳扁圆壶，C型为方壶。

这类研究性著作虽未能将青铜壶作为主要研究对象，但对青铜壶都有部分涉及，其研究内容、研究方法等都具有重要的价值，对青铜壶的综合研究起到了指导性作用。

---

① 刘彬徽：《楚系青铜器研究》，湖北教育出版社，1995年。

② 王世民、陈公柔、张长寿：《西周青铜器分期断代研究》，文物出版社，1999年。

③ 施劲松：《长江流域青铜器研究》，文物出版社，2003年。

④ 彭裕商：《西周青铜器年代综合研究》，巴蜀书社，2003年。

⑤ 陈梦家：《西周铜器断代》，中华书局，2004年。

⑥ 岳洪彬：《殷墟青铜礼器研究》，中国社会科学出版社，2006年。

（四）工具类著作

孙稚雏编《金文著录简目》[①]以器为纲的著录表，所收以金文专著为限，其续编《青铜器论文索引》[②]，兼收1982年之前的各种论文集和报纸杂志上的有关青铜器和金文研究的中文论著，除此之外，还兼收陶文、盟书、简帛、刻石、玉器及汉代鸟篆等文字资料。并根据青铜器及金文研究的内容进行分类，各个分类项下，均按内容以类相从，同时兼顾时代与地域，方便了资料的查阅。

张懋镕及张仲立合编《青铜器论文索引（续编）（1983～2001年）》[③]，随后又出版《青铜器论文索引（2002～2006年）》[④]。在铭文方面，张亚初著《殷周金文集成引得》[⑤]等。索引工具书为青铜器研究资料查阅，提供了极大的便利。

（五）青铜壶器类研究的文章

1. 研究青铜壶的文章

黄盛璋1983年发表于《中原文物》上的《关于壶的形制发展与名称演变考略》[⑥]一文，首先对壶的流行时代及重要性作以介绍，并提出壶的形制、名称等问题概念上较为模糊。该文章从枏、椑形、音、义异同辨正，壶（圆、方、扁横）的形制来源发展其名称考原，以及先秦以后壶的形制与名称变化，三个部分展开论述。最后进行总结，认为壶最早只有圆形，先有陶器而青铜器承之，圆壶时间最久，使用也最长，因而成为壶的总名，以及壶的名称最初只有一个壶字，象圆壶之称，原出于陶壶，青铜圆壶来自陶圆壶，而其他类型壶又从圆壶变化而来的结论。该文对青铜壶的定名、功用等问题进行了深入研究和说明，更加明确了壶的定义和概念。

在俞伟超主编的《考古类型学的理论与实践》一书中，收录高崇文所作《两周时期铜壶的形态学研究》[⑦]一文，对西周至战国时期流行青铜壶作以类型学分析，将这一时期的青铜壶的形态变化分为方壶、圆壶、提梁壶、其他类型4大类。对每类都进行分述，先谈该类型壶的形态变化，对其进行型式划分，之后对各型式壶进行年代推断，最后对各型式壶的地区性及所属文化区系进行研究。在其他类型青铜壶这一部分中，

---

① 孙稚雏：《金文著录简目》，中华书局，1981年。

② 孙稚雏：《青铜器论文索引》（20世纪50年代至1982年），中华书局，1986年。

③ 张懋镕、张仲立：《青铜器论文索引》（1983年至2001年），香港明石馆，2005年。

④ 张懋镕：《青铜器论文索引》（2002年至2006年），线装书局，2008年。

⑤ 张亚初：《殷周金文集成引得》，中华书局，2001年。

⑥ 黄盛璋：《关于壶的形制发展与名称演变考略》，《中原文物》1983年第2期。

⑦ 高崇文：《两周时期铜壶的形态学研究》，《考古类型学理论与实践》，文物出版社，1880年，177～233页。

分为蒜头壶、扁壶、罇缶、卵形壶、异形方壶、瓠壶、钫这7类，并对每类分类或举例说明。文章最后进行总结，认为两周时期在宗周地区产生和流行的方壶、圆壶，均是周文化的产物，东周时期由中原向各地传播。提梁壶则是由外向内传播，最早出现在北方狄人地区，后来才发展到中原及楚系。通过对各类铜壶发展序列的研究，可了解两周时期各文化区系之间的关系。高先生所举例器物多为科学发掘的墓葬出土青铜壶，在器物统计列表中将传世、征集来的器物均标明，还标注了器物出土地、数量、所属时代及资料出处。高先生《两周时期铜壶的形态学研究》一文对本书起到十分重要的指导作用。

高西省《西周青铜壶研究》①一文，将西周时期关中地区出土青铜壶分为圆壶②、方壶③、异形壶三大型，并对器物的时代进行推断，而后谈及西周青铜壶的分期及演变，认为“西周早期提梁壶是在商代晚期提梁壶基础上发展起来的，并逐渐形成自己的风格成为周人壶的主体”。最后，谈及西周青铜壶的使用，认为青铜壶不仅作为酒器使用，也被当做水器使用，并引用青铜壶上铭文及考古资料作为例证。这一问题的提出，对商周时期青铜壶的功用了产生了新的观点。

吴小平《汉代铜壶的类型学研究》④一文，将1949年以后全国出土的青铜壶进行统计，通过对汉代青铜壶的统计，认为汉代青铜壶在不同时期和地域呈现出不同的形态，是判断汉墓年代的重要依据，这对探讨汉代青铜壶的形态变化在考古学研究中具有重要的实际意义。并根据青铜壶外表形态的差异，将汉代青铜壶的种类大致分为圆壶、提梁壶、扁壶、钫、长颈壶、蒜头壶6种。汉代常见的钫、扁壶、蒜头壶等器形，在战国时期便已出现。因此，这种器形的分类方式值得参考和借鉴。

对于青铜壶器类研究的文章还有：田口勇、斋藤努《变样蟠螭瓠壶の分析科学的研究》⑤，许俊臣、刘得祯《战国铜扁壶》⑥，李朝远《青铜扁壶说》⑦，崔敏侠《略谈扁壶》等⑧。

以某一时间段、某一地域或青铜壶中某一类型器物作为研究的文章，重在型式分类与形制演变，并对每式的断代等问题推敲论证，对青铜壶的研究方法起到重要作用。

---

① 高西省：《西周青铜壶研究》，《西周文明论集》，朝华出版社，2004年，116～131页。

② 将圆壶分为A型（圆体、短颈、圆鼓腹）、B型（瘦高体长颈、下腹圆鼓或倾垂），又将A型分三式、B型分六式。

③ 将方壶分四式。

④ 吴小平：《汉代铜壶的类型学研究》，《考古学报》2007年第1期。

⑤ 田口勇、斋藤努：《变样蟠螭瓠壶の分析科学的研究》，《泉屋博古馆纪要8》1992年第3期，41～53页。

⑥ 许俊臣、刘得祯：《战国铜扁壶》，《文物》1987年第6期，96页。

⑦ 李朝远：《青铜扁壶说》，《中国文物世界》总第119期（1995年），32～39页。

⑧ 崔敏侠：《略谈扁壶》，《文博》2006年第1期，51～53页。

2. 青铜壶单器研究的文章

李学勤《谈文水出土的错银铭铜壶》①，杨向奎《满城汉墓出土铜壶（甲）释文》②，唐复年《战国宴乐射猎攻战纹壶》③，张丽敏《错铜鸟兽纹铜壶赏析》④，王浩《展翅欲飞莲鹤方壶》⑤，王亚庆《一件东周铜钫》⑥，孙力楠《东北师范大学收藏的一件铜高柄方壶》⑦，任江《青铜器辨伪——从一件“春秋晚期青铜壶”的辨伪说起》⑧，贾文超《青铜饕餮纹三足壶》⑨。此类文章重在对单器的考证，又或通过一件器物说明某种共性，为青铜壶的研究拓宽了视野。

（六）出土青铜壶的考古报告

在众多的商周时期考古报告中，出土有青铜壶的有很多，这对于出土青铜壶的资料收集整理十分重要。例如，由河南省文物考古研究所、郑州市文物考古研究所编著《郑州商代铜器窖藏》⑩一书，是将1974～1996年在郑州商城的外侧所清理发掘的三个商代前期晚段的青铜器窖藏坑中，出土的精美商王室青铜重器的报告。而这批青铜器的出土，为探讨郑州商城的兴废和商前期都城研究提供了重要资料，对了解商前期的王室礼制、青铜铸造工艺及这一时期的手工业发展水平具有重要意义。其中收录商代早期青铜壶1件⑪，这也是为数不多的几件商代早期青铜壶当中的一件，而该书的重点是发表了出土器物的线图、拓本和照片，详细介绍了出土物的形制特点。这对出土青铜壶科学具体的研究，起到了至关重要的作用。

河南地区出土青铜壶的考古报告还有：中国社会科学院考古研究所编《殷墟妇好墓》⑫，中国社会科学院考古研究所编《安阳殷墟郭家庄商代墓葬》⑬，河南博物

① 李学勤：《谈文水出土的错银铭铜壶》，《文物》1984年第6期，26～28页。

② 杨向奎：《满城汉墓出土铜壶（甲）释文》，《社会科学辑刊》，1981年。

③ 唐复年：《战国宴乐射猎攻战纹壶》，《故宫博物院院刊》1983年第3期，84～86、90页。

④ 张丽敏：《错铜鸟兽纹铜壶赏析》，《文物春秋》1997年第2期，76、78页。

⑤ 王浩：《展翅欲飞莲鹤方壶》，《中国文物报》1998年4月12日第3版。

⑥ 王亚庆：《一件东周铜钫》，《中国文物报》2001年5月20日第6版。

⑦ 孙力楠：《东北师范大学收藏的一件铜高柄方壶》，《文物》2005年第9期，91～92页。

⑧ 任江：《青铜器辨伪——从一件“春秋晚期青铜壶”的辨伪说起》，《文物世界》2005年第2期。

⑨ 贾文超：《青铜饕餮纹三足壶》，《中国文物报》2006年6月28日第8版。

⑩ 中国科学院考古研究所：《长安张家坡西周青铜器群》，文物出版社，1965年。

⑪ 出土于郑州向阳回族食品厂窖藏坑H1。

⑫ 中国社会科学院考古研究所：《殷墟妇好墓》，文物出版社，1980年。

⑬ 中国社会科学院考古研究所：《安阳殷墟郭家庄商代墓葬》，中国大百科全书出版社，1998年。

院、台北历史博物馆编《辉县琉璃阁甲乙二墓》[①]，河南省文物考古研究所、三门峡市文物工作队编《三门峡虢国墓》[②]，河南省文物研究所编《淅川下寺春秋楚墓》[③]，河南省文物考古研究所、周口市文化局《鹿邑太清宫长子口墓》[④]，河南省文物考古研究所《郑州商城》[⑤]，等等。

陕西地区出土青铜壶的考古报告有：中国科学院考古研究所编《长安张家坡西周青铜器群》[⑥]，中国社会科学院考古研究所编《张家坡西周墓地》[⑦]，陕西省博物馆、陕西省文物管理委员会编《扶风齐家村出土青铜器群》[⑧]，卢连成、胡智生编著《宝鸡強国墓地》[⑨]，戴应新编著《高家堡戈国墓》[⑩]，等等。

其他地区出土青铜壶的考古报告有：北京大学考古系商周组、山西省文物考古研究所邹衡主编《天马—曲村》[⑪]，湖北省文物考古研究所编《盘龙城：1963年～1994年考古发掘报告》[⑫]，中国社会科学院考古研究所编《滕州前掌大墓地》[⑬]，等等。考古发掘报告专著与各类考古学期刊登载的墓葬发掘报告，为青铜壶的研究提供了科学准确的一手资料，也是对商周青铜壶进行研究的基础。

从新中国成立至今，各类有关青铜器研究的著作不断问世，呈现出空前繁荣的景象，这也极大程度地丰富了青铜壶的研究成果。

总体看来关于商周时期青铜壶研究的成果具有以下几点。

（1）考古资料的不断完善。随着考古发掘的逐步兴起，出土的青铜壶数量不断增多，通过考古发掘所获得青铜壶的墓葬、共出器物等相关资料日趋丰富，这些资料的丰富，使青铜壶的研究更加科学化、合理化。由此，考古资料的完善，将商周时期青

---

① 河南博物院、台北历史博物馆：《辉县琉璃阁甲乙二墓》，大象出版社，2003年。

② 河南省文物考古研究队、三门峡市文物工作队：《三门峡虢国墓》（第一卷），文物出版社，1999年。

③ 河南省文物研究所：《淅川下寺春秋楚墓》，文物出版社，1991年。

④ 河南省文物考古研究所、周口市文化局：《鹿邑太清宫长子口墓》，中州古籍出版社，2000年。

⑤ 河南省文物考古研究所：《郑州商城》，文物出版社，2001年。

⑥ 中国科学院考古研究所：《长安张家坡西周青铜器群》，文物出版社，1965年。

⑦ 中国社会科学院考古研究所：《张家坡西周墓地》，中国大百科全书出版社，1999年。

⑧ 陕西省博物馆、陕西省文物管理委员会：《扶风齐家村出土青铜器群》，文物出版社，1963年。

⑨ 卢连成、胡智生：《宝鸡強国墓地》，文物出版社，1988年。

⑩ 戴应新：《高家堡戈国墓》，三秦出版社，1994年。

⑪ 北京大学考古系商周组、山西省文物考古研究所 、邹衡：《天马—曲村（1980～1989）》，科学出版社，2000年。

⑫ 湖北省文物考古研究所：《盘龙城：1963年～1994年考古发掘报告》，文物出版社，2001年。

⑬ 中国社会科学院考古研究所：《滕州前掌大墓地》，文物出版社，2005年。

铜壶的研究推向了更广阔、更具体、更深层次的领域。

（2）青铜壶的定名研究。关于青铜壶定名的问题，从宋至今各家提出了众多的观点，有从甲骨文、金文字形释义对青铜壶这一类器物定名的，也有从器物功用与器类区别等问题对青铜壶定名的，还有通过器形特点对器物进行分类定名的①。这些观点对青铜壶这一类器物的定名，以及青铜壶与其他器型的界定等问题逐渐的具体、完善，日趋合理化，这也是我们对青铜壶科学合理研究的一个基础。

（3）青铜壶的类型分析研究。青铜壶器物研究的方法，由传统单一的器物收录，革新成为将考古学中考古地层学、类型学等研究方法融运用其中，这已经完全脱离了传统金石学的研究套路，将类型学研究方法运用与青铜壶的研究，开辟了新多样化的研究新路。

（4）某一时代或某一地域对青铜壶的相关研究。此类的研究多是对某时代，或某地域中的青铜器进行研究，故青铜壶也包含其中。因此，这样的研究对理清该时期（或地区）青铜壶的器形特点及纹饰、铭文等相关问题非常有帮助，这对青铜壶发展、演变谱系的建立起到了重要作用。

迄今为止，青铜壶的研究成果已经趋于成熟化。研究方法日趋科学化、合理化，这也使得有关青铜壶的研究必须继续开展。考古资料的大量出现，使得出土墓葬时代的判断、出土器物归属王世等问题讨论热烈。尤其是商周时期青铜壶的器形归属、型式划分、时代判断、器物功用、组合关系等多个方面尚未有系统性的研究著作。现有的通论类的著作对商周青铜壶的研究依然存在很多不足，因此有必要对商周青铜壶进行系统的综合研究，以填补这一领域的空缺。青铜壶是青铜器文化的重要组成部分之一，在商周时期尤为突显其独特的价值，因此对商周时期青铜壶作以整理研究是十分必要的。

至此，将北宋至今这一千多年来有关商周青铜壶的研究的概况略事介论，亦明确了青铜壶研究现今已经取得到的成果和需要解决的问题。由此将展开以商周时期青铜壶为对象的研究，在充分汲取前辈学者对这一对象所获得研究成果的基础上，吸纳新的资料、运用科学合理的研究方法进行研究。书中若有不当之处，还望海内方家批评指正。

---

① 有关青铜壶的定名，在本书第二章第一节中详述，在此不做过多讨论。

第二节 研究方法与创新

一、研究方法

（1）运用历史文献资料、考古学资料，对壶的定名和功用做新的论证分析。

（2）通过考古资料的搜集，将出土商周青铜壶作以全面整理。

①运用类型学的方法，结合其形制、纹饰、铭文对器物进行型式划分。

②利用统计学材料分析法列表，对各类青铜壶的数量及所占比例进行统计。

（3）充分利用考古学资料，对青铜壶进行断代。

①将青铜壶分期、断代。

②对以往学界断代有争议的青铜壶，重新探讨并在时代上作以的界定。

③根据各期青铜壶的特征，找寻器物形制的演变规律。

④利用统计学材料分析法列表，对各期青铜壶的数量及所占比例进行统计。

⑤以器物图像排列的方式，构架出青铜壶各型式的发展演变谱系。

（4）运用考古学文化因素分析方法，对各阶段的墓葬中，青铜壶的用器制度、器物功用、组合方式等方面进行综合性探讨研究。

①根据发掘简报、报告等考古学资料，勾勒出青铜壶在墓葬器物组合中地位的变化。

②结合历史文献，探讨青铜壶在不同历史阶段器物功用上可能发生的改变。

③根据不同地区青铜壶的发展特征，对各地区之间的文化交流做出分析。

④通过对商周时期出土青铜壶的墓葬进行分析，运用壶与其他器物的组合关系来判定墓主人的身份与地位。

（5）通过对青铜壶的梳理和研究，由型式近同的青铜壶来讨论不同地域间文化的相互关系。从而探讨商代晚期及西周时期，胶东地区较中原地区的文化滞后性。

（6）以列表的形式对出土及传世青铜壶进行统计整理。

二、特色与创新

（1）关于商周青铜壶研究，时至今日仍有诸多不足。以青铜壶作为研究对象的专著尚未出现，因此，本书是对商周青铜壶的第一次全面系统的整理。

（2）本书通过对考古资料的搜集整理，以自名为壶器物作为根据，对属于商周青铜壶的器形进行了重新界定。依据甲骨文、金文的字形书体，结合文献记载、字形释义等，对青铜壶的器物功用做探讨和推论。

（3）以自名壶的器物形制做依据，将形制相近的器类做比较研究，并制定出新的界定标准，对学术界长期争论的提梁壶与卣这一问题，找寻出合理的划分依据。

（4）提出新的分类依据，以壶耳造型的差异作为依据进行分型分式，将出土青铜壶发展变化做全面分析。

（5）按照壶的演变规律提出新的分期方式，首次将青铜壶的发展总结为三个阶段，各阶段均出现了一个发展的高峰期。

（6）从出土青铜壶在墓葬中的组合关系、各地区之间商周青铜壶发展的早晚关系，最终尝试总结出商周青铜壶的演变规律、各地区文化特征及差异。

（7）通过对商、西周时期中原与胶东地区之间青铜壶发展的不平衡现象的分析，来探讨两地文化间的相互关系。

第二章　青铜壶的定名及功用

第一节　青铜壶的定名

商周时期，历时1500多年，青铜壶的形制随时间的推移而演变，名称也受时间、地域和用途的不同而改变。从武丁时期甲骨文中“壶”起始，壶就作为表示器物的名称。不同造型的青铜器中，其铭文内容里也常常以“壶”作“自名”出现，而后“壶”作为器具的称谓被沿用传承下来，直至今日。因此，要对“壶”这一器类定名实属不易。

宋代金石之学盛行，金石学家结合文献，对器物逐一命名，最早将“壶”对应到所属器物之上。关于这一点，王国维在《说觥》一文中说道：“凡传世古礼器之名，皆宋人所定也，曰钟、曰鼎、曰鬲、曰甗、曰敦、曰簠、曰簋、曰尊、曰壶、曰盉、曰盘、曰匜、曰盦，皆古器自载其名而宋人因之名之者也。曰爵、曰觚、曰觯、日角、曰斝，古器铭辞中均无明文，宋人但以大小之差定之，但至今仍无易其说，知宋代古器之学其说虽疏，其义则不可及也，若国朝人所命名，则颇有可议者。”[①]可见，宋代金石学家依“自载其名”的原则而将“壶”这一名称对应于器物之上。由于当时并没有对青铜壶的形制做系统的研究，对一些没有自名为壶的青铜器，定名时也存在误定现象。

近代以来青铜器定名原则的逐步统一，使得学界对青铜器器型的划分和归类更具准确性、条理性。在此影响下，青铜壶的定名也日趋统一和完善，学者们对青铜壶器形的基本形态也做出了概括和描述，如容庚、张维持在《殷周青铜器通论》一书中指出：“壶是与尊、卣同为一系的盛酒器。……在殷代，壶的形状多圆腹、长颈、圈足、贯耳、有盖，也有椭圆而细颈的。西周前期略承其制，有腹前有鼻的。西周后期贯耳的少，兽耳衔环或双耳作兽形的多；无耳的也间有，下腹大而头粗；也有体长方而圆其角的。春秋战国期间，盖多作莲瓣形。春秋末期以后多无盖，而多蹲兽或兽面衔环。体有圆形、方形、匏形的，又有卵形三足的，不知何名，想也是尊壶之属。”[②]容庚、张维持对各类青铜壶所具有的基本形制及其流行时代，进行了大致描述，认为特殊形态的青铜壶难以定名，著者依自身经验认为其与尊有联系。可见，在青铜壶定

① 王国维：《观堂集林·说觥》卷三，中华书局，2004年，147页。

② 容庚、张维持：《殷周青铜器通论》，文物出版社，1984年，57页。

名的问题上向来都是难以确定的。朱凤瀚在《古代中国青铜器》一书中，也概括出青铜壶的形制特征：“长颈或较长颈，直口或微侈口，深鼓腹，下附圈足。”[①]几位前辈对青铜壶形态的总结，为青铜壶的定名提供了基本的标准和依据。

通常青铜器最妥当的定名方式，是以器物铸造及被使用时给予的名称为准，所以绝大的数学者均认为器身“自名”的定名方式最为可靠（器物“自名”即是铸造及使用时对器形的自称）。例如，张懋镕在其文章《关于青铜器定名的几点思考——从伯涓父簋的定名谈起》中曾提道：关于文物的定名原则，学界一般认为有三条：①有自名的器物要依自名定名；②宋代学者依据史籍著录做出的命名；③既无自名，又缺乏史籍著录者，可根据其造型、用途予以定名[②]。朱凤瀚也强调：“最正确最妥当的定名是以器物被使用的时代之名称为准。而即使有当时的文献材料，还存在一个文献所见与器物本身是否对上号的问题。所以，学者们是以器物‘自名’为最可靠。”[③]可见，依据青铜器的“自名”为器物定名，是学者们达成的共识，也是最科学、最简捷的方法之一；对于没有自名也没有史籍记录的，应分析器物的发展演变过程，掌握此类器物的基本形态，做对比分析后定名。

在历代金石学家和先前学者对青铜壶研究的成果之上，我们对青铜壶考古及传世的材料进行了整理统计，并结合文献记载进行分析研究；认为青铜壶这一类器物，器身铭文中“自名”为壶者数量众多，器形十分繁复，因此要先找寻“自名”为壶器，按照“自名”器的形制特征分析界定，最终对青铜壶这一类器物建立起其发展演变的谱系。

壶，“甲骨文作‘’或‘’”[④]，古文字皆作整体象形。李孝定曰：“契文诸壶字上象盖旁有两耳。从者，盖象腹上环纹，下象其圈足或象旁有提梁之形。”[⑤]即壶是有盖、有耳、大口圈足容器的象形，这也是主流壶的形制特征。甲骨文中所记“壶”至迟为武丁时期，从字形看当是壶的器体象形字，《说文解字》记为：“壶，昆吾圜器也。象形。从大，象其盖也。”[⑥]可见壶最初的形制特点为上部“大”同蓋形，旁作两耳，下有圈足。在商代青铜器中，具有这种器形特点的器物不多见，最符合这一特点的青铜器为椭圆口贯耳壶，如武丁配偶妇好，其墓葬中出土的贯耳壶（图2-1），这类型壶虽尚未发现自名者，但却是这一时期墓葬中的一类重器，器形特点在

① 朱凤瀚：《古代中国青铜器》，南开大学出版社，1995年，113页。

② 张懋镕：《关于青铜器定名的几点思考——从伯涓父簋的定名谈起》，《文博》2008年第5期。

③ 朱凤瀚：《古代中国青铜器》，南开大学出版社，1995年，65页。

④ 徐仲舒：《甲骨文字典》，四川辞书出版社，1989年，卷十 · 二六七页。“”“”二字为武丁时期。

⑤ 李孝定：《甲骨文字集释》，“中央”研究院历史语言研究所，1970年，3221页。

⑥ （汉）许慎：《说文解字》，中华书局，1963年，214页。

诸类青铜器中也最为贴合，故此，这类器形应为壶。

图2-1　妇好壶（M5：795）

青铜器在西周时期出现较多新器形，其中属于壶的有8类。西周早期自名为“壶”器始现，按照出土墓葬时代的先后关系和器形的差异，可分为4类：一类特点为圆口、有提梁，如姜壶[①]，铭为“姜乍（作）用壶”（图2-2）；二类特点为椭圆口、有提梁，如曾侯壶[②]，铭为“曾侯乍（作）田壶”（图2-3）；三类特点为圆口、细颈、贯耳，如姪妊壶[③]，铭为“姪妊乍（作）安壶”（图2-4）；四类特点为圆口、细长体、有贯耳，如作旅壶[④]，铭为“乍（作）旅壶”（图2-5）。可见，这4类自名为壶的青铜器，均应称为壶。

西周中期新现器形皆有自名为壶者，可分为3类：一类特点为方口、贯耳，如散车父壶[⑤]，铭为“㪚（散）车父乍（作）皇母𧇏姜宝壶，用逆（迎）姞氏，伯车父其万年子子孙孙永宝”（图2-6）；二类特点为圆口、环耳，如尚壶[⑥]，铭为“尚自乍（作）𣄰（旅）彝（壶），其邁（万）年子子孙孙永用”（图2-7）；三类特

① 1985年4月河南平顶山市薛庄乡北滍村出土，见廖佳行、孙清源：《平顶山市新出土西周青铜器》，《中原文物》1988年第1期，21页。

② 2011年6月湖北随州市浙河镇蒋寨村叶家山西周墓（M65.31），见湖北省文物考古研究所、随州市博物馆：《湖北随州叶家山M65发掘简报》，《江汉考古》2011年第3期，26页。

③ 现藏北京大学赛克勒考古艺术博物馆，见林巳奈夫：《〈殷周时代青铜器之研究〉——殷周青铜器综览（一）》，吉川弘文馆，1984年，壶54。

④ 现藏日本神户白鹤美术馆，见梅原末治：《日本蒐储支那古铜精华》，1959～1962年，3.290。

⑤ 1960年陕西扶风县召陈村西周窖藏，见史言：《扶风庄白大队出土的一批西周铜器》，《文物》1972年第6期，33页。

⑥ 1955年河南泌阳县前梁河村，见赵新来：《文物博物馆简讯》，《文物》1966年第1期，57页。

图2-2　姜壶及其铭文

（1985年4月河南平顶山市薛庄乡北滍村出土）

图2-3　曾侯壶及其铭文

［2011年6月湖北随州市浙河镇蒋寨村叶家山西周墓（M65.31）出土］

图2-4　姪妊壶及其铭文

（现藏北京大学赛克勒考古艺术博物馆）

图2-5　作旅壶及其铭文

（现藏日本神户白鹤美术馆）

点为方口、环耳，如苏訇壶[1]，铭为"稣（苏）訇乍（作）訇其万年子子孙孙永宝用

---

① 1988年9月陕西延长县安沟乡岔口村，见姬乃军、陈明德：《陕西延长出土一批西周青铜器》，《考古与文物》1993年第5期，11页。

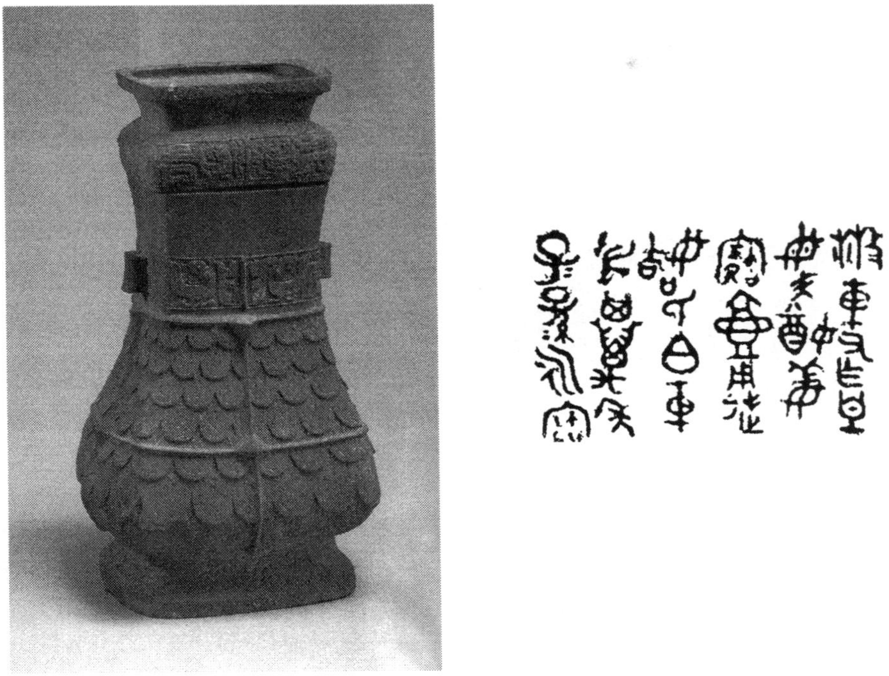

图2-6 散车父壶及其铭文

（1960年陕西扶风县召陈村西周窖藏出土）

图2-7 尚壶及其铭文

（1955年河南泌阳县前梁河村出土）

享，□（卒）”（图2-8）。西周晚期属壶的新出现的器形仅1类，形制特点为小口、细颈、圆腹、有贯耳，如伯多人非壶①，铭为“今⿱夂木白（伯）多人非壶，子孙永用”（图2-9）。以上4类自名为壶的青铜器，都应为青铜壶。

图2-8　苏訇壶及其铭文

（1988年9月陕西延长县安沟乡岔口村出土）

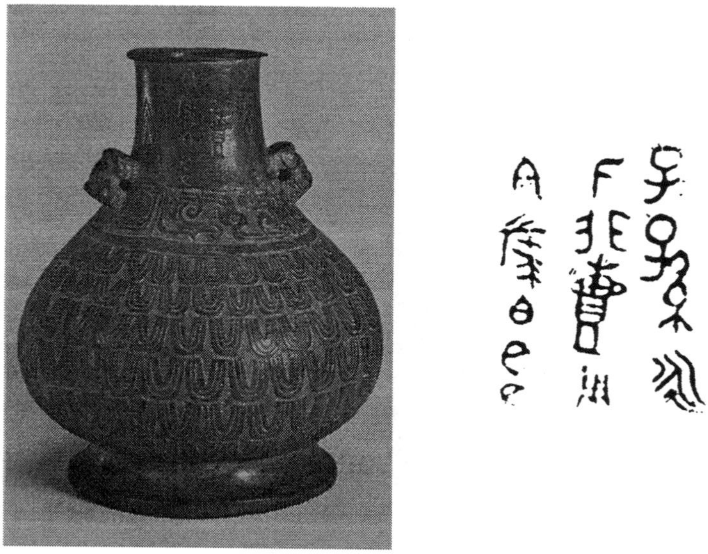

图2-9　伯多人非壶及其铭文

（上海博物馆藏）

① 现藏上海博物馆，见吴镇烽：《商周青铜器铭文暨图像集成》，上海古籍出版社，2012年，22卷12268。

东周时期的青铜壶出现器形更替的现象，因此也涌现出新的器形。春秋早期出现一类新器，特点为方口、短颈、平底、有提链，有自名为壶者，如薛侯壶①，铭为“胖（薛）侯行壶”（图2-10）。此类壶由于平底无圈足，加之有器物的提链遗失，如右走马嘉壶②。因此，亦有学者称作青铜钘（本书第三章第二节详论）。春秋晚期出现两类自名为壶的新器形：一类特点为圆口、短颈、有提链，如曾仲姬壶③，铭为“曾中（仲）姬之尊壶”（图2-11）；另一类形制特点为方口、长体、爬兽耳，如蔡侯壶④，铭为“蔡侯[illegible]（申）之[illegible]（淄）壶”（图2-12）。爬兽耳在春秋中期已出现，但尚未发现春秋中期自名器，而春秋晚期出现的自名器与中期形制无异，属同一类型壶。战国中期出现新器形，形制特点为方口、鼓腹、方圈足，后被称作“钫”，中期尚未发现自名器，晚期有自名为壶者，如盛季壶⑤，铭为“郑右亶，盛季壶”（图2-13）。

可以肯定的是，以上12类自名为壶的青铜器，均应定名为壶。除数量较多的主流形壶外，还有较为少见的特殊造型壶。《诗·豳风·七月》载：“七月食瓜，八月断

图2-10　薛侯壶及其铭文

［1995年山东滕州薛国故城春秋墓（M3.9）出土］

图2-11　曾仲姬壶及其铭文

［1994年湖北随州义地岗曾国墓（M3.20）出土］

① 1995年山东滕州薛国故城春秋墓M3：9，见山东省济宁市文物管理局：《薛国故城勘查和墓葬发掘报告》，《考古学报》1991年第4期，449页。

② 本器铭文为“右徒（走）马嘉自乍（作）行壶”，器图及铭文见本书第三章第二节（附图C.5），苏州博物馆藏。摘自吴镇烽：《商周青铜器铭文暨图像集成》，上海古籍出版社，2012年，22卷12224。

③ 1994年湖北随州义地岗曾国墓M3：20，现藏随州市博物馆，见湖北省文物考古研究所、随州市曾都区考古队、随州市博物馆：《湖北随州义地岗墓地曾国墓1994年发掘简报》，《文物》2008年第2期，8页。

④ 1955年安徽寿县西门内春秋蔡侯墓（15：2），现藏安徽省博物馆，铭文见安徽省文物管理委员会、安徽省博物馆：《寿县蔡侯墓出土遗物》，科学出版社，1956年，图版34.2。

⑤ 吴镇烽：《商周青铜器铭文暨图像集成》，上海古籍出版社，2012年，22卷12191。

图2-12　蔡侯壶及其铭文

［1955年安徽寿县西门内春秋蔡侯墓（15.2）出土］

图2-13　盛季壶及其铭文

（出处不详[1]）

壶，九月叔苴。”断壶，即摘葫芦。汉代毛亨、毛苌传曰：“壶，匏也。”[2]将匏瓜称壶，将成熟的匏瓜去瓤晒干之后，作为盛流质物体的容器，至今民间仍有流传使用。而瓠壶这一形制的壶在青铜壶中亦有使用，且有自名为壶者，如孝子平壶[3]体呈瓠瓜

① 吴镇烽：《商周青铜器铭文暨图像集成》，上海古籍出版社，2012年，22卷12191。

② （清）阮元：《十三经注疏 · 毛诗正义》，中华书局，1980年，123页。

③ 1988年山东莒县中楼乡于家沟村，现藏莒县博物馆，见锺柏生、陈昭容、黄铭崇、袁国华：《新收殷周青铜器铭文暨器影汇编》，台北艺文印书馆，2006年，1088。

形、长颈、直口，颈部铸铭28字，自名为壶，“筥大弔（叔）止孝子平乍（作）其盥□壶……永保用之”（图2-14）。除此之外，形制特殊自名为壶的还有：①伯作宝壶[①]，器体横截面呈椭方形，颈部一对小环耳，且耳上再衔环，这种耳的青铜壶特殊，

图2-14　孝子平壶及其铭文

（1988年山东莒县中楼乡于家沟村出土）

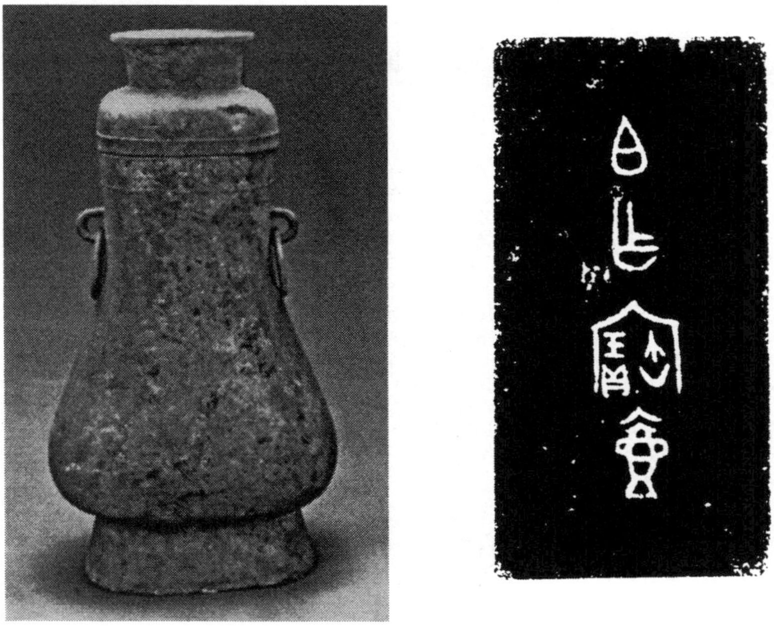

图2-15　伯作宝壶及其铭文

［1961年陕西西安市长安区马王镇张家坡西周铜器窖藏（33号）出土］

---

①　1961年陕西西安市长安区马王镇张家坡西周铜器窖藏（33、34号，共2件），现藏陕西历史博物馆，见《考古学报》1962年第1期。

尚且仅见，盖器同铭“白（伯）乍（作）宝壶”（图2-15）。②仲𤲸父壶[①]，腹下有四条矮兽足，器内底的14字铭文为“中（仲）𤲸父令色以旁壶□□才（财）□二朋”（图2-16）。③己侯壶[②]，外底铸铭13字“己（纪）侯乍（作）铸壶，吏（使）小臣以汲，永宝用”（图2-14）。侯母壶[③]，因山东地区常出土青铜钍，形制与这两类特殊形制铜壶接近，故有误认作钍者。④国子山壶[④]，鸟嘴作流口，铭为“齐大司徒国子山为其盥壶”（图2-18）。

图2-16　仲𤲸父壶及其铭文（M6231：25）

（山西曲沃天马曲村出土）

① 1984～1989年山西曲沃天马曲村M6231：25，现藏北大考古文博学院，见北京大学考古系商周组、山西省文物考古研究所：《天马—曲村（1980～1989）》，科学出版社，2000年，图611.9、10。

② 1974年山东莱阳县中荆公社前河前村西周墓，见李步青：《山东莱阳县出土己国铜器》，《文物》1983年第12期，8页。

③ 器物图见本书第三章第二节（附图C.2）。1977年山东曲阜县鲁国故城望父台春秋墓葬M48.16，现藏曲阜市文物管理委员会，见山东省文物考古研究所等：《曲阜鲁国故城》，齐鲁书社，1982年，147页，图93.4.5。

④ 2001年出现于美国纽约的苏富比拍卖行，见吴镇烽：《商周青铜器铭文暨图像集成》，上海古籍出版社出版，2012年，22卷12191。

图2-17　己侯壶及其铭文

（1974年山东莱阳县中荆公社前河前村西周墓出土）

图2-18　国子山壶及其铭文

（2001年出现于美国纽约的苏富比拍卖行）

至此，通过自名器可以大致理清青铜壶繁杂的器物形制，并给予这类有自名的青铜壶准确的定名，至于商代早期、中期未有自名的青铜壶（也是长期以来学术界一直争论始终未能达成共识），在本书第三章中作以详论，为青铜壶作类型分析理清思路，扫清阻碍。

第二节　青铜壶的功用

通过考古发掘出土的青铜壶，其作用是作为一种陪葬的礼器，要探究青铜壶本身具有的功用，则需要根据古代文献所记载的用途进行研究。因此，研究青铜壶的功用，既要了解其出土时作为陪葬礼器本身的功用，还需探究其在铸造之时本有的功用和价值。

文献当中对青铜壶作为酒器的记载，在青铜壶功用研究中起了重要作用，使得我们能够更加准确地了解青铜壶的实际功用，还原了青铜壶铸造及使用时代的主要功用。例如，《诗 · 大雅 · 韩奕》载："韩侯出祖，出宿于屠。显父饯之，清酒百壶。"①《仪礼 · 燕礼》："司宫尊于东楹之西，两方壶，左玄酒，南上。"②另《韩非子 · 外储说右上》："壶酒不清，生肉不布。"③《孟子 · 梁惠王下》："箪食壶浆，以迎王师。"④《公羊传 · 昭公二十五年》："国子执壶浆。"⑤《周礼 · 秋官 · 掌客》："凡诸侯之礼：上公五积，皆饩飧牵，三问皆修，群介行人宰史皆有牢；飧五牢，食四十，簠十，豆四十，鉶四十有二，壶四十，鼎簋十有二，牲三十有六。"郑玄注："壶，酒器也。"⑥可见在饮食中不同等级的不同礼数，行礼薄厚的原则都是有差别的。在这里鼎、簋、簠、豆、鉶均为盛食之器，而壶为盛酒之器。由诸多文献可见，上至王侯设宴，下到百姓日用，无论里面盛放的是清酒、玄酒，在当时，壶确是一种常用的盛酒容器。

出土及传世青铜器上铭文所记载其功用，也表明青铜壶在当时被作为一种酒器使用，如西周中期的孟载父壶⑦，自名"郁壶"，应是专门用于盛放郁鬯或郁的煮汁；西

---

① 周振甫：《诗经译注》，中华书局，2002年，448页。

② 杨天宇：《仪礼译注》，上海古籍出版社，2004年，141页。

③ （清）王先慎：《韩非子集解》，中华书局，1998年，309页。

④ （宋）朱熹：《四书章句集注》，中华书局，1983年，222页。

⑤ （清）阮元：《十三经注疏 · 春秋公羊传注疏》，中华书局，1980年，2329页。

⑥ （清）阮元：《十三经注疏 · 周礼注疏》，中华书局，1980年，262页。

⑦ 罗振玉：《三代吉金文存》，中华书局，1983年，12.8.1。

周晚期的伯庶父壶[①]、春秋早期的曾伯陭壶[②]，自名为“醴壶”，“醴，酒一宿孰也，从酉豊声”[③]，段玉裁在《说文解字注》中注引用《周礼·酒正》中的文字说明醴即多糟之甜酒，一宿即熟[④]，表明此种酒易成。醴壶应当是专门用以盛放“醴”这种酒的容器。还有春秋早期的殳季良父壶，铭文记载其用途：“用盛旨酒。”以上这些器物的铭文，直接表明它们在当时是被作为酒器，用来盛酒。此外，一些出土的考古文物也证明壶是酒器，如河北中山王䜆墓出土的圆壶、扁壶，里面有青绿色和黛色液体，经过化验证明其成分为乙醇、脂肪、糖等，可以断定是酒无疑。

除大量文献记载、自身铭文说明壶的主要功用是酒器外，古今许多金石、考古学家在其著作中也多将壶归为酒器的行列。宋《考古图》将壶与彝、卣、尊、罍划为一卷，未明确标释壶为盛酒之器。朱凤瀚则认为：“《考古图》虽未明确是依器用分类，但从其各卷所收器物与排列顺序看，实已有依用途分类的安排。”[⑤]因彝、卣、尊等均是盛酒之器，吕大临将壶与它们归为一类，定是认为壶是盛酒器的一种。王黼《博古图》中亦言曰：“夫尊以壶为下，盖盛酒之器。”[⑥]近代学者容庚1927年著《殷周礼乐器考略》，将青铜器划分为礼器和乐器两类，其中壶就被划分为酒器，隶属于礼器类；1941年，又著《商周彝器通考》，不再用礼器、乐器这一名称，而是将青铜彝器分为食器、酒器、水器、杂器、乐器五类，但不变的是仍将壶归为酒器，并细归之于盛酒器一类。朱凤瀚在《古代中国青铜器》一书中，也将壶划分为酒器中的盛酒器。

壶除作酒器外，有时还被作为水器。《周礼·夏官·挈壶氏》载：“挈壶氏掌挈壶以令军井。”郑玄注：“盛水器也。”杨天宇将这句话释为：挈壶氏掌管（在打成的水井上）悬挂水壶做标志，以使军士们前来汲水[⑦]。春秋晚期的匜君壶[⑧]，自名为“盥壶”，可见此壶是专门用作盥洗时的盛水之器。1974年山东莱阳前河前村出土壶，铭文为：“己侯作铸壶，使小臣以汲。”[⑨]表明这件壶是让人汲水所用，也是作为水器使用。

壶还可盛别的流质、半流质物体，常作外出携带的储食器。《左传·僖公二十五

① 罗振玉：《三代吉金文存》，中华书局，1983年，12.11.3。
② 郭沫若：《两周金文辞大系考释》，三联书店，1935年，录208。
③ （汉）许慎：《说文解字》，中华书局，1963年，312页。
④ 段玉裁：《说文解字注》，上海古籍出版社，1981年，747页。
⑤ 朱凤瀚：《古代中国青铜器》，南开大学出版社，1995年，60页。
⑥ （宋）王黼：《博古图》，吴万化宝古堂刻本，万历二十八年（1600年）。
⑦ 杨天宇：《周礼译注》，上海古籍出版社，2004年，437页。
⑧ 容庚：《商周彝器通考》，台湾大通书局，1973年，图版七四九。
⑨ 李步青：《山东莱阳县出土己国铜器》，《文物》1983年第12期，8页。

年》："昔赵衰以壶飧从径，馁而弗食。"[①]飧是指熟食，赵衰随贤公流亡在外，随身携带着用壶装的熟食，饿而不食。《列子 · 说符》："东方有人焉，……而饿于道。狐父之盗曰丘，见而上壶餐以哺之。"张湛注曰："壶餐，水浇饭也。"[②]由两段引文可见，壶经常用来盛放熟食，作为劳军的馈物或出行的备粮。壶出行携带经常要用手提挈，因此壶身上的提挈部位由最初的贯耳，到后来的纽耳、环纽、提梁，皆是对提挈形制的改进，便于使用。

壶不仅是实用的盛器，也是一种重要的礼器。《公羊传 · 昭公二十五年》中载："高子执箪食与四脡脯，国子执壶浆，曰：'吾寡君闻君在外，馂饔未就，敢致糗于从者。'"表达用箪盛食，以壶盛汤的方式馈赏饮食。注曰："壶，礼器。"[③]《仪礼 · 燕礼》："司宫尊于东楹之西，两方壶。……尊士旅食于门西，两圆壶。"[④]《博古图 · 瓶壶揔说》："礼器之设，壶居一焉。在夏商之时，总曰尊彝。逮于周监二代，则损益大备，故烝尝馈献，凡用两壶，次于尊彝，用于门内。……至于聘礼，梁在北而八壶南陈，梁在西而六壶东陈，……凡燕射昏聘，无适而不用焉。"[⑤]由这些文献记载可见，壶作为礼器被用于多种场合，迎宾待客、婚丧嫁娶，无所不及，因此王黼叹曰："无适而不用焉。"作为礼器的青铜壶颇为讲究，华饰甚美，如河南新郑郑公大墓出土的莲鹤方壶，鹤顶、龙耳、兽足，华饰满壶，高126厘米，重64.28千克；再如淮南寿县蔡侯墓，河南辉县甲乙墓、55号墓、60号墓等皆曾出土较为华美的礼壶。

概而言之，青铜壶是一种盛液体的容器，主要用于盛酒，即作为酒器使用，也有用于盛水或饭等其他流质物，精美的青铜壶亦被作为礼器用于重要的活动中。殷周两代绵亘千余年，这期间不仅器物的形制造型多样，即使同一器物，其用途也有所不同。因此，笔者认为对于青铜壶的用途这一问题要具体分析，不仅要着眼于文献的记载和器物自身铭文的考订，还应结合墓葬出土的青铜壶与其他礼器之间的组合关系，通过组合变化找到其规律，并作以全面的解读。

---

① （春秋）左丘明：《左传》，线装书局，2007年，130页。

② （东晋）张湛：《列子注》，中华书局，1954年，97页。

③ （清）阮元：《十三经注疏 · 春秋公羊传注疏》，中华书局，1980年，2329页。

④ 杨天宇：《仪礼译注》，上海古籍出版社，2004年，141页。

⑤ （宋）王黼：《博古图》，吴万化宝古堂刻本，万历二十八年（1600年）。

第三章　青铜壶与其他器物的区分

第二章中将青铜壶的定名问题作以探讨研究，对“自名”为壶的类型可以准确定名，但商代“自名”为壶器尚不得见，因此商代早期出现的提梁青铜壶，在器物称谓的问题上，学界多年来仍未能达成共识。主要是提梁铜壶与卣在形制上较为接近，共存时代基本相当，故此难以界定。除此之外，由于青铜壶器形繁复多样，此器形与鈚、觯等器类在形制上多有相似，故在器物定名上产生诸多疑问，也是学界长期以来尚未解决的问题。可见，将青铜壶与其他器物准确的区分开，对青铜壶做类型学分析是十分必要的，由此也可解开学界一直存在的器物定名、器类（青铜壶）界定不清的局面。

本章以自名壶的形制特征为基础，结合器物功用、铸造工艺等因素，与其他器类做客观比对分析，从而进行更为准确合理的区分，最终制定出青铜壶与其他器类区分的界定标准。

第一节　提梁壶与卣

青铜卣的主流型式，在流行时代上与贯耳壶相当[①]。除此之外，青铜壶的其他型式，在流行时代上均晚于卣。提梁壶出现的时代要早于二者，但流行时代却与二者相近，器物形制也介于两者之间，因此多有将提梁壶与卣混淆的现象。加之青铜壶数量众多、类型多样，而提梁壶仅占青铜壶整体的一小部分，卣的器形特征明显，故前人多对壶与卣提出的判定方法较多，却未专门探讨过提梁壶。

一、提梁壶不是卣

将青铜卣这一器类最早分类的是宋人吕大临，其所著《考古图》中卣划分为三类：第一类，平底，无足，小口，深腹，有双环耳器。第二类，截面作椭圆形，硕腹，腹壁圆曲，向上内缩成敛口，颈侧有提梁，上有盖，下有圈足。第三类，无提

① 青铜卣与贯耳壶由商代晚期出现至西周中期消失。青铜卣的主流器形时代参看《中国青铜器综论》E型卣的时代；贯耳壶参看本书第四章，B型贯耳壶。

梁，敞口，扁圆形腹，束颈深腹，圈足，或有盖。后《博古图录》将《考古图》中第二类器形的绝大多数收入其中，其余两类均未涉及。

近代各家对于青铜卣的界定标准各不相同，总体围绕有提梁、有盖、硕腹、圈足这些特点。容庚、张维持著《殷周青铜器通论》中对卣的形制定为："其状椭圆，大腹细颈，上有盖，盖有纽；下有圈足，侧有提梁。铜卣中也有器腹较圆，盖穹形无颈的；也有无提梁的……有体如瓻的，有体方的，有鸱鸮形四足的，有作鸟兽形的，有带流的，有长颈的。"[①]并将其分为了四属：鸟兽属、提梁属、有流属、无梁属。陈梦家在《美帝国主义劫掠的我国殷周铜器集录》中将有提梁壶均归为卣。马承源在《中国青铜器》一书中，将有提梁铜器分为四类：长颈圆体形，扁体，椭方体，筒形和方形。将第一类归为壶，其余三种归为卣类。朱凤翰在《中国青铜器综论》一书将有提梁壶均归为卣。王世民、陈公柔、张长寿合著《西周青铜器分期断代研究》中将提梁类青铜器均归为卣，并将其分类，其中卣Ⅰ型Ⅰ式的划分依据为器体断面呈圆形，Ⅱ式依据为器体断面呈椭圆形。彭裕商著《西周青铜器年代综合研究》中将卣分为三型，即罐形、壶形、筒形。对于壶形卣的特征表述为"体较高，有提梁，有卣形盖和壶形盖两种形制"[②]，也就是将有提梁者均收为卣。由此可见提梁壶这一类型器物，长期以来一直混迹于壶与卣之间，未曾对这一类器物做过专门的器类划分和类型分析，因此这样的研究就显得尤为必要。

由上文可见部分学者认为凡是带有提梁的壶均应为青铜卣，这一说法在今看来实为不妥。从目前所出土的青铜器看，多有带提梁且自名为壶者。因此，这种一概而论将提梁壶归为卣的分类方法是不可取的。

本书第二章中关于的青铜器定名的问题谈到，应依照器物自身的称谓，即器物铭文有"自名"者，应按照"自名"予以定名，这也是器物定名的一个基本原则。在提梁壶中多有自名为壶者，如姜壶[③]，铭文为"姜作用壶"（图2-2）；曾侯壶[④]，铭文为"曾侯作田壶"（图2-3），隹壶[⑤]，铭文为"隹壶"（图3-1；3-2）；伽叔壶[⑥]，盖内

---

① 容庚、张维持：《殷周青铜器通论》，文物出版社，1984年，55页。

② 彭裕商：《西周青铜器年代综合研究》，巴蜀书社，2003年，190页。

③ 1985年4月河南平顶山市薛庄乡北滍村出土，见廖佳行、孙清源：《平顶山市新出土西周青铜器》，《中原文物》1988年第1期，21页。

④ 2011年6月湖北随州市浙河镇蒋寨村叶家山西周墓（M65.31），见湖北省文物考古研究所、随州市博物馆：《湖北随州叶家山M65发掘简报》，《江汉考古》2011年第3期，26页。

⑤ 隹壶，共2件。一件为日本东京出光美术馆藏，见锺柏生、陈昭容等：《新收殷周青铜器铭文暨器影汇编》，台北艺文印书馆，2006年，1800页。一件为英国伦敦富士比拍卖行所藏，见刘雨、卢岩：《近出殷周金文集录》，中华书局，2002年，563页。

⑥ 吴镇烽：《商周青铜器铭文暨图像集成》，上海古籍出版社，2012年，12401页。

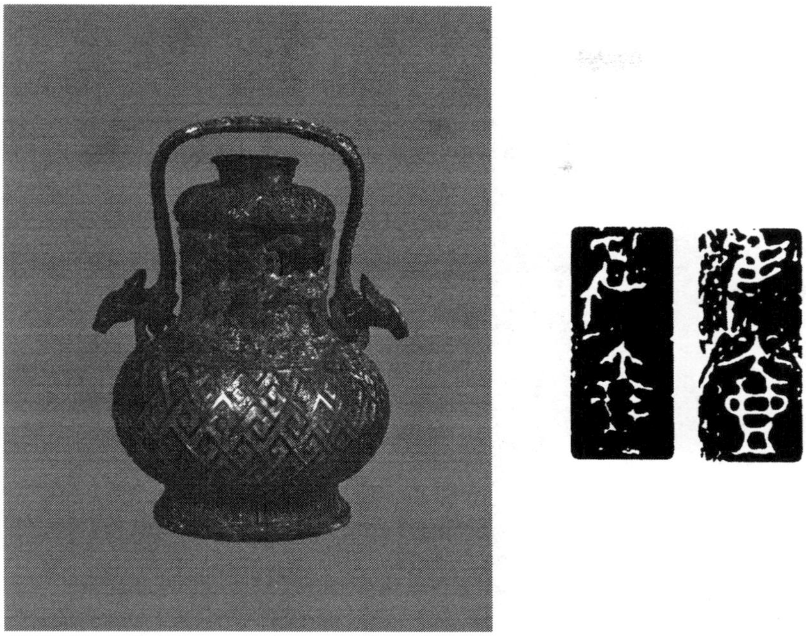

图3-1　隹壶及其铭文

（日本东京出光美术馆藏）

图3-2　隹壶及其铭文

（英国伦敦富士比拍卖行所藏）

图3-3 倗叔壶及其铭文

铭文为“叔作田父𦉥壶”（图3-3），等等。由此可见，在器物定名上我们应该遵照自名的原则，承认提梁壶这一类器物的存在，而并非将其笼统的认作卣。

（一）功用之别

20世纪70年代，在陕西省宝鸡市扶风县的召李村发掘的一座西周时期墓葬①，出土共4件青铜器，该墓葬发掘时未经盗扰（图3-4），有1鼎、1卣、1提梁壶、1觯，是一组食器与酒器的组合，而壶与卣这两种器物共出同一墓葬中（图3-5），器形相差甚远，是两种不同形制的器物，其所具有的功用也应是不相同的。

关于提梁壶与卣的功用问题，青铜器铭文中，多有关于“卣”的铭文，如二十三年盂鼎，其铭文中有“赐女鬯一卣，冂衣……”；士上盉、士上卣②铭文中，均有“……罘赏卣鬯、贝……”。鬯③一卣，即是一卣酒。文献当中也有关于“鬯一卣”

① 罗西章、吴镇烽、尚志儒：《陕西扶风县召李一号周墓清理简报》，《文物》1976年第6期，61页。

② 中国社科院考古研究所：《殷周金文集成》，中华书局，1990年，15.9454，10.5421、5422。

③ 鬯（象形。甲骨文字形，象器皿中盛酒形，中有小点，表示酒糟。本义：古代祭祀、宴饮用的香酒，用郁金草合黑黍酿成），商周甲骨文、金文及先秦传世文献所记甚多，目前可知的甲骨文中，鬯出现次数不下50次，多为王公贵族的典礼祭祀所用。

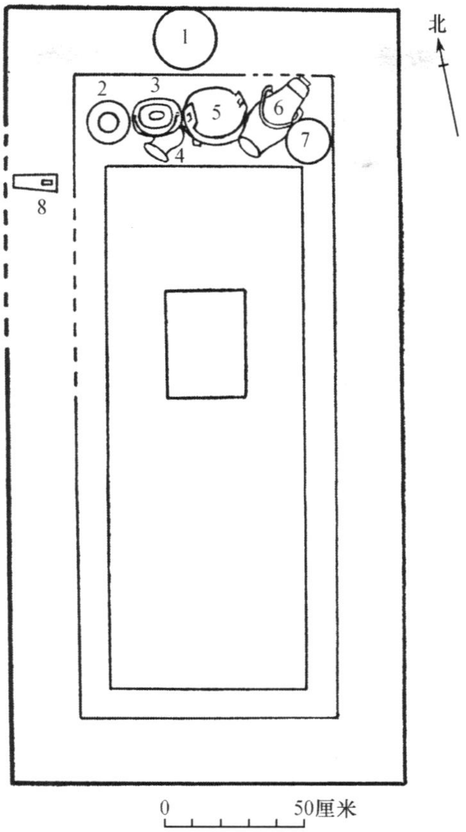

图3-4　陕西省宝鸡市扶风县的召李村M1

图3-5　陕西省宝鸡市扶风县的召李村M1随出铜器

的记载，如《诗经 · 大雅 · 江汉》：“厘尔圭瓒，秬[①]鬯一卣”。即“赐你圭（柄）玉瓒，黑黍香酒一卣。”“赏酒一卣、贝，赐瓒、酒一卣。”这样的赏赐方式，实际是赐酒，而“卣”应作为承载酒的容器，与酒一并赏赐。因此，主要的赏赐之物应为酒，而非卣。中国古代常有赏赐酒的情况，故文献中也多有记载，如“复赐酒一石，肉百斤”[②]，“赐酒百瓶，羊五百口，粳米五百石”[③]等，所赐之物主要是酒，“石”“瓶”等仅为载酒之器，这与铭文中记载相同，只是盛酒之器发生了变化。由此，我们认为商周时期用作赏赐之卣，实际的作用应与“石”“瓶”是相同的，应作为载酒之器视之。

商周时期诸侯封地与天子之居，相距千里，行之数月。天子若欲赏赐人臣，所赐之物必经长途运输、千里跋涉。据此推测，如若以“卣”作为所赐酒的承载器，仅制造模具、雕刻花纹、器物铸造、刻写铭文等一系列铸器的工序，必定要花费大量时间，故对于赏赐这一事件要有足够的准备时间，加之路途遥远，耗时很长，因此，青铜卣极有可能具有长期储酒之功用。青铜卣器体扁胖，圈足宽大，搁置稳当，这些器形上的特点，也很可能是为了满足远途运输的需要。就这些而言，铭文中关于“壶”的记载，未曾见到壶作为赏赐之酒的盛载器，且提梁壶的器形多为瘦高，如作为运输之器，稳定性不及卣。

因而，从器物功用这点上看，青铜卣与提梁壶是有所区别的，并不是说所有的青铜卣都是作为赐酒的承载器，但至少具有这样的功用。而提梁壶却没有这样的功能，这也表明二者在器物功用及铸造目的上是有所不同的。

（二）盖式不同

通常情况下，小口器多为塞盖，即内插式盖。广口或宽口器多为外盖，即外扣式盖。张昌平将此作为提梁壶与卣的划分依据，“以承盖方式区别卣与壶，即将母盖承子口的归为卣，母口承子盖者称为壶”，认为“以提梁作为划分壶与卣的标准似不及以承盖方式划分妥当”[④]。提梁壶与卣相较是为小口器，卣则为广口器，因此二者的盖合方式是不同的。由“壶”字的金文书写也不难看出，顶部的盖是内插在器身上的，所以将器盖的扣合关系作为一个判断依据是符合道理的。

内插盖（塞盖）适用于小口器（图3-6，a），自身体积小、质量轻，盖与器内壁有相应的斜度，盖合方便，起初青铜壶为小口器，使用内插式盖，既符合盖合的基本原理，又方便使用。而青铜卣为阔口（广口）器，口径宽大，如果使用内插式盖（塞

---

① 秬：黑黍子。

② （汉）班固：《汉书》卷65，中华书局，1962年。

③ （唐）李延寿：《北史》卷54，中华书局，1974年。

④ 张昌平：《论济南大辛庄遗址M139新出青铜器》，《江汉考古》2011年第1期，67页。

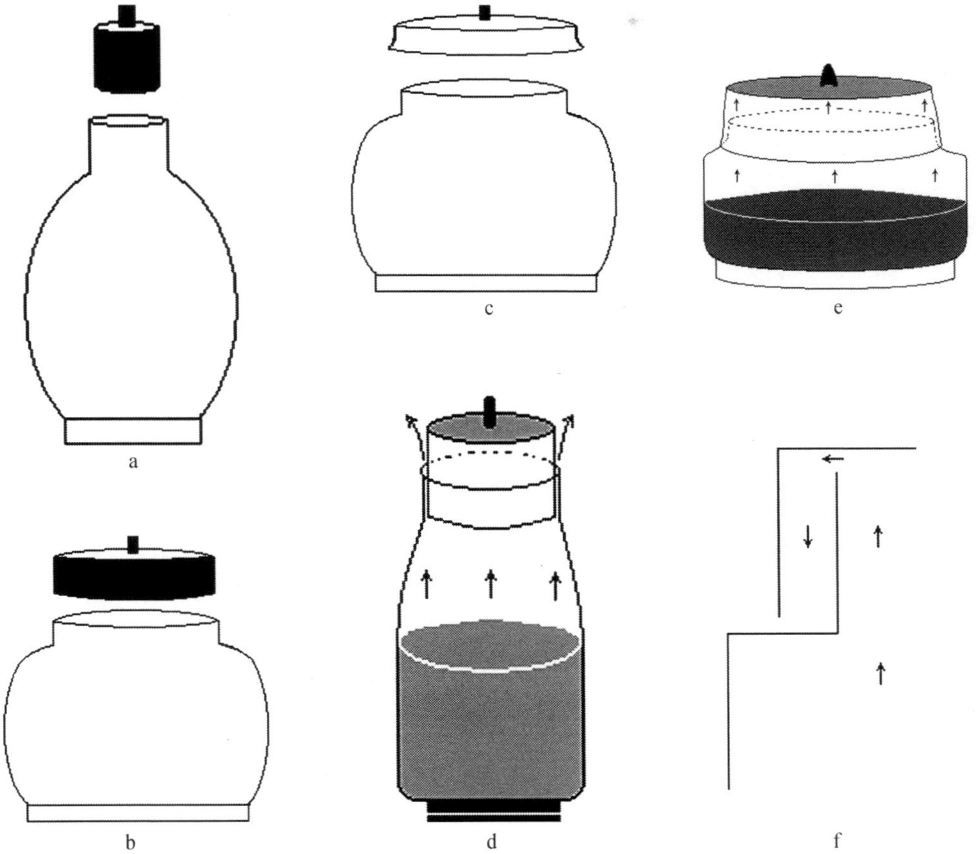

图3-6　盖合方式示意图

盖），则盖的体积过大、质量太重（图3-6，b），既不符合盖合的基本原理，又不方便使用，因此，使用外扣式盖，既能减轻器盖自重，也方便使用（图3-6，c）。

从密封性这个角度考虑，这两种盖合方式是有差别的，青铜器的器盖和器口的材质均为铜质，器盖与口沿之间必有缝隙，内插式盖器内的液体便会从器盖与器内壁的缝隙中不断挥发（图3-6，d），而外扣式盖使挥发的气体在器口处产生了回流，迫使挥发的气体在口沿外向下运动（图3-6，e、f），由此产生的压强使器内液体挥发减缓，因此，内插式盖在密封性上，不及外扣盖严密。据此推测，再次证实了青铜卣可能为长时间储酒之用，而内插式盖的青铜壶便有可能是一时期盛酒之用。

（三）器形差异

从器形上看，我们举出两组作为代表其类型的标本器。第一组，器形特点为器口、颈、腹、圈足的横截面为椭圆形。第二组，器形特点为器口、颈、腹、圈足的横截面为正圆形。

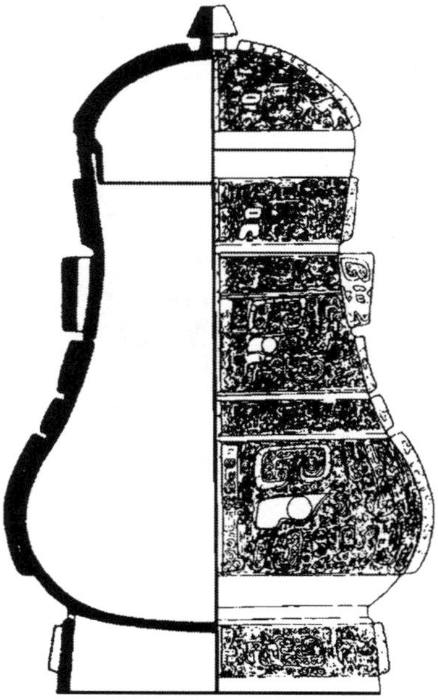

图3-7　妇好壶（M5：863）
（河南安阳殷墟出土）

第一组：河南安阳殷墟M5：863贯耳壶[①]（图3-7），曾侯壶[②]（图3-8），庚父乙卣[③]（图3-9）。这三件器物形态相近，均有盖（盖上有捉手）、短颈、圆垂腹、圜底圈足，器物的横切面为椭圆形。陈梦家提出，提梁为卣、贯耳为壶的说法，所以多数学者都将这一类椭圆体的提梁壶作为卣，归于卣类之中，而贯耳壶则归为壶类之中。从器形上看，河南安阳殷墟M5：863贯耳壶（以下简称“妇好壶”）与曾侯壶的器形，不同之处仅在有无铜质提梁上，贯耳是为提绳之系处，实则也应有提，由于其材质为绳的缘故才未能保存至今，但究其作用与提梁壶是相同的。除此之外，盖合方式、横切面、容积等方面，近乎一致，曾侯壶自名为壶，而“妇好壶”这一型贯耳壶尚未发现自名器，因此，提梁为卣、贯耳为壶的说法应加以斟酌。曾侯壶、庚父乙卣，从器形上看，曾侯壶为内插盖，庚父乙卣为外扣式盖，因此在器形上是有本质不同的。

第二组：盂截父壶[④]（图3-10），姜壶[⑤]（图3-11），安阳殷墟大司空M303：58[⑥]（图3-12，以下简称“司空卣”）。这三件器物，形制接近，口、颈、腹、圈足的横截面为正圆形，盂截父壶、光壶均自名为壶，而“司空卣”这一类青铜器未有自名器，器盖的扣合方式与盂截父壶、光壶不同，为外扣式盖。实际在商周青铜壶中，不仅自名为壶之器，其他各类器形的器盖均为内插式，而卣则为外扣式盖（动物造型除外），也是提梁壶与卣界定的一个标准。

---

① 中国社会科学院考古研究所：《殷墟妇好墓》，文物出版社，1980年，64～66页。

② 湖北随州蒋寨村叶家山M65.31，见湖北省文物考古研究所、随州市博物馆：《湖北随州叶家山M65发掘简报》，《江汉考古》2011年第3期，26页。

③ 甘肃灵台白草坡M1：12，见甘肃博物馆文物队：《甘肃灵台白草坡西周墓》，《考古学报》1977年第2期，99页。

④ 吴镇烽：《商周青铜器铭文暨图像集成》，上海古籍出版社，2012年，12178页。

⑤ 1985年4月河南平顶山市薛庄乡北滍村出土，见廖佳行、孙清源：《平顶山市新出土西周青铜器》，《中原文物》1988年第1期，21页。

⑥ 中国社会科学院考古研究所安阳工作队：《殷墟大司空M303发掘报告》，《考古学报》2008年第3期，374页。

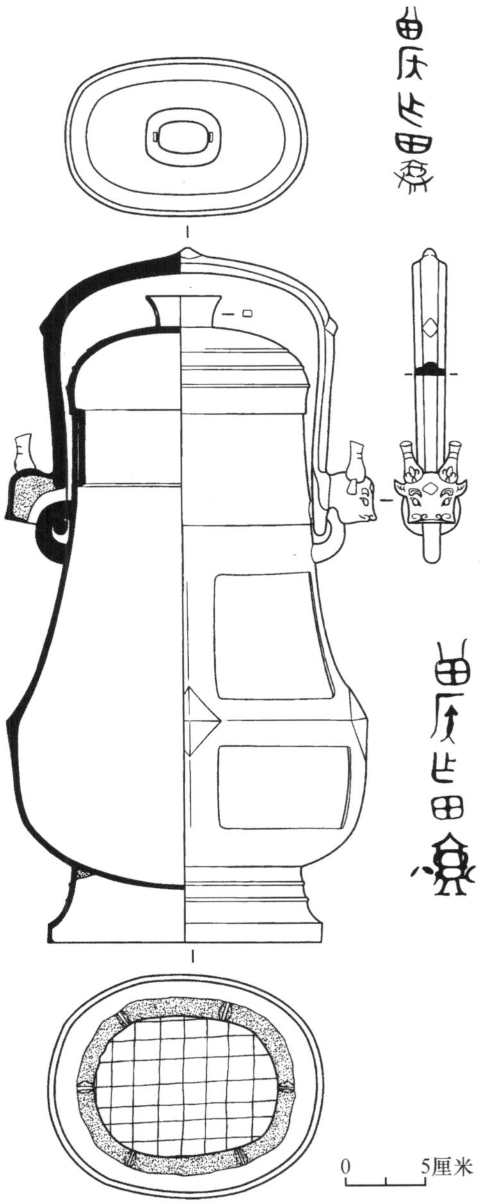

图3-8　曾侯壶（M65.31）

（湖北随州蒋寨村叶家山出土）

图3-9　庚父乙卣（M1：12）

（甘肃灵台白草坡出土）

图3-10　孟截父壶

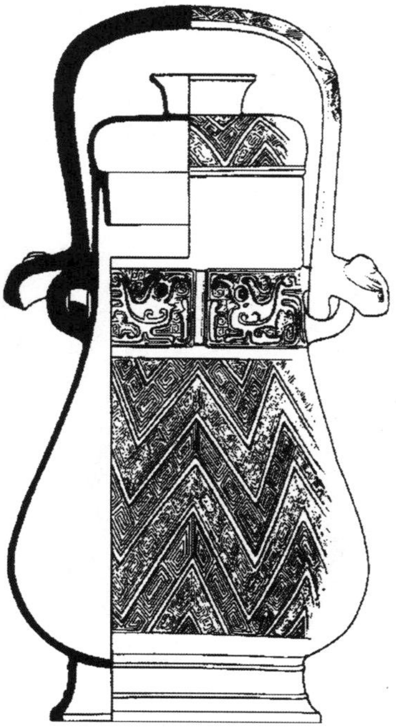

图3-11　姜壶

（河南平顶山市薛庄乡北滍村出土）

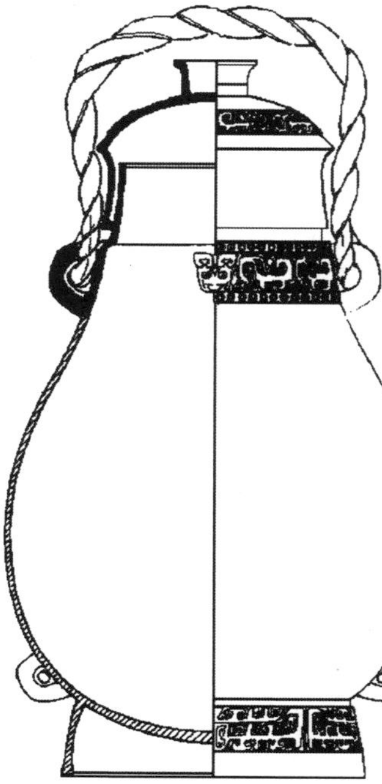

图3-12　安阳殷墟大司空出土壶（M303：58）

二、提梁壶与卣的界定

（一）界定标准的制定

在区分提梁壶与卣时，其判断标准应遵从以下几点。

（1）盖与器口的扣合关系上，盖为子口，内插于器口中，视为提梁壶①。

（2）盖与器口的扣合关系上，盖为母口，外扣于器口上，则视为卣。

（3）动物造型则为卣。

① 器身横截面为正圆形的，为正圆提梁壶。器口、颈为正圆形，腹部为正方形器的，为正方提梁壶。器身横截面为椭圆形的，为椭圆提梁壶。

（二）辨识长期存在争议之器

依照这个界定的标准，对有较多争议及定名不确定的器物，以及长期混乱不清的提梁器进行重新判定，并做区分。

1. 应归为壶者

目前出土器物中，最早的提梁壶是“郑州商城”河南郑州向阳回族食品厂H1：11（图3-13）兽面纹铜壶[①]，从器形特征看向阳回族食品厂H1：11提梁壶与陕西绥德墕头村出土壶[②]（图3-14）十分接近，均为敛口，由口展开至腹部，无颈，一为提梁，一为贯耳，均为内插式盖，应为青铜壶。

图3-13 兽面纹铜壶

图3-14 铜壶

① 河南省文物研究所、郑州市博物馆：《郑州新发现商代窖藏青铜器》，《文物》1983年第3期，49～59页。

② 见本书第三章，贯耳壶B型标本器。

“北京平谷刘家河”出土（图3-15）的兽面壶[①]，“湖北黄陂盘龙城”李家嘴M1：9（图3-16）兽面壶[②]，“陕西城固龙头镇”T：5（图3-17）提梁壶[③]等，均为商代早期[④]。从这器物形制上看，这三件器物，均有盖，且为小口，颈细长，腹部圆鼓，与主流提梁壶形制近同，器形上符合壶的特征，并且器盖也是内插式的，因此，理应将这一类型器物称作提梁壶。

另一器形，器体瘦长，均有盖、撇口、长束颈、圆鼓腹，提梁两端扣于腹两侧小环之上，圜底、圈足[⑤]。例如，河南安阳殷墟妇好墓（M5：765）龙头提梁壶[⑥]（图3-18）、

图3-15　兽面纹壶

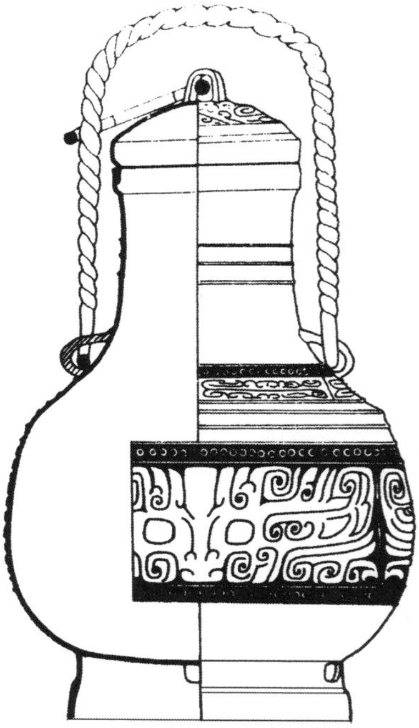

图3-16　兽面纹壶

① 北京市文物管理处：《北京市平谷县发现商代墓葬》，《文物》1977年第11期，5页。

② 湖北省文物考古研究所：《盘龙城：1963年～1994年考古发掘报告》，文物出版社，2001年，194～198页。

③ 赵丛苍：《城洋青铜器》，科学出版社，2006年，226页。

④ 郑州商城兽面纹铜壶时代为二里冈上层二期前后，北京平谷刘家河兽面壶、黄陂盘龙城兽面提梁壶，时代皆为二里冈上层二期以后。

⑤ 该类型提梁壶数量较多，不在此一一列举，具体内容可参见附表一、附表二中“提梁壶D型”。

⑥ 中国社会科学院考古研究所：《殷墟妇好墓》，文物出版社，1980年，67页。

图3-17　提梁壶

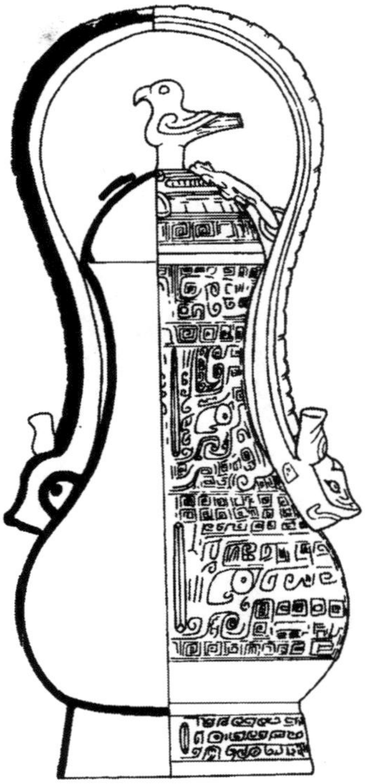
图3-18　龙头提梁壶

河南安阳小屯北M18：10提梁壶[①]（图3-19）。此外，江西新干大洋洲M：74方腹壶[②]（图3-20），该类壶[③]的器盖、口、颈的横切面为正圆形，腹部横切面为正方形，与妇好提梁壶、小屯提梁壶的器形整体上接近，唯器腹为方体，器盖均为内插式，均应为壶。

---

① 中国社会科学院考古研究所安阳工作队：《安阳小屯北的两座殷代墓》，《考古学报》1981年第4期，497页。

② 江西省博物馆、江西省文物考古研究所、新干县博物馆：《新干商代大墓》，文物出版社，1997年，69页。

③ 该类型提梁壶数量较多，不在此逐一列举，具体器物请参看附表一、附表二中“提梁壶E型”。

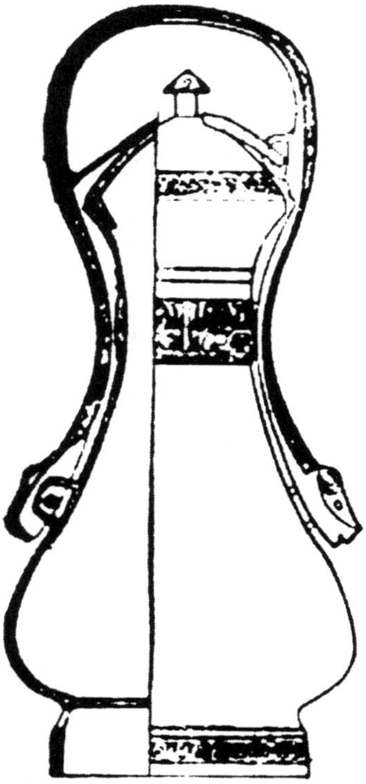

图3-19 提梁壶

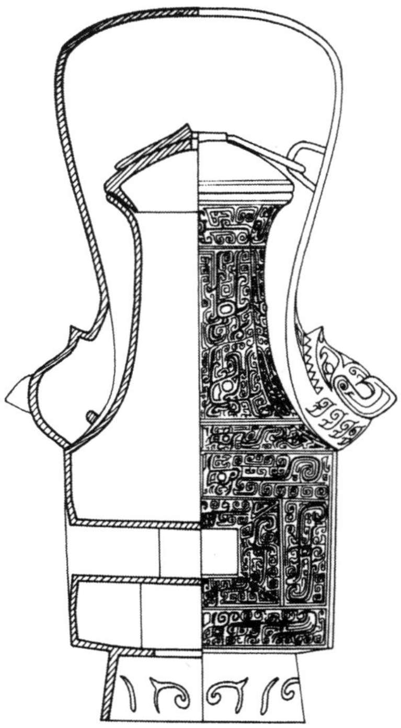

图3-20 方腹壶

陕西宝鸡竹园沟M13筒形壶[①]（图3-21）。这类筒形壶[②]，器形呈圆柱体，截面为正圆，器形成筒形。上有盖，无圈足，未有自名出现，多有称卣者。这类器形呈圆柱体的铜器形制特殊，从整体上看介于壶、卣之间，而器盖的扣合方式均为内插式，因此将其归为壶。

与“姜壶”形制相同却常被误认为青铜卣的不在少数[③]，如陕西扶风召李M1出土的提梁壶[④]（图3-22）、河南郑州洼刘村（ZGW99M1：9）提梁壶[⑤]（图3-23）、山

① 卢连成、胡智生：《宝鸡𢐗国墓地》，文物出版社，1988年，63～65页。

② 筒形提梁壶数量较多，具体器物请参看附表一、附表二中“提梁壶H型”。

③ 具体参看出土器物列表“提梁壶C型”。

④ 罗西章、吴镇烽、尚志儒：《陕西扶风县召李村一号周墓清理简报》，《文物》1976年第6期，62页。

⑤ 张松林、张文霞、姜楠、刘彦峰：《郑州市洼刘村西周早期墓葬（ZGW99M1）发掘简报》，《文物》2001年第6期，34页。

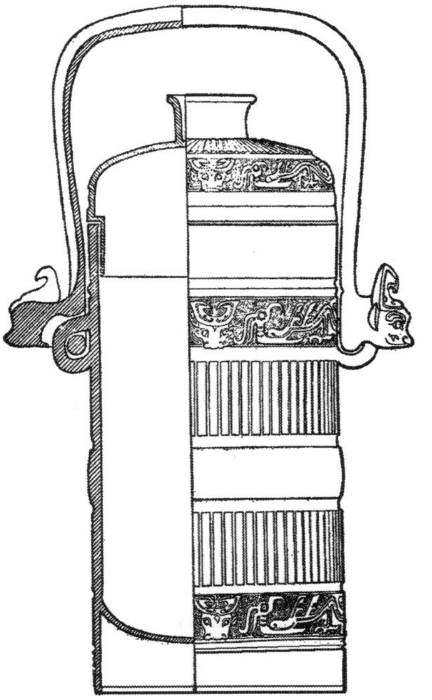

图3-21　筒形壶

（陕西宝鸡竹园沟M13出土）

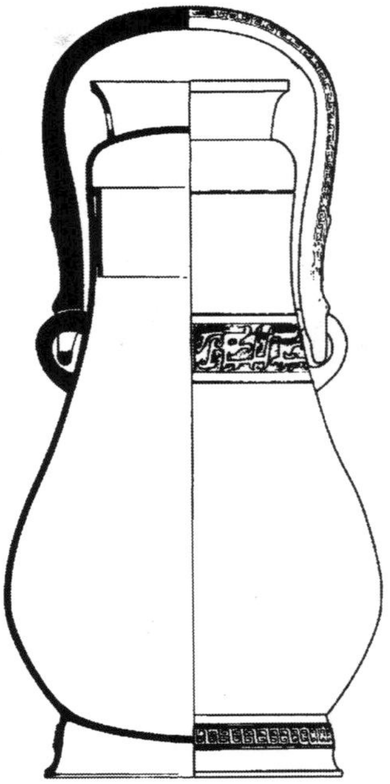

图3-22　提梁壶

（陕西扶风召李M1出土）

东滕州前掌大（M120：23）提梁壶[①]（图3-24）等。征集或传世器有：故宫博物院藏“四祀邲其壶”（图3-25）[②]、上海博物馆藏“小子省壶”[③]（图3-26）等，均应认作提梁壶。

藏于日本东京出光美术馆、英国伦敦富士比拍卖行的两件隹壶，铭文为“隹壶”（图3-1；图3-2），却多有作为卣收录者，实际上没有遵循器物定名的原则，器物的盖合关系也不符合卣的特点。与隹壶相同器形的还有，山西博物馆藏高子父乙壶[④]（图3-27）、河南博物馆藏鱼父乙壶[⑤]（图3-28），一直以来均被认作卣，实则与隹壶相

① 中国社会科学院考古研究所：《滕州前掌大墓地》，文物出版社，2005年，275页。

② 平顶山市文管会：《平顶山市新出土西周青铜器》，《中原文物》1988年第1期，21页。

③ ［日］林巳奈夫：《〈殷周时代青铜器之研究〉——殷周青铜器综览（一）》，吉川弘文馆，1984年，卣26。

④ 吴镇烽：《商周青铜器铭文暨图像集成》，上海古籍出版社，2012年，12769页。

⑤ ［日］林巳奈夫：《〈殷周时代青铜器之研究〉——殷周青铜器综览（一）》，吉川弘文馆，1984年，268页。

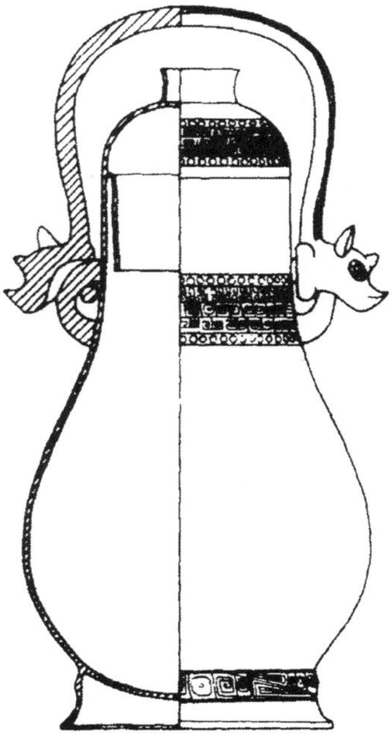

图3-23　提梁壶

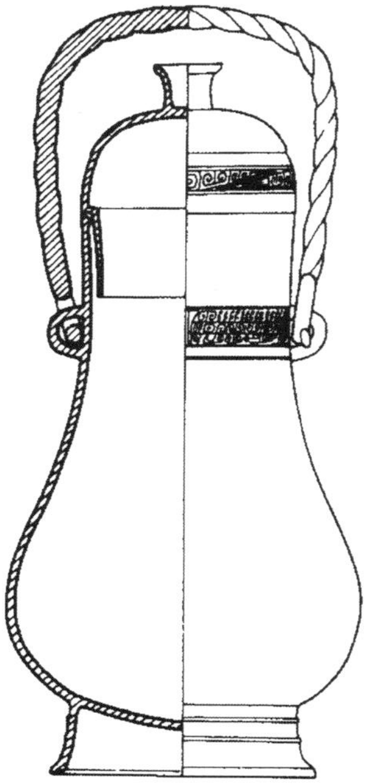

图3-24　提梁壶

图3-25　四祀邲其壶

图3-26　小子省壶

图3-27　高子父乙壶

图3-28　鱼父乙壶

同，都应属提梁壶。由此可见，新的判定方式提出，对理清先前卣和提梁壶定名的混乱局面是非常重要的。

除此之外，与自名为壶的“曾侯壶”形制相同的，却常常被认作卣，如陕西宝鸡竹园沟（M4：8）趞父乙壶[①]（图3-29），河南洛阳市老城北大街（C2M130：8）提梁壶[②]（图3-30），山西曲沃曲村赵北村晋侯墓地（M113：102）提梁壶[③]（图3-31）等。传世器中，也多有将其作卣者，如亚岂延壶[④]等（传世器数量多，形制均相同或相近，具体参见附表二提梁壶F型，在此不一一列举），都应归为青铜壶。

2. 应属于卣者

与司空卣[⑤]形制相同的还有，山东滕州前掌大（M11：96）提梁卣[⑥]（图3-32），

① 宝鸡市博物馆：《宝鸡竹园沟西周墓地发掘简报》，《文物》1983年第2期，5页。

② 洛阳市文物工作队：《洛阳老城北大街西周墓》，《文物》2010年第8期，7页。

③ 北京大学考古文博学院、山西省考古研究所：《天马—曲村遗址北赵晋侯墓地第六次发掘》，《文物》2001年第8期，17页。

④ 吴镇烽：《商周青铜器铭文暨图像集成》，上海古籍出版社，2012年，12033页。

⑤ 中国社会科学院考古研究所安阳工作队：《殷墟大司空M303发掘报告》，《考古学报》2008年第3期，374页。

⑥ 中国社会科学院考古研究所：《滕州前掌大墓地》，文物出版社，2005年，276页。

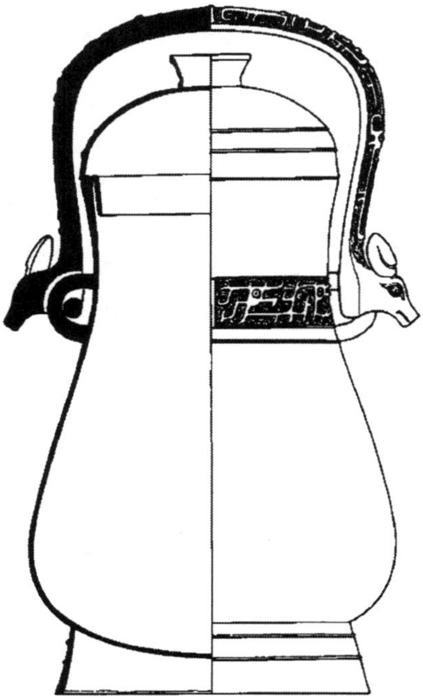

图3-29　𢀛父乙壶

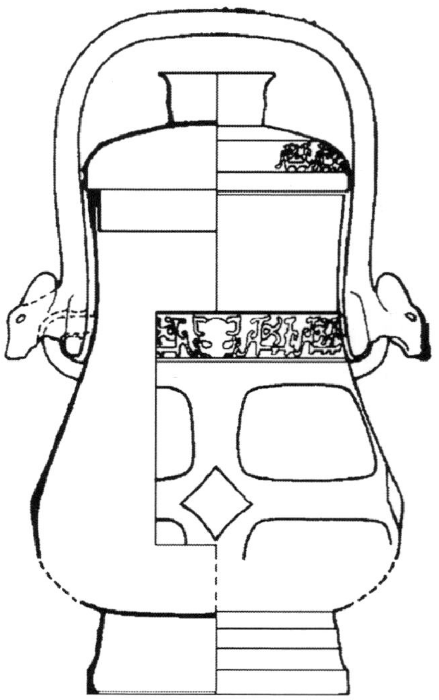

图3-30　提梁壶

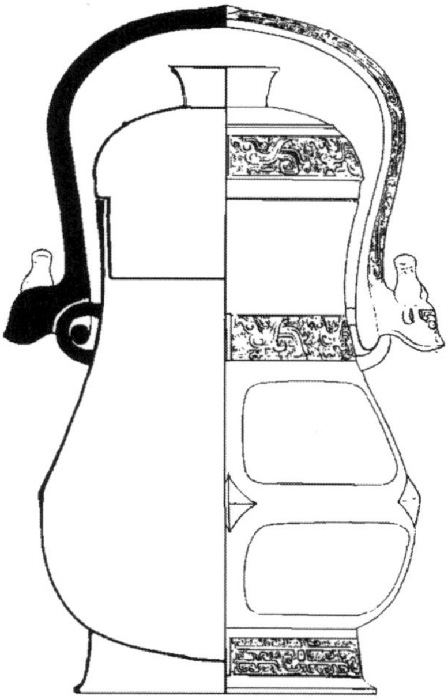

图3-31　提梁壶

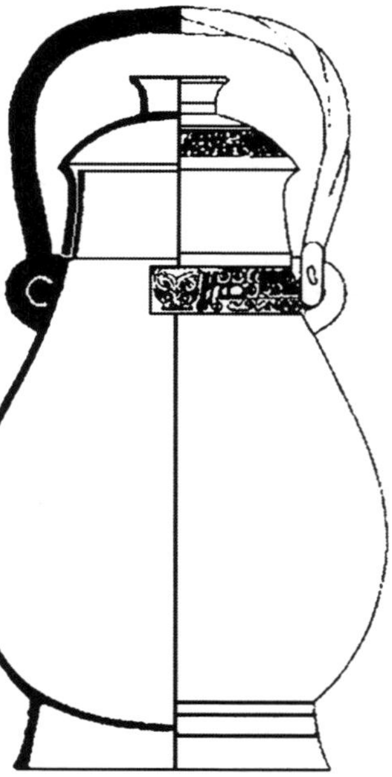

图3-32　提梁卣

图3-33　提梁卣

图3-34　丰父癸卣

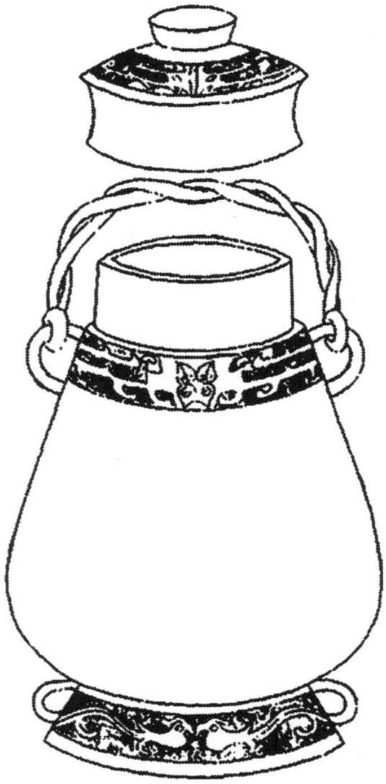

图3-35　天卣

山东新泰周家庄（M2：2）提梁卣[①]（图3-33）。传世器，丰父癸卣[②]（图3-34）、天卣[③]（图3-35）等。这四件器物造型虽与提梁壶相似，但与提梁壶还是有所区别的，除了器物扣合关系为外扣式盖以外，器盖面至外沿有呈内收态，因此器身颈部套于器盖内，被器盖所包裹，并且腹圆鼓呈球状，这些都符合卣的特点，理应将这一型铜器归作卣。至此，新判定方式的提出，用于区分青铜卣与提梁壶，理清这两类器物的性质及名称，对定名上的混乱局面是非常受用的。

第二节　提链壶与钘

春秋中期后出现一类自名为“钘”又或“鈃”的青铜器，这里对鈃名称的释读、渊源不做过多说明，仅对该类器与壶的区别做以论述。

朱凤瀚以自名为钘器者为标准，将与其器物形制近似者，统一归为青铜钘类，并归纳了这一类器物的共同特征为“多直口，颈较长，直口沿或微侈，颈下有双环耳，腹部横截面作椭圆形或长方形，最大径在腹中部，平底无圈足”[④]，并且强调与壶的形制近似，区别仅在于其没有圈足，用途也与壶相近，主要用以盛酒。并根据鈃的形制分为A、B两型，A型为扁圆形钘，B型为方钘，共列举10件器物作为参考标准。根据朱凤瀚对青铜钘形制特征的总结和划分，我们可以将其分为两类：一类器物的横截面为圆形（3-36-1，a）或椭圆形（3-36-1，b）；一类为长方形（3-36-2，c）或椭方形（3-36-2，d）。

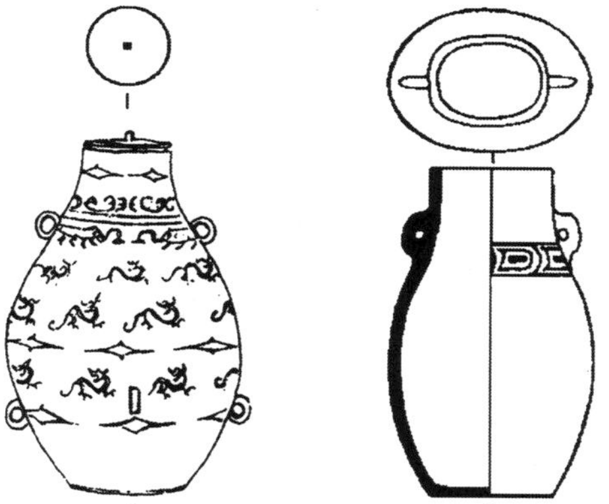

a　　b

图3-36-1　圆体青铜钘

① 山东省文物考古所、新泰市博物馆：《山东新泰周家庄东周墓发掘简报》，《文物》2013年第4期，图二二，1。

② 甘肃省博物馆藏，见吴镇烽：《商周青铜器铭文暨图像集成》，上海古籍出版社，2012年，12082页。

③ 王杰：《西清续鉴甲编》，涵芬楼石印宁寿宫写本，宣统三年（1911），8 · 12。

④ 朱凤瀚：《中国青铜器综论》，上海古籍出版社，2009年，240页。

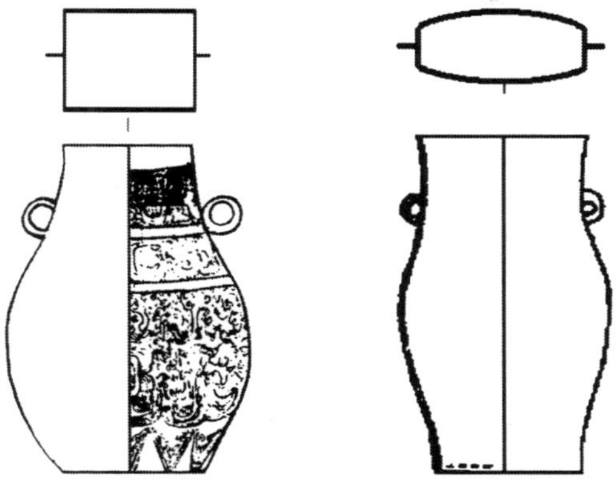

图3-36-2　圆体青铜钍

在过去的考古发掘简报中未曾使用过“钍”这一名称，将这一类铜器均作为青铜壶。在这里对“简报”中定名正确与否不做探讨和修正，而是要将钍与壶清楚的区分开来，对二者的分类和界定进行研究和讨论，以此肃清属于青铜壶这一类器物的器形，为之后的研究做好基础。

青铜壶中有与钍相同或接近的器形，如河南辉县琉璃阁出土钍[①]（图3-37）与山东曲阜鲁国故城（M48：16）出土“侯母壶”[②]（图3-38），形制近似，“侯母壶”上有铭文15字，其内容为“侯母作侯父戎壶，用征行，用求福无疆”，是一件“自名”为壶器，根据朱凤翰所定：“青铜钍与壶的区别在于没有圈足。”从这一特点可以看出，“侯母壶”有圈足，因此应属于壶类。故起初在青铜壶的收集和整理过程中，依照之前所定义青铜钍的器形特征作为与壶的分类依据，但后却发现其中仍有自名为壶者，使得在器物定名和分类上产生了诸多歧义。可见前人的定义和分类方式已不能作以今用，这对于青铜壶做类型学分析的研究是非常不利的，因此这样的分类方式还需要重新斟酌，而青铜“钍”这一类器物形制特征也要重新定义。总体来看，在符合前人定义的青铜钍形制的器物中，却有自名为壶的器物的存在，故在对该类器物定名或器类归属上存有不确定性。

在以前学界所定义的青铜钍中，自名为壶的有：湖北随州义地岗墓地曾国墓

① 朱凤瀚在《中国青铜器综论》一书中，将此器作为Aa型钍标本三。见朱凤瀚：《中国青铜器综论》，上海古籍出版社，2009年，241页。

② 王迟：《曲阜鲁国故城》，《考古》1984年第12期，1145页。

图3-37　钘

图3-38　侯母壶

（M3：20）出土壶[①]（图3-39）；山东滕州薛国故城M3.9[②]“薛侯壶”（图3-40）；苏州博物馆藏“右走马嘉壶”[③]（图3-41）。

与湖北随州义地岗墓地曾国墓M3：20[④]壶形制相近的，有河南辉县琉璃阁出土壶[⑤]，还有山东薛国故城［MZ2：124[⑥]（图3-42）、M4：6、MI：63］出土3件壶，等等。

“右走马嘉壶”器形与“薛侯壶”无异，仅在有无提链上，“右走马嘉壶”为传世器，提梁应为后世遗失。因此，从形制上看，可分为两类：一类器形为直口、短颈、颈下有双环耳、器口、颈、腹、底部的横截面均为圆形、平底无圈足，器体整体较长；另一类为，短颈、颈部两侧有环耳、器口、颈、腹、底部的横截面为方形或长

① 湖北省文物考古研究所、随州市曾都区考古队、随州市博物馆：《湖北随州义地岗墓地曾国墓1994年发掘简报》，《文物》2008年第2期，13页。

② 山东省济宁市文物管理局：《薛国故城勘查和墓葬发掘报告》，《考古学报》1991年第4期，449～495页。

③ 吴镇烽：《商周青铜器铭文暨图像集成》，上海古籍出版社，2012年，12224页。

④ 湖北省文物考古研究所、随州市曾都区考古队、随州市博物馆：《湖北随州义地岗墓地曾国墓1994年发掘简报》，《文物》2008年第2期，13页。

⑤ 朱凤瀚将此器作为“Aa型钘标本三”。见朱凤瀚：《中国青铜器综论》，上海古籍出版社，2009年，241页。

⑥ 山东省济宁市文物管理局：《薛国故城勘查和墓葬发掘报告》，《考古学报》1991年第4期，449页。

图3-39　壶

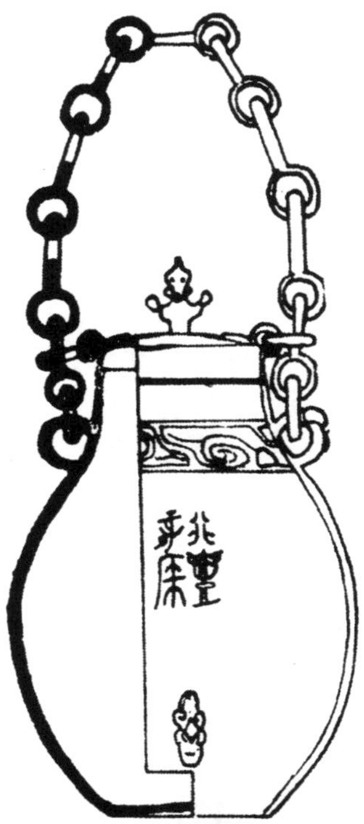

图3-40　薛侯壶

图3-41　右走马嘉壶

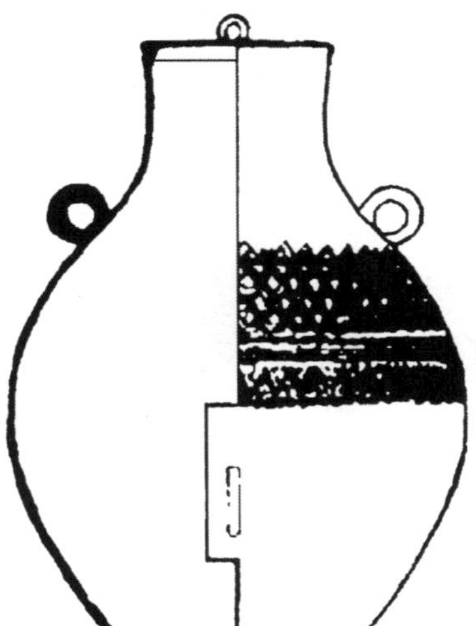

图3-42　壶

（山东薛国故城出土）

方形、平底无圈足。我们认为应该将这两类器形视作有提链青铜壶。

以上二型青铜壶从钘中提取出来，视作提链壶。将这二型以外的青铜钘作整理。在符合直口、短束颈、双环耳、平底、最大径位于腹中部的这些青铜钘的特点之上，将其分为三型，各型间的差异主要是在器底的形态和器体的横截面上，A型平底内收，B型为平底外撇。

A型　平底内收，器体的横截面上有所不同，可分三亚型，Aa型为圆形、Ab型为椭圆形、Ac为椭方形。

Aa型　小口、细长颈、腹部圆鼓、平底。主要有山东烟台出土曲折纹钘（图3-43），湖北随州熊家老湾出土曲折纹钘（图3-44），河北行唐县李家庄出土青铜钘（图3-45），河北平山县中山国M2中出土4件青铜钘、M6中出土2件钘（图3-46），甘肃礼县圆顶山出土青铜钘[①]（图3-47）。

Ab型　器体低矮，颈短、圆鼓腹、平底、截面为椭圆形。根据器物腹鼓程度的不同，可分为鼓腹和瘦腹两种形态，鼓腹主要有山东长青仙人台M6：B12[②]（图3-48），山东潍坊地区鞠家庄遗址出土钘[③]，河南登封告成东周墓地M3：3青铜钘[④]（图3-49），二

图3-43　曲折纹钘

图3-44　曲折纹钘

① 甘肃省文物考古研究所、礼县博物馆：《礼县圆顶山春秋秦墓》，《文物》2002年第2期，12页。

② 山东大学考古系：《山东长清县仙人台周代墓地》，《考古》1998年第9期，11页。

③ 潍坊市博物馆：《山东潍坊地区商周遗址调查》，《考古》1993年第9期，781～799页。

④ 郑州市文物考古研究所、登封市文物局：《河南登封告成东周墓地三号墓》，《文物》2006年第4期，10页。

图3-45　钘

图3-46　钘

图3-47　钘

图3-48　钘

鄀□孟城钍[①]等。瘦腹主要有山东临淄齐国故城西周墓M1：8[②]（图3-50）等。

Ac型　器体较瘦，短颈、瘦腹、平底。主要有山东海阳嘴子前村出土钍[③]（图3-51）。

B型　平底外撇，器体呈宽扁状，长口、短颈、腹部有弧度。主要有蔡侯钍[④]，山东阳谷景阳冈春秋墓出土钍[⑤]（图3-52），河南尉氏河东周村出土钍[⑥]（图3-53），湖北郧阳肖家河M1出土钍[⑦]（图3-54）等。

以这样的分类方式，将青铜钍按照形制特点进行清晰的划分后，再与提链壶的形制进行对比，可以看出提链壶器口横截面近似正方形，而钍的截面明显窄长，这是区分二者差别最好的方式。由此对提链壶与青铜器钍的认识都将更加清晰。

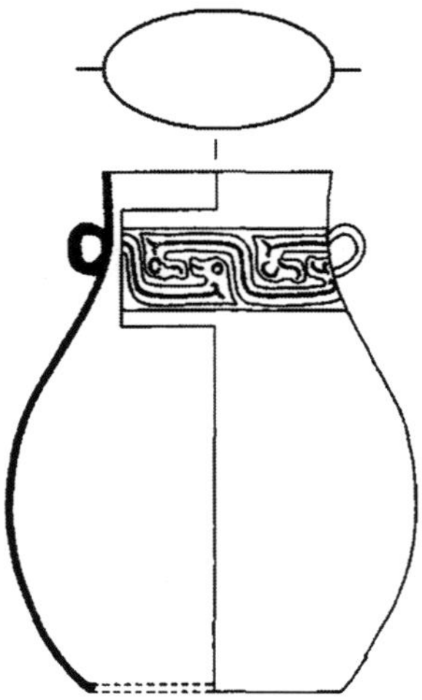

图3-49　钍

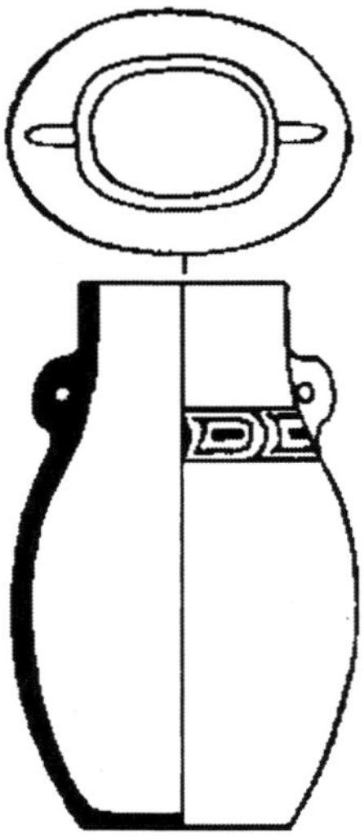

图3-50　钍

① 容庚：《商周彝器通考》，台湾大通书局，1973年，图版八〇一。

② 齐国故城遗址博物馆、临淄区文物管理所：《山东临淄齐国故城西周墓》，《考古》1988年第1期，25页。

③ 滕鸿儒、王洪明：《山东海阳嘴子前村春秋墓出土铜器》，《文物》1985年第3期，13页。

④ 安徽省文物管理委员会、安徽省博物馆：《寿县出土蔡侯墓遗物》，科学出版社，1956年，（图版拾：二）。

⑤ 刘善沂、孙怀生：《山东阳谷县景阳岗村春秋墓》，《考古》1988年第1期，27页

⑥ 郑州市博物馆：《尉氏出土一批春秋时期青铜器》，《中原文物》1982年第4期。

⑦ 郧阳地区博物馆：《湖北郧阳肖家河出土春秋唐国铜器》，《江汉考古》2003年第1期，5页。

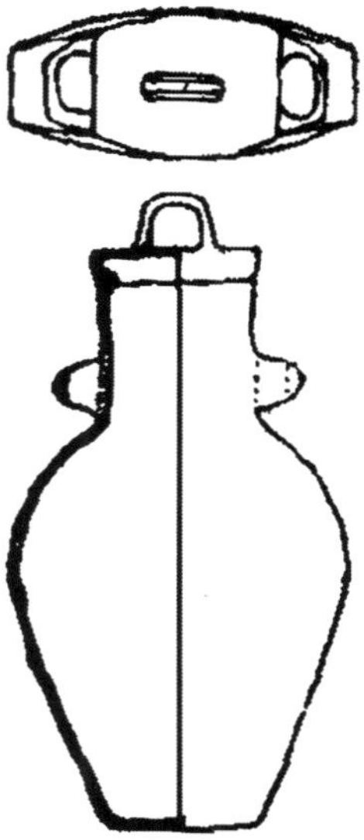

图3-51　鈚

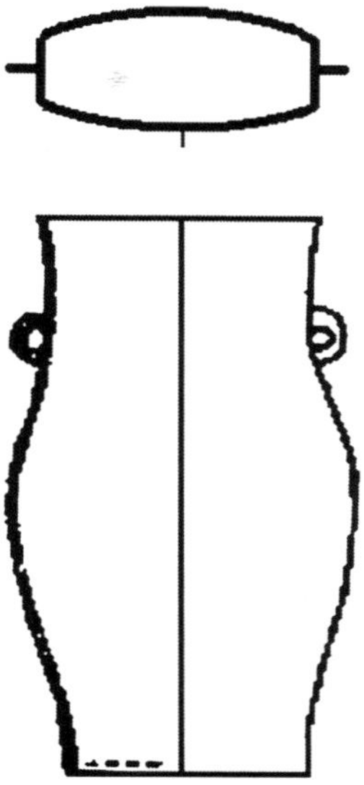

图3-52　鈚

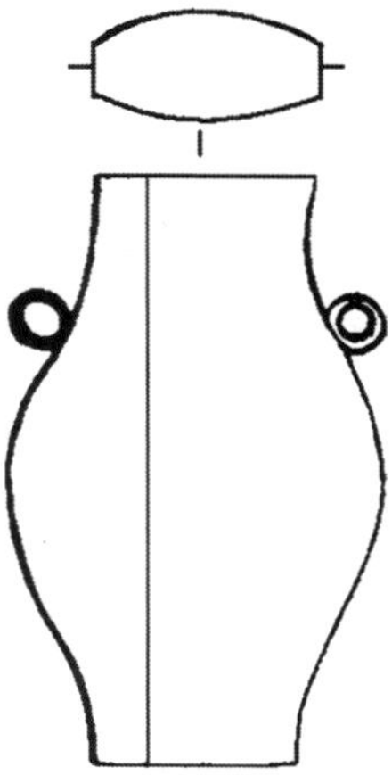

图3-53　鈚

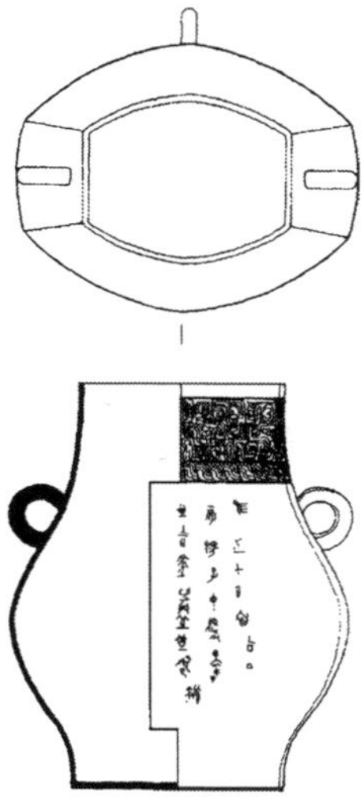

图3-54　鈚

第三节　觯形壶与觯

《山东潍坊地区商周遗址调查》[①]中（简称《潍调》），山东潍坊地区鞠家庄遗址出土一器（图3-55），口部略内收，颈部饰两道弦纹，通高11.1、口径8厘米，盖内与底同铭五字，时代为西周早期，报告称其为觯形壶。从器形上看，与洛阳庞家沟M410

① 潍坊市博物馆：《山东潍坊地区商周遗址调查》，《考古》1993年第9期，781～799页。

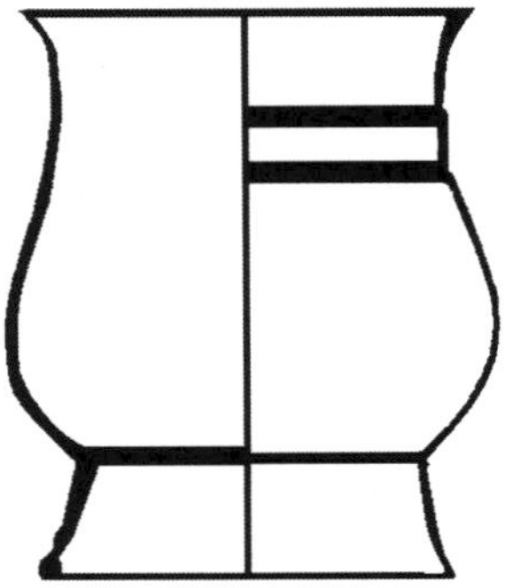
图3-55　山东潍坊鞠家庄遗址出土

出土觯更接近[①]（图3-56），该器为敞口、侈沿、细长腹、圈足。器腹上部饰凸弦纹二周。高15.6厘米，器内底有五字铭文，而出土该器墓葬M410时代亦为西周早期。

由此可见，《潍调》中将此器归为壶类显然有所不妥，笔者认为应将其归为觯类。除此之外，《潍调》中还将院上村遗址出土一器（图3-57），亦归为觯型壶。该器出土时已残。器物形制为，盖为伞状上有菌状纽，敞口、束颈，垂腹、圈足，上饰云雷纹和饕餮纹，通高18.5、口径7.4厘米，盖内与底同铭五字，应属商代器物。从器物形制上看也应归为铜觯更为妥当。

图3-56　河南洛阳庞家沟M410 出土

图3-57　山东潍坊院上村遗址出土

① 洛阳博物馆：《洛阳庞家沟五座西周墓的清理》，《文物》，1972年第10期，20页。

第四章　商周青铜壶类型学分析

商周青铜壶的数量庞大形态纷繁复杂，一直以来各家都未对商周时期的青铜壶做全面分析，亦无专题性的深入研究，以往仅对青铜壶部分常见器形运用类型学方法进行过归纳总结，或是整理一个地区一段时期青铜壶发展变化的概况。从目前看来青铜壶器形变化与其发展阶段有紧密关系，因此，每一阶段器形都会有较大变化，如果只是将壶的某一发展阶段按照类型进行分析，便不能看出青铜壶的整体发展状况，亦有盲人摸象之嫌。另外，先前的研究无论从收集器物的数量上，或是总体的涵盖范围上，都显得单薄。就此，单从商周青铜壶在类型学分析这个问题上，学术研究中仍然存在诸多欠缺，系统性构架尚未建立。由此可见，建立青铜壶发展变化的谱系，对青铜壶的研究是非常重要的，这正是本章要着重解决的问题所在。

此次共收集整理商周时期青铜壶1174件，其中包括出土青铜壶676件，传世青铜壶498件。此外，另有壶盖19件，青铜壶铭文拓片82件。其中传世青铜壶主要是收集有图像青铜壶及有铭文者。出土青铜壶主要来源于发掘简报、报告等资料中，截止时间为2013年之前，并按照其共性、特点等方面总结归纳，使用类型学方法对这一时期的青铜壶分型分式。将商周青铜壶根据铸造及使用方式的差异、时代的先后关系，划分为提梁壶、贯耳壶、提链壶、环耳壶、爬兽耳壶、铺首衔环壶、瓠壶、无耳壶、蒜头壶、扁壶，共10类。其中提梁壶、贯耳壶、提链壶、环耳壶、爬兽耳壶、铺首衔环壶为主流型青铜壶，瓠壶、无耳壶、蒜头壶、扁壶为非主流型青铜壶。

据统计在出土的676件青铜壶中，提梁壶共49件，占到出土青铜壶总量的7.1%；贯耳壶62件，占到出土青铜壶总量的9.2%；环耳壶177件，占到出土青铜壶总量的26.2%；爬兽耳壶31件，占到出土青铜壶总量的4.6%；提链壶51件，占到出土青铜壶总量的7.6%；铺首衔环壶208件，占到出土青铜壶总量的31%。另外，出土的非主流型青铜壶共42件，占到出土青铜壶总量的6.2%；特殊型青铜壶共55件，占到出土青铜壶总量的8.1%。由此可见，在出土青铜壶中，贯耳壶、环耳壶、铺首衔环壶等主流型青铜壶的总量占到出土青铜壶总数的85%以上，理应作为研究的重点。

本章对商周青铜壶做类型学分析，主要选取通过考古发掘有明确出土时地的青铜壶作为标本器，但一些过渡阶段的主流器形在出土青铜壶中尚未发现，因而也选取一些时代较为明确的传世铜壶作以填补，尽量将商周青铜壶的空间构架予以全面的展现，为建立青铜壶的发展演变的谱系做好基础。

第一节　主流型青铜壶

一、提　梁　壶

图4-1　提梁壶

根据提梁壶口、颈、腹部形态的差异，将提梁壶分为八型。

A型为细颈圆腹、B型为直颈垂腹、C型为宽颈鼓腹、D型为长颈鼓腹、E型为长颈方腹、F型为椭口圆腹、G型为腹橄榄体、H型为圆柱体。

A型　细颈圆腹。器形特点为：有盖、细长直颈、圆球腹、圜底、圈足。提梁为绳索状，提梁两头与肩部相连，盖顶上菱形链也连接在提梁上。圈足上有两个对称的方孔。提梁和环双重活络部件是采用分铸法制成的，为铸造技术的一大进步。由于流行时代上有先后关系，分二式。

Ⅰ式：出土2件，传世1件。

标本：湖北黄陂盘龙城李家嘴出土提梁壶M1：9[①]（图4-1），高31、口径7.2厘米，重1.7千克。直口加盖，细长颈，鼓腹，圜底，圈足。肩饰细线条变形兽纹，腹饰卷角兽面纹，上下皆镶联珠纹。湖北省博物馆藏，墓葬时代为商代早期（二里冈上层一期偏晚）。

Ⅱ式：出土1件，传世2件。

器形整体与Ⅰ式变化不大，颈部更细，腹部更加圆润。

标本：陕西城固龙头镇出土提梁壶T：5[②]（图4-2），通高23.8、口径5.9、腹径14.1、腹深18.2、圈足径9.1厘米，重1.3千克。小口，有盖，长颈，圆肩，鼓腹，圜底，圈足。颈有三周弦纹，肩饰夔纹，腹饰兽面纹，圈足有镂孔。陕西历史博物馆藏，时代为商代早期偏晚（二里冈上层二期）。

B型　直颈垂腹。器形特点为：敛口、颈肩合一、提梁在肩部，更接近于口沿，由

---

① 湖北省文物考古研究所：《盘龙城：1963年～1994年考古发掘报告》，文物出版社，2001年，194～198页。

② 赵丛苍：《城洋青铜器》，科学出版社，2006年，226页。

口直接过渡至腹部，腹部微鼓，较为少见。

出土1件。

标本：河南郑州向阳回族食品厂出土壶H1：11[①]（图4-3），通梁高50、口径12、壁厚0.3～0.5厘米，重10.4千克。直口、长颈、圆鼓腹、圈足。纹饰方面，盖顶饰云雷纹，肩饰兽面纹和联珠纹，腹饰兽面纹，圈足有镂孔。其时代为商代早期（二里冈上层二期）。

图4-2　提梁壶

图4-3　提梁壶

C型　宽颈鼓腹。器形特点为：宽短颈，提梁在肩部，圆鼓腹。器形根据时代的延续不断变化，可将其分为二式。

Ⅰ式：出土4件，传世17件。

标本：𠘧壶[②]（图4-4），通高34.9、口径10.9、腹深26.2厘米，重4.4千克。细长颈，直口圆腹，矮圈足外侈，颈部有一对半环纽，套接扭索状提梁，盖面隆起，上有圈状捉手，盖内插入器口。纹饰方面，盖沿和器颈均饰三列展开的云雷纹组成的兽面纹，圈足饰斜角目雷纹。1955年陕西岐山县京当乡贺家村出土，陕西省历史博物馆

① 河南省文物研究所、郑州市博物馆：《郑州新发现商代窖藏青铜器》，《文物》1983年第3期，49～59页。

② 曹玮：《周原出土青铜器》卷十，巴蜀书社，2005年，2182页。

藏，时代为商代晚期。

Ⅱ式：出土13件，传世21件。

颈部较Ⅰ式略长，其他特点基本相同。

标本：父丁壶[①]（图4-5），通梁高35.3、口径9.8、腹深24.7厘米，重3.55千克。长颈，直口，鼓腹，圈足，盖冠做圈状，下腹一侧有半环状捉手。纹饰方面，颈部饰两组侧身回首夔纹，圈足饰雷纹，提梁饰目雷纹。1975年陕西扶风县召李村M1出土，时代为西周早期。

图4-4　𠘧壶

图4-5　父丁壶

D型　长颈鼓腹。本型提梁壶在腹鼓程度的差异，造成器体形态上有所不同。总体上看可归为两种，一种为圆腹，另一为垂腹。流行时代相同，分二个亚型，Da型为圆腹、Db型为垂腹。

Da型　圆鼓腹。器形特征：撇口、长束颈，器腹圆鼓，提梁两端扣于腹两侧小环之上，圜底圈足。

① 曹玮：《周原出土青铜器》卷七，巴蜀书社，2005年，1332页。

出土2件，传世5件。

标本：河南安阳殷墟妇好墓出土龙头提梁壶M5：765[①]（图4-6），通高36.4、口径8.8厘米，重3.2千克。盖面呈弧形，中部铸有一鸟为纽，小口，细长颈，鼓腹，腹两侧有小环纽一对，上扣龙头提梁，圜底，矮直圈足，足上端两侧有长方形小孔一对。盖面饰夔纹、鸟纹、雷纹，口沿下饰雷纹一周，颈、腹、圈足均饰兽面纹。商代晚期偏早（殷墟二期）。

Db型　圆垂腹。器形特点为：撇口，束颈，口小、颈长，腹部为圆垂腹，提梁两端扣于颈部与腹部交汇处，提梁形态随壶体形态内收，与束颈形态并行，圜底圈足。

出土3件，传世7件。

标本：河南安阳小屯北出土提梁壶M18：10[②]（图4-7），通梁高30.2、通盖高28、口高22.5、口径7.7、腹径13.6、圈足高25、壁厚0.3.厘米，重2千克。小口外侈，颈细长，腹下部外鼓，腹两侧有环形纽。圈足直矮，上有长方形小孔。盖呈弧形，上有菌状纽，下部周缘有伸出的子口与器口相合。盖饰云纹一周，纽饰涡纹，颈饰凸弦纹两

图4-6　提梁壶

图4-7　提梁壶

① 中国社会科学院考古研究所：《殷墟妇好墓》，文物出版社，1980年，67页。

② 中国社会科学院考古研究所安阳工作队：《安阳小屯北的两座殷代墓》，《考古学报》1981年第4期，497页。

周，下饰饕餮纹两组，圈足饰雷纹一周，提梁表面饰斜方格兼三角纹，两端呈蛇头形。墓葬时代为商代晚期（殷墟二期）。

长颈圆垂腹提梁壶，其中有个别器物的器口、颈部横截面均为正圆形，腹部横截面有微差，如《美集》当中收录的A592、A593[①]两件器物的腹部截面，横纵长度分别相差0.3和0.2厘米，因此称不上绝对的正圆，但由于器体本身较大，腹部截面横纵的差距不到2%，大可以忽略作为正圆形腹部对待。此外，另有一类腹部为方体的壶与本型壶相近，流行时代近同，因腹部造型的不同，另立为E型。

E型　长颈方腹。器形特点为：器盖、口、颈的横切面为正圆形，腹部横切面为正方形，其提梁壶的整体形态与D型提梁壶十分接近，只是器物的腹部形态有所不同。

出土2，传世2件。

标本1：河南安阳殷墟小屯出土提梁壶M331：R2066[②]（图4-8），通高30.3、口径6.7厘米，盖纽为一立鸟，提梁上有一兽形环与盖纽相连，器体细长，盖为内插式，细长束颈，腹部为正立方体，圈足。颈部有四条扉棱，饰三角纹和兽面纹，肩部前后和四角有六个浮雕装饰，方腹四角饰浮雕大兽面纹，圈足饰云雷纹。现藏台湾“中研院史语所”，时代为商代晚期，（殷墟三期）。

标本2：江西新干大洋洲出土方腹壶M：74[③]（图4-9），通高28、口径7.3、腹宽11.1、腹高8、槽宽3.1、槽高1.6、槽深10.5、圈足高2.54、足径8.4厘米，重2.3千克。子口盖内插于器口、敞口，长颈，广肩，方腹，下承略撇的圈足，龙兽提梁，蟠龙形蓬纽与提梁相连，方腹中央有透空方槽，水平断面呈空心“十”字形，腹内形成有通向四壁的十字形管道。纹饰方面，盖饰兽面纹，颈饰龙纹三周，肩饰兽面纹，方腹饰兽面纹和目雷纹，圈足饰镂空云纹，提梁饰鳞纹。时代为商代晚期（殷墟三期）。

F型　椭口圆腹。椭口圆腹提梁壶器形变化小，符合该特征的器物共搜集到43件，椭圆提梁壶在器物扣合关系上与卣是完全不同的，而与壶却完全吻合，并且从整体上看也更符合壶的特点，是为青铜壶类。盖、口、颈、腹、底、足的横切面均为椭圆形，根据时代的先后关系分二式。

Ⅰ式：出土2件，传世4件。

标本：陕西宝鸡竹园沟西周墓出土趞父乙壶M4：8[④]（图4-10），通高33.2，口横径11.8、口纵径9、腹深22.9厘米，重2.9千克。椭圆体，直口高颈，鼓腹矮圈足，盖隆起，上有圈状捉手，颈两侧有半环纽套接提梁。纹饰方面，颈饰云雷纹组成的兽面纹

① 陈梦家：《美帝国主义劫掠的我国殷周铜器集录》，科学出版社，1962年，A592、A593。

② 中国青铜器编辑委员会：《中国青铜器全集 · 第3卷 · 商三》，文物出版社，1997年，一三三，134页。

③ 江西省博物馆、江西省文物考古研究所、新干县博物馆：《新干商代大墓》，文物出版社，1997年，69页。

④ 宝鸡市博物馆：《宝鸡竹园沟西周墓地发掘简报》，《文物》1983年第2期，5页。

图4-8 提梁壶

图4-9 方腹壶

带，盖沿饰云雷纹，腹部饰十字形凸起的宽带纹。盖、器同铭，各3字，时代为商代晚期。

Ⅱ式：出土10件，传世35件。

标本：陕西岐山县贺家村出土夔纹壶[①]（图4-11），通高31.3、口横径11.8、纵径9.6、腹深21.5厘米，重2.77千克。椭圆体，高隆盖，盖上有圈形捉手，宽体鼓腹，圈足外侈，颈部半贯耳套接兽首提梁。颈部饰顾首夔纹，盖及圈足饰两道弦纹，提梁上则饰夔纹。时代为西周早期。

G型 腹橄榄体。长体圆腹提梁壶，器体与“D型贯耳壶”相近，仅多一提梁，时代也共处同一时期

Ⅰ式：未见出土，传世1件。

标本：亚醜壶[②]（图4-12），通高29、口径10.6、底径15.5、腹深26.5、腹宽20.3厘米，重3.67千克。该壶提梁与盖皆遗失，但器型明确。侈口，径微束，鼓腹，矮圈足。

① 曹玮：《周原出土青铜器》，巴蜀书社，2005年，10099页。

② 吴镇烽：《商周青铜器铭文暨图像集成》，上海古籍出版社，2012年，12003页。

图4-10　趩父乙壶

图4-11　夔纹壶

颈部与圈足均饰以云纹组成的兽面纹。内底铸有铭文2字，现藏台北故宫博物院，时代为商代晚期晚段（殷墟二期后）。

Ⅱ式：出土1件，传世1件。

标本：1972年陕西扶风县刘家村西周早期墓（丰姬墓）出土橄榄体壶[①]（图4-13），通高45、口径9.8、腹深34.1厘米，重8千克。盖冠做圈状，体修长，呈截尖枣核形，圈足外撇与器体相连，两侧各有一镂孔，颈部半环耳套接提梁，提梁两端呈羊首形，通体光素。时代应为西周早期。

H型　圆柱体。器形为圆柱体，截面为正圆，体形成筒形。上有盖，无圈足，未有自名出现，故多将其称卣，实应属壶。每件器物之间的形制变化很小，流行时代为西周早期。

出土7件，传世8件。

标本：陕西宝鸡竹园沟M13筒形壶[②]（图4-14），带梁通高33.3、带盖通高29、口

① 陕西省考古研究所、陕西省文物管理委员会：《陕西出土商周青铜器》，文物出版社，1980年，53页，三九。

② 卢连成、胡智生：《宝鸡強国墓地》，文物出版社，1988年，63～65页。

图4-12 壶

图4-13 橄榄体壶

径12.4、腹深19.3、圈足径12.2厘米，重3.3千克。有提梁，带盖，直口、深腹，器体呈圆柱体，胎质厚重。提梁上有宽凹槽，凹槽中部内侧有凸棱三道，提梁两端各有一兽首。盖面饰一周辐射状直棱纹，上宽下窄，盖沿饰夔凤纹一周，共四组，上腹和下腹各饰凸棱纹、夔凤纹一周。时代为西周早期。

图4-14 筒形壶

二、贯 耳 壶

贯耳壶，即壶的颈部或肩部有一对贯耳。器形特征为敞口、束颈、圆腹、圜底、圈足。在贯耳壶的使用、发展的过程中，器形不断更替，按照器形演变、更替的顺序，将贯耳壶按照类型学分析的原则进行分类研究，并依据各型具有的特点，依照每个类型的器形特征给予名称，将贯耳壶分为七型。

A型为椭口短颈、B型为圆口无颈、C型为圆口长颈、D型为橄榄体、E型为方口椭腹、F型为圆口细颈、G型为圆口宽颈。

A型　椭口短颈。本型壶特点为：直口、束颈、圈足。器物形态与青铜觯颇有相似，但宽口、鼓腹，颈部两侧有贯耳一对，且器体很大，器物高度有超过50厘米以上者。器口、腹部横切面为椭圆形，器物最宽处位于器腹中线以下，成垂腹状态。由于器物所属时代有先后关系，故分为三式。

图4-15　牛首贯耳壶

Ⅰ式：出土1件，传世1件。

标本：河南郑州人民公园出土牛首贯耳壶C7M9∶4[①]（图4-15），通高31.6、口径长15.6、圈足径17.6厘米。形制上，扁圆体，直口微外侈，长颈，深扁圆腹斜直，下部圆鼓并向内收敛成平底，下附扁圆体高圈足。颈部两侧各有一个竖长形贯耳。纹饰方面，贯耳上饰牛首浮雕，颈部与圈足上饰饕餮纹并以云纹为地纹，饕餮纹中部的扉棱凸起，圈足中部饰夔纹并以云雷纹为地纹。时代为商代中期偏晚。

Ⅱ式：出土17件，传世43件。

标本：河南安阳殷墟出土妇好壶M5∶795[②]（图2-1），共2件，形制、大小、铭文皆同。通高50.9、口径20.2厘米，重18.4千克。有盖、器口部呈扁圆形、长颈、鼓腹、两侧有贯耳、腹下部外鼓、扁圆圈足，壶身正背面和两侧各有扉棱4条，扉棱自口连至圈足成一条直线。器口下饰饕餮纹、夔纹，颈部饰饕餮纹、夔纹一周，腹部及圈足亦饰饕餮纹。有铭文“妇好”2字。时代为商代晚期早段（殷墟二期偏晚）。

Ⅲ式：出土2件，传世3件。

标本：陕西淳化县出土贯耳壶CHXM3[③]（图4-16），通高32.8，口纵径14.2、横径11.2、腹深2 8、腹径21厘米，重3.3千克。无盖、口微侈、平沿，颈部两侧有贯耳，最大腹径靠近器底，器身两侧有扉棱两条，由器耳下起直抵腹下部。颈部饰三道弦纹，腹中部由两道弦纹作为界分线，将腹部分为上下两部分，各饰饕餮纹，以纤细的云雷

① 河南省文物考古研究所：《郑州商城1953～1985年考古发掘报告》，文物出版社，2001年，917页。

② 中国社会科学院考古研究所：《殷墟妇好墓》，文物出版社，1980年，67页。

③ 姚生民：《陕西淳化县出土的商周青铜器》，《考古与文物》1986年第5期，12～22页。

纹作为底纹，圈足饰粗线条的云纹，贯耳上饰细波浪纹，扉棱中部铸一鸟。时代为西周早期偏晚。

A型贯耳壶器身形态与F型提梁壶相近，流行时代也基本相同。纹饰上A型贯耳壶纹饰繁复多为满花，F型提梁壶则仅在颈部有一条纹饰带，多以鸟纹或夔纹作主体纹饰，云雷纹为底纹。

图4-16　贯耳壶

B型　圆口无颈。本型壶特点为：直口，深鼓腹。由于颈部平直，腹壁自口沿向下倾斜外张，近腹底时圆转内收，故最大腹径近器底，呈垂腹状，器身纵截面近似于梯形，器形与提梁壶中B型壶相近。

出土3件，传世1件。

标本：陕西绥德墕头村出土贯耳壶[①]（图4-17），通高32.7、口径10、腹深27.7厘米，重2.7千克。无盖、小口、口下两侧有两贯耳、圈足上纵剖面呈梯形。器口下部饰饕餮纹一周、器腹上部饰垂叶纹一周、圈足则饰斜角云纹一周。时代为商代晚期晚段。

C型　圆口长颈。本型壶特点为：圆口、长颈、腹略扁。器口截面为正圆形，颈部两侧有贯耳，腹部略扁形，圈足圆阔。

根据时代的先后关系，分三式。

Ⅰ式：未见出土，传世3件。

标本：姪妊壶[②]（图4-18），通高29、口径7.8、腹径14.1厘米。直口长颈、下腹向外倾垂，贯耳位于颈部正中，圈足上有一对方形孔。颈部饰两组云雷纹组成的兽面纹，腹饰粗细相间的曲折形雷纹，上部有一周三角雷纹。盖器同铭，各5字。该器为传世器，现藏北京大学赛克勒考古与艺术博物馆，时代为西周早期。

Ⅱ式：出土2件，传世4件。

标本：孟截父壶[③]（图4-19），高35.4、口径11厘米，直口长颈、鼓腹，颈两侧有贯耳一对，矮圈足沿外侈。口下饰象鼻夔纹，腹饰宽带络纹，宽带上饰链条纹，圈足饰夔形象鼻夔纹。内壁铸造铭文6字。现藏中国国家博物馆，时代应为西周中期。

---

① 陕西省考古研究所、陕西省文物管理委员会：《陕西出土商周青铜器（一）》，文物出版社，1979年，82页，图八〇。

② 林巳奈夫：《〈殷周时代青铜器之研究〉——殷周青铜器综览》，吉川弘文馆，1984年，壶54。

③ 林巳奈夫：《〈殷周时代青铜器之研究〉——殷周青铜器综览》，吉川弘文馆，1984年，壶67。

图4-17　贯耳壶

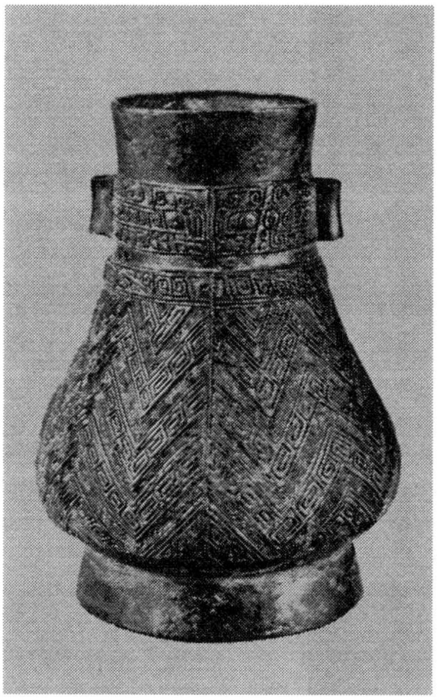

图4-18　姪妊壶

图4-19　盂截父壶

图4-20　伯鱼父壶

Ⅲ式：未见出土，传世2件。

标本：伯鱼父壶[①]（图4-20），通高35厘米。直口长颈、盖与器为子母口，贯耳位于颈部正中，圆腹下垂，矮圈足外侈，兽首衔环耳。盖沿和器颈饰横鳞纹，腹饰十

① 陈梦家：《美帝国主义劫掠的我国殷周铜器集录》，科学出版社，1962年，R409、A705。

字环带纹，圈足饰夔纹。盖、器各铸铭文9字，现藏明尼阿波利斯美术馆。时代为西周晚期。

D型　橄榄体。本型特点为：小口、窄颈、腹微鼓、圈足外撇；颈部细长、腹部呈橄榄状、器体瘦长；均有内插式盖，盖顶有环形捉手盖，颈部两侧有贯耳一对。

西周早期始现，颈部瘦长，腹鼓程度不明显，西周中期后腹部逐渐圆鼓，根据腹鼓的程度，分二式。

Ⅰ式：出土14件，传世13件。

标本：陕西长安县斗门镇出土橄榄体壶M17：43[①]（图4-21），通高43.5、口径8.5、腹深33、腹径13、圈足高3.5厘米，重3千克。器体呈现为上小下大的圆筒形，口沿下两侧有贯耳一对，腹部为折腹，圜底圈足，且圈足外撇。器盖为子母口合盖，盖底有5厘米的内插槽，盖顶有圈形捉手，盖可倒翻仰置。壶颈及盖有对铭，各10字，现藏陕西省历史博物馆。出土墓葬的时代推断为西周早期。

Ⅱ式：出土8件，传世10件。为Ⅰ式壶的延续，腹部较本型Ⅰ式略鼓，时代较Ⅰ式晚。

标本：陕西扶风县庄白一号窖藏出土橄榄体贯耳壶76FZJ1：36[②]（图4-22），通高38.6、口径8.8、腹深28.3厘米，重4.2千克。束颈、圆腹、矮圈足，圈足外侈且与器体相连找不到分界，盖上有圈形捉手，上有一对穿孔，位置与贯耳相对。盖沿饰双身卷尾鸟纹，颈部饰单体卷尾鸟纹，均以云雷纹作底纹。器物造型和穆王时期的标准器长田盉共出土的贯耳壶相同，应属同时期遗物。时代为西周中期。

E型　方口椭腹。该型特点为，体型高长、有盖、直口、长颈、圈足，盖上有方形捉手，颈部或肩部有一对贯耳，器盖、口、圈足的横截面均为方形，腹部横切面为方形或椭圆形。在出土方壶中数量较少，其主流型式流行于西周时期。中原、关中地区出土数量不多。而周边地区仅有零星出土，形制与中原、关中地区相近，因此在对贯耳方壶的主流型式做类型学分析时，应关注非中心地区青铜器的发展演变。根据器颈及腹部的差异，分二亚型，Ea型为束颈鼓腹，Eb型为直颈垂腹。

Ea型　束颈鼓腹。本型是贯耳方壶主流型式，有盖、盖上有方圈捉手，且盖径大于口径，与口子母相扣，贯耳位于器肩两侧，器腹为圆弧形，方圈足外撇。根据器物形制上的变化、所属时代的不同，分二式。

Ⅰ式：出土7件，传世5件。

---

① 陕西省文物管理委员会：《西周镐京附近部分墓葬发掘简报》，《文物》1986年第1期，13页。

② 陕西周原考古队：《陕西扶风庄白一号西周青铜器窖藏发掘简报》，《文物》1978年第3期，7页。

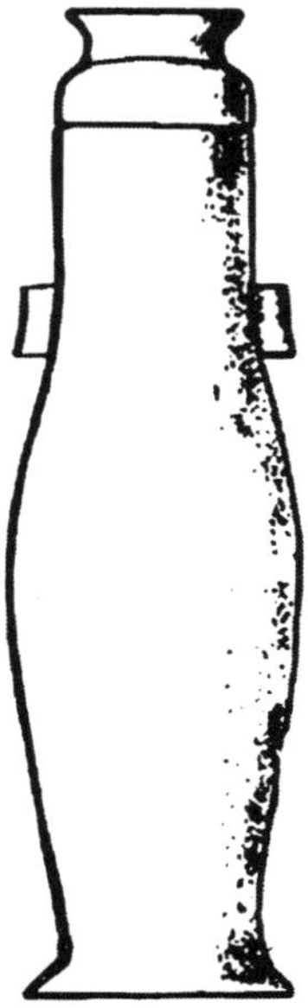

图4-21　橄榄体壶

图4-22　橄榄体贯耳壶

标本：陕西扶风法门镇召陈村出土“散车父壶”①（图4-23），共2件，器形、大小、纹饰皆相同，唯铭文内容稍异位置不同。通高41、方口纵径11.1、横径14.6、方圈足纵径15、横径20.5、盖高8、器深27.2厘米。方盖、方口、盖口子母相扣、方宽颈、两侧有贯耳一对，圆弧腹、圈足较高且外撇。器盖口外壁上铸有铭文26字。现藏陕西省历史博物馆，时代为西周中期。

Ⅱ式：未见出土，传世6件。

标本：成伯邦父壶②（图4-24），通高34.5、口纵15.9、口横10厘米，重5.032千克。横截面呈长方形，直口长颈，下腹向外倾垂，圈足外侈沿下折，颈部有一对贯耳。纹饰方面，颈饰重环纹，腹饰垂鳞纹。内壁铸铭文10字。现藏台北历史语言研究所，该器时代为西周晚期。

本型壶的器物形制整体上与A型贯耳壶相近，不同之处在于器物的横截面上，在陕西、河南等地多有出土，在器物的使用时代上也有共存及承接关系。因此，将这一类壶归于贯耳壶类，而不是单独把方壶作为一类器物去研究，是为了还原器形的发展变化的规律，这在对器物类型学研究中是十分关键的。

---

① 史言：《扶风庄白大队出土的一批西周铜器》，《文物》1972年第6期，30页。

② 吴镇烽：《商周青铜器铭文暨图像集成》，上海古籍出版社，2012年，12259页。

图4-23　散车父壶

图4-24　成伯邦父壶

Eb型　直颈垂腹。器盖与器身为子母相扣，壶体相比Ea型更宽，颈部直接过渡至腹，无束颈，腹部最大径接近器底，有明显的垂腹现象，方形圈足，圈足横径更宽。

Ⅰ式：未见出土，传世1件。

标本：尸曰壶[①]（图4-25），通高30厘米，体呈椭方形，直口长颈，鼓腹，颈部有一对贯耳，矮圈足外撇，盖上有圈状捉手。体饰宽带络纹。盖器同铭，各5字。该器为传世器，现藏台北历史博物馆。时代为西周中期。

Ⅱ式：出土1件，传世器未见。

标本：洛阳东郊C5M906号西周墓出土壶[②]（图4-26），通高30、口纵径8.8、横径11.9、腹纵径14、横径19.7厘米。器体宽胖，器盖、口、颈、圈底皆为椭方形，器盖上附方圈形捉手，颈部两侧有贯耳一对，腹部肥大且下垂，圈足外撇高且厚。纹饰方面，仅在器颈部饰凸弦纹二周。时代为西周晚期。

F型　圆口细颈。本型特点为：小侈口、细长颈，椭圆腹。口、颈、腹、底部的横

① 锺柏生、陈昭容、黄铭崇、袁国华：《新收殷周青铜器铭文暨器影汇编》，台北艺文印书馆，2006年，1691页。

② 洛阳市文物工作队：《洛阳东郊C5M906号西周墓》，《考古》1995年第9期，788～791、801页。

图4-25　尸曰壶

图4-26　贯耳壶

截面皆为正圆形，贯耳的位置靠近或位于器物肩部，器物高度较之前有所降低，腹部更加圆鼓。此外，器物的重心也有所下移，不但腹部容积有所增大，而且圈足也随之变大，因此使得器物在放置时更加稳当，这也是器物向着实用性发展的另一表现。根据时代的先后关系，分三式。

Ⅰ式：未见出土，传世1件。

标本：伯多人非壶[①]（图4-27），通高21.8、口径7.4厘米，重2.29千克。长颈直口，有薄平沿，下腹外鼓，颈部有一对兽首贯耳，圈足外侈。纹饰方面，器颈饰等边长三角形纹，其下饰两头兽纹，器腹饰垂鳞纹。颈外壁铸铭文11字。现藏上海博物馆，时代为西周晚期偏晚。

Ⅱ式：出土3件，传世器未见。

标本：河南信阳市五星乡平西村春秋墓出土番叔壶[②]（图4-28）。通高25、口径8、腹径19.5、底径16.3厘米。盖顶有纽，子母口，长束颈，肩部两侧各有一贯耳，圆鼓腹，最大腹径位于腹部中部偏下，器底微凹，圈足宽大。肩部饰蟠螭纹，腹部由绹索纹圈成上下两部分，各饰两组蟠螭纹。颈部有铭文四行123字，且自名为壶。现藏河南信阳

① 吴镇烽：《商周青铜器铭文暨图像集成》，上海古籍出版社，2012年，12268页。

② 信阳地区文管会、信阳市文管会：《河南信阳市平西五号春秋墓发掘简报》，《考古》1986年第1期，22页。

图4-27　伯多人非壶

图4-28　番叔壶

市文物管理委员会，时代为春秋早期。

Ⅲ式：出土1件，传世器未见。

标本：河南罗山县高店出土壶①（图4-29），通高33、口径11、腹径27厘米。方唇、鼓腹、圈足。壶盖与器身为子母口扣合。肩部两侧铸两个贯耳，饰兽面纹。腹部饰三周绹索纹。盖铭13字，器铭15字。现藏河南信阳市文物管理委员会，时代为春秋中期。

G型　圆口宽颈。本型特点为：敞口、束颈、圆鼓腹、圈足，器口、腹部横切面为正圆形，器物最宽处位于腹部中线，成圆鼓腹状，多无盖。春秋早期出现至中期后消失，其发展变化主要在器颈部和腹部，由于腹部的圆鼓腹程度增加，腹部容积也增大，使得器物看起来逐渐肥硕。传世器中未见，出土器中该型壶分为二亚型。Ga型，敞口外

图4-29　贯耳壶

① 信阳地区文管会、信阳市文化局：《罗山县高店公社又发现一批春秋时期青铜器》，《中原文物》1981年第4期，18页。

撇、长束颈，圆球腹。Gb型，宽侈口、宽短颈，束颈不明显，腹部微椭。

Ga型　长束颈。器形特点为敞口、束颈、圆鼓腹（腹部下垂）、圈足、圜底，贯耳位于器物肩部。可分二式。

Ⅰ式：出土4件。

标本：河南信阳县明港出土贯耳壶①（图4-30），通高25.8、口长径9.5、宽径10.5、腹长径15.5、宽径18.5厘米。扁圆形、带盖、盖上有一细纽、盖与器口用子母扣盖紧。平唇、束颈、鼓腹、平底、圈足，肩部有两个贯耳。盖顶饰一圈细密的蟠虺纹，肩部饰一圈蟠虺纹，贯耳上饰兽首纹。时代为春秋早期。

Ⅱ式：出土1件。

图4-30　贯耳壶

本式为Ⅰ式器形的延续，其形制为有盖、敞口、束颈、贯耳位置位于器物颈部偏下，腹部为圆鼓腹（下垂），圜底、圈足且圈足外撇。

标本：河南信阳平桥南山嘴出土樊夫人龙嬴壶M1：5②（图4-31），通高26.8、口径12.6厘米。侈口、束颈、圆鼓腹，圈足外撇，颈中部偏下两侧有贯耳一对。仅腹部纹饰带饰窃曲纹一周。颈腹外壁有铭文13字。时代为春秋中期。

Gb型　短束颈。器物形态与Ga型有所不同。短颈、球腹，贯耳位置在肩部两侧。由于颈短器物整体形态近似圆球形，故较Fa型贯耳壶体量有所增加，加之圈足低且

① 信阳地区文管会、信阳县文化馆：《信阳县明港发现两批春秋早期青铜器》，《中原文物》1981年第4期，16页。

② 王与刚、欧潭生、蔡静远：《河南信阳市平桥春秋墓发掘简报》，《文物》1981年第1期，13页。

大，稳定性增强。

出土2件。

标本：信阳市平桥西春秋墓M3出土贯耳壶①（图4-32），通高24.5、口径11.2、腹径20.6厘米。侈口、束颈、鼓腹、圈足。肩部有两贯耳。仅上腹饰一周窃曲纹。时代为春秋中期。

图4-31　樊夫人龙嬴壶

图4-32　贯耳壶

具地方特征的贯耳壶

A型贯耳壶　在山东地区该型壶也有出土，不但出现及消亡的时代整体晚于中原地区，器形也与中原、关中地区有所差异。中原地区该型壶多有盖，盖同器身两侧及正面均有扉棱，盖合后扉棱与器身相连，通身纹饰；山东地区该型壶则无盖，束颈程度轻，垂腹更加明显，圈足较矮，器身多为素面或两道弦纹。但器物整体形态与中原十分接近，均符合本型壶的器形特点。因此，仅将山东地区该型壶举例说明，不归入青铜壶发展的主流类型中。

标本1：山东黄县归城遗址出土贯耳壶HG70②（图4-33），通高31、口长径19.4、

① 信阳地区文管会、信阳市文化局：《信阳市平桥西三号春秋墓发掘简报》，《中原文物》1981年第4期，18页。

② 李步青、林仙庭：《山东黄县归城遗址的调查与发掘》，《考古》1991年第10期，910～918页。

短径14厘米。器形特点为无盖、贯耳、圈底，圈足有一对圆孔，通体素面，颈饰二道凸弦纹。时代为西周早期。

标本2：山东威海市周代墓葬出土贯耳壶M1：6①（图4-34），通高33.6、口径24.4、最大腹径26、足径17.2厘米。无盖、直口、口微敞、束颈、垂腹、平底、矮圈足，颈部两侧有贯耳一对。形制与黄县归城HG70壶近同，但时间更晚。本壶及出土其墓葬M1的时代大约应为西周中期。

图4-33　贯耳壶

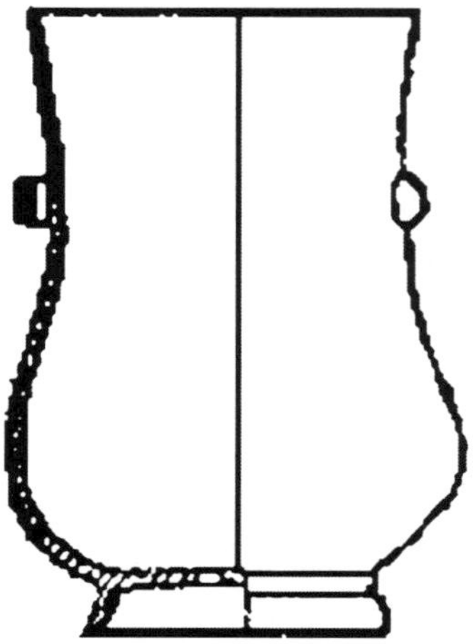

图4-34　贯耳壶

D型贯耳壶　在河北、山东地区也有出土，器形与关中地区近同，但具有一定的地方特点，西周早期始现至晚期后消失，消亡时间晚于关中地区。山东地区的该型壶，在西周中期时与关中地区较为接近，贯耳位于器物颈部两侧，体形修长呈橄榄状。晚期贯耳下移至肩部纹饰带的两侧，腹部更圆更鼓，虽然鼓腹程度整体上看仍成橄榄形，但已呈现明显的垂腹状，这一变化当是因为腹部鼓起，致使体量增加，而贯耳位置下移可以增加提起后的稳定性，铸法上的差异恰证明功用上所起变化。

山东地区出土的D型贯耳壶。

标本1：山东烟台上夼村出土贯耳壶②（图4-35），高43.5厘米。形制上，体瘦高。盖的子口甚高，倒置可为杯。贯耳，盖、足各有二穿以与贯耳相对应，用以系绳。纹饰方面，盖及颈部饰夔风纹，云雷纹为底。该器时代推断为西周早期。

① 郑同修、隋裕仁：《山东威海市发现周代墓葬》，《考古》1995年第1期，23～27页。

② 齐文涛：《概述近年来山东出土的商周青铜器》，《文物》1972年第5期，9页。

标本2：山东黄县归城遗址出土贯耳壶M1：4[①]（图4-36），通高46、腹径15.5厘米。器盖是与器身字母口相连的内插式盖，且内插槽上饰凤纹，盖顶为喇叭形捉手，通身饰兽面纹。时代为西周中期。

图4-35　贯耳壶

图4-36　贯耳壶

标本3：山东沂源县姑子坪周代墓葬出土贯耳壶M1：12[②]（图4-37）通高53.3、口径12.3、器底长径20.3、短径17.8厘米。器形特点为，盖呈半圆球形，与器体子母口相连，盖顶有圈形捉手，捉手两侧各有一穿孔。器身，口沿微敞，颈部细长，中部向内收，贯耳位于颈向腹部过渡处，即肩部两侧，圆垂腹，矮平底，低圈足，圈足外撇。该壶体形略胖，腹部略微下垂，器物整体呈现重心下移态。位于器盖、颈、底，有三圈纹饰带。器盖口沿一周，饰四组相同的夔龙纹，颈部饰窃曲纹饰带一周，圈足饰夔龙纹饰带一周。时代为西周晚期。

① 李步青、林仙庭：《山东黄县归城遗址的调查与发掘》，《考古》1991年第10期，910～918页。

② 山东大学考古系、淄博市文物局、沂源县文管所：《山东沂源县姑子坪周代墓葬》，《考古》2003年第1期，33～43页。

河北地区出土的D型Ⅱ式贯耳壶，形制与关中地区近同。

标本：河北唐县南伏城出土贯耳壶①（图4-38），通高38.3、口颈9.3厘米。无盖、直口、口外侈、束颈、颈双侧有贯耳一对、长圆腹、圜底圈足、圈足外撇。仅在器颈有凤纹图案一周，宽度与两贯耳相同。时代为西周中期。

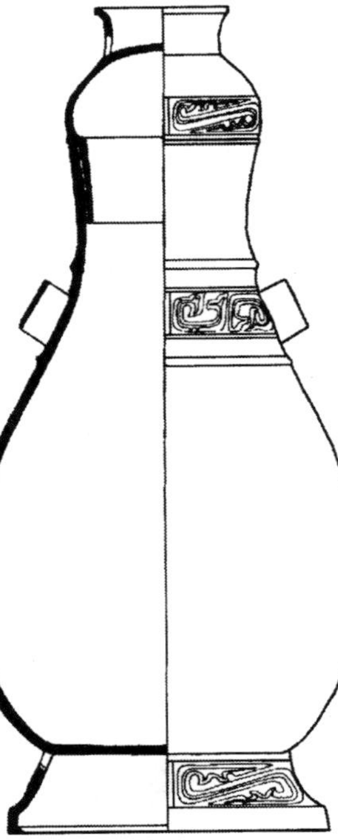

图4-37　贯耳壶

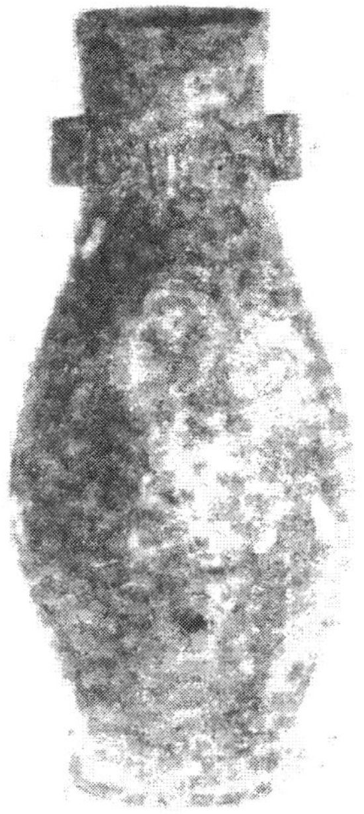

图4-38　贯耳壶

Ea型贯耳壶　本型壶在湖北地区也有出土，器形保持为西周时期流行风格，尚未形成独立的地区风格，因此仍举例说明，不单独作为类型分析中的一个型式。

标本：湖北枣阳市郭家庙曾国墓地出土幻伯隹壶M1：8②（图4-39），通高47.6、口横17、腹深34厘米。共2件，形制相同，横截面呈椭方形，直口长颈，颈部有一对贯耳，腹下垂，矮圈足，内插式盖，上有圈状捉手。盖饰弦纹，颈和圈足有高起的宽带，上有一道弦纹，腹饰宽带络纹。盖铸铭文14字。该墓葬时代为春秋早期。

① 郑绍宗：《唐县南伏城及北城子出土周代青铜器》，《文物春秋》1991年第1期，14～22页。

② 襄樊市考古队、湖北省文物考古研究所、湖北孝襄高速公路考古队：《枣阳郭家庙曾国墓地》，科学出版社，2005年，239页。

Eb型贯耳壶　山东地区出土的Eb型贯耳壶（贯耳方体壶）形制较为特殊，有盖，盖上有方圈捉手，肩部两侧各有一贯耳，腹部呈折角状，有棱角，方形圈足外撇，该形制方壶较为少见，具有地方性特征。

标本：山东黄县庄头西周墓M1出土能奚壶①（图4-40），通高40、口径纵径9、横径13、底纵径12.5、横径16.8厘米。盖器为子母口向扣，盖上有方形捉手，壶身为长颈、溜肩、器肩两侧有贯耳一对，腹最大径为腹中部折角处，器盖与方圈底两侧均有孔，且圈足较矮。通身无纹饰，盖内铸铭文二行5字。时代为西周早期。

总而言之，贯耳壶虽在商周时期青铜壶的总量中所占比例较少，但流行时间较长，分布范围广。商时以中原地区为中心，西周以关中地区为中心。除此之外山东、河北等地也有零星出土。从全国范围看，该型壶的流行时间由商代晚期一直延续至春秋中期。

图4-39　幻伯隹壶

图4-40　能奚壶

① 王锡平、唐禄庭：《山东黄县庄头西周墓清理简报》，《文物》1986年第8期，69~72页。

三、环 耳 壶

环耳壶，即壶的颈部或肩部有一对环耳，耳顶各有一兽首且各垂一圆环，按照器体的差异分二型，A型为圆壶、B型为方壶。

A型　环耳圆壶。器形特点：均有盖，盖上有圈形捉手，长颈，器耳位于颈部中间，耳多为半圆形，耳顶部有兽首，耳上多有垂环，腹部为圆形或圆弧形，圜底、圈足，且圈足为撇。西周中期出现，至春秋中期消失。西周时期该型壶特点为有盖、盖顶有圈形捉手，捉手直径小于或等于盖颈，颈细直中部两侧各有两耳，耳顶有兽首，耳上多有垂环。腹部横径略大于纵颈，因此腹部多为椭圆形。春秋时期该型壶特点为有盖，盖顶亦有捉手，捉手有圈形亦有莲瓣形，且捉手直径多大于盖径，颈部为中间细两头粗，因此束颈更为明显。腹部亦为椭圆形，但腹部横径几乎为纵径的两倍、甚至大于两倍，由此呈现更扁的形态。根据形态的变化及时间上的早晚关系，将A型环耳圆壶分为四式。

Ⅰ式：出土12件，传世8件。

图4-41　三年㾓壶

标本：陕西扶风庄白一号青铜器窖藏出土三年㾓壶[①]（图4-41），共出2件，纹饰、铭文及大小均相同。通高65.4、口径19.7、围腹129、腹深48.4厘米，重25.5千克。有盖，盖上有圈形捉手，盖与器口字母口相接，扣合后严密无缝隙，颈部平直，基本与口等宽，颈部两侧有耳一对，耳顶各有一兽首且各垂一圆环，腹部扁圆、外鼓，圜底圈足，圈足外撇，足径略小于腹径。盖榫外侧铸铭文60字。时代为西周中期偏晚。

该式壶为西周中期新兴的一种形体庞大的圆壶，壶高度在60厘米左右，均为通体饰多样的组合纹饰。由此可见，西周中期青铜壶的发展不仅在器物形制上有所创新，在纹饰上也呈现出新一轮的高峰。

另外，该窖藏共出的十三年㾓壶、齐家村出土几父壶、岐山县山董家出土的仲南父

① 陕西周原考古队：《陕西扶风庄白一号西周青铜器窖藏发掘简报》，《文物》1978年第3期，1页。

壶等均与其形制相近，唯花纹稍异，时代亦为西周中期。

Ⅱ式：出土13件，传世15件。

标本1：河南泌阳县前两河村出土尚壶①（图4-42），共2件，形制、纹饰、铭文皆相同。通高40.7、口径16厘米，重8.65千克。有盖，上有圈形捉手，短宽颈，颈部两侧有兽首套环耳，圆鼓腹，矮圈足。盖上有铭13字，器上铭纹14字，内容基本相同。由于自然原因的侵害，出土该壶的墓葬无法判断形制，但通过对铭文的释读，以及对器物形制、纹饰等方面的考证，认定这两件壶的时代为西周晚期（厉、宣时期）。

标本2：三门峡虢国墓地太子墓出土窃曲纹圆壶M2011：62②（图4-43），通高37.4、盖高8、口径12.8、腹径22.8、腹深28厘米，重8.2千克。有盖，深子口，顶有围栏式捉手。敞口、束颈、垂腹、圈足，半环形龙首双耳。纹饰方面，腹部上部为重环纹、中部瓦棱纹之间为"S"形目窃曲纹。时代为西周晚期（宣、幽时期）。

图4-42 尚壶

图4-43 窃曲纹圆壶

① 关玉翠、赵新来：《泌阳县出土的两件西周铜壶》，《文物》1966年第1期，56页。

② 河南省文物考古研究所、三门峡市文物工作队：《三门峡虢国墓》，文物出版社，1999年，331页。

图4-44　杨姞壶

标本3：天马—曲村遗址北赵晋侯墓地出土杨姞壶M63：81[①]（图4-44），共2件，形制相同。通高35.8、口径12.4、腹径20.2厘米。有盖，盖顶有圆形捉手；束颈，颈部最细处两侧各有一环耳，环耳上有兽首且耳上垂环；圆腹，鼓腹程度较轻且腹部下垂，因此最大腹径位于腹部中部以下；圈足外撇。由于束颈程度大，器物剖面近似于沙漏状。壶盖下口外壁及壶颈内壁有相同内容但不同行款铭文9字，颈内壁铭文用方格划框线，分两行。时代为西周晚期。

尚壶颈部略短，由于颈部与腹部过渡短，腹部横颈与纵径基本相当，因此器物腹部较为凸出，稍显圆鼓，体形与标本2相近，器形整体差别不大，因此不另立亚型。

西周时期的环耳壶，通体饰花纹，进入东周之后逐渐简化为宽条状环形纹饰带。器物整体形态与C型贯耳圆壶相似，但有盖，且器口是与子母口相连的收口，而非侈口。这种短颈兽环耳圆壶，根据腹部的鼓腹程度亦可分为两种形态。一种是，短颈圆鼓腹。器形特点为颈部略短、粗，腹部圆鼓。

Ⅲ式：出土24件，传世17件。

本式分为两种形态，一种为中原地区的主流形态，承接本型Ⅱ式形制的基本特点，有盖，盖上有圈顶，短颈，颈中部两侧各有一环耳，耳上未有衔环，圆鼓腹，圈足外撇，条形环带纹饰，时代较更晚。

标本：河南罗山县高店公社西北“龙埂”出土壶M2006：53[②]（图4-45），共2件，形制、尺寸、纹饰相同，通高35.5、口径12、腹径19.7厘米，重6.55千克。小口、细颈、鼓腹、圈足。盖饰窃曲纹，颈饰窃曲纹组成的兽面纹，肩下饰三周带状窃曲纹，圈足饰垂鳞纹。该墓葬时代为春秋早期。另有一种，直口，束颈程度小，口沿向腹部直接过渡，致使腹部重心偏向器底。

---

① 山西省考古研究所、北京大学考古学系：《天马—曲村遗址北赵晋侯墓地第四次发掘》，《文物》1994年第8期，4～21页。

② 信阳地区文管会、罗山县文化馆：《河南罗山县发现春秋早期铜器》，《文物》1980年第1期，51页。

Ⅳ式：出土14件，传世4件。

中原地区这一时期主流型式圆壶，也是兽环耳圆壶走向消亡的最后时期，与本型前面几式相比较，Ⅳ式壶颈部为圆柱形，腹部更圆鼓，近乎正圆球形，时代较最晚。

标本：河南郑韩故城青铜礼乐器坑出土壶K15：12[①]（图4-46），通高39.9、口径13.6、腹壁厚0.2厘米，重5.26千克。圆杯状盖敞冠，弧壁，子口；体敞口，长束颈，鼓腹，圈足，颈两侧各一带环兽首形半环耳。盖冠侧饰变形蝉纹，壁饰蟠虺纹，颈下端与腹中部各饰三道瓦棱纹，颈中央一带圈点纹将颈纹分为上下两部分，上部饰波带纹，下部饰蟠虺纹，腹上部饰蟠虺纹。此壶耳包范土，与耳共为先铸件，圈足上有芯撑孔。该器物时代为春秋中期。

图4-45　垂鳞纹壶

图4-46　波曲纹壶

B型　环耳方壶。环耳方壶的器形多样，变化繁杂。根据器物的颈、腹部的变化可分为五个亚型，Ba型为短颈圆腹、Bb型为短颈垂腹、Bc型长颈圆腹、Bd型长颈折腹、Be宽颈圆腹。

Ba型　短颈圆腹。器形特点：器口为方形，口沿四角为圆弧角，束颈，两耳在颈部两侧，圆弧腹，方圈底，圈足四角同口沿，为圆弧角。由西周中期出现至春秋早期消失，根据器物所属时代的先后关系分三式。

① 河南省文物考古研究所新郑工作站：《郑韩故城青铜礼乐器坑与殉马坑的发掘》，《华夏考古》1998年第4期，11页。

Ⅰ式：出土1件，传世7件。

标本：陕西延长县安沟乡岔口村出土苏䢅壶[①]（图4-47），通高49、口纵径长12.4、横径长16.8厘米。器物形制，有盖，盖上有方形捉手，盖与器身子母口相合，颈部两侧各有一半环形耳，耳顶做兽首状，耳环孔内各衔一环。纹饰方面，颈部饰重环纹，腹部有横纵两条粗线，将器腹区间作四等分，区间内饰大鸟纹。盖内铸铭文17字，时代为西周中期（穆王时）。

Ⅱ式：出土12件，传世5件。

标本：陕西韩城梁带村遗址M27出土壶[②]（图4-48），共2件，形制、大小、纹饰皆相同，M27：1001通高49.1、口横径17.2厘米。器形特征为有与器身子母口扣合盖，上有方形捉手，束颈，颈部两耳顶做兽首状，兽首上有“S”形长鼻，耳环孔内套环，圆弧腹且略垂，平底高圈足。纹饰方面，器盖上饰窃曲纹一周，颈部饰波带纹一周，腹部以“王”字形宽带纹（亦为十字环带纹）划分为四个纹饰区间，宽带交汇处饰菱形乳钉状凸起，器腹上部分两纹饰区间内各饰一组高冠型凤鸟纹，器腹下部两纹饰区间内各饰一组回首型凤鸟纹。所属时代为西周晚期。

图4-47　苏䢅壶

图4-48　凤鸟纹壶

① 姬乃军、陈明德：《陕西延长出土一批西周青铜器》，《考古与文物》1993年第5期，8～12页。

② 陕西省考古研究所等：《陕西韩城梁带村遗址M27发掘简报》，《考古与文物》2007年第6期，3页。

Ⅲ式：出土11件，传世6件。

标本：河南洛阳市润阳广场东周墓出土壶C1M9950：44[①]（图4-49），共2件，形制大小及纹样基本相同，通高50.5、口长18.5、口宽14.4、腹宽29.5厘米。形制上，盖顶有长方形捉手，盖下沿有长子口。壶身为侈口，长颈，颈部尖耳兽首套环耳，垂腹，平底，高圈足。纹饰方面，盖顶部饰一组平目窃曲纹，握手下部饰一周八组窃曲纹，盖面饰三周凸棱纹及一周环带纹。壶身颈上部饰一周共八组重三角形纹，颈下部饰一周环带纹；腹部以“王”字形带状凸线与菱形凸饰为界，每面划分为四块，每块内均饰卷体龙纹，圈足上部饰环带纹。时代为春秋早期。

Ⅳ式：出土4件。

标本：河南南阳桐柏月河M1出土[②]（图4-50），共2件，形制、尺寸、纹饰完全相同。通高33、口纵径10.7、横径11.9、腹宽19.1、底纵径14.5、横径15.7厘米，器重

图4-49　窃曲纹壶

图4-50　环带纹壶

① 洛阳市文物工作队：《河南洛阳市润阳广场C1M9950号东周墓葬的发掘》，《考古》2009年第12期，23页。

② 南阳市文物研究所、桐柏县文物管理办公室：《桐柏月河一号春秋墓发掘简报》，《中原文物》1997年第4期，8～23页。

5.55千克。有盖，盖与器子母口相合，长颈、颈两侧有环耳一对，耳顶为牛首状，圆鼓腹、方圈足，盖、颈、足横截面均呈方形。器盖内缘饰卷云纹一周，外缘饰三角云纹一周，颈部饰环带纹一周并以卷云纹作底纹，腹部以点状纹饰带划分成四个区间，各区间内饰对称的卷云纹及变形“S”纹。时代为春秋晚期。

Bb型短颈圆垂腹。

本型壶流行时间与Ba型壶相同，器形稍异，器腹部重心下移，呈垂腹状，刨面呈长梯形，根据所属时代上的早晚，分为三式。

Ⅰ式：出土4件，传世4件。

图4-51　㸚壶

标本：长安沣西马王村出土㸚壶[①]（图4-51），共2件，形制、纹饰、铭文皆同，尺寸稍异，（甲、乙相称）甲器通高59、口纵径15、横径20.3厘米，乙器通高58.5、口纵径15、横径20.1厘米。器形特点为，器盖与器身子母口相合，器盖、口、底均为方形，四角为弧状，腹部为圆弧形，最大腹径处接近器底。纹饰方面，器盖上饰重环纹和夔纹各一周，肩部饰环带纹一周，腹部两面均饰饕餮纹，方圈足饰斜角夔纹一周，盖、颈、腹及圈足上的主题纹饰均以云雷纹为底纹。器口沿内壁上铸有一字铭文“㸚”。时代为西周中期。

Ⅱ式：出土7件，传世7件。

标本：陕西眉县马家镇杨家村出土单五父方壶2003MYJ：19[②]（图4-52），共2件，形制、纹饰、铭文皆相同。通高59.6、口横径20、纵径15厘米，重25千克。器呈椭方形，长颈垂腹，圈足。方平盖上有圈状捉手，双耳作三层龙首形，耳内各套一环。耳上端为曲体的龙纹，下侧由两个龙首组成的兽首，盖面饰吐舌龙纹足，盖沿、颈部饰环带纹，腰横一道凸棱，腹部以双身龙首为主，多身龙纹为辅，圈足饰带目窃曲纹。口沿内侧有铭文4行19字，盖子口有铭文4行17字。时代为西周晚期。

Ⅲ式：出土11件，传世6件。

① 珠葆：《长安沣西马王村出土“鄸男”铜鼎》，《考古与文物》1984年第1期，66～68页。

② 陕西省考古研究所等：《陕西眉县杨家村西周青铜器窖藏》，《文物》2003年第6期，4～42页。

标本：陕西韩城市梁带村芮国墓地出土壶[①]（图4-53），共2件。M28：79通高39.8、口径12.7厘米。壶通体近圆角长方形。子母盖，盖子口较长，盖顶有长方形圆角捉手。颈部较长，垂腹，矮圈足向外微撇，颈部两侧附兽首形环耳。器盖上部饰一周倒鱼鳞纹，下部饰一周重环纹，环耳上的兽角呈螺旋状，兽鼻上卷，颈部饰两周凹弦纹和一周窃曲纹，腹下部饰一周环带纹和两周凹弦纹，圈足上饰一周鱼鳞纹。时代为春秋早期偏晚。

图4-52　单五父方壶

图4-53　窃曲纹壶

Bc型　长颈圆腹。器形与Ba、Bb型方壶不同之处在于，器颈较长，腹部圆鼓。为环耳方壶的又一主流形式。器口与Ba型相近，盖、口、底呈方形，四角亦弧形角，耳在颈部中间两侧，耳顶为兽首形，腹部呈圆形，最大腹径在腹部正中，无垂腹显现。根据器物所属时代先后关系，分为四式。

Ⅰ式：出土2件。

标本：陕西韩城梁带村遗址出土壶[②]（图4-54），共2件，大小、形制、纹样皆相

① 陕西省考古研究院：《陕西韩城市梁带村芮国墓地M28的发掘》，《考古》2009年第4期，3页。

② 陕西省考古研究所等：《陕西韩城梁带村遗址M19发掘简报》，《考古与文物》2007年第2期，3页。

同，M19：192，通高38.6、口纵径10.4、横径15.4厘米。有盖、上有方形捉手，并与器身子母口相合，长束颈，颈中部有环形耳，耳顶为兽首，垂腹，平底，高圈足。盖饰窃取纹和垂鳞纹，颈上部饰窃取纹，下部饰一道凸弦纹，腹上部饰波曲纹，下部饰垂鳞纹。时代为西周晚期。

Ⅱ式：出土6件，传世4件。

标本：陕西户县宋村春秋秦墓出土壶[①]（图4-55），共2件，形制、大小、纹饰全相同。器物尺寸未标注。形制与Ⅰ式基本相同，盖、口、颈、底截面均为圆角方形，颈部较长，腹部圆壶，圈足低矮外撇，颈部两侧有一对环耳，耳顶为兽形。器盖方捉手饰云纹，盖沿及颈上部均饰变波曲纹一周，颈下部饰四层瓦纹，腹部两面整体饰蟠龙纹。时代为春秋早期。

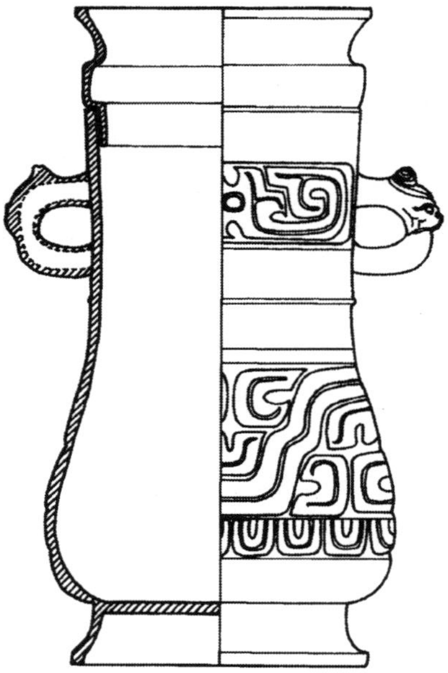

图4-54　垂鳞纹壶

图4-55　波曲纹壶

Ⅲ式：出土20件。

标本：河南郑韩故城青铜礼乐器坑出土壶，共2件，形制大小雷同。K15：14[②]（图4-56）通高65.5、口长19.8、口宽12.2厘米，重15千克。形制上，盖为长方形杯状，盖腰内束，直壁，子母口，盖内插于器口中，长束颈，溜鼓腹，长方形圈足，颈

① 陕西文管会秦墓发掘小组：《陕西户县宋村春秋秦墓发掘简报》，《文物》1975年第10期，55页。

② 河南省文物考古研究所新郑工作站：《郑韩故城青铜礼器坑与殉马坑的发掘》，《华夏考古》1998年第4期，15页。

两侧各有一带环龙首形半环耳。纹饰方面，盖腰内束处饰变形蝉纹，下端饰三道方弦纹，中部饰浅浮雕波带纹，腹周饰高浮雕龙纹，圈足饰变形蝉纹，耳环饰珍珠纹。时代为春秋中期。

Bd型　长身折腹方壶。此型方壶独具特点有二：一是腹部均非弧线过渡，而呈折角状，腹部折角与器底之间距离较近，但折角明显位于器物腹部上。二是方壶四角均为直角，从上方俯视，呈正方或长方形，与其他方壶不同的是四角没有弧线的过渡。这类壶形态较为特殊，出土数量不多，实为独特。根据腹部的不同分为二式。

Ⅰ式：出土14件。

标本：平顶山市北滍村两周墓地一号墓出土壶①（图4-57），共2件，形制纹饰大小皆相同。M1：82，通高44、口长16、宽11.7、底长20、宽15厘米，重10.2千克。形制方面，长方口，修长颈，腹外鼓足，两牛首耳各衔一铜环。纹饰方面，壶颈部饰一周窃曲纹，腹部饰三周鳞纹。时代为西周晚期，宣王时器。

另外腹部与底的折角位置较Ⅰ式下移，十分接近器底，折角略有曲线化的意思。

Ⅱ式：出土9件，传世1件。

图4-56　龙纹壶

图4-57　鳞纹壶

① 河南省文物研究所、平顶山市文管会：《平顶山市北滍村两周墓地一号墓发掘简报》，《华夏考古》1988年第1期，30～44页。

标本：陕西陇县边家庄一号春秋墓出土壶[①]（图4-58），共2件，形制大小完全相同。79LBM1：14，通高25.3、口长12.5、宽6.6、腹深17.7厘米。长方形体，直口，高领，腹下部鼓垂，方盖，方圈足，盖沿上长面有两方孔，宽面有一方孔，双耳上有兽头，颈有一周圆凸棱。盖、颈、腹部均饰窃曲纹。时代为春秋早期偏晚的秦墓。

标本：陕西韩城梁带村遗址M26出土仲姜壶[②]（图4-59），共2件，形制、大小、纹样、铭文皆相同。M26：140，通高53.3、口纵径13.8、横径17厘米。盖为长子口，方形长颈，颈部两侧有环耳一对，耳顶有长鼻兽首，耳孔有垂环。器盖上捉手饰垂鳞纹一周，盖面饰凸目窃曲纹八组环成一周，口沿下饰重环纹一周，颈部亦饰凸目窃曲纹八组环成一周，器腹则为"王"字形细带纹分为四区间，细带纹交汇处有菱形乳钉纹凸起，正面四区间上部分各饰两组"S"形双身龙纹，侧面上部则为两组卷身龙纹，正面及侧面下部分两区间均饰两组凸目曲龙纹。器盖内壁著铭文三行9字，行文为竖款排列，铭文释读为"仲姜作为桓公尊壶用"。时代为春秋早期。

图4-58　夔纹壶

图4-59　仲姜壶

① 张天恩、尹盛平：《陕西陇县边家庄一号春秋秦墓》，《考古与文物》1986年第6期，15～21页。

② 陕西省考古研究所等：《陕西韩城梁带村遗址M26发掘简报》，《文物》2008年第1期，4页。

Be型　宽颈圆腹环耳壶。

本型壶数量少，器物形态大致相同，由口敞开直至底部，剖面呈梯形，根据时代先后关系，分二式。

Ⅰ式：出土2件，传世1件。

标本：三门峡虢国墓地出土，2001年缴获壶，共2件，形制、大小相同，IISG：5[①]（图4-60）通高31.4、口纵径8.6、横径13.4厘米。该壶形制，有盖，盖顶有圈顶式捉手，浅子口。器身为敞口，方唇，长颈，垂腹，高圈足。颈部对称有2个龙首吐舌环形耳。盖面饰一周重环纹，器颈上部与腹部饰凤鸟纹，捉手和圈足均饰一周垂鳞纹，耳饰重环纹。时代为西周晚期。

Ⅱ式：出土4件，传世1件。

标本：河南登封告成东周墓地M3出土壶[②]（图4-61），共2件，大小、尺寸、形制相似，其中M3：4壶通高35、口径17、腹颈25厘米。器口近长方形，直口微敛，直颈，垂腹，腹最大径接近底部。矮圈足外撇，圈足与盖顶捉手的形制相似。时代为春秋早期。

图4-60　方壶

图4-61　重环纹壶

① 三门峡市文物考古研究所、三门峡虢国博物馆：《三门峡虢国墓地出土的青铜器》，《文物》2009年第1期，48页。

② 郑州市文物考古研究所、登封市文物局：《河南登封告成东周墓地三号墓》，《文物》2006年第4期，4～16、46页。

图4-62　波曲纹壶

具地方特征的环耳壶

A型Ⅱ式环耳壶。

西周晚期，在关中、中原及其周围地区，都已经形成了形制较为独立的青铜器，湖北地区也出土了与A型Ⅱ式环耳壶相同或相近的青铜壶。

标本：湖北谷城北河南岸火龙岗出土的青铜壶①（图4-62），2件，形制相同，虽器耳已残，但其他形制与本式基本一致，时代亦为西周晚期时期，因此归为同一型式。这两件出土青铜壶，器物大小、形制、纹饰相同。口微侈、长颈、圆腹、平底、矮圈足，双耳残缺。器盖与器口子母口相接，出土时盖与器口锈结在一起，无法开启。残耳上下各饰一圈波曲纹，并填以云纹、象形纹。圈足与盖内外均饰亚字形纹饰。谷：11，通高46.3（盖高7.3）、口径16、腹径26、圈足19厘米。时代为西周晚期。

A型Ⅲ式环耳壶。

从目前情况看，出土的环耳壶最早见于关中地区，而后周边地区逐渐出现，山东地区春秋早期墓葬中出土的环耳壶，应是受到周人的影响并结合地方特点而铸，并非完全独立。因此，在做类型分析时，不另立型式。山东地区出土的环耳壶与A型Ⅲ式环耳壶相近。

标本：山东莒县西大庄M1出土壶②（图4-63），M1：10，通高36.9、口径12.3、足径18厘米。圈顶盖，子母口，长颈，鼓腹下垂，下承圈足。颈部有一对称的兽形耳，耳上无环。盖顶饰涡纹，外缘饰鳞纹，盖口沿上饰重环纹一周，颈部饰夔龙纹，腹部饰波曲纹，圈足饰垂鳞纹。该墓葬时代为春秋早期。

图4-63　波曲纹壶

另外，春秋早期在两湖地区，仍有承袭关中、中原地区西周中、晚期主流型式壶的形制特点的壶，但数量

① 襄樊市博物馆：《湖北谷城、枣阳出土周代青铜器》，《考古》1987年第5期，410～413页。

② 莒县博物馆：《山东莒县西大庄西周墓葬》，《考古》1999年第7期，38～45页。

很少，因与主流形式壶形制较为接近，所以不将其提出归入特殊造型壶一类，仅在此举例说明。器物形态为细长颈、椭圆腹的环耳圆壶，但与关中、中原地区不同之处在于器盖具有两湖地区楚系青铜器的特点，为莲花瓣式的盖顶。

标本：湖北枣阳县茶庵曾国墓葬出土壶[①]（图4-64），共2件，大小器形均一致，口径16.4、腹径31、底径27.8、器身高40、通高48.8厘米。有盖，盖顶作凹凸形莲瓣状，盖中央和盖沿均饰蟠螭纹。子母口，长颈斜肩，鼓腹圈足，两耳做双角兽头衔环。颈腹部和圈足都饰环带纹。该墓葬时代为春秋早期。

Bd型环耳壶。

山东地区出土的Bd型环耳壶（兽环耳方壶），形制较为特殊，有自己独特的风格。器形特点有所不同，颈部束颈程度大，耳的位置较低，腹中部有90° 折角。因此，在此举例说明不纳入类型分析中。

标本：山东海阳县嘴子前春秋墓出土壶[②]（图4-65），共2件，其形制、尺寸、纹饰相同。M4：92通高42、口长径16.4、短径9.6厘米。形制特点为，扁方体，体形瘦长，有盖，盖上有方圈足形捉手，盖口与壶口子母扣合，口微侈，腹上部微向内弧，

图4-64　环带纹壶

图4-65　波曲纹壶

① 湖北省博物馆：《湖北枣阳县发现曾国墓葬》，《考古》1975年第4期，222页。

② 烟台市文物管理委员会、海阳县博物馆：《山东海阳县嘴子前春秋墓的发掘》，《考古》1996年第9期，1～10页。

图4-66　勾连纹壶

腹部最宽处位于中部以下，高圈足，腹上部两侧有环耳一对，耳尖做兽首状，兽有螺旋形角一对。盖饰一周变体龙纹，壶腹饰三道纹带，每道各以波曲纹加变体龙纹构成。该器物时代为春秋中期。

此外，在江苏地区较早时期出现一巨型铜壶，时代为西周较早时期，由于江苏地区出土同期在西周早期风格具有地方特色，在做类型学分析的时候，将其单独列出。

标本：江苏丹徒大港母子墩西周青铜器墓出土①（图4-66），通高49、口纵径13.8、横径20、腹深34厘米，重14.4千克。器形上，壶体平面为圆角长方形。直口斜颈，具有康、昭时期青铜器的特点，当为西周早期作风。也有学者认为该器亦有可能为春秋中期器。纹饰方面，壶腹部以菱形钉条纹带，将正反两面分格为四个区间，条纹带边缘镶联珠纹，在每区间内皆饰由云纹组成的象征性的变形体兽纹，每兽纹皆有一目，两组构成类似饕餮纹的图案。这种线条粗犷，结构随意的造型特征，是为吴越文化中青铜纹饰所常风格。器盖的卧鸟造型，常见于西周后期青铜扁壶，亦有可能为吴文化所效仿西周礼器的铸件。故该器物时代为西周早期。

四、爬兽耳壶

器形特点为，颈侧以两攀援回首之兽为耳，有方圆体和方体二型，圆体盖、颈、腹、底的横截面均为圆形。方体盖、颈、腹、底的横截面为方形。根据器形上的区别，分二型。

A型　爬兽耳圆壶。器形特点，春秋晚期器盖多为莲花瓣形，而战国早期时则多为镂空的盘形盖。由此，根据时代及器形特点，分为二式。

Ⅰ式：出土1件，传世5件。

---

① 镇江博物馆、丹徒县文管会：《江苏丹徒大港母子墩西周铜器墓发掘简报》，《文物》1984年第5期，1～10页。

标本：山西太原金胜村M251赵卿墓出土[①]（图4-67），通高47、口径15厘米。器盖做莲花瓣形，器敞口，长颈，平底，矮圈足，颈两侧置一对兽形耳，莲瓣铸有蟠龙纹、圆座饰条索纹，壶身有五周蟠龙纹，其间用条索纹带作界纹，兽形耳饰卷云纹和羽纹。时代为春秋晚期。

Ⅱ式：出土2件。

标本：河南陕县后川出土壶[②]（图4-68），共2件，器形纹饰皆相同。M2040：28，通高46.3、口径15.3、足径17.8厘米、重7.8千克，容酒器。盖呈盘形，侈口，短颈，深腹，平底，圈足。颈肩两侧附有虎形耳。盖面镂空做蟠龙角逐状，周饰绹纹，器身有凸起变形蝉纹带四道，圈足饰绹纹带。时代为战国早期。

图4-67　蟠龙纹壶

图4-68　蟠龙纹壶

另外，在湖北随州曾侯乙墓出土本型壶，将一对爬兽耳圆壶放置连座之上，形制略有不同。

标本：湖北随州擂鼓墩曾侯乙墓出土联座龙耳对壶[③]（图4-69），由两件龙耳壶和一件壶座组成，两壶形制大小相同，敛口，长颈，圆鼓腹，圈足，坐下兽形足。长方

① 中国青铜器编辑委员会：《中国青铜器全集·8卷·东周二》七四，文物出版社，1997年，66页。

② 国家文物局：《中国文物精华大辞典·青铜器卷》0859，上海辞书出版社，1995年，239页。

③ 随州擂鼓墩一号墓考古发掘队：《湖北随县曾侯乙墓发掘简报》，《文物》1979年第7期，7页。

形座，壶盖圆弧形，外围套一缕孔盖罩，盖顶有一衔环蛇形，壶颈有一对龙形耳，十字形界栏杆腹部分为八区。通体纹饰主要有勾连纹、蟠螭纹等。器有铭文7字。现藏湖北省博物馆，所属时代为战国早期。

B型　爬兽耳方壶。形制与之前环耳壶有所区别，器口、颈、圈底横截面为方形，腹为弧形，器盖有略扩张的喇叭形冠，器颈很长，颈部两侧有长身爬兽形耳一对，因此，按照时代早晚，分为三式，并列举一件器物作为参考标准。

Ⅰ式：出土5件。

标本：山西侯马上马村墓地出土夔龙纹方壶①（图4-70），共2件，形制相同，纹饰相近。通高84.5、口纵径19、横径23.5厘米。有盖，呈方形，盖顶有镂空的喇叭形冠，器体为敞口，方直颈，弧形方腹，下腹内收，小平底，方圈足，颈部两侧有爬兽耳造型耳一对，耳孔有衔环，器盖、颈、腹四角上均有夔龙图案的扉棱一条，共12条，圈足上有镂空，呈喇叭形。器盖及腹中部饰相同的龟纹，器颈部饰波纹带两周，腹部饰双身夔龙纹带一周，圈足饰镂空夔龙纹一周。时代为春秋中、晚之际。

Ⅱ式：出土15件，传世2件。

图4-69　联座龙耳对壶

图4-70　夔龙纹方壶

① 山西省文物管理委员会侯马工作站：《山西侯马上马村东周墓葬》，《考古》1963年第5期，229页。

标本：山西太原金胜村M251赵卿墓出土方壶[①]（图4-71），共4件，形制、大小、纹饰皆同。M251：66，通高67、口径23.5、最大腹径35.6、圈足径25.8厘米，重17.6千克。长方形华盖，中空，上有8片镂空外侈的莲花瓣，子母口，盖内插于壶口，长束颈，颈部两侧有1对爬兽形耳。肩外弧起棱，鼓腹，腹最大径接近器底，圜底方圈足。盖镂空莲花上饰夔龙纹，盖沿饰卷曲纹、窃曲纹，腹部饰夔龙纹，圈足饰窃曲纹。时代为春秋晚期器。

图4-71 方壶

Ⅲ式：出土6件。

标本：湖北随州擂鼓墩M2出土壶[②]（图4-72）。共2件，形制、大小、花纹基本相同。M2：4，通高58、口径18厘米。花冠状方盖，腹部外鼓下收，方圈足，颈部两侧附一对伏龙形耳。盖饰蟠龙纹，通体饰变形蟠螭纹。此墓的年代晚于曾侯乙墓，时代为战国中期偏早。

方壶中还有器形较为特殊的两件，与湖北、山西出土的方壶形态有所不同，器体更宽，铸造工艺更为复杂，也是中国青铜器中珍贵的重器。

标本：1923年河南新郑李家楼出土莲鹤方壶[③]（图4-73），共2件，出土时破损严重，后经修复，器形呈椭方形，有镂空伏龙双耳，腹四角饰兽形扉棱，器身饰相缠绕的蟠龙。盖顶做镂空莲瓣状，中立一鹤，圈足饰虎形兽，足下承双兽。此壶造型华丽，纹饰繁复，设计奇巧，铸造技艺超高。现藏故宫博物院，时代为春秋晚期。

① 山西省考古研究所：《太原晋国赵卿墓》，文物出版社，1996年，46页。

② 湖北省博物馆、随州市博物馆：《湖北随州擂鼓墩二号墓发掘简报》，《文物》1985年第1期，16～36页。

③ 中国青铜器编辑委员会：《中国青铜器全集·第7卷·东周一》二二，文物出版社，1997年，22页。

图4-72　方壶

图4-73　莲鹤方壶

五、提 链 壶

提链壶，此类型壶在中原及关中地区很少见到，主要集中在山东地区，河北、山西、湖北、湖南也有少量发现。由于东周时期各诸侯国自立，因此青铜壶的研究不能再以中原、关中地区为中心来谈及对周边地区的影响。周边地区带有地方特色的青铜壶不纳入类型分析中，主要以探寻东周时期各国青铜壶自身所具有特点以此来讨论各国间青铜壶特点的相互关系。并对东周时期，各地区或各国中流行的一类青铜壶的器形做类型分析，为东周时期各地域间青铜壶发展情况做以总结归纳。

从器形上根据颈部、腹部、器底间的差异，分为三型。A型为短颈鼓腹、B型为侈口鼓腹、C型为长颈圆腹。此外，器口与盖做鹰首形，深腹，矮圈足，由于数量少，器形特殊，不做类型分析。

A型　短颈鼓腹。本型壶颈短、腹鼓、平底低矮，整体看器形较胖，颈部或肩部两侧有提梁扣，有方直口、圆直口、圆侈口三重体态，可分为二亚型，Aa型为方直口、Ab型为圆直口。

Aa型　方直口。有盖，时代较早平底有盖，盖上有十字形纽作捉手，圆口，短直颈，圆鼓腹，平底。

出土3件，传世5件。

标本：山东滕州薛国故城M3出土薛侯壶[①]（图4-74）。M3：9，通高22、口长6.8、口宽4厘米。有盖，盖顶立一鸟，盖两侧为兽首衔环，链状提梁穿于环中，兽首耳，鼓腹，腹下部有一兽环形纽，平底。颈部饰蟠螭纹。腹部有铭文二行4字。时代为春秋早期。

Ab型　圆直口。短颈，圆腹。根据器物形制的变化及所属时代分二式。

Ⅰ式：出土12件，传世4件。

标本：山东临朐杨善镇出土，公子土斧壶[②]（图4-75），通高44、口径8.5厘米，重2.85千克。圆盖，上部中央置环形纽。直口，长颈，鼓腹，平底，矮圈足。活络提梁套铸盖上的双环，并与颈部环形相连。颈部有铭文六行39字。现藏山东省博物馆，时代为春秋晚期。

Ⅱ式：出土11件，传世9件。

图4-74　薛侯壶

图4-75　公子土斧壶

① 山东省济宁市文物管理局：《薛国故城勘查和墓葬发掘报告》，《考古学报》1991年第4期，449～495页。

② 齐文涛：《概述近年来山东出土的商周青铜器》，《文物》1972年第5期，3～17页，图版5.2。

标本：山东临淄市临淄区辛店二号战国墓出土壶①（图4-76），共2件，器形纹饰皆同。M20：26，通盖高29、口径10、腹径18、圈足径9.5厘米。粗颈，鼓腹，提链由四个绳结状套环链接而成。盖顶中央纹饰带上饰三组涡弦纹，其外侧两周圆环纹间饰短斜线纹。器身颈、腹部分饰一周和两周细密的宽蟠虺纹饰带，近底部饰网状菱形纹，圈足饰短斜线纹。时代为战国早期。

B型　侈口鼓腹。本型壶多为侈口，短束颈，肩部两侧有提链扣，圆鼓腹，矮圈底。据时代先后，分二式。

Ⅰ式：出土3件。

标本：洛阳王城广场战国墓壶M37出土壶②（图4-77）。M37：30，高24.5、口径8.4、腹径17.4、底径10.9厘米。无盖、侈口、短束颈、深弧腹、矮圈底，颈上饰4个铺首衔环，肩上有两个铺首，提梁附于器肩两侧铺首上。肩与腹各饰一周凸弦纹。时代为战国早期。

图4-76　提链壶

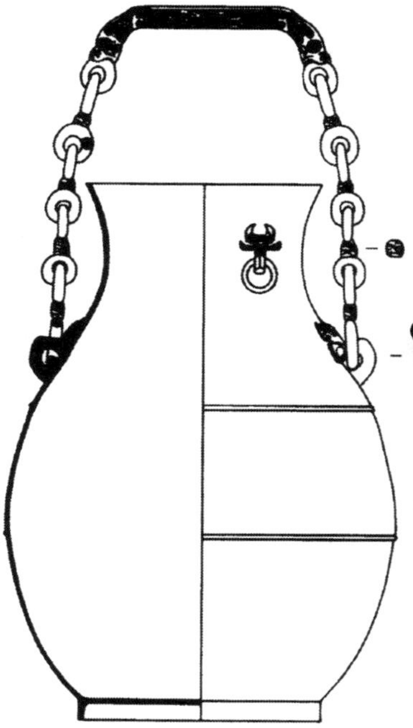

图4-77　提链壶

① 临淄区文物局：《山东临淄市临淄区辛店二号战国墓》，《考古》2013年第1期，32～58页。

② 洛阳市文物工作队：《洛阳王城广场战国墓（西区M37）发掘简报》，《文物》2009年第11期，24页。

Ⅱ式：出土6件，传世3件。

标本：河北平山出土提链圆壶[①]（图4-78）。M1dk：9，通高44、高32.6、口径12.4、宽21.4厘米。圆顶盖，口外侈，颈内收，束颈明显，溜肩，圆鼓腹，平底，圈足，盖顶中间有扣环。肩部两侧的兽面各连接一条五节铜链，两条铜链的上端与龙首形提手相接构成提链，盖上两节铜链由其圆环套在提链上，以保证器盖不脱离盖体。圈足上有铭文，说明制作者和器物重量。现藏河北省文物研究所，时代为战国中期。

图4-78 提链圆壶

C型 长颈圆腹。长颈圆腹提链壶，本型提链壶小口、颈部细长，直至腹部在展开呈球状，使其长颈形成内收态。主要集中在湖北地区，属楚国青铜器，山东地区亦有零星出土，但颈部不及楚器长，亦未有楚国青铜器美观。由此，以楚系青铜器为中心对该型青铜壶作形式分析，根据时代的先后，分三式。

Ⅰ式：出土9件，传世2件。

标本：湖北随州擂鼓墩M1出土曾侯乙提链壶[②]（图4-79），共2件，形制相同，C184通高40.5、口径10.7、腹径18.9、底径13.4厘米，重5.6千克。形制上，直口微敞，瘦长颈，鼓腹，最大腹径在中部稍偏上，矮圈足。圆盖尖顶，顶端有一衔环纽。盖沿内折，侈子口，与器口套合。盖的顶环衔接一锁链，与壶的提链相接，使盖不易掉落。提链套接于顶部兽形耳上的圆环内，链由四节锁纽相互套接构成。纹饰方面，盖面中心为涡纹，向外依次为目纹、勾连云纹、梭形纹。颈部以弦纹为界，除梭形纹、勾连云纹外，还有蕉叶云纹。腹部饰T形勾连纹、龙凤勾连纹，中部有六个凸起圆形钉。颈腹相接处刻有铭文四行7字。时代为战国早期。

Ⅱ式：出土1件，传世3件。

① 中国青铜器编辑委员会：《中国青铜器全集·9卷·东周三》一五八，文物出版社，1997年，161页。

② 湖北省博物馆：《曾侯乙墓》，文物出版社，1989年，221页。

标本：湖南长沙烈士公园出土壶[1]（图4-80），通高37、腹径17厘米，重1.85千克。小口、长颈、鼓腹、圈足。盖上置链式提梁。肩腹部纹饰用宽弦纹分为三组，肩部一组为三角云纹，腹部两组为类似席纹的变形云纹，肩下饰兽面纹，该器为楚国青铜器的代表作之一。现藏湖北省博物馆，时代为战国中期。

图4-79　曾侯乙提链壶

图4-80　提链壶

Ⅲ式：出土2件，传世1件。

标本：湖北江陵雨台山M480出土壶[2]（图4-81），M480：2，通高38.6、口径7.5、腹径16.8、圈足高3厘米。盖隆起、边缘有两个对称的套环圜纽，小口微敞，颈细长，肩部有两个对称的衔环铺首，每个环由四个结绳状套链相连，穿过盖上双环，最大腹径在腹下部，高圈足微外侈。盖上饰蟠螭纹和变形云纹，盖上圜纽，上饰绹纹，腹、肩饰三角云纹、横S形纹。时代为战国晚期。

除此之外，提链壶中还有一些较为特别的情况。

河北地区出土的2件提链壶，凸显腹部，并以腹部为主体，小口，细颈，肩部有两小环耳，器形与山东地区提链壶近同，却无提链，据推测提链应遗失。

① 国家文物局：《中国文物精华大辞典·青铜器卷》0871，上海辞书出版社，1995年，243页。

② 湖北省荆州地区博物馆：《江陵雨台山楚墓》，文物出版社，1984年，74页。

标本1：河北唐县南伏城及北城子出土壶①（图4-82），通高32.5、口径9.2厘米。壶身做卵长形，有盖，口微侈，鼓腹，矮圈足。盖上有双吊环，肩部左右环耳，下腹前后有铺首衔环各一。原有吊链，已遗失。颈部上、中、下和腹部各以绹纹、凹弦纹作界，中饰蟠虺纹图案两周。在肩部做出蹲踞之虎纹四，皆朝同一方向。壶下腹部有修复痕，时代为春秋晚期。

图4-81　蟠螭纹壶

图4-82　提链壶

标本2：河北唐山贾各庄出土壶②（图4-83），通高35.2、口径10.9厘米。形制上，直口，长颈，阔腹，圈足，颈部有两环耳。纹饰上，耳饰绹纹，盖面嵌赤铜群首奔驰纹，两耳间颈部嵌赤铜并列桃形纹，腹部双重结络纹为栏，间隔成十二区，每区饰赤铜狩猎纹，表现猎人手持长矛与猛兽格斗的情景，可辨之兽有牛、象、虎等，其上有野鸟飞翔。时代为战国早期。

山东地区所出土的长颈提链壶，与两湖地区有所不同，壶身无铺首，器形上颈略短，腹更长，圈足稍高。

标本1：山东曲阜鲁国故城出土壶③（图4-84），M3：31，高37.5、口径8.6、腹径

① 郑绍宗：《唐县南伏城及北城子出土周代青铜器》，《文物春秋》1991年第1期，14～22页。

② 国家文物局：《中国文物精华大辞典·青铜器卷》0861，上海辞书出版社，1995年，240页。

③ 山东省文物考古研究所等：《曲阜鲁国故城》，齐鲁书社，1982年，151页。

图4-83　狩猎纹壶

图4-84　提链壶

20.5厘米。小口，颈较高，链式提梁。素面。时代为战国早期。

标本2：山东临淄东夏庄M5出土壶①（图4-85），LDM5：114通高47.4、高33.2、口径9.6、腹径20.6、足径12.5厘米。颈较细长，颈部一对铺首衔环耳，盖缘一对套环纽，环可活动。铺首衔环耳各有四个绳结状套链相连，穿过盖上双环与提梁相连接。提梁饰鳞纹，套链饰菱形纹。时代为战国早期偏早。

鹰口提链壶，有自名器，数量少，形制特殊，因器口有提链，所以归为提链壶中的特殊型，共3件，出土1件传世2件。

标本：山东诸城臧家庄出土②（图4-86），通高55、口径12.5、足径15.6厘米，重10千克。器口与盖做鹰首形，双目圆睁，喙启闭灵活，提梁穿过盖上的双环，与颈部的双耳衔接。深腹，矮圈足。通体饰横条脊沟纹，腹背后有一环纽。一手提梁，一手提环纽，鹰嘴可自动张开。时代为战国早期。

① 山东省文物考古研究所：《淄临齐墓（第一集）》，文物出版社，2007年，87页。

② 山东诸城县博物馆：《山东诸城臧家庄与葛布口村战国墓》，《文物》1987年第12期，47～56页。

图4-85　提链壶

图4-86　鹰首壶

六、铺首衔环壶

铺首衔壶，器耳为铺首衔环，数量在壶中所占比例最多，根据器物形制上的不同，分为圆体、长体、方体、宽体四型。主要集中在今河北、山西、湖南、湖北、四川、重庆等地区。河南、陕西等地也有部分出土。因此，本书按壶的形制做类型分析，不受地域的限制，根据器体形态的不同，分四型。A型为圆体，B型为长体，C型为方体，D型为宽体。

A型　圆体。根据颈、腹、圈底的不同，再分三亚型。Aa型短颈低圈足，Ab型长颈低圈足，Ac型长颈高圈足。

Aa型　短颈低圈足。形制为小口，短颈，高肩，圆腹，低圈足，铺首位于器物肩部。根据器物时代上的早晚关系，分为四式。

Ⅰ式：出土4件，传世7件。

本式出土壶主要见于山西长子县东周墓中出土的3件青铜壶，3件器物虽时代相同，但形制上略有差别。根据器物肩部特征，可以分为两种：第一种为溜肩铺首圆壶，器物形制特点为小口，溜肩，腹部重心在器物中部以下，腹下垂，器物体积小，高度在30厘米左右。第二种为敞口圆肩铺首圆壶，器物形制表现为敞口，短颈，圆肩，腹圆鼓，器物高度在40厘米左右。

图4-87　蟠螭纹壶

图4-88　蟠螭纹壶

标本1：山西长子县东周墓出土壶①（图4-87），M7：8，通高29、腹径19厘米。最大径在下部，底稍大，盖中心作环形纽，附有环形连扣，兽首倒置衔环，并三环相扣。纹饰方面，顶饰蟠虺纹，有三个回首蹲坐的小鸭，腹部有四周纤细的蟠虺纹。时代为春秋晚期。

标本2：山西长子县东周墓出土壶②（图4-88），M7：6，通高41.4、腹径27.8厘米。有盖，盖上有三纽，口微侈，长颈，鼓腹，腹部最大径在中部，平底，矮圈足。纹饰方面，盖上并饰两周绹索纹、颈饰蕉叶纹，中填以蟠螭纹，腹部有三周蟠螭纹，上下均以绹索纹为界，圈足上有一周绹索纹，兽首衔环，环饰三角雷纹。时代为春秋晚期。

Ⅱ式：出土6件，传世10件。

这一式壶与上式一样可以按照器物口、肩、腹的不同，分为两种。第一种与Ⅰ式标本器形制特点近同，为小口，溜肩，腹部重心在器物中部以下，然而器物高度却在50厘米左右。

① 山西省考古研究所：《山西长子县东周墓》，《考古学报》1984年第4期，503～529页。

② 山西省考古研究所：《山西长子县东周墓》，《考古学报》1984年第4期，503～529页。

标本1：河北省怀来县北辛堡出土壶①（图4-89），M1：87，通高51、口径14.4、足高2、足径20.6厘米。有盖，小口，高颈，圆腹，下有低矮的圈足，其上饰一周凸起的绳索纹。盖上周边有四个小纽各衔一环，环饰绹纹。盖中部有精美的蟠龙纹，蟠龙纹的外围，有一带斜角雷纹。器身肩腹无显著的分界线，肩两侧有铺首衔环耳（有一环，残去一小段）。腹部有四周瓦纹，瓦纹之间有由许多点所组成的线交错而成的三角纹地，其上满铸蟠虺纹，形象生动，栩栩如生。在肩部有一周瓦纹，下边皆有凸、凹相间的蝉纹。接近器的底部，有四个小纽，各衔一绹纹环。与Ⅰ式标本2形制近同，但敞口及束颈程度更重，腹部更圆，圈足略高。时代为战国早期。另一种，腹部更圆鼓，致使束颈明显。

标本2：山西襄汾县南贾镇大张墓地M2出土壶②（图4-90），通高35.5、口径12、腹最大径26、底径14.2、圈足高3.6厘米。形制上，斜方唇，口微敞，粗短颈，腹中鼓，下为略高之圈足，腹上部有铺首衔环。纹饰方面，颈部为采桑一竞射纹，颈部以下、下腹之上三周斜角云纹间隔为三组纹饰，上、中组均为单元状，一头双身卷角内曲“S”状卷身龙纹，上组、中组分别为六单元和八单元环构一周，下组为一周几字形

图4-89　蟠龙纹壶

图4-90　蟠螭纹壶

① 敖承隆、李晓东：《河北省怀来县北辛堡出土的燕国铜器》，《文物》1964年第7期，28页。

② 山西省考古研究所侯马工作站：《三件战国文物介绍》，《文物季刊》1996年第3期，57～61页。

卷身首尾相接的蟠螭纹。该器为追缴文物，属山西襄汾县南贾镇大张墓地M2。时代为战国早期。

Ⅲ式：出土16件，传世5件。

标本：洛阳市中州中路东周墓出土壶[①]（图4-91），共2件，器物形制、尺寸、纹饰皆相同。C1M3750通高37.3、口径12、腹径29.6厘米。器形特点为直口，短颈，颈部小铺首四个，肩部两侧有铺首衔环一对，圆鼓腹，矮圈足。由颈部至腹部饰五周并行的凸弦纹，圈足上饰云雷纹一周。时代为战国中期。

Ⅳ式：出土10件，传世4件。

标本：河南泌阳县官庄村出土上白羽壶[②]（图4-92），M3：13通高32、口径12厘米。盘口长颈，溜肩圆腹，矮圈足外侈，肩上有一对衔环铺首。口沿外侧饰一周镶嵌的宽带纹，肩和腹部共饰三条镶嵌的宽带纹，颈部饰三角纹。器腹刻铭文3字。时代为战国晚期。

图4-91　铺首圆壶

图4-92　上白羽壶

本型壶由春秋晚期兴起延续至战国晚期。春秋晚期，可分为两种：一种为溜肩，一种为圆肩。溜肩者器形偏小，器物高度在30厘米左右。圆肩者，器形略大，器物高度在40厘米左右。战国早期，溜肩者器物高度猛增至50厘米以上，而圆肩者器物高度

① 洛阳市文物工作队：《洛阳市中州中路东周墓》，《文物》1995年第8期，7～18页。

② 驻马店地区文管会、泌阳县文教局：《河南泌阳秦墓》，《文物》1980年第9期，17页。

则有所降低。直至中期后，溜肩器消失，圆肩者形制及器高与战国早期无异。

Ab型　长颈低圈足。形制上，长颈，圆肩，椭圆腹，圜底，圈足，铺首位于器物肩部。颈部较Aa型更细更长，器口为小口，细长颈无束颈的情况，亦有肩高，腹圆，低圈足等特点。根据器物时代上的早晚关系及形制上的细微变化，将其划分四式。

Ⅰ式：出土1件，传世10件。

器物体形巨大，均在40厘米以上，细口，颈略长，腹圆鼓，器物容积大。

图4-93　右𡧊尹壶

标本：河北容城县南阳遗址出土壶①（图4-93），2件，形制纹饰全同，铭文不同。通高50、口径13厘米。特点为有盖，盖为凸形，小平顶，盖上有对角的卷首夔龙立耳四个，小口，直长颈，圆肩，鼓腹，直圈足，肩部有对称的铺首衔环，壶身自上至下有明显的母范接口。纹饰方面，颈部饰对角蕉叶纹四组，腹部饰带纹四周，带纹之间的地纹饰蟠虺纹。铭文有三处，盖沿上印刻“右征尹”3字，第二条纹饰带近左铺首处，阴刻铭文“西宫”2字，近右铺首处刻“匜”1字。时代为春秋晚期。

Ⅱ式：出土23件，传世19件。

形制与本型Ⅰ式基本相同，唯器底圈足外撇。

标本：山东阳信城关镇西北村战国墓出土壶②（图4-94）共2件，器形尺寸相同。YCM：20，通高40.5、口径9.5、腹径24.3厘米。形制特点为有盖，盖微隆，上饰三翘首环纽，小口微侈，细长直颈，圆肩鼓腹，圈足外撇，肩部两侧各有一铺首衔环。时代为战国早期。

Ⅲ式：出土30件，传世7件。

由口直接向腹部过渡，束颈程度轻，圆肩，圈足较Ⅱ式更高。

标本：湖北鄂城鄂钢M53出土壶③（图4-95），共2件，器物形制、尺寸相同。

---

① 孙继安：《河北容城县南阳遗址调查》，《考古》1993年第3期，235～238页。

② 惠民地区文物普查队、阳信县文化馆：《山东阳信城关镇西北村战国墓器物陪葬坑清理简报》，《考古》1990年第3期，218～222、285页。

③ 鄂钢基建指挥部文物组、鄂城县博物馆：《湖北鄂城鄂钢五十三号墓发掘简报》，《考古》1978年第4期，256页。

图4-94　铺首壶

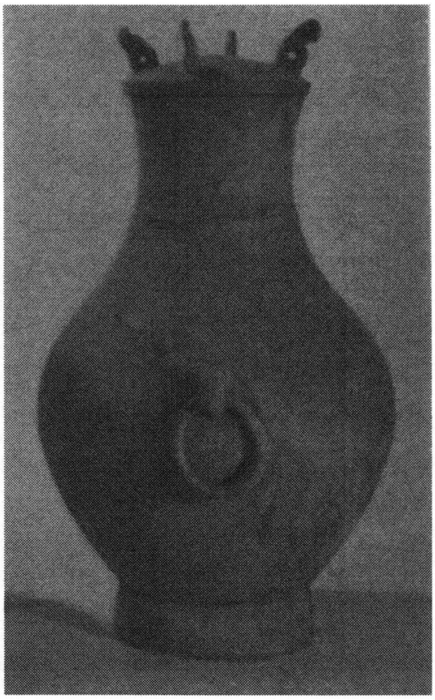

图4-95　凸弦纹壶

M53：1，通高31.5、口径9.5厘米。有盖，盖上有“S”形纽四个，颈部较细长，圆鼓腹，腹中部有对称铺首环纽二个，圈足较小且低。壶颈部饰三道凸弦纹，腹中部饰单条带纹一周。时代为战国中期。

Ⅳ式：出土27件，传世7件。

与Ⅲ式相比，口更宽，束颈程度更重，腹下部回收程度重，圈足更高。

标本：湖北省荆门市包山M2出土壶[①]（图4-96），M2：154，通高33.5、口径9.3、腹径18.2厘米。有拱形盖，盖上立三个鸟形纽，子母口，长颈，溜肩，肩上置铺首衔环一对，鼓腹，高圈足。时代为战国晚期。

本型壶流行于春秋晚器至战国晚期。春秋晚期时器形高大，器物高度在50厘米左右，颈部细长，束颈程度小。战国时期器物体积逐渐减小，晚期口宽、颈部相对较短，束颈程度重。

Ac型　长颈高圈足。颈部平直，肩高，圆鼓腹，铺首位于肩部两侧，高圈足。分三式。

① 湖北省荆沙铁路考古队包山墓地整理小组：《荆门市包山楚墓发掘简报》，《文物》1988年第5期，3页。

Ⅰ式：出土3件。

标本：山东临淄市姚王村出土国子壶[①]（图4-97），高44.3、口径14、腹径31.5、底径16.5厘米。直口，圆鼓腹，双环铺首耳，圈足，通体素光。现藏山东省博物馆。时代为春秋晚期。

Ⅱ式：出土18件，传世5件。

图4-96　铺首圆壶

图4-97　国子壶

标本：洛阳解放路战国陪葬坑出土壶[②]（图4-98），共出土8件，形制基本相同，均为敞口，短颈，球腹，圈足，肩部饰铺首衔环一对。CIM395：34，通高33、口径11.4、腹径23厘米。时代为战国中期。

Ⅲ式：出土19件，传世5件。

标本：四川涪陵小田溪出土壶[③]（图4-99），M4：11，通高34.2、口径11厘米。无

---

① 锺柏生、陈昭容、黄铭崇、袁国华：《新收殷周青铜器铭文暨器影汇编》，台北艺文印书馆，2006年，1174页。

② 洛阳市文物工作队：《洛阳解放路战国陪葬坑发掘报告》，《考古学报》2002年第3期，359～380页。

③ 四川省文物管理委员会、涪陵地区文化局张才俊：《四川涪陵小田溪四座战国墓》，《考古》1985年第1期，14～17、32页。

盖，直口，器口微敞，细长颈，斜肩，深鼓腹，圈足，器肩下有铺首衔环一对。器物颈部饰三角云雷纹一周，器肩、腹、圈足上饰三角云纹四组，颈、肩、腹纹饰带间饰有凹弦纹三周。时代为战国晚期。

图4-98　铺首圆壶

图4-99　铺首圆壶

B型　长体。器形特点为无盖，侈口，细颈，长圆腹，圈足底，器体瘦高，铺首衔环位于颈中部两侧，器体形态与现代花瓶相似。春秋晚期至战国早期时，器物颈部较长，至战国晚期颈部变短。根据时代先后关系，分为三式。

Ⅰ式：出土4件，传世2件。

标本：山西侯马下平望墓地出土壶[①]（图4-100），通高34、口径10.2、腹径18.7、足径11厘米。斜唇敛口，长颈内收，腹外鼓，平底，矮圈足较直。颈两侧各附一铺首衔环，颈腹圈足饰4周绹索纹。时代为春秋晚期。

Ⅱ式：出土7件，传世4件。

与Ⅰ式基本相同，仅圈足更高，时代更晚。

标本：三门峡市西苑小区战国墓M1出土壶[②]（图4-101），共2件，形制相同，出

① 范文谦：《山西侯马下平望墓地出土的东周铜器》，《文物季刊》1993年第1期，20、21、33页。

② 三门峡市文物考古研究所：《三门峡市西苑小区战国墓（M1）发掘简报》，《文物》2008年第2期，19页。

土时有部分残缺。M1：14高32.8、口径12.5、腹径18.4、足径14.4厘米。方唇，侈口，束颈，瘦鼓腹，圈足内有范土，颈部下有一对铺首衔环。颈至腹部有带状绹纹4条。时代为战国早期。

Ⅲ式：出土1件。

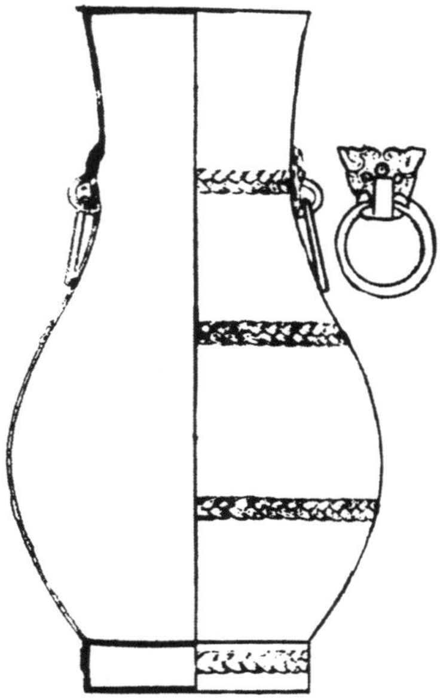

图4-100　壶

图4-101　铺首壶

与战国早期相比，器物颈部变短，腹部容积更大。

标本：成都西郊战国墓出土壶[①]（图4-102），M：3，通高28.8、腹径17.2厘米。该器亦无盖，器口微侈，细颈，长圆腹，矮圈足，器物肩部两侧有对称的铺首衔环一对。在颈部及器身饰四周等距的绹索纹。时代为战国中期。

C型　方体。器形特点为腹部的横截面为正方形。口、足形同，颈较细，鼓腹，四隅有棱，腹壁呈弧形，肩两侧有一对铺首衔环，平底圈足。战国中期时多数为身形宽胖，晚期多变为瘦长。因此，根据器物时代及体形变化的特点，分二式。

Ⅰ式：出土13件，传世10件。

器腹较丰满。

① 四川省博物馆：《成都西郊战国墓》，《考古》1983年第7期，597～600页。

标本：河北平山县中山国墓出土中山王譽壶[①]（图4-103），M1XK：15，高63、口径15厘米，重28.72千克。器盖、口、颈、肩、腹、底、圈足横截面均为方形，上有方覆豆盖，直口平唇，短颈，溜肩，鼓腹，平底，方形高圈足。盖顶部坡面立多棱形纽，肩部四隅各立一向上攀缘的龙饰，腹部两侧各有一铺首衔环，铭文书体具有高度艺术性，修长而劲利道美，乃不可多得的精品。现藏河北省文物研究所，时代为战国中期。

图4-102　弦纹壶

图4-103　中山王譽壶

Ⅱ式：出土27件，传世10件。

标本：1957年河南陕县后川出土壶[②]（图4-104），通高53厘米。有盖，斜肩，深腹，圈足。盖上有四环纽，腹部两侧有环耳。盖面饰云纹，颈饰蟠螭纹，腹及圈足饰斜方格变换状几何纹，并镶嵌绿松石，纹饰极其豪华精致。时代为战国晚期。

D型　宽体。器物造型与A型铺首衔环壶有相似之处，但口宽，腹扁。出土数量较少，在战国晚期时的墓葬中有所发现，因此将其作为铺首圆壶的一个型式。

主要特点为侈口，束颈，扁垂腹，平底，圈足外撇，肩部两侧有对称铺首衔环一对。

出土1件，传世1件。

---

① 中国青铜器编辑委员会：《中国青铜器全集 · 9卷 · 东周三》一五四，文物出版社，1997年，157页。

② 国家文物局：《中国文物精华大辞典 · 青铜器卷》0876，上海辞书出版社，1995年，245页。

标本：山西文水县上贤村出土壶[①]（图4-105），高32、口径12.3、底径16、腹围30厘米，重8.45千克。为侈口，圆球腹，圈足外撇，器肩两侧有双耳，为兽面衔环。该器器壁厚重，但无纹饰。在器物肩部一侧分两行刻铭文9字，并在铭文外刻方形边框，每框长1.5、宽1厘米，且铭文及边框均错银。时代为战国晚期。

在商周时期主要流行于春秋晚期至战国晚期，也是秦汉时期圆壶（锺）的主流形制。春秋晚期时铺首衔环圆壶多有盖，器颈多为短颈或细长颈，腹部通常为圆球鼓

图4-104　镶嵌绿松石壶

图4-105　永用休涅壶

腹，圜底，矮圈足。纹饰较丰富，多为细密的蟠虺纹。至战国早期虽然在器物形制上变化不大，但纹饰逐渐趋于简化，多为弦纹或素面。战国中、晚期形制上主要向实用性发展，纹饰上有弦纹，但多以素面为主。

第二节　非主流型青铜壶

非主流型青铜壶，多为某一阶段或某一地域的独特器物，不具有普遍性，但在流行时间上有延续性。因此，根据器形特征分为无耳壶、瓠壶、扁壶、蒜头壶这四类。每一类器物的数量都较少，且器体特征明显，器形变化小。

① 胡振祺：《山西文水县上贤村发现青铜器》，《文物》1984年第6期，24页。

一、无　耳　壶

该型壶使用时不方便倾倒，因此其发展可能受到影响。其分布主要集中在黄河流域的陕西、山西、山东、河南等地，各器物形制、时代都相差较远。就目前情况看，出土及传世器很少，在青铜壶中所占比例小，未能构成一型壶发展的谱系，因此为非主流型式壶。

器形相近的无耳壶，基本属同一时期、相同地域，在时代上也有延续。而不同器形间，则不存在承接关系，并且各器形间时代相差较远。因此在做类型学分析时均分开看待。

通过对出土无耳圆壶的整理，其形态多为长颈橄榄腹，器形与“D型贯耳壶”接近，但这两种器物所属时代差距较远。

图4-106　无耳壶

器顶有莲瓣形盖，宽口，束颈，长圆腹，圜底圈足。按型式分为二式。

Ⅰ式：出土2件。

标本1：山西潞城县潞河战国墓出土①（图4-106），M8：3，通高36、口径12.5厘米，形制为平盖，子母口，盖沿出七个莲花瓣，壶敞口，内折沿，束颈，鼓腹，平底下接圈足，腹部饰三周凸棱。时代为战国早期。

Ⅱ式：出土2件。

与Ⅰ式相比，无盖，口微侈，束颈程度轻，长圆腹，略垂，圜底圈足。

标本：河南洛阳中州中路东周墓出土壶②（图4-107）。共两件，形制相同，C1M8371：49，通高51.8、口径11.5、最大腹径31.4厘米。口微侈，圆唇，颈较直，鼓腹较深，平底，圈足微外撇，腹部饰两周云纹。时代为战国中期。

属商代晚期的传世器中，亦有无耳青铜壶，但形制与战国时无耳壶相差较远，与商代晚期提梁壶较为接近。出土1件，传世5件。

---

① 山西省考古研究所、山西省晋东南地区文化局：《山西省潞城县潞河战国墓》，《文物》1986年第6期，1～19页。

② 洛阳市文物工作队：《洛阳中州中路东周墓发掘简报》，《文物》2006年第3期，20～44页。

标本：雷纹壶[①]（图4-108），通高17.5厘米。侈口，长颈，鼓腹，圈足，有盖、菌纽。纹饰上，器身饰曲折雷纹和龙纹，盖上饰兽面纹。传河南安阳出土，德国科隆东亚艺术博物馆藏。

图4-107　无耳壶

图4-108　雷纹壶

二、瓠　　壶

形制特点为小口，细颈，囊腹，圈底，壶腹一侧有一捉手，通体似瓠，故名瓠壶。根据器颈部的变化，可以将其分为长颈、短颈两种器形，短颈型瓠壶流行时间早于长颈型。

A型　短颈圆腹瓠壶。

Ⅰ式：出土3件，传世4件。

标本：湖北随县城郊八角楼出土[②]（图4-109），口沿残缺，残存高21.5、腹径12.1、圈足径9.5厘米。葫芦形、长弯颈、椭圆形腹、圈足，颈部饰一周三角蕉叶纹和一周窃曲纹，腹部满饰环带纹，纹地衬以细雷纹，足饰一周人字形纹。时代为春秋早期。

---

① 中国青铜器编辑委员会：《中国青铜器全集·第3卷·商三》九二，文物出版社，1997年，93页。

② 随县博物馆：《湖北随县城郊发现春秋墓葬和铜器》，《文物》1980年第1期，34页。

Ⅱ式：出土5件，传世2件。

标本：河北行唐县李家庄出土[①]（图4-110），通高21.8、口径4.5、腹径13、底径8、提梁长11.5厘米。体素无纹，圆腹，身侧铸一綯索梁，小平底，侧面有焊补痕迹。现藏河北省博物馆，时代为战国早期。

B型　长颈圆腹瓠壶。

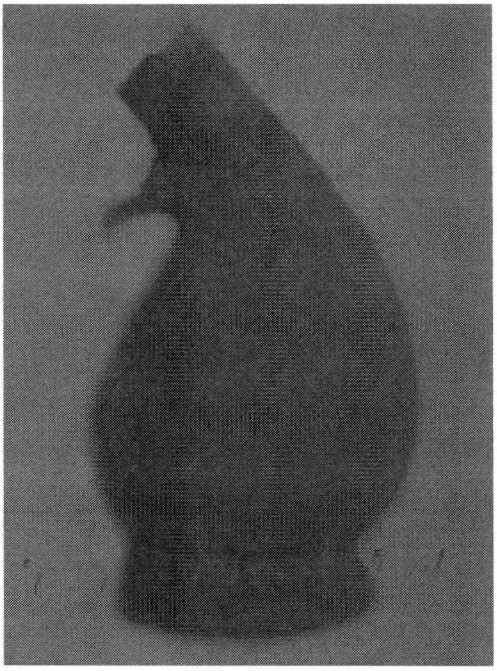

图4-109　环带纹瓠壶

图4-110　瓠壶

出土3件，传世3件。

标本：山西太原金胜村赵卿墓出土壶[②]（图4-111），M251：599，通高39.5、壶身高31.5、口径6.7、最大腹径18.2厘米。壶首为鸟形，颈、腹部中空，鸟身羽毛丰满，双翅搭在背部。爪抓住两条小龙。器颈侧斜，鼓腹，平底，矮圈足，肩部一侧附有提梁，衔环。环上有链，与鸟尾部相连。壶颈部饰一周绹索纹，腹部四周蟠蛇纹。虎形提梁重环纹、鳞纹和云纹，整体形同匏瓜。现藏山西省考古所，时代为春秋晚期。

---

① 郑绍宗：《行唐县李家庄发现战国铜器》，《文物》1963年第4期，55页。

② 山西省考古研究所、太原市文物管理委员会：《太原金胜村251号春秋大幕及车马坑发掘简报》，《文物》1989年第9期，59页。

图4-111　瓠壶

三、扁　　壶

器形特点，扁平腹，细颈，直口，也有器口呈蒜头形的，肩两侧多有一对铺首衔环，方圈足。

Ⅰ式：出土8件，传世5件。

标本1：河南三门峡市上村岭出土壶[①]（图4-112），通高34.3、口径12.5厘米。形制为小圆口，方唇，短颈，器腹窄扁，平底，长方形圈足，两肩饰铺首衔环，器颈饰三角形图案，腹部以长方形、梯形和三角形的范块铸成格栏，格栏上嵌有红铜纹饰。现藏河南省博物馆，时代为战国中期。

标本2：河北平山出土云纽扁圆壶[②]（图4-113），通高45.9、宽36.5、口径15厘米，圆鼓顶子口盖，盖上等距立三个云形纽，侈口，短颈，圆弧肩，肩部两侧各有一兽面衔环。器体前后扁平，左右呈弧形，腹部起棱构成图案，内为椭圆形，外似桃形，下接长方形矮圈足。现藏河北省文物研究所，时代为战国中期。

① 河南省博物馆：《河南三门峡市上村岭出土的几件战国铜器》，《文物》1976年第3期，52页。

② 中国青铜器编辑委员会：《中国青铜器全集·第9卷·东周3》一五九，北京：文物出版社出版，1997年，162页。

图4-112　镶嵌红铜扁壶

图4-113　云纽扁圆壶

图4-114　卅六年壶

Ⅱ式：出土4件，传世7件。

标本：湖北随州市砖瓦厂出土扁壶[①]（图4-114），通高38.9、口径8.8、腹径35.6厘米。敞口，细颈，溜肩，下腹内收，平底，长方形圈足，两肩附铺首衔环一对。外壁四侧饰十字形格，格内饰蟠螭纹，颈部、底部饰弦纹。颈部刻有三行14字铭文。现藏湖北随州市博物馆，时代为战国晚期（秦昭王）。

四、蒜　头　壶

出土7件，传世1件。

器形特点，小口，细长颈，圆鼓腹，圈足，器口作蒜头状，通常称为“蒜头壶”，是秦汉时期主流型壶，但商周时期蒜头壶数量少，器形相近，因此同为一型，不做过多讨论，仅列举标本为例。

① 随州市博物馆：《湖北随州市发现秦国铜器》，《文物》1986年第4期，21页。

标本：陕西凤翔高庄出土壶[①]（图4-115）。M46：11，通高34.7、口径3.6、腹深32.5厘米，口作蒜瓣形，细长颈、圆腹、圈足，通身素光。时代为战国晚期。

另有曲颈蒜头壶，较为少见。

标本：陕西米脂官庄出土曲颈蒜头壶[②]（图4-116），高34.6厘米。小口、口呈蒜头形，曲颈、身作扁球状，下有圈足。纹饰上，仅在颈中部有两条凸弦纹。陕西米脂县博物馆藏。

图4-115　蒜头壶

图4-116　曲颈蒜头壶

第三节　特殊造型壶

青铜壶的发展变化纷繁复杂，主流器形和非主流器形，前文都已经进行了类型划分，但仍有一些独特造型的器物存在，并且为单独或成对出现，造型特殊，既不存在广泛性，也没有延续性，更没有形制相近的器形，因此，独具小范围内的文化特征，十分特殊。因此，将这种情况的青铜壶均归为特殊造型壶。

特殊造型青铜壶多为单件或成对出现，因此不做器形特点总结，仅对器物形制的某一个共同点作为分类依据。根据各特殊造型壶所具有的一项共同特点，可分为三足壶、方体壶、圆体壶三类。

① 吴镇烽、尚志儒：《陕西凤翔高庄秦墓地发掘简报》，《考古与文物》1981年第1期，12页。

② 中国青铜器编辑委员会：《中国青铜器全集·第7卷·东周1》四六，文物出版社，1997年，16页。

一、三　足　壶

1. 商代三足壶

标本1：陕西城固龙头镇出土壶[①]（图4-117），1980CHLTT：5，高31.5、口径8厘米。小口有盖，长颈，斜肩，深鼓腹。纹饰方面，盖饰兽面纹，口下饰雷纹，颈饰弦纹，斜肩变形夔纹，腹部饰兽面纹，造型奇特。属商代中期器。

标本2：江西新干商代大墓出土壶XDM：49[②]（图4-118），通高38.5、口径10.4、腹径22.2、腹深26.2厘米。直口、口沿加厚一周，高领，溜肩，圆鼓腹，环底、三锥足，有提梁。器表为宽线纹，颈下饰联珠纹，腹部饰兽面纹带。时代为商代晚期。

图4-117　三足壶

图4-118　三足壶

2. 东周三足壶

标本1：河南固始侯堆出土壶[③]（图4-119），M1P：7，通高19、口径7.5、腹径

① 中国青铜器编辑委员会：《中国青铜器全集 · 第1卷 · 夏商一》一四三，文物出版社，1997年，142页。

② 江西省博物馆、江西省文物考古研究所、新干县博物馆：《新干商代大墓》，文物出版社，1997年，74页。

③ 河南省文物考古研究所：《固始侯古堆一号墓》，大象出版社，2004年。

16.4厘米。小口，直颈，平肩，鼓腹，三蹄足，肩部有双环耳，盖顶有纽套铸小环，颈部和腹部遍刻龙纹。时代为春秋晚期。

标本2：河南淅川下寺3号墓出土壶[①]（图4-120），M3：21通高19、口径4.7厘米。折沿，长颈，深腹，平底，下有三个兽形足，颈两侧置环形耳，套接活络提链。盖亦套提链上。盖面饰浮雕的交体龙纹，颈、腹饰蟠龙纹五周，颈部另饰三角几何纹一周。时代为春秋晚期。

标本3：山东淄博临淄赵家徐姚战国墓出土壶[②]（图4-121），通高22.4、口径8、腹径13.8厘米。盖顶较平，壶口内敛，口有唇，腹部近球形，圜底接三足。腹部镶有环形纽一对与提链相接。时代为战国晚期。

图4-119　三足壶

图4-120　三足壶

图4-121　壶

① 中国青铜器编辑委员会：《中国青铜器全集·第10卷·东周四》三六，文物出版社，1997年，36页。

② 淄博市临淄区文化局：《山东淄博市临淄区赵家徐姚战国墓》，《考古》2005年第1期，34页。

二、小圆环耳壶

由目前已知的青铜壶看，器耳为小圆环的壶非常少，此种耳的器物可能为提梁壶或提链壶的扣环，如果提梁丢失，这样的扣环便会露出①，通常将这种小圆环耳壶认作是一个类型的情况，实则不然，这种小环耳壶十分特殊。

图4-122　伯壶

从目前搜集到的材料看，出土器物中，有这种小环耳确与提梁无关的壶，仅有2处。

标本1：西安市长安区马王镇张家坡西周青铜器窖藏出土伯壶②（图4-122），共2件，大小、形制相同。通高64、口径17.5、腹径35厘米。横截面为椭方形，盖上有圈形捉手，下有长子口，口微侈，颈微束，下腹外鼓，颈部有一对小圆环耳，耳上再衔环。通体光素。该器同铭各4字，时代为西周早期。

湖北地区也出土了器耳为小圆环的壶，整体器形与主流型环耳壶有较大差别，具有特殊性。

标本2：湖北随州贯庄出土壶③（图4-123），共2件，大小、形制和纹饰完全相同。通高31.6、口径12.8厘米，重4千克。有盖，盖顶有圆捉手，束颈程度重，颈部最细处上方有两个圆形小环耳，腹圆鼓，腹径最大处靠近圜底，高圈足、圈足外翻，与器底形成一个二层台，从整体上看，颈部最窄处的上下两部分比例近乎相等，形制特殊。纹饰方面，肩部饰三道弦纹，腹部饰兽纹带一周，圈足饰三角云纹一周。时代为春秋早期。

标本3：湖北随州义地岗M1出土壶④（图4-124），形制相同。椭方体。高24.9、口长10.9、口宽9.4厘米。盘形口是壶的冠部，冠及圈足各有8个镂孔或未镂空的盲孔，

① 例如本书第二章第二节中苏州博馆藏“右马嘉壶”，第四章提梁壶的类型学分析，河北唐县南伏城出土壶，唐山贾各庄出土壶等，都应是提梁遗失。

② 见《考古学报》1962年第1期。

③ 随州市博物馆：《湖北随县新发现古代青铜器》，《考古》1982年第2期，139页。

④ 湖北省文物考古研究所、随州市曾都区考古队、随州市博物馆：《湖北随州义地岗墓地曾国墓1994年发掘简报》，《文物》2008年第2期，11页。

图4-123　壶

图4-124　壶

颈部两侧各有两个环形纽，腹部可见两条范缝，范缝通过双纽处。通体光素。颈外长边刻有铭文二行9字，颈内长边铸有铭文二行4字。

三、独特方体壶

1. 器物横截面近似正方形，四角为直角

标本：1976年，河南安阳小屯M5出土司㚸母方壶①（图4-125）。共2件，形制相同。M5∶807。通高64、口长23.5、宽19.5厘米。器形为，长方形唇，束颈折肩，收腹平底，高圈足。口下饰三角蝉纹，肩四角铸立体鸟，圈足饰兽面纹，均以雷纹为底。盖

图4-125　司㚸母方壶

① 河南出土商周青铜器编辑组：《河南出土商周青铜器（一）》，文物出版社，1981年，152页。

饰兽面纹，上有尖形方纽，内底中部有铭文3字。时代为商代晚期（殷墟二期偏早）。

2. 器物的横截面呈椭方形，四角为圆角

符合这一特征的特殊造型壶有几件，但整体器形却各不相同，形制都十分特殊。

标本1：陕西扶风出土饮壶[①]（图4-126），出土2件。一件通高16.5、口径16、腹深15厘米。圆直口，下腹向外倾垂，椭方形圈足，两耳如象鼻上卷。颈部饰以雷纹作底的长尾鸟纹，鸟尾上卷，两两相对，耳饰粗云纹，腹部和圈足素面无纹饰。腹底有铭文5字，释读为伯𢦚作饮壶。另一件，通高14.5、口径11、腹深12厘米。为侈口，垂腹，两耳如象鼻上卷，有小珥，椭方圈足。颈部饰以雷纹为底纹的长尾鸟纹，两两相对，中隔浮雕兽头。腹内有5字铭文，释读为"伯𢦚作旅彝"。应属西周中期穆王以后器。

标本2：陕西长安花园村西周墓出土壶[②]（图4-127）。通高18、口纵9、口横11.5厘

图4-126　饮壶

图4-127　壶

① 扶风县文化馆、陕西省文管会：《陕西扶风出土西周伯诸器》，《文物》1976年第6期，54页。

② 中国青铜器编辑委员会：《中国青铜器全集 · 第5卷 · 西周一》一二三，文物出版社，1997年，118页。

米。形制上，侈口，束颈，垂腹，盖隆起，盖上有半环状纽。盖缘和器头饰花冠长鸟纹，圈足饰两道弦纹。盖内和器内底各铸铭文8字，置于亚字内。时代为西周中期。

标本3：龙纹壶①（图4-128）。通高36.4厘米。形制上，上截圆细，下截椭方，其下有圈状足，直口溜肩，盖纽做圈状。肩上有一对半环状耳，盖上及头部饰重叠式鳞纹，腹饰八只花冠大凤鸟，凤鸟规范于方框之内。美国旧金山亚洲艺术博物馆藏时代为西周中期。

标本4：叔师父壶②（图4-129），器为椭方体，口侈，长直颈，斜肩，垂腹，宽圈足，肩有一对爬兽耳。腹部通饰蟠虺纹。颈外侧铸铭文31字。现藏日本根津美术馆。时代为春秋中期。

图4-128　龙纹壶

图4-129　叔师父壶

四、独特提梁壶

20世纪50年代末，山西地区出土的1件特殊提梁壶，口颈内收，折肩敛腹，喇叭圈足。这种形制在提梁壶中仅见此1见。故作为特殊器形对待。

---

① 中国青铜器编辑委员会：《中国青铜器全集·第5卷·西周一》一三七，文物出版社，1997年，130页。

② 中国青铜器编辑委员会：《中国青铜器全集·第7卷·东周一》十，文物出版社，1997年，11页。

标本：山西洪洞县坊堆村出土“高子父乙壶”①（图4-130），通高21.3、口径9.4厘米。有盖，盖上有圈形捉手，宽口，直径，腹中部有折棱，圈足较高，呈倒喇叭形，肩两侧有提梁扣。上饰鸟纹、三角纹，有6字铭文。现藏于山西省博物馆，时代为商代晚期。

20世纪60年代初，河南地区出土1件器形特殊的提梁壶，宽口，短颈，有提梁，与主流型提梁壶形态差异很大，并随出一件斗，十分特殊，因此作为特殊器举例说明。

标本：河南鹤壁市鹿村西周墓出土“鱼父己壶”②（图4-131）。通高20、口径9厘米。长颈直口，圆肩鼓腹，圜底圈足，器盖顶部隆起，上有圈形捉手，肩上有一对半环纽，套接提梁，通体光素。出土时附有一斗，长21厘米。盖、器同铭，各5字。时代为西周早期。

图4-130　高子父乙壶

图4-131　鱼父己壶

① 吴镇烽：《商周青铜器铭文暨图像集成》，上海古籍出版社，2012年，12769页。

② 林巳奈夫：《〈殷周时代青铜器之研究〉——殷周青铜器综览（一）》，吉川弘文馆，1984年，卣104。

五、高肩直腹壶

器体横截面为圆形，高肩、斜直腹、高圈足。数量少，形制特殊，分两类。

标本1：江苏盱眙穆店乡南窑庄窖藏出土陈璋壶[①]（图4-132）。高24、口径12.8厘米。该壶由器身和肩、腹上的网套组成。器身作侈口，长颈，圆腹，圈足，铜丝网套由96条卷曲的龙和576枚梅花钉交错套扣而成。网套中间有错金云纹铜箍，箍上有相间兽首衔环和倒垂的浮雕兽各四个，衔环和立兽上有错金银纹饰。壶头和圈足上、网套下面的肩与腹部，分别饰错金银斜方格云纹。该壶口沿刻有铭文，表明了壶的容量，圈足外刻有铭文6字。时代为战国中期。

标本2：湖北江陵藤店一号墓出土壶[②]（图4-133）。共2件，通高23.3、口径10.4厘米。隆盖，上有三立纽，口微侈，肩较宽，鼓腹，高圈足，留有范土。盖面饰单线云纹，颈饰蟠蛇纹，肩饰三角云纹，腹饰蟠蛇纹、三角云纹和卷云纹各一周，并间有凹弦纹。此器表纹饰以单线和小块面结合，在小块面内嵌有红铜。这一式的壶出土两件，另一件器盖上无纹饰。时代为战国中期。

标本3：广东肇庆北岭松山墓葬出土壶[③]（图4-134）。M1：8，高22、口径14.9、

图4-132　陈璋壶

图4-133　镶嵌云纹壶

① 中国青铜器编辑委员会：《中国青铜器全集·第9卷·东周三》一二三，文物出版社，1997年，125页。

② 中国青铜器编辑委员会：《中国青铜器全集·第10卷·东周四》三七，文物出版社，1997年，37页。

③ 中国青铜器编辑委员会：《中国青铜器全集·第10卷·东周四》三八，文物出版社，1997年，38页。

底径14.8厘米。圆盖，上有一环纽，口沿较宽，肩平缓，圆腹，腹部有双耳铺首作鸮首形，平底圈足。通体饰飞鸟和云纹，细丝错银，粗丝填以朱漆，纹饰变化多样，具有典型的楚器特征。时代为战国中期。

标本4：湖北荆门包山2号墓出土壶①（图4-135）。共2件，通高33.5、口径9.3、腹径18.2厘米。隆盖、平顶，上有三个鸟形纽，敛口，长颈，平肩外鼓，弧腹，矮圈足，肩部置一对铺首衔环，纽环饰变形勾连云纹，通体错红铜龙形卷云纹。盖面中部为三龙相嬉，外部饰勾连云纹。颈、肩部和下腹部各饰相背对称龙纹图案。时代为战国中期。

图4-134　飞鸟纹壶

图4-135　云纹壶

表4-1　各型器物数量统计表

类型	出土数	占出土总比/%	传世数	占传世总比/%	总数	占总比/%
提梁壶	48	7.1	106	21.5	154	13.2
贯耳壶	62	9.2	104	20.3	166	13.8
环耳壶	177	26.2	87	17.8	264	22.6
爬兽耳壶	31	4.6	9	1.8	40	3.5
提链壶	51	7.6	28	5.6	79	6.8
铺首衔环壶	209	31	105	21.2	314	26.8
非主流型壶	43	6.2	34	6.8	76	6.5
特殊形制壶	55	8.1	25	5	80	6.8
合计	676	100	498	100	1174	100

① 中国青铜器编辑委员会：《中国青铜器全集 · 第10卷 · 东周四》三九，文物出版社，1997年，39页。

第五章　商周青铜壶分期与断代研究

商周青铜壶从商代早期出现至战国晚期，经历了1200多年，历时之长与鼎相当，在商周青铜器中占有非常重要的地位。在青铜壶漫长的发展过程中，经历了3次器形更替。每当有新器形出现，青铜壶也进入一轮发展的高峰期。从整体上看，主流青铜壶的各个器形都经历了共存、延续、更替（或消亡）的现象。因此，在对商周青铜壶做分期研究时，要找出各型壶的共存发展时期和器形更替时期，这是做好分期研究的关键。

从器物纹饰及在墓葬中组合方式的变化可看出，青铜壶在商周时期的用途和地位是不断变化的。因此对青铜壶做断代研究时，遵循以青铜壶自身的形制演变为主线，并结合其出土地、墓葬、同出器物，以及器身纹饰、铭文、器物组合等多方面因素进行分析。由于青铜壶存在时间长，器形繁复多样，因此在做断代研究时，应注重在各历史阶段的不同文化背景下青铜壶在器形、纹饰等方面的差异。还应注意到，在不同时期，同一地域的统治阶级发生改变后，致使其文化面貌产生变革，而在这种文化礼仪的变迁下，青铜壶在器形、纹饰等方面的变化。由此可见，对青铜壶做断代研究，考虑的内容越丰富，结果越准确可靠。

一、商代青铜壶的分期

商代早、中期，相当于二里冈时期[①]（公元前1600～公元前1300年）。由于本期的青铜壶出土数量非常少，仅几件，且器物形制没有共同点，出土地分散，因此各器之间无延续性，仅对每一件器物的时代做讨论。因此，对商代早期青铜壶的断代问题，应按照出土该器遗迹单位的时代予以断代。

商代晚期，相当于殷墟时期[②]（公元前1300～公元前1046年）。岳洪彬将殷墟青铜器分成四期：第一期，相当于陶器分期的花园庄期，相对王世为盘庚、小辛、小乙，以及盘庚以前的一段时期。第二期，早段相当于大司空一期，武丁早期；晚段相当于大司空二期，武丁晚期至祖甲。第三期，相当于大司空三期，廪辛至文丁时期。第四

---

① 相当于商王成汤至盘庚迁殷之前的二十位商王在位的时间。

② 相当于盘庚迁殷，到帝辛亡国，经历了盘庚、小辛、小乙、武丁、祖庚、祖甲、廪辛、康丁、武乙、文丁、帝乙、帝辛共八代十二王273年的统治。

期，相当于大司空四期，帝乙、帝辛时期。朱凤翰对殷墟做三期分法，殷墟一期，约相当于甲骨第一期，即盘庚至武丁早期。殷墟二期，早段约相当于甲骨第二期初，即武丁早期；晚段相当于甲骨第二期，即武丁晚期至祖甲时期。殷墟三期，早段约相当于甲骨第三、四期，即廪辛、康丁、武乙、文丁时期。晚段，约相当于甲骨第五期，即帝乙、帝辛时代，但是在本书中，由于壶出现时间较晚，且数量较少，因此商代晚期采用朱凤瀚的三期分法，这样的划分方式对青铜壶在这一时期的发展，表现较为明了。

从目前看，出土青铜壶在殷墟一期尚未发现，因此青铜壶在商代晚期，始现于殷墟二期，但数量较少。而商代晚期的青铜壶主要集中于殷墟三期，即廪辛至帝辛时期。

二、西周青铜壶的分期

朱凤瀚根据出土青铜器的墓葬资料，将关中与洛阳地区西周青铜器分为五期：一期，相当于武王、成王、康王早时期；二期，相当于康王晚期、昭王时期；三期，相当于穆王、共王时期；四期，相当于懿王、孝王、夷王时期；第五期，相当于厉王、（共和）、宣王、幽王时期。这样的分类方式对于西周青铜文化的中心，主流青铜器的断代十分详尽，并且和传统的三期分相较，更加清晰明了，但西周时期并不是每个墓葬中都出青铜壶，因此，细致的分类方式，反而使得青铜壶的发展流行主线不够明晰。故采用陈梦家的三期分法：西周早期，约相当于武、成、康、昭时期；西周中期，约相当于穆、共、懿、孝、夷时期；西周晚期，约相当于厉、宣、幽时期。

三、东周青铜壶的分期

采用春秋早期（公元前770～公元前671年），春秋中期（公元前670～公元前571年），春秋晚期（公元前570～公元前476年），战国早期（公元前475～公元前376年），战国中期（公元前375～公元前276年），战国晚期（公元前275～公元前222年）的分法。

本章将青铜壶分为十一期。第一期为商代早、中期，第二期为商代晚期（殷墟二期、三期），第三期为西周早期，第四期为西周中期，第五期为西周晚期，第六期为春秋早期，第七期为春秋中期，第八期为春秋晚期，第九期为战国早期，第十期为战国中期，第十一期为战国晚期。根据器形更替现象，将这十一期分成三个发展阶段：第一阶段，第一期至第三期；第二阶段，第四期至第七期，第三阶段，第八期至第十一期。

第一节 青铜壶发展的第一阶段：商代早期至西周早期

从出土青铜壶的整体数量看，这一阶段共有280件青铜壶，占总量的23.9%，共出土89件，占总量的13.2%，而传世器在各阶段中数量最多，共191件，占总量的38.6%，其中有铭文器近半数，可见，第一阶段的青铜壶最为世人所青睐。从青铜壶的发展角度看，呈现出一个快步上升情况，出现了青铜壶发展的第一个高峰期。青铜壶发展至殷墟三期时，数量突增，不仅器形高大厚重，而且造型端庄典雅、形制多样。纹饰上，以肃穆的兽面纹为主题，云雷纹作底纹的通身满花，三层纹饰占大半，不但刻画出的造型细致逼真，所具有的神韵也是后来青铜器无法企及的。西周早期，虽然出土及传世器在数量上略有增加，但器形却逐渐缩小，纹饰也趋于简化，铸造工艺逐渐下落，使得青铜壶在西周早期这一阶段步向发展的平缓期，诸多器形经过这一时期后消失不见，因此，可以将商代早期至西周早期视作青铜壶发展的第一阶段，经历了兴起、繁荣、逐步衰弱的过程，而这一阶段的青铜壶，在商周时期所有青铜壶中占有重要的位置。

一、第一期：商代早、中期

从目前考古发掘的资料看，最早的青铜壶的形式为提梁壶，而其形制长期与青铜卣混迹，因此多有学者认为商代青铜礼器中的提梁壶应归为卣类，前文对此已经做过论述（详见第二章第一节），这里仅对提梁壶断代问题进行研究说明。

一期出土的青铜壶型式有A型Ⅰ式提梁壶、A型Ⅱ式提梁壶、B型提梁壶、A型Ⅰ式贯耳壶、特殊型·三足壶。

在商代早、中期的提梁壶，出土及传世的数量很少，第一期共8件青铜壶，占总量的0.7%，共出土7件，占出土总量1%，传世1件，占传世总量的0.2%，且分散于全国各地的早商遗址中，因此，尚不能勾勒出早期提梁壶的发展谱系，但每件青铜壶及墓葬、遗址的所属时代，是较为明确的，因此对商代早、中期的青铜壶断代研究是科学合理的。

A型Ⅰ式提梁壶中，湖北黄陂盘龙城出土青铜壶（以下简称“盘龙城壶”）时代最早，相当于二里冈上层一期[①]。

A型Ⅱ式提梁壶，1981CHLTT：5，特殊型三足贯耳壶1980CHLTT：5，基本相当

① 报告中将出土该壶的李家嘴1号墓（PLZM1），作为盘龙城五期的代表，并认为墓葬中出土的部分陶器与郑州二里冈上层一期近同，因此时代应相当于二里冈上层一期偏晚阶段。

于二里冈上层二期，即白家庄期[①]。

B型提梁壶中，河南郑州向阳回族食品厂H1：11[②]，根据地层叠压关系、窖藏坑内与所出土青铜器共存的陶片以及共出青铜器本身所具有的器形及纹饰特点，该青铜壶属于郑州商代二里冈期上层二期。

A型Ⅰ式贯耳壶，河南郑州人民公园C7M9：4[③]，是目前发现的贯耳椭圆腹青铜壶的最早形态，属人民公园一期，其年代相当于商代中期偏晚，但要早于安阳殷墟。

对于商代早、中期青铜壶的研究，由于出土的青铜壶数量很少，不难看出这一时期的青铜壶刚刚出现，尚未被大量制作使用，因此仅将这一时期出土的几件青铜壶的时代说明。

从目前掌握的材料看，虽然“盘龙城壶”时代最早，而后陕西秦岭以南地区也出与其形制相似的青铜壶，却并不能说这一形制的青铜壶是由两湖地区传入。朱凤瀚认为：“汉中在二里冈上层时期即与郑州地区中心的二里冈文化接触，但从青铜礼器存在一定程度的变异程度看，这种接触也可能是间接的、辗转的，是承袭了另一与二里冈文化有直接接触的文化所变异的结果。”[④]中原地区作为商代早、中期中心，这一时期尚未发现A型提梁壶，故A型提梁壶应是受到其他地域文化影响而产生的，而后在形制上没有延续。而B型提壶梁，出土于郑州商城，正是早商时期的中心之地，该型壶也没有形制上的延续。可见早商时期青铜壶发展尚不成熟，是商周青铜壶的雏形期。

二、第二期：商代晚期

商代晚期，随着青铜器全面发展，青铜壶也出现了第一个发展的高峰期，共140件，占总量的11.9%，其中出土37件，占出土总量的5.5%，传世103件，占传世总量的20.6%。提梁壶出现了诸多新器形，并且在数量上大有增加，成为主流型壶，铸造工艺较之前更为细致，使得青铜壶的发展进入了第一个繁盛期。A型贯耳壶的数量突增，成为又一主流型式青铜壶。

商代晚期出土青铜壶有提梁壶：C型Ⅰ式、Da型、Db型、E型、F型Ⅰ式、G型Ⅰ式；贯耳壶：A型Ⅱ式、B型；特殊型：方体壶·正方壶、圆体壶·圆腹有提梁壶。其中，属殷墟一期的壶尚未发现；殷墟二期的有19件，其余均为殷墟3期。总体看来，商

① 赵丛苍：《城洋青铜器》，科学出版社，2006年，240页。

② 发掘报告将该遗迹单位分为5层，第5层则为二里冈上层，而H1叠压于第5层下，因此认为其时代为二里冈上层时期，相对年代应早于安阳青铜器。

③ 河南省文物考古研究所：《郑州商城——1953～1985年考古发掘报告》，文物出版社，2001年，917页。

④ 朱凤瀚：《中国青铜器综论》，上海古籍出版社，2009年，911页。

代晚期所出土的青铜壶，在数量上虽少于西周时期，但较商代早、中期是有明显增多的，所出现的新器形，也是西周时期圆壶主流形态的始祖。

殷墟二期中，时代最早的是河南安阳殷墟M5出土的6件壶①，以及小屯M238出土的1件。对于殷墟M5的年代问题，一般公认为殷墟二期，小屯M238时代与殷墟M5时代近同，多数认为小屯M238为殷墟二期偏晚②，属商代晚期早段器。从器形上看，其主要特点为敞口，束颈明显，由于圈足高，因此腹部弧线较突出。从纹饰上看"妇好贯耳壶"为上中下三重兽面纹，在传世器中，多有三重兽面纹贯耳壶，形制皆与妇好贯耳壶相近，这对传世器的断代有所裨益。Da型提梁壶中出土2件，同为妇好墓出土，属殷墟二期；而在传世器中，5件器形与之近同，均为圆鼓腹，最大腹径在腹中部，而非Db型的垂腹，纹饰也皆为通身满花，非Db型的颈部纹饰带或弦纹带，因此可以认为，Da型提梁壶传世器的时代为商代晚期偏早（殷墟二期）。

殷墟三期，提梁壶出现了较多新的器形，造型也极具个性，与之前提梁壶有较大差异，如殷墟小屯M331：R2066③，小口，长颈，腹部为正方体，该型壶流行时代短暂，仅在商代晚期墓葬或遗迹中发现。传世器较多，从器物形制上看，与出土器十分接近，皆遵循商代晚期器物形制特征及纹饰布局方式。

河南殷墟高楼庄M8出土青铜壶1件，M8时代断为殷墟三期，故将该壶归入商代晚期晚段。安阳市博物馆藏0215号青铜壶④，有将该壶认作殷墟文化第二期的⑤，亦有将其归为殷墟三期者安阳市博物馆藏0215号青铜壶，口略宽，束颈程度略轻，圈足高却小，形制更近西周特点，时代上也应晚于M5青铜壶，故将该器归为三期后段较为合理，即商代晚期晚段。此外，安阳博物馆藏0618号⑥壶与商代晚期晚段提梁壶相比，形制更为接近，时代为殷墟三期。

三、第三期：西周早期

这一时青铜壶共133件，占总量的11.4%。其中出土45件，占出土总量的6.7%，传世88件，占传世总量的17.8%，从总的数量上看，较商代晚期相近，基本停滞增长，并

---

① Da型提梁壶2件，A型Ⅱ式贯耳壶2件，独特方体壶2件。

② 岳洪彬：《殷墟青铜礼器研究》，将安阳殷墟M5归为殷墟二期，小屯M238时代归为二期晚段与M5时代近同。

③ 见本书第四章，E型提梁壶，标本1（图4-8）。

④ 关于山东地区贯耳型壶，详见本书第七章第一节，在此不过多探讨。

⑤ 安阳市文物工作队、安阳市博物馆：《安阳殷墟青铜器》，中州古籍出版社，1993年，105页。

⑥ 朱爱芹：《安阳市博物馆藏商代有铭铜器》，《文物》1986年第8期，73～75页。

且提梁壶、贯耳壶的器物高度都有所缩减，与商代晚期时的高大青铜壶相比较显得单薄，铸造工艺及纹饰上也趋于简化，可看作是青铜壶发展进入了一个平缓期。周王朝初建，百废待兴，青铜器的发展受到了相应的影响。

本期出土的青铜壶有提梁壶C型Ⅱ式、F型Ⅱ式、G型Ⅱ式、H型；贯耳壶A型Ⅲ式、D型Ⅰ式。

器形、纹饰、装饰等方面承接第二期（商代晚期晚段）风格的有提梁壶C型Ⅱ式、F型Ⅱ式、G型Ⅱ式，贯耳壶A型Ⅲ式。整体造型基本承袭商代晚期之风，器形变化很小，如贯耳Ba型Ⅱ式与Ba型Ⅰ式（殷墟三期）相比，仅仅是贯耳位置更靠近口沿，腹部内收，变化很小不易区分。邹衡也提出“殷墟四期[①]的某些单位的年代实际上已经到了西周初年”[②]，西周早期不同地域间历史时期与文化发展不同步，周人灭商后仍有商人延续着殷人文化，但历史时期已经进入西周，因此将传世器中有殷人特点的西周初年器物提前至商代晚期。

本期中通过考古发掘，出土青铜壶的完整墓葬，时代皆可信。例如，陕西泾阳高家庄M1、1966～1967陕西岐山贺家村西周墓、1975年扶风召李村M1、甘肃灵台白草坡M1等，因此不过多讨论。但对于出土青铜壶的墓葬独立存在，又或发掘前已被破坏的情况，往往对墓葬的时代无法通过地层推断，而要依靠出土器物。例如，A型Ⅲ式贯耳壶，陕西淳化县出土贯耳壶（CHXM3：5），该壶出土时距地表不足1米，其出土墓葬CHXM3共出土青铜器23件，其中礼器仅壶1件，该报告中称CHXM3所属墓群所处的出土地点独立，因此在年代上无法直接判定[③]。“CHXM3壶”与二期晚段A型Ⅱ式贯耳壶相比，器壁显得单薄，体型略显纤细，贯耳位置更靠近口沿，腹部重心更接近器底，呈现出垂腹的状态，这些器形特点与西周早期时青铜壶的特点更为接近，纹饰上，腹部和颈下兽面纹均不及商器细致丰满，明显趋于简化。因此该器物应为西周早期时器物，通过对这件青铜壶时代的断定，因此CHXM3的时代至少为西周早期，这样对于墓葬时代的判定也就更加具体化了。

河南洛阳庞家沟M410：4（D型Ⅰ式贯耳壶）这件壶，有铭文4字，故有称该壶为“考母壶”者，对于其所属墓葬M410的时代，报告认为该墓葬可能属于西周早期，但由于该墓中考母罍与滔钬罍的器形和纹饰相似，而容庚将滔钬罍的时代定为西周后期，故该报告称河南洛阳庞家沟M410的时代下限不会晚于西周晚期。虽然这样的断

---

① 邹衡将殷墟分为四期。

② 邹衡：《试论殷墟文化分期》，《北京大学学报》1964年第5期。

③ 该墓葬群的发掘报告中，通过对该墓葬群中其他墓葬中的出土兵器，与陕西地区这一时期的墓葬中的出土兵器相比较，最终对CHXM3的时代进行了推测，报告中指出该地共发掘墓葬4座（编号分别为CHXM1～CHXM4），其中，具有明显特征的是M4出土的镞，形制与扶风县杨家堡西周马坑出土的西周早期铜镞相同；另有M2出土的五孔刀，与1977年岐山县魏家河出土商代晚期铜刀相同，因此判定这4座墓葬时代应为商代至西周初期。

代方式合理全面，但由于时间上的笼统，对墓葬中出土的各器物的具体时代，均会受到影响。“考母壶”从形制上看与陕西长安县斗门镇（M17：43）这件贯耳壶相差无异。纹饰方面，由西周早期始，青铜壶上的兽面纹便逐渐减少，西周中期的铜壶上已不再出现兽面纹。铭文书写上也具有西周早期特点，因此单就“考母壶”的时代来说不会晚至西周中期，属西周早期器。

D型Ⅰ式贯耳壶中，陕西长安县斗门镇（M17：43）壶，其墓葬为M15的祔葬墓，出土器物部分有铭，因此报告指出这两座墓的埋葬时间应为周康王十六年至康王二十一年之间，属西周早期偏晚器。这种通身素光的青铜壶在西周早期较为常见，而纹饰上在这一时期的退化，更是西周早期青铜壶发展进入停滞时期（甚至是倒退）的一个很好的印证。

西周早期始，以关中与洛阳地区为中心，关中地区即是西周时西都丰京和镐京所在地，又包含了周人久居之地周原等地。洛阳地区也是西周东都成周的所在地。因此这两个地区是王权的直统地，理应是西周青铜文化的中心，因此在铸器技术和器物造型上都有引领之风，要先于各地，影响各地。

对于山东地区所出土西周时期青铜壶的时代问题，以及其流行时代与关中、中原地区的相互关系的问题，体现在山东地区出土的A型贯耳壶之上。

山东地区出土的A型贯耳壶，时代最早的为西周早期，相比中原地区有所滞后，而消亡时间也同样滞后于中原及关中地区。例如，出土于山东黄县归城遗址中的HG70壶，报告称时代为西周早期[①]，实际上从器形上看，与陕西扶风出土贯耳壶、小屯238号墓出土的贯耳壶相比，器壁较薄，贯耳位置更靠近器物口沿，腹部重心更接近于器底，这些特点与“CHXM3壶”相似，且器物口径有所增大，器底圈足更矮，通身只有弦纹两道，从圈足上看，HG70壶圈足低矮，而纹饰上仅为两道弦纹，这点与D型Ⅰ式贯耳壶中陕西长安县斗门镇附近墓葬群出土（M17：43）壶（后简称M17壶）[②]相同，因此HG70壶至少为西周早期，至少不会与陕西扶风出土的贯耳壶、小屯238号墓出土贯耳壶处于同一时代或近同时代，并且要比陕西淳化县CHXM3壶更晚。可见，山东地区出土青铜壶的时代，不会早过西周早期。

湖南、湖北地区（简称两湖地区）出土的青铜器，具有地方特色，西周时期的两湖地区青铜器，从出土数量上看，虽远不如关中地区和中原地区，但已形成相对集中的地域分布，因此应该加以重视，对于时代的问题相对于关中、中原地区是应该共同探讨的。

① 报告称确切出土情况不详，因此报告中推测，“壶形与陕西扶风出土饕餮纹壶（商代晚期）、小屯238号墓出土的椭圆壶（殷墟二期）较接近，只是作风更加简朴一些，应属晚商时期，这是归城出土青铜器中最早的一件”。见李步青、林仙庭：《山东黄县归城遗址的调查与发掘》，《考古》1991年第10期，910～918页。

② D型壶主要出土于关中地区，是西周以后新出现的器形。

第二节　青铜壶发展的第二阶段：西周中期至春秋中期

第二阶段青铜壶共392件，占总量的33.5%，其中出土青铜壶254件，占出土总量的37.6%，传世壶138件，占传世总量的27.9%，总体数量上远大于第一阶段。

商代晚期出现的器形，在本期已不得见，如提梁壶、A型贯耳壶（中原、关中地区），然而这一阶段又出现了诸多新的器形，如西周中期始现的E型贯耳壶（贯耳方壶）、A型环耳壶（环耳圆壶），西周晚期出现的F型贯耳壶等。

这一时期，青铜壶的发展进入了一个全新的阶段，在制作工艺、器形高度、体积等方面，皆发展到了更高的层次，经过西周中、晚期的奠定，春秋早期出现了青铜壶发展的第二个高峰期。不仅数量上较之前大幅增加，铸造技术及工艺都上升到一个新的高度。纹饰方面，这一阶段青铜壶上纹饰有很大变化，一改之前以兽面纹为主体的纹饰布局，以宽带纹、窃曲纹、几何纹饰等取代，显得器物更加规矩庄重。有铭铜壶近半数，铭文篇幅大有增加，内容更为详尽。

从数量上看，虽然较第一阶段大量增加，但第二阶段的青铜壶依然为最高权力统治阶级使用，尚未大量广泛的普及开来。

一、第四期：西周中期

第四期青铜壶共88件，占总量的7.4%，出土壶39件，占出土总量的5.8%，传世49件，占传世总量的9.7%，数量与早期变化不大，但却是一个器形更替的时期。

存在的器形有贯耳壶C型Ⅱ式、Ea型Ⅰ式；环耳壶A型Ⅰ式、Ba型Ⅰ式、Bb型Ⅰ式；特殊型：方体 · 正方壶。西周早期大量出土及传世的C型Ⅱ式提梁壶、F型Ⅱ式提梁壶均已消失不见，C型、D型贯耳壶在这一阶段得到了发展，除在数量上有所增加，器物也较西周早期更为精美。新出现了A型环耳壶，器形巨大，纹饰精美，铸造工艺较前有显著提高。此外，这一时期还新出现了E型贯耳壶、B型环耳壶（皆为方形壶），器盖、口、底的横截面为椭方形，而腹部圆鼓，一时间兴起，与A型环耳均成为第二阶段的主流型式壶。

中原及关中地区A型贯耳壶均已消失不见，而在山东威海市周代墓葬（M1）中出土一件，报告中称该壶与山东黄县归城遗址出土（HG70）壶近同（贯耳Bb型Ⅰ式），上文中将山东黄县归城HG70壶的时代定为西周早期偏晚，从墓葬形制及伴出器物上看，M1时代定为西周中期①。可见山东地区在该A型贯耳壶的消亡时间上滞后于中原及

① 山东威海M1：6壶做工略显粗糙，可能与当地环境或墓主人的社会地位相关，由于M1墓葬形制及遗物大部分遭到破坏，所以对于M1的墓葬时代仅仅靠所剩遗物进行类比判断，报告中从同出的6件器物上与该山东地区的同类器物相比，将M1时代定为西周中期。

关中地区。M1出土的这件壶形制与山东黄县归城遗址出土HG70壶是有区别的，不仅束颈程度较重，且颈部中间的两个贯耳很小，与之前大有不同，圈足又再次变高，由于颈部束颈程度重，因此腹部又复现出圆腹的特点，但腹部重心仍在中部以下，时代理应要晚于HG70壶，为西周中期较为合理。在山东地区这一时期（西周中期）尚未出土环耳等其他形制壶，因此无法与其类比，但关中地区西周中期后的环耳圆腹圆壶逐渐兴起，也是这一时期圆壶流行的主要特点之一，或许与山东威海M1：6壶的圆腹有异曲同工之处①。

D型Ⅱ式贯耳壶中，山东黄县归城遗址M1：4壶，所属墓葬M1，该墓长5、深3米，共出土青铜器8件，属于中型墓葬。报告称根据黄县归城遗址中的城墙判断，该遗址主要是西周至春秋时期，而对M1的时代则认定为西周中期。对于王墓，西周中期这种规格在关中、中原地区很常见，但在胶东地区这种等级的墓葬应该代表着当时墓葬制度的最高规格，因此M1中青铜壶，在山东地区也具有代表性，黄县归城遗址M1：4壶的器形与陕西扶风县庄白一号窖藏（76FZH1）出土壶②相比较，器体瘦长，仍然具有西周早期特点，与D型Ⅰ式贯耳壶中M17壶更为接近，但黄县归城遗址M1：4壶时代要晚于D型Ⅰ式贯耳壶，可见山东地区出土青铜壶的滞后性。

Ea型Ⅰ式贯耳壶中，陕西扶风法门镇召陈村出土散车父壶，报告中根据出土铜器的形制、纹饰、铭文等方面，判断该壶为西周中期。本式壶共收集到6件，形制相似，出土地均在陕西境内且时代近同，为西周中期器。Bb型Ⅰ式环耳壶中，发现于长安县沣西的西周铜器窖中，共出土青铜器6件，其中壶2件，报告根据这两件壶的器形、纹饰等因素，判断其时代应属本期。

A型Ⅰ式环耳壶中，陕西扶风强家M1出土的2件壶，报告根据M1墓出土器物的时代特点，再结合地层关系，认为强家M1时代在西周中期的孝夷之世。环耳Aa型Ⅰ式中与强家M1出土的2件圆壶形制近同的青铜壶颇多，是西周中期青铜壶的主流型式，但所有这一型式的壶，在时代上的下线都超不过西周中期，均为孝、夷时期铜器。

二、第五期：西周晚期

第五期青铜壶共99件，占总数的8.5%，其中出土器60件，占总数的8.9%；传世39件，占总数的7.8%，从数量上看与四期接近，可见青铜壶在这一阶段发展平缓，没有更进一步的扩大。

这一时期主要流行的青铜壶的型式有贯耳C型Ⅲ式；Ea型Ⅱ式、Eb型、F型Ⅰ式；

① 关于山东地区贯耳壶，详见本书第七章第一节，在此不过多讨论。

② 窖藏内共出土青铜器103件，其中有贯耳壶1。该窖藏学者公认为西周中期，因此本器为西周中期应无异议。

环耳A型Ⅱ式、Ba型Ⅱ式、Bb型Ⅱ式、Bc型Ⅰ式、Bd型Ⅰ式、Be型Ⅰ式。多是之前器形的延续，仅贯耳壶在第五期出现新的器形，而后贯耳壶数量逐渐减少，直至消失不见。

环耳壶这一时期开始兴起，数量较之前大有增加，器物形制与中期相较基本看不出变化，制作工艺及器物品质也与四期相近，但略为粗糙。纹饰虽延续了中期出现的新纹饰，但整体有所简化，铭文篇幅及内容也与中期相近。

关中及洛阳地区出土青铜壶的墓葬较少，而周边地区逐步发展壮大，对于关中、中原王畿区等以外地区，相近器形的断代问题，仍以关中、中原的出土壶作为参照。例如，新出现的D型贯耳壶中，山东沂源县姑子坪M1：12这件壶的时代需明确，报告中推测其墓葬M1时代为西周晚期，单就这件壶的形制而言，与中原、关中地区的D型贯耳壶，整体形态相近，贯耳位置仍然处在器物颈、肩部纹饰带的两侧。不同之处是，腹部更鼓，且垂腹明显，圈足外撇程度更大等，这些都表现出时代较晚的特点，因此报告中对M1时代为西周晚期的推测成立。而对于出土该壶墓葬M1的等级看，这一墓葬共出土青铜器15件，虽然发掘前遭到人为破坏，但仍发掘出5鼎、2簠、2簋、1彝、1罍、1壶、1盘的礼器组合，加之出土的葬具为二椁三棺，因此其墓主人的身份及墓葬等级至少为5鼎4簋的大夫级别，可见墓主人应为地位显赫的贵族，这对于山东地区东夷文化的研究有积极意义。

这种具有地方元素的青铜壶，之前学者在器物断代上较为含糊，如D型Ⅱ式贯耳壶中河北唐县南伏城西周时期窖藏，共出青铜器5件，埋藏在一个有石块砌成的方池中，应为有意的埋藏，报告中推测，其埋藏方式及原因有可能是根据当时的仪礼为了举行某种祭祀而进行的特殊埋藏。本窖藏中出土青铜器的铸造工艺均粗糙，在铸成后也未经打磨再加工，因此接铸口明显外露且胎质厚重。唯有贯耳壶器表有花纹，青铜器的组合主要是壶、盘、匜、簋，为西周时期常见组合，报告称贯耳壶的形制和长安普渡村周墓出土带盖贯耳壶相近，初步认定该墓葬为西周中晚期。从壶的形制上看，与D型Ⅰ式贯耳壶相比，体型略胖，口宽、腹圆，时代应晚，但不像晚期有垂腹，因此本书将其断为西周中期偏晚。像这样断代不确定的情况，在以往的研究中还有存在，如A型Ⅱ式环耳壶中河南泌阳县出土两件青铜壶，为西周晚期标准器，而河南上村岭M2006出土的两件圆壶，在时代上的判定有不确定性，由于其所属墓葬M2006发掘前是完整的未被扰动的墓葬，因此从出土的青铜礼器的组合、形制、纹饰等方面看，应为为西周晚期遗存。但报告中指出M2006中这一对圆壶不仅与西周晚期同类器物相似，也与春秋早期一些同类器物接近，由此判断该墓葬年代为西周末年，这样就给这对青铜壶的时代增加了不确定的因素，因此需要与春秋早期的壶相类比进行分析。从现有的这一时期出土兽环耳圆壶的资料看，上村岭M2006出土2件青铜壶，与本式中山西曲沃晋侯M63出土的2件青铜壶在形制上基本相同，其通高、口径分别为37.2×11.4（上村岭M2006壶）、35.8×12.4厘米（晋侯M63壶），纹饰也同为环带，山西晋侯M63出土的这2件壶，时代为晋侯邦父时期器物，因此对上村岭M2006出土的这2件壶的时代是一个很好的印证。对于春秋早期兽环耳壶的形制与上村岭M2006出土2件壶的形制相差较远，春秋早期兽环耳壶束颈程度轻或无束颈，且腹部较长，因此上村岭M2006出土的2件壶具有西周晚期壶的形制特点。

另外，A型Ⅱ式环耳壶中时代难以判断的出土器物还有湖北谷城出土2件壶，前文中提到这2件壶虽然双耳均残，但仍存在兽环耳壶的形制特点，故此归入A型Ⅱ式，这2件壶于1977年11月在湖北谷城县“火龙岗”出土，谷城县为古谷国地，《春秋大事年表》记“谷国，伯爵，嬴姓。今湖广襄阳府谷城县西北七里，故谷城县。桓七年见，后地入于楚”。报告中称出土青铜壶的地点在谷城西12千米处，因此极有可能是谷国贵族的随葬品。这批青铜器上铭文与附近出土的早期曾国器上铭文极其相似，壶的形制也具有西周晚期的特点，与春秋时期的青铜壶在形态上是有一定区别的，所以应属于西周晚期之物。

三、第六期：春秋早期

第六期青铜壶共139件，占总量的11.8%，其中出土95件，占出土总量的14.1%，传世44件，占传世总量的8.7%。单从数量上看，较之前大有增多，因此，这也是青铜壶发展的第二个高峰期。

这一时期流行的青铜壶的型式有贯耳壶F型Ⅱ式、Ga型Ⅰ式；环耳壶A型Ⅲ式、Ba型Ⅲ式、Bb型Ⅲ式、Bc型Ⅱ式、Bd型Ⅱ式、Be型Ⅱ式；提链壶Aa型；瓠壶A型Ⅰ式；独特·椭方壶。

贯耳壶D型在西周晚期时已消失不见，而C、E型在西周晚期逐渐减少，至春秋早期也消失不见。在中原地区，转而出现了三种不同形制的贯耳壶，有以侈口、无盖、长束颈、圆腹为特点的贯耳壶；另有以阔口、短颈、圆球腹为主要特点的贯耳壶；还有，有盖、小口、细长颈、扁圆腹的贯耳壶，出土地均集中在河南地区。

由于东周各国自立，各地青铜文化发展参差不齐，随着各国国力的兴衰，各地域间的青铜文化不断产生着变化，已不再以中原、关中地区作为青铜器的中心或是参考标准（依据），因而在器物断代问题上也存在一些问题，多有含糊不明的情况。

例如，Da型Ⅰ式中河南罗山县高店出土青铜壶，报告中称，“该土坑墓中出土铜器为春秋时期，铜壶与信阳平桥樊夫人墓出土壶相似，铜壶双贯耳附于肩部，没有波纹和窃曲纹，因此年代晚于春秋早期”①，将该青铜壶定为春秋早期偏晚。实际该壶口小、颈长、腹鼓、贯耳位置也与樊夫人壶不同，樊夫人壶贯耳位于颈部正中，因此形

---

① 信阳地区文管会、罗山县文化馆：《罗山县高店公社又发现一批春秋时期青铜器》，《中原文物》1981年第4期，18页。

态上有较大区别。信阳县明港出土青铜壶、河南信阳市平西M5出土青铜壶，形制与本型基本一致，均为细口、长颈、圆鼓腹、底圈足。从纹饰看，河南信阳市平西M5出土青铜壶，纹饰为蟠虺纹鳞纹，为春秋早期流行纹饰，该型壶定为春秋早期较为合理。

在断代问题上存在疑问的还有，A型Ⅲ式环耳壶中河南罗山县高店公社附近出土兽环耳壶，其发掘报告中推测出土该器物地为早期窖藏，并认为同出铜匜铭文书写格式与“叔单鼎（或单鼎）”有相同之处，单鼎铭为“唯黄孙子傒君叔（群叔）单自作鼎，其万年无疆子孙永宝用享”，与该窖藏出土铜匜同为“单自作……”的书写格式，并且“单”字的书体完全一致，由此说明罗山县出土的这几件青铜器与“单鼎”的关系密切，极有可能出自一人之手，并推断这批青铜器的时代为春秋早期。从出土这件兽环耳壶的形制上看，与河南泌阳县出土的2件西周晚期兽环耳壶基本相同，但该壶体型略瘦，纹饰主要为窃曲纹、垂鳞纹，加之与其同出器物均有春秋早期风格，因此推断该壶为春秋早期较早器物。

此外，在独特造型壶中，湖北随州桃花坡M1出土壶，该地共发掘两座墓葬，所出土铜器中，鼎足做中间细、两端粗的半筒状马蹄形，耳部直立于口沿上，簋有盖，且圈足下有三足；纹饰上多为窃曲纹、垂鳞纹、重环纹。铭文书写上下等粗，行款排列十分整齐，均表现出春秋早期的特征。

可见这一时期，在一些国力落后的地域，青铜壶整体制作的较为简陋，纹饰不够细腻，这些地区的青铜壶出现了器形、纹饰的衰退现象，也凸显出春秋早期各地（国）间发展的不平衡。

四、第七期：春秋中期

第七期，共68件青铜壶，占总量的5.8%，其中出土60件，占出土总量的8.9%；传世8件，占传世总量的1.6%。从出土数量上看，突然减少，可以视作是青铜壶发展的一个波谷期，不仅数量减少，诸多器形经过这一时期后，便消失不见了。

这一时期延续存在，而后走向消亡的青铜壶型式有贯耳壶F型Ⅲ式、Ga型Ⅱ式、Gb型，环耳壶A型Ⅳ式、Ba型Ⅳ式、Bc型Ⅲ式，除此之外新出现爬兽耳壶B型Ⅰ式。可见这一时期是贯耳壶、环耳壶出现的最后一期，之后便再未出现过。山西地区新出现的爬兽耳壶，器形高大奢华，是中原、关中等地不能见到的，可见春秋中期晋国青铜器已具有了独立的铸造工艺，并且已超越了此时的中原及关中等地。

Ga型Ⅱ式贯耳壶的出土地共两处，均为河南地区，分别为河南信阳平桥、辉县琉璃阁两地，其器物形制时代特征明显，均有盖，器物体型较春秋早期同型贯耳圆壶有所区别，整体呈现出橄榄形。器物上纹饰为春秋中期常见的窃曲纹、蟠螭纹。其中河南信阳平桥出土樊夫人壶，器上有铭文13字，时代为春秋中期。

河南新郑郑韩故城K6青铜礼器坑中出土圆壶1件、方壶2件，K15青铜礼器坑中出土圆壶1件、方壶2件，这两件圆壶是环耳Aa型中时代最晚的2件圆壶，为环耳Aa型Ⅳ式，4件方壶也是环耳Bc型中时代较晚的壶，为方壶Bc型Ⅲ式。K6、K15两铜礼器坑时代均为春秋中期。

春秋中期为器物形制变化的又一个分界点，是承上启下的一个开始。这一时期还出现新的器形，如爬兽耳B型Ⅰ式，爬兽耳壶在春秋中期始现，河南、山西等地诸侯国地多有出土，器物形制上不仅体型高大并且造型华丽。提链壶在春秋早期出现在山东地区，春秋中期仍有发现，出土地依然为山东地区，中原地区亦无发现。

第三节 青铜壶发展的第三阶段：春秋晚期至战国晚期

春秋晚期至战国晚期是商周青铜壶发展进程的最后一阶段，这一阶段主流型式壶为铺首圆壶，由春秋晚期出现至战国晚期一直存在，成为这一时期青铜壶的主流器形，并且出现了青铜壶发展的第三个高峰期。

本阶段共有壶498件，占总量的42.6%，其中出土青铜壶332件，占出土总量的49.2%；传世壶166件，占传世总量的23.5%，可见本阶段壶的数量是三个阶段中最多的。从整体上看，出土的器物多数越来越粗糙，精美器物的数量较之前大有缩减，铜质也已远不及从前，青铜壶中还出现了明器化的现象。器物型式缩减，主流器形的形制逐渐统一，各期之间变化小。纹饰方面也多为素光或凸弦纹。有铭文青铜壶数量骤减，不及总数的1/5。但在战国早期时，部分地区出土了少量的精美器物，铸造技术先进、工艺精湛，器物的精致程度较之前有很大飞跃，也使得青铜器的铸造在这一时期达到了顶峰。因此，战国早期是青铜壶发展的第三个高峰期。战国中、晚期的逐年混战，也使得青铜壶的发展再次停滞，并走向衰落。

一、第八期：春秋晚期

第八期铜壶共84件，占总量的7.2%，其中出土青铜壶46件，占出土总量的6.8%，传世38件，占传世总量的7.7%。

流行的青铜壶的型式有提链壶Ab型Ⅰ式；爬兽耳壶A型Ⅰ式、B型Ⅱ式；铺首衔环Aa型Ⅰ式、Ab型Ⅰ式、B型Ⅰ式；瓠壶B型。

本期出现了青铜壶第二次器形更替，西周中期出现的主流器形——环耳壶已消失不见。除B型爬兽耳壶延续上式之外，其余皆为新出器形，主要为提链壶、铺首衔环壶。由此，这两类壶也成为第三阶段的主流器形。

新出现衔铺首衔环壶，是商周青铜壶主流型式中出现最晚的一类壶，流行时间由春秋晚期延续至战国晚期，之后也成为秦汉青铜壶的主流型式。无论是在商周或秦汉青铜壶中，其数量都是最多的一类。

铺首衔环Aa型Ⅰ式中，山西长子县东周墓地M7出土的3件铺首衔环壶，报告中对这一地区发掘8座墓葬的时代给予判断，称M7时代定为春秋晚期，与其同期的还有M1、M2、M11号墓，M1中出土圆壶1件，形制与M7中差异较大，该器物特点为敞口、束颈、长身型圆壶。另M2中出土壶为陶壶代替，因此暂不做研究。仅针对与M7出土的3件青铜壶，M1出土1件青铜壶，以M7、M1的时代作以判定，报告中认为M7：6、M7：7两件青铜壶与洛阳中州路2717号墓出土青铜壶相同，并且侯马繁荣时间为晋景公十五年（公元前585年）至公元前376年晋国灭亡这一段时间，而长子M7出土的青铜器与侯马铸铜作坊遗址出土的陶范纹饰相一致，因此M7中出土青铜器有可能是侯马晋国铸铜遗址的产物，时代定为春秋晚期。M1中青铜壶与山西浑源李峪村出土壶形制基本一致，纹饰近同，因此也定为春秋晚期器。

这一时期还出现瓠壶B型，如山西太原金胜村赵卿墓出土壶，这座春秋晚期墓葬遗址，也是迄今保存最好，获得资料最为丰富的大型春秋晚期墓葬，与其同出的铜鼎是目前所见春秋时期最大的铜鼎。独特造型壶中，口小颈细，这一时期中原地区未有发现，出土这类青铜壶的地区为两处，河北容城南阳遗址、四川涪陵县白涛区小田溪M3，均具有地方特色。

二、第九期：战国早期

本期共有青铜壶133件，占总量的11.3%，其中出土壶79件，占出土总量的11.7%；传世壶54件，占传世总量的10.9%。

这一时期流行的青铜壶的型式有提链壶Ab型Ⅱ式、B型Ⅰ式、C型Ⅰ式；爬兽耳壶A型Ⅱ式、连座壶①；铺首衔环壶Aa型Ⅱ式、Ab型Ⅱ式、Ac型Ⅰ式、B型Ⅱ式；瓠壶A型Ⅱ式。

战国早期青铜壶在数量上较之前有所增加，器形变化却不明显，整体上是对春秋晚期新出现器形的发展延续，是第二次器形更替后的大发展时期，主流器形已变为提链壶、铺首衔环壶。战国早期，青铜壶在数量上虽不及中、晚期多，但从青铜壶的精致程度上看，远优于战国中、晚期。因此，将这一期作为青铜壶发展的第三个高峰期。

铺首衔环壶Aa型Ⅱ式、Ab型Ⅱ式、Ac型Ⅱ式这一时期出土器物数量少，形制沿袭

---

① 曾侯乙墓出土连座壶。

了春秋晚期的基本特点，在其之上稍有变化，出土铺首Aa型Ⅱ式的中原地区墓葬为河南淅川县徐家岭M11，该墓葬为楚墓。Ab型Ⅱ式壶仅山东地区出土1件（山东阳信城关镇YCM：20），B型Ⅱ式三门峡市西苑小区M1、山西芮城东周墓M2各出土两件，其中山西芮城东周墓M2时代为战国时期较早阶段的墓葬，M2保存较为完整，出土壶与武家沟战国墓中出土的壶形制相近，与河南三门峡市西苑小区战国墓M1出土2件壶形制时代近同，为战国早期。报告中称山西芮城东周墓M2中出土的鼎中有一件形制与山西侯马上马村东周墓所出土鼎不仅形制上近同，纹饰风格上更为接近。另一件与屯留武家沟战国墓所出土鼎、长子东周M1出土鼎等形态相近。从M2出土器物特点上看，具有战国早期的特点，而其出土地在战国早期属魏国领地，因此M2有为魏国墓的可能。还出现铺首Ac型新器形，同出的新器形还有特殊型无耳壶，器物形制与衔环铺首圆壶B型略有相似，但器身无耳，器盖与春秋晚期太原金胜村赵卿墓中爬兽耳圆壶的盖相近。流行这种壶盖的时间段和地区为春秋晚期至战国早期的山西、中原地区。

战国早期这一阶段，各式提链壶共同存在的时段，在提链中四型共存，从这四种不同形态的提链壶可以看出，战国早期各地域间形成了独具一格的器物造型风格，提链壶形制的多样还说明这种形式的铜壶，是继提梁壶、贯耳壶之后提壶的新造型，成为青铜壶中的一种主流器形。在其他礼器发展受限的情况下，提链壶却较之前有了较大的发展，这恰说明这一时期青铜礼器在发展上产生了一个不小的变化，更加凸显出了器物的使用性，而自战国早期后，除铺首衔环壶依然大量存在外，其余形式的青铜壶都逐渐减少或消亡。

三、第十期：战国中期

第十期，共有青铜壶143件，占总量的12.2%，其中出土壶102件，占出土总量的12.2%；传世壶41件，占传世总量的8.3%。主流器形中的型式有提链壶B型、C型；Aa型Ⅱ式、B型Ⅱ式；爬兽耳B型Ⅲ式；铺首衔环Aa型Ⅲ式、Ab型Ⅲ式、Ac型Ⅱ式、D型Ⅰ式、B型Ⅲ式；非主流型无耳Ⅱ式。

主流型式壶中的爬兽耳壶，此时已消失不见，除B、C型提链壶有几件出土，其余均为铺首衔环壶，并且出现了新的器形。

战国中期的主流型式壶，是铺首衔环类壶，这一时期的铺首衔环壶出土数量是青铜壶发展过程当中最多的，器物造型简洁，多为素面或凸弦纹，精美之器尤为少见，在铸造工艺上存在明显的退化显现，青铜壶的学术价值降低。

铺首衔环壶中，器形多为战国早期新出器形的延续，但在器物数量上突增。例如，铺首Ab型中属战国早期器物仅2件，中期为12件。铺首Ac型中，属战国早期的为3件，中期为22件。由此可见，铺首衔环壶在战国中期这一阶段得到了迅速发展，并且在同一墓葬内，壶的数量猛然增加①。例如，这一时期新出现的Ad型壶②，仅河南洛阳解放路战国陪葬坑CIM395中就出土壶11件③。

可见这一时期青铜壶的出土数量虽然很多，并且在同一墓葬中被大量使用，但精品极少，根据这种陪葬数量增多、质量下降的现象推测，一是国力逐步走向衰落，但葬式流于形式，因此数量上反而增长。二是，青铜壶成为墓葬中不可或缺的一类青铜器，功能更为宽泛。三是，使用青铜壶作为陪葬礼器的墓葬，其墓主等级地位可能逐渐降低。

四、第十一期：战国晚期

战国晚期为商周时期青铜壶发展的最后一个时段，属这一时期的壶共138件，占总量的11.8%，其中出土壶105件，占出土壶总量的15.6%；传世33件，占传世总量的6.7%。出现的主要器物型式有提链壶C型Ⅲ式；铺首衔环Ab型Ⅳ式、C型Ⅱ式；蒜头壶。

由于这一时期各国之间频繁征战，甚至某地反复为数国所有，因此礼制遭到了较为广泛和严重的破坏，对于青铜壶的发展来说也是消极的，因此普遍性与墓葬中的随葬器物也受到了较为严重的影响。青铜壶在战国中期墓葬中，其地位的普遍性与重要性已经确立，而战国晚期时仍有所提高，但因受到大环境的制约，最终还是走向了下坡路。

Ac型铺首衔环壶，一直以来都是战国时期的一种主流型壶。而在这一时期，出土数量不仅有所减少，而且出土墓葬的等级也有所降低，均为面积偏小的中型墓葬。从大环境上看，符合当时动荡的社会环境，不但数量上减少，且品质也再次下降。因此，战国晚期的青铜壶总体上的特点都十分朴素，在制作工艺上也大不及从前。对于战国晚期出土青铜壶墓葬的时代问题，不做过多的论述，以往的发掘报告、简报中对墓葬时代的判断依据充分，断代也较为准确可信。

第四节　小　　结

在青铜壶发展的第一阶段中，商代早期的青铜壶均有提梁或提系，但数量很少，

---

① 关于战国中、晚期墓葬中青铜壶数量增加的相关讨论，见本书第六章第四节，在此不过多论述。

② Ad型壶，即铺首衔环方壶，也是战国中晚期至秦汉的主流型式壶（秦汉称钫），其器物形制表现为，长颈（或束颈）、球腹、衔环铺首圆壶，中原地区出现型式为Ad型Ⅰ式。

③ 河南洛阳中州中路东周墓C1M3750出土壶2件，其中C1M3750：3、C1M3750：4两件壶与中州路（M2702：30）和（M335：2）分别相同。因此，时代均为战国中期。

仅出土几件。商代中期与早期无异，从目前发现的数量上看，甚至不及早期，但出现了贯耳壶这种新的器形，这种颈部或肩部有贯耳的壶，由商代中期始现直至春秋中期后消亡，在青铜壶中存在时间最长，并且在不同时期，器形也不断改变。进入商代晚期后，殷墟一期尚未发现青铜壶存在，至殷墟二期，青铜壶出现，数量较之前有所增加。而多数壶均集中在殷墟三期的墓葬中，并且在提梁壶中出现了大量新的型式，此时贯耳壶的数量也突增，与提梁壶成为这一时期的主流型壶。这一时期也是青铜壶发展的第一个高峰期。西周早期时，贯耳型壶继续发展，壶形变得修长，但器物高度有所下降，器物数量停滞上升，提梁壶在这一时期后便消失不见。因此，将西周早期视作青铜壶发展的一个平缓期。

青铜壶发展的第二阶段中，西周中期时青铜壶的数量骤减，提梁壶在这一时期基本已不再出现，随之出现环耳壶，是一个器形更替的时期。新出现的环耳壶，器形高大，纹饰精美，除在墓葬中大量出土以外，另有数量可观的传世器存在，流行时间不及贯耳壶，由西周中期出现至春秋中期后消失。西周晚期时，壶的数量与中期接近，而环耳壶已成为新的主流器形。春秋早期，不仅环耳壶的数量突增，在山东地区还出现了新的器形——提链壶。与之前提梁壶有所不同，此时提链壶的提系已不再是一次铸成的提梁，转变为相互套锁的提链，在春秋早期墓葬中始现，但主要流行于春秋晚期以后，至战国晚期的墓葬中仍有出土。春秋早期青铜壶的数量较西周中、晚期大有增加，并且改变了商周以来青铜壶局限于中原、关中地区的单一局面，转而向全国各地发展。因此，出现了青铜壶发展的第二个高峰期。

青铜壶发展的第三阶段中，春秋中期再次出现了新的主流型壶，壶耳由环耳变为爬兽耳，用于圆壶及方壶之上，器体更为高大，但这一种青铜壶流行时间短，由春秋中期出现至战国早期后就消失不见。环耳壶在这一阶段数量骤减，经过这一期后便消失不见了。春秋晚期出现了最后的一类主流型壶（铺首衔环壶），一改之前青铜壶长颈垂腹的特点，变为铺首衔环的短颈圆球腹壶，并且迅速流行开来，直至战国晚期。战国早期时，提梁壶、铺首衔环壶的数量、制作工艺，较春秋晚期大有提升，形成了青铜壶发展的第三个高峰期。战国中、晚期，虽然在器物数量上不曾减少，但器物质量逐渐下降，因此也成为青铜壶发展的衰落期。

除上述商周时期的主流型壶以外，春秋时期还出现了瓠壶、战国早期出现了鹰首壶等，虽然数量少，但从出土的情况看，多在北方草原地区使用，具有地域的特殊性，凸显了不同民族之间的文化特征。

综上所述，青铜壶在漫漫历史长河中不断发生着演变，即使在同一地区，青铜壶各阶段中都发生了很大变化，且不同类型的青铜壶在不同阶段，其发展方式也不相同。而在相同时期或阶段，不同地域间的青铜壶却又存在有诸多共性和联系。可见，对青铜壶的断代分析，有助于我们把握青铜壶庞大体系的脉络，加深我们对青铜壶发展变化规律的认知，了解不同地域、时代、文化对青铜壶所产生的影响（表5-1～表5-3）。

表5-1　各期器物数量统计表

<table>
<tr><th colspan="2">分期</th><th colspan="2">出土数</th><th colspan="2">占出土总比/%</th><th colspan="2">传世数</th><th colspan="2">占传世总比/%</th><th colspan="2">总数</th><th colspan="2">占总比/%</th></tr>
<tr><td colspan="2">一期</td><td colspan="2">7</td><td colspan="2">1</td><td colspan="2">1</td><td colspan="2">0.2</td><td colspan="2">8</td><td colspan="2">0.7</td></tr>
<tr><td rowspan="2">二期</td><td>早段</td><td rowspan="2">37</td><td>19</td><td rowspan="2">5.5</td><td>2.8</td><td rowspan="2">103</td><td>50</td><td rowspan="2">20.6</td><td>9.9</td><td rowspan="2">140</td><td>69</td><td rowspan="2">11.9</td><td>5.8</td></tr>
<tr><td>晚段</td><td>18</td><td>2.7</td><td>53</td><td>10.7</td><td>71</td><td>6.1</td></tr>
<tr><td colspan="2">三期</td><td colspan="2">45</td><td colspan="2">6.7</td><td colspan="2">88</td><td colspan="2">17.8</td><td colspan="2">133</td><td colspan="2">11.4</td></tr>
<tr><td colspan="2">四期</td><td colspan="2">39</td><td colspan="2">5.8</td><td colspan="2">49</td><td colspan="2">9.7</td><td colspan="2">88</td><td colspan="2">7.4</td></tr>
<tr><td colspan="2">五期</td><td colspan="2">60</td><td colspan="2">8.9</td><td colspan="2">39</td><td colspan="2">7.8</td><td colspan="2">99</td><td colspan="2">8.5</td></tr>
<tr><td colspan="2">六期</td><td colspan="2">95</td><td colspan="2">14.1</td><td colspan="2">44</td><td colspan="2">8.7</td><td colspan="2">139</td><td colspan="2">11.8</td></tr>
<tr><td colspan="2">七期</td><td colspan="2">60</td><td colspan="2">8.9</td><td colspan="2">8</td><td colspan="2">1.6</td><td colspan="2">68</td><td colspan="2">5.8</td></tr>
<tr><td colspan="2">八期</td><td colspan="2">46</td><td colspan="2">6.8</td><td colspan="2">38</td><td colspan="2">7.7</td><td colspan="2">84</td><td colspan="2">7.2</td></tr>
<tr><td colspan="2">九期</td><td colspan="2">79</td><td colspan="2">11.7</td><td colspan="2">54</td><td colspan="2">10.9</td><td colspan="2">133</td><td colspan="2">11.3</td></tr>
<tr><td colspan="2">十期</td><td colspan="2">102</td><td colspan="2">15</td><td colspan="2">41</td><td colspan="2">8.3</td><td colspan="2">143</td><td colspan="2">12.2</td></tr>
<tr><td colspan="2">十一期</td><td colspan="2">106</td><td colspan="2">15.6</td><td colspan="2">33</td><td colspan="2">6.7</td><td colspan="2">139</td><td colspan="2">11.8</td></tr>
<tr><td colspan="2">合计</td><td colspan="2">676</td><td colspan="2">100</td><td colspan="2">498</td><td colspan="2">100</td><td colspan="2">1174</td><td colspan="2">100</td></tr>
</table>

表5-2　各阶段器物数量统计表

发展阶段	出土数	占出土总比/%	传世数	占传世总比/%	总数	占总比/%
第一阶段	89	13.2	192	38.6	280	23.9
第二阶段	254	37.6	140	27.9	392	33.5
第三阶段	333	49.2	166	33.5	499	42.6
合计	676	100	498	100	1174	100

表5-3　主流型青铜壶分期表

提梁壶		
一期		A Ⅰ
	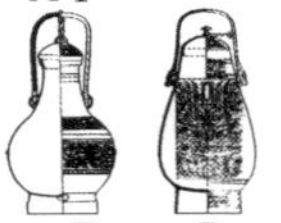	A Ⅱ　B
二期	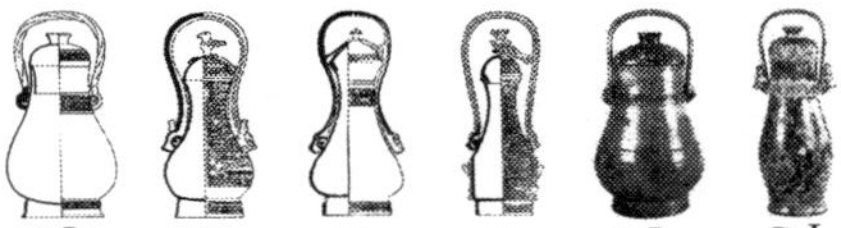	G Ⅰ z　Da　Db　E　F Ⅰ z　G Ⅰ
三期		G Ⅱ　F Ⅱ　G Ⅱ　H
贯耳壶		
一期		A Ⅰ
二期	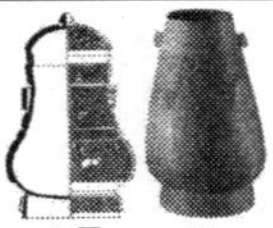	A Ⅱ　B
三期		A Ⅲ　G Ⅰ z　D Ⅰ z
四期		G Ⅱ　D Ⅱ　Ea Ⅰ z
五期		C Ⅲ　Ea Ⅱ　Eb　F Ⅰ z
六期		F Ⅱ　Ga Ⅰ z
七期		F Ⅲ　Ga Ⅱ　Gb

续表

环耳壶、爬兽耳壶		
四期	 A Ⅰ z　Ba Ⅰ z　Bb Ⅰ	
五期	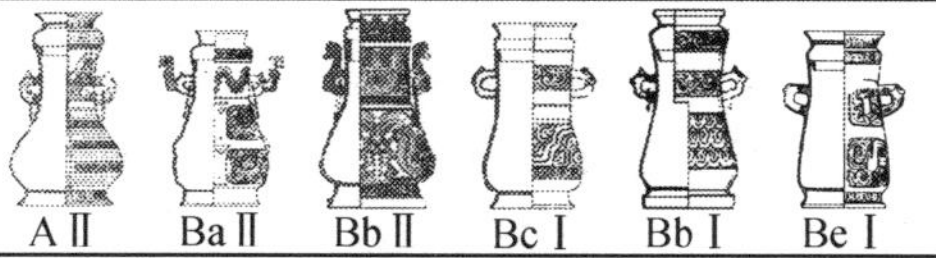 A Ⅱ　Ba Ⅱ　Bb Ⅱ　Bc Ⅰ　Bb Ⅰ　Be Ⅰ	
六期	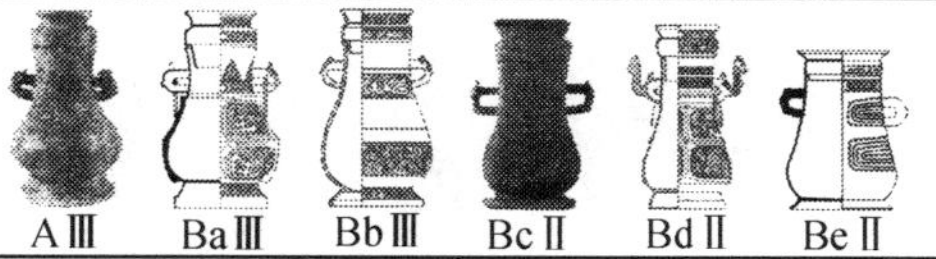 A Ⅲ　Ba Ⅲ　Bb Ⅲ　Bc Ⅱ　Bd Ⅱ　Be Ⅱ	
七期	 A Ⅳ　Ba Ⅳ　Bc Ⅲ	 B Ⅰ z
八期		 A Ⅰ　B Ⅱ
九期		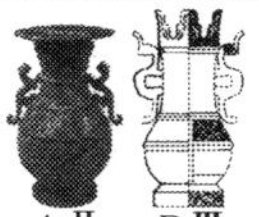 A Ⅱ　B Ⅲ
提链壶、铺首衔环壶		
六期	 Aaz	
七期		
八期	 Ab Ⅰ	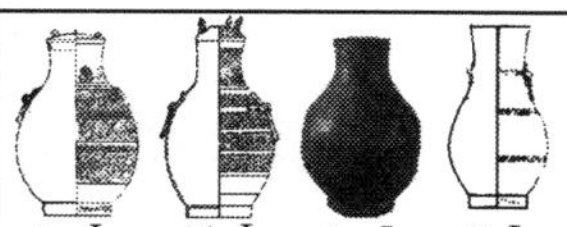 Aa Ⅰ z　Ab Ⅰ　Ac Ⅰ　B Ⅰ
九期	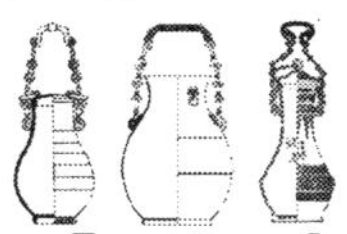 Ab Ⅱ　B Ⅰ　C Ⅰ	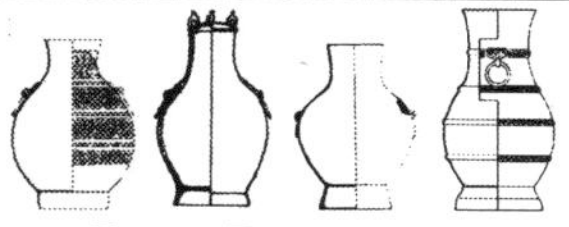 Aa Ⅱ　Ab Ⅱ　Ac Ⅱ　B Ⅱ
十期	 B Ⅱ　C Ⅱ	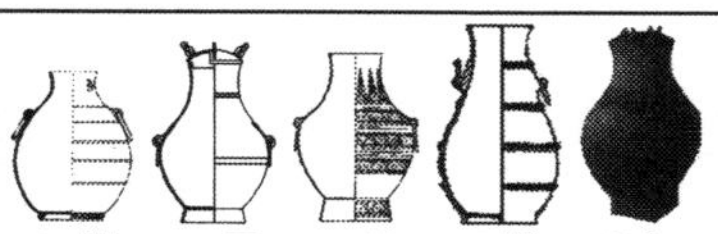 Aa Ⅲ　Ab Ⅲ　Ac Ⅲ　B Ⅲ　C Ⅰ z
十一期	 C Ⅲ	 Ab Ⅳ　C Ⅱ　D

续表

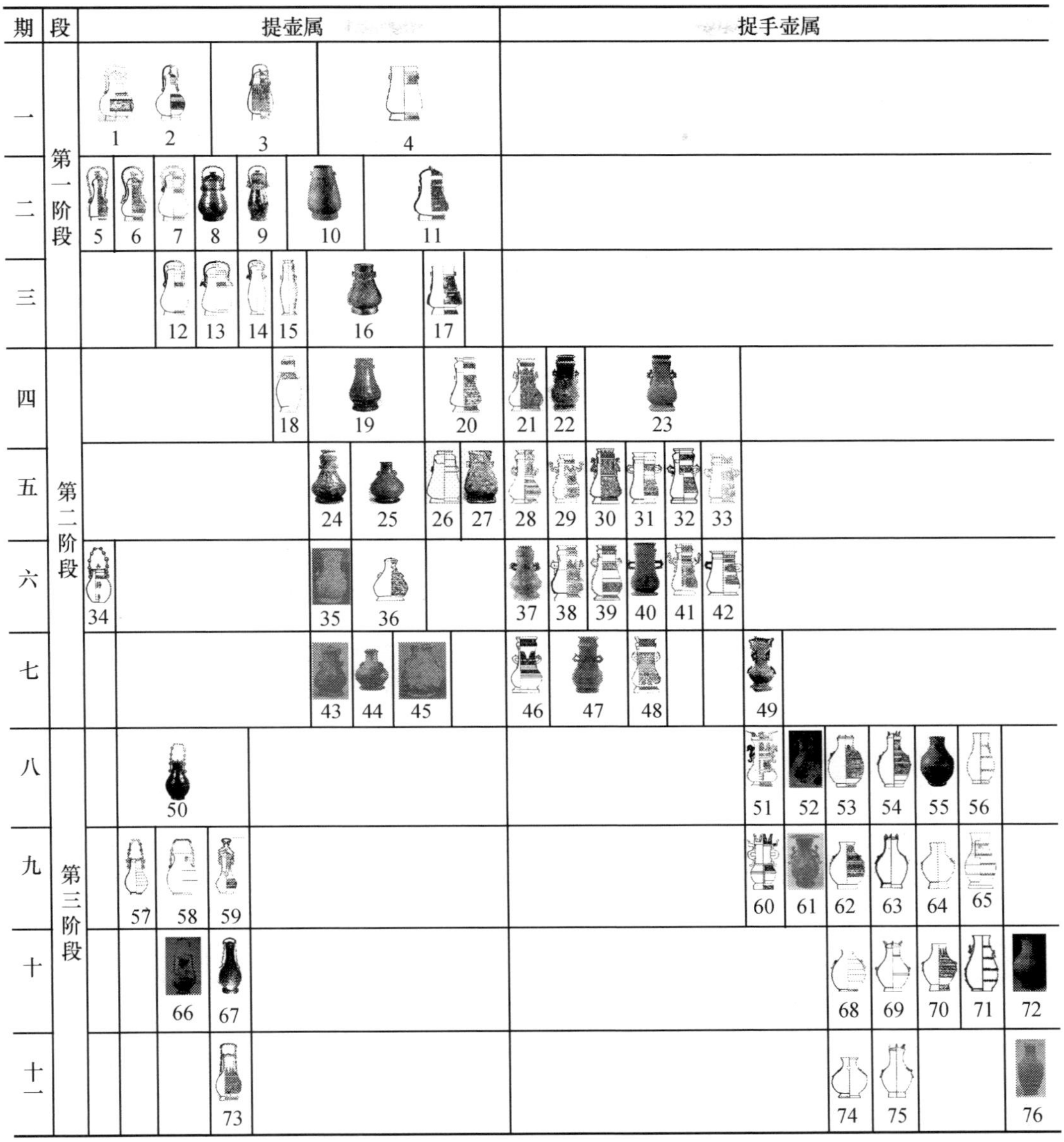

1. 1974湖北黄陂盘龙城李家嘴（M1：9） 2. 1981陕西城固龙头镇（T：5） 3. 1982河南郑州向阳回族食品厂（H1：11） 4. 1954河南郑州人民公园（C7M9：4） 5. 1936河南安阳殷墟小屯（M331：R2066） 6. 1976河南安阳殷墟（M5：765） 7. 1955陕西岐山京当乡贺家村出土（壶） 8. 1980陕西宝鸡竹园沟（M4：8） 9. 1972陕西扶风县刘家村丰姬墓（5） 10. 1965陕西绥德墕头村出土壶 11. 1976河南安阳殷墟（M5：795） 12. 1975陕西扶风召李村（M1：6） 13. 1966陕西岐山县贺家村出土壶 14. 1966现于伦敦富士比拍卖行（向壶） 15. 1981陕西长安县斗门镇（M17：43） 16. 北京大学赛克勒考古艺术博物馆藏（姪妊壶） 17. 1986陕西淳化县（CHXM3） 18. 1976陕西扶风县庄白一号窖藏（H1：36） 19. 中国国家博物馆藏（孟父壶） 20. 1960陕西扶风召陈村西周窖藏（散车父壶） 21. 1976陕西扶风庄白一号窖藏（H1：19） 22. 1988陕西延长县安沟乡岔口村出土（苏莀壶） 23. 1976长安沣西马王村出土（媘壶） 24. 美国米里阿波里斯美术馆藏（伯鱼父壶） 25. 上海博物馆藏（伯多人非壶） 26. 1993河南洛阳东郊C5M906出土壶 27. 中研院历史语言研究所藏（成

伯邦父壶）　28. 1992河南三门峡虢国墓地太子墓（M2011：62）　29. 2007陕西韩城梁带村遗址M27：1001　30. 2003陕西眉县马家镇杨家村窖藏（J：19）　31. 2007陕西韩城梁带村遗址M19：192　32. 河南平顶山市北滍村（M1：82）　33. 1991河南三门峡虢国墓地（M2010：117）　34. 1978山东滕州薛国故城（M3：9）　35. 1978河南信阳明港出土壶　36. 1986河南信阳五星乡平西村春秋墓（M5：10）　37. 1990河南罗山县高店公社（M2006：53）　38. 2008河南洛阳市润阳广场（M9950：44）　39. 2007陕西韩城市梁带村芮国墓地（M28：79）　40. 1974陕西户县宋村春秋秦墓出土壶　41. 2007陕西韩城梁带村遗址（M26：140）　42. 1995河南登封告成东周墓地（M3：4）　43. 河南信阳平桥南山嘴（M1：5）　44. 1979河南罗山县高店出土壶　45. 1981河南信阳市平桥西春秋墓M3　46. 1998河南郑韩故城青铜礼乐器坑（T602K15：12）　47. 1993河南南阳桐柏月河M1南坑：1　48. 1998河南郑韩故城青铜礼乐坑（T602K15：14）　49. 1960山西侯马上马村墓地（M15：7）　50. 1963山东临朐杨善村出土（公子土斧壶）　51. 1988山西太原金胜村赵卿墓（M251：579）　52. 1994山西太原金胜村出土壶　53. 1977山西长子县东周墓（ M7：8）　54. 1966河北容城县南阳遗址出土壶　55. 1956山东临淄市姚王村出土（国子壶）　56. 山西侯马下平望墓地出土壶　57. 2011山东临淄市临淄区辛店二号战国墓（M2Q：26）　58洛阳王城广场战国墓（M37：30）　59. 1978湖北随州擂鼓墩M1（C182）　60. 1981湖北随州擂鼓墩M2　61. 1957河南陕县后川出土壶　62. 1964河北省怀来县北辛堡（M1：87）　63. 1988山东阳信城关镇战国墓（YCM：20）　64. 1982河南洛阳解放路（CIM395：34）　65. 2003三门峡市西苑小区（M1：14）　66. 1977河北平山县七汲村中山王譽墓（M1dk：8）　67. 1957湖南长沙烈士公园出土壶　68. 1992洛阳中州路东周墓（C1M3750）　69. 1976湖北鄂城鄂钢（M53：1）　70. 1980四川涪陵小田溪（M4：11）　71. 1973四川成都西郊战国墓（M：3）　72. 1977河北平山县出土方壶　73. 1976湖北江陵雨台山（M480：2）　74. 1981山西文水县上贤村出土壶　75. 1986湖北省荆门市包山（M2：154）　76. 1957河南陕县后川出土壶

第六章　商周青铜壶在墓葬中的组合关系

青铜壶是商周时期墓葬随葬青铜礼器的重要组成部分，常见于较高规格的墓葬中。通过对大量出土青铜壶的墓葬资料整合梳理，从墓室面积、共存青铜礼器、出土位置等方面，探讨青铜壶在墓葬青铜器组合中的地位与作用。

本章主要以考古发掘出土有青铜壶的完整墓葬为研究对象，探讨墓葬中青铜壶的器物组合关系。为了使材料更加充分，更具说服力，将少量虽受扰动，但器物组合仍完整的墓葬也列入其中。通过考察礼器组合方式，来观察青铜壶在不同时期青铜礼器组合中地位的变化情况。根据墓室面积的大小划分为三个等级：墓室面积小于5平方米的为小型墓，在5～30平方米的为中型墓，30平方米以上的则为大型墓。由于商周不同阶段的地域差异，导致墓葬等级划分标准并不完全统一，所以我们这里根据墓室面积所划分的三种类型，只是体现墓主等级的一个主要方面，而非绝对的一个标准，对于特殊情况，还要具体问题具体分析。

由于不同朝代或方国间的礼制存在差异，致使墓葬中器物组合形式有所不同。因此，遵照各朝或方国间墓葬制度的特点进行阶段划分，将青铜壶在墓葬中的器物组合，分为商代、西周、春秋、战国四个阶段，依照上章的分期方式，分为十一个期别。

第一节　商代青铜壶在墓葬中的组合关系

一、商代早中期

商代早、中期青铜壶数量很少，出土青铜壶的墓葬仅湖北盘龙城1处，发掘时墓葬已被扰，故面积不详，但器物组合形式明确。其余均为青铜器窖藏，或出土青铜器点。即便如此，从同出的器物，可看出各器形间的共存关系，对这一时期青铜壶组合有所裨益。

本期的器物组合如表6-1所示。

表6-1　商代早中期器物组合

序号	出土地点	墓葬面积（平方米）	共出礼器	类型
1	1974～1994年盘龙城李家嘴M1	墓葬残	鼎2、鬲2、簋2、斝6、爵4、觚3、尊1、壶1	AⅠ提梁
2	1981年城固龙头镇铜器点	铜器点	罍2、鬲1、提梁壶1、盘1件、觚1件、爵1件	AⅡ提梁
3	1982年向阳回族食品厂H1	窖藏	鼎5、罍1、尊2、壶1、瓿2、盂1、盘1	B型提梁
4	1980年城固龙头镇铜器点	铜器点	罍1、尊2、提梁卣1、簋1、壶1、盘1、觚4	独·三足

盘龙城李家嘴M1，墓葬面积虽然已不得知，但从出土器物数量、器物组合形式上看，与M2相近。M2食器组合中有甗，水器中有盘，但酒器组合中无壶，M2为完整的墓葬组合，面积为11.9平方米，由此判断，李家嘴M1至少应属中型墓葬。龙头镇是城固一个重要出土铜器点。从城固、洋县整体范围上看，鼎在青铜礼器组合中数量最多，有20件，其次为尊13件、罍12件、瓿10件，壶仅3件。出土三足壶的铜器点，既非墓葬，亦非窖藏，属于祭祀台上的器物。向阳回族食品厂H1中铜器精美，器类多样，尤其是出土的这件壶，造型独特，在同时期的墓葬中尚未有器形相近者，而这种窖藏通常属于高级贵族所有。综上所述，可见在这一时期，壶的地位之高，绝非一般贵族所能使用，在酒器组合中应享有很高的地位。

二、第二期：商代晚期

完整器物组合如表6-2（依墓葬面积为排序）。

表6-2　完整器物组合表

序号	出土地点	墓室面积（平方米）	共出礼器	类型
1	河南安阳小屯M5	22.4	鼎31、甗10、簋5、觚53、爵40、斝12、尊10、觥8、盉6、方彝5、壶4、瓿3、罍2、提梁壶2、盘2、觯2、缶1、盂1	Da提梁、AⅡ贯耳、独·方体
2	河南安阳小屯M18	10.6	鼎3、甗2、簋1、斝2、尊2、觚5、爵5、壶1、盘1、罍1	Db提梁
3	河南安阳小屯M388	8.64	鼎1、斝2、尊1、觚2、爵2、瓿1、壶1	无耳
4	河南安阳小屯M331	6.08	鼎2、甗1、斝3、尊3、觚3、爵3、盉1、壶1	E提梁
5	河南安阳殷墟小屯M238	2.45	觚3、爵3、斝1、罍1、壶1、卣1、彝2	Db提梁 AⅡ贯耳
6	安阳侯家庄东区M1022	不详	觚1、方彝1、觯2、壶1	Da提梁
7	安阳侯家庄东区M1055	不详	盂3、壶3	AⅡ贯耳

这7组完整的墓葬组合中，M238为完整组合的祭祀坑，安阳侯家庄东区的两座墓葬面积不详，其中M1022仅有酒器，M1055仅出土盂、壶。其余4座墓葬面积，在5～30平方米，均为中型墓。墓葬中食器组合为鼎、簋、甗，其中鼎的数量最多。酒器的组合形式，以觚、爵、尊为核心，加壶、盉或壶、罍，形成固定的组合方式。

从墓葬时代的早晚关系上看，均属殷墟二期。小屯M5，食器的组合方式为鼎、甗、簋，酒器组合以斝、尊、觥、盉、方彝、壶、瓿、卣、罍、觯、觚、爵，再加水器盂，成为新的特殊组合方式。殷墟小屯M18，食器组合与小屯M5相同，为鼎、簋、甗，酒器组合为斝、尊、罍、壶、盉、觚、爵，盘应为水器，至少可以看出斝、尊、罍、觚、爵为较为固定的组合，而壶仅出在等级较高的中型墓葬中。

从出土青铜壶的器物高度上看，殷墟二期、三期变化不大。殷墟二期青铜壶的出土地非常集中，因此有必要对于这一时期出土的铜壶作以类比。小屯M5、小屯M238，这两座墓葬保存完好。其中小屯M5为商代晚期早段的王室墓，其面积为22.4平方米，该墓葬不但出土器物种类丰富且数量可观，墓主人身份是殷王武丁的配偶，墓葬中所出土的两件贯耳圆壶的器物高度在59.9厘米，为贯耳壶中最高大的两件器物。小屯M238器物高度为37厘米，所属主人身份等级显然不如小屯M5妇好墓。殷墟三期，出土青铜壶墓葬分散各地，多为中小型墓葬，且中型墓葬等级不高，出土青铜壶器物高度未有超过40厘米者，因此不难得出这样一个结论，即墓主人身份、墓葬等级、器物数量、器物高度等之间均存在极其密切的联动关系，即身份愈高者，墓葬等级也较高，拥有较多的器物，具体到壶上也出现高度较高的青铜壶，也就是说商代晚期已经开始形成了较为完善的等级制度。

第二节　西周青铜壶在墓葬中的组合关系

一、第三期：西周早期

本期完整器物组合如表6-3所示（依墓葬面积为排序）。

表6-3　西周早期完整器物组合表

序号	出土地点	墓室面积（平方米）	共出礼器	类型
1	鹿邑太清宫长子口M1	45.3	鼎22、簋3、鬲2、甗2、觚8、爵8、角2、卣6、尊5、觯5、斝3、觥3、壶2、罍2、盉1、盘1	FⅡ提梁
2	湖北随州叶家山M27	32.83	鼎5、鬲2、甗1、簋4、尊1、卣1、罍2、壶1、爵2、觥1、觯4、觚1、盉1、盘1	DⅠ贯耳

续表

序号	出土地点	墓室面积（平方米）	共出礼器	类型
3	北京琉璃河M253	17.85	鼎6、鬲4、簋2、甗1、爵2、盉2、卣2、尊1、觯1、壶1、盘1	FⅡ提梁
4	宝鸡竹园沟M13（甲组）	15	鼎7、簋3、甗1、豆1、卣2、觚1、爵1、尊1、盉1、壶1、觥1、盘1	CⅡ提梁
5	宝鸡竹园沟M4	13.46	鼎4、甗1、鬲1、簋2、盘1、壶1、尊1、卣1、爵1、觯2	FⅡ提梁
6	陕西长安县斗门镇M17	10.29	鼎3、簋2、壶2、甗1、爵2、觚1、尊1、卣1、盉1、觯1、盘1	DⅠ贯耳
7	河南洛阳北窑M410	9.7	鼎1、簋1、鬲1、罍1、觯1、壶1	DⅠ贯耳
8	天马曲村M6231	13.44	鼎2、鬲2、甗1、簋2、爵1、觯1、尊1、卣1、壶1	独·四足
9	甘肃灵台白草坡M1	8.3	鼎7、甗1、簋3、斝1、爵1、角1、觯1、尊2、壶3	FⅡ、H提梁
10	岐山贺家村西周墓	8.2	鼎4、簋1、角1、壶1、罍1	FⅡ提梁
11	山东滕州前掌大M1	7.8	鼎8、簋1、甗1、爵5、觚4、角2、斝1、尊1、卣2、觯2、盉1、罍1、壶1、盘1	CⅡ提梁
12	山东滕州前掌大M120	7.7	鼎3、簋1、甗1、鬲1、爵2、觚2、角2、尊1、卣2、壶1、盉1、觯1	CⅡ提梁
13	山东滕州前掌大M18	7.6	鼎1、簋1、甗1、觚2、爵2、角1、壶2、尊1、觯1、盉1	CⅡ提梁
14	泾阳高家堡M3	5.3	鼎2、甗1、簋2、壶1	CⅡ提梁
15	扶风召李村M1	3.9	鼎1、觯1、卣1、壶1	CⅡ提梁
16	扶风刘家村（丰姬墓）	不详	鼎3、鬲1、甗1、簋3、爵1、尊2、卣2、壶1、觯3、铅器（卣、盉、盘）1	GⅡ提梁

这16组完整的墓葬组合形式略有不同。属于大型墓葬的有鹿邑太清宫长子口M1以及湖北随州叶家山M27两座，其余均为中型墓葬。鹿邑太清宫长子口M1为“中”字形大墓，墓葬面积为45.3平方米，从所出土的器物数量和种类看极有可能为一地的封君，并且具有显赫的权势。中型墓葬宝鸡竹园沟M13的墓主人身份可能为㢭伯。山东滕州前掌大墓M11的墓主人身份应为武官，可能是地方势力显赫的武将。可见，西周早期随葬青铜壶的墓葬等级较高，其主人均为中等及其以上级别的贵族。

长子口M1中器物的食器组合，与商代晚期食器组合相较，多青铜鬲，成为了鼎、簋、甗、鬲四种器物的组合方式。酒器方面，器物组合以觚、爵、角为核心，加之卣、尊、觯、斝、觥、壶、盉、罍。水器为盘。基本延续了商代晚期以觚、爵为核心，斝、尊、壶、盉、卣等酒器为辅的固定组合方式。可见，商代晚期尊、壶、盉的组合方式，在山东地区大型墓葬中依然承袭。

进入西周时期，关中地区成为政治统治的核心区域，墓葬器物组合上也发生了变化。从这12座出土壶的中型墓葬看，壶依然只在等级较高的墓葬中使用，但酒器的组合形式与之前大有不同。商代晚期墓葬的酒器组合中，斝、觚、爵、尊、罍这种固定形式被打破，除了山东滕州前掌大M1、甘肃灵台白草坡M1这种相对偏远区域的墓葬，其酒器组合中仍有斝、罍，其余墓葬中基本消失。而觚、爵、尊、壶、盉、卣、觯这种新的酒器组合方式，在这一时期等级较高的墓葬中较为常见。

通常学界认为进入西周以来，由于统治者深知商人酗酒亡国之理，对饮酒之风加以管戒，青铜礼器中酒器也因而受到影响，地位逐渐降低，这是一种重食器、轻酒器的现象。朱凤瀚却认为西周早期："稍具规模的中型以上墓，并未明显体现出轻酒器的倾向，不同类酒器仍在青铜礼器组合中占重要地位。"从酒器的组合中不难判断，酒器在这一时期的高等级墓葬中仍占据重要地位。但青铜壶在此时的功用有可能发生了转变，在宝鸡竹园沟M13①中，卣、尊、盉、觚、觯等放置在一起，功用为酒器，而青铜盘与壶放置在一起，与酒器分隔较远，更靠近鼎、簋、甗、豆等食器的组合，由此推测青铜壶的功用可能与盘相同，为水器。在竹园沟另一座墓葬M4中，青铜壶的位置放置在盘之上，再次证明了青铜壶功用转变的这种可能性，并且有可能与青铜盘成为一组新的水器组合。除此之外，长安县斗门镇花园村发掘的西周墓葬群，其中M17形制为正南北向"T"字形，头箱内放置青铜器，其中青铜壶2件。形制不同，一件为D型Ⅰ式贯耳圆壶，另一件为方壶，体型较小，其功用应不同。方壶跻身于酒器一列，和卣、爵在最左一侧，其功用也应为酒器，而圆壶则与盘、盉为中间一列，功用可能与盘、盉相同。这或许反映出，周人禁酒在青铜礼器中所做的一点改变。

最后，由河北、山东等地区出土器物的组合方式可看出，与关中地区是有所不同的。可见，各地出土青铜壶的墓葬，除了随葬器物组合的方式有所差异外，器物功用也非完全相同，导致这种差异的原因极有可能是各地之间的文化差异。由于西周时期政治中心转移至关中地区，因此，关中地区的墓葬中器物组合的方式，除了食器、酒器之外，壶作为水器也可能已经成为一种新的组合，并且在墓葬礼器组合中占有一定的地位。而中原及其他地区，应仍然延续着殷人重酒的习惯。

二、第四期：西周中期

本期完整器物组合如表6-4所示（依地域墓葬面积为排序）。

① 卢连成、胡智生：《宝鸡𢐗国墓地》，文物出版社，1988年，63～65页。

表6-4　西周中期完整器物组合表

序号	出土地点	墓葬面积（平方米）	共出礼器	类型
1	宝鸡茹家庄M1	44.1	鼎8、簋5、豆4、鬲2、甗1、爵2、尊5、卣1、罍1、觯1、盉1、盘2、壶2	DⅡ贯耳
2	陕西扶风强家村Ml	14.96	鼎4、簋5、鬲4、甗1、壶2、盉1、盘1	AⅠ环耳
3	1964年陕西长安张家坡西周墓	10.47	鼎3、盨4、壶2	EaⅠ贯耳
4	陕西西安长安普渡村长由墓	9.45	鼎4、簋2、鬲2、甗1、爵2、觚2、卣1、罍1、壶1、盉1、盘1	DⅡ贯耳
5	陕西西安长安区花园村M17	8.66	鼎3、簋2、甗1、爵2、觚1、尊1、卣1、觯1、壶1、盉1、盘1	独 · 方体
6	陕西扶风庄白白家村墓	不详	鼎3、簋2、甗1、爵2、觯1、壶3、盉1、盘1	DⅡ贯耳、独 · 方体
7	山西绛县横水西周Ml	不详	鼎5、簋5、鬲1、甗1、觯1、壶2、盉2、盘2、盂1	不详
8	山西曲沃曲村晋侯墓地M8	37.24	鼎1、簋2、方壶2	BbⅠ环耳
9	山西曲沃曲村晋侯墓地M31	29.97	鼎3、簋2、壶2、盘1、盉1	
10	山东威海市周代墓葬Ml	不详	鼎2、甗1、壶1	A特贯耳
11	山东黄县归城遗址M1	不详	鼎2、甗1、爵2、尊1、卣1、壶1	DⅡ贯耳

虽然这11座墓葬中器物的组合方式各不相同，但基本上已经形成了食器、酒器、水器这三种功用的器类组合。

在这11座墓葬中，有大型墓葬3座，明确的中型墓葬4座，其余4座墓葬面积不详，但从出土器物的数量和类型上看，除山东威海市周代墓葬M1以外，其余3座应与中型墓葬相当。在大型墓葬宝鸡茹家庄M1中，鼎、簋、鬲、甗的固定组合方式依然保持，酒器尚且丰富，仍然保持固定组合尊、卣、罍、壶、觯的组合方式，但爵的数量减少、觚消失不见。而盘、盉，这种水器的组合方式已经固定。

中型墓葬中等级较高的为鼎、簋、甗、鬲的组合形式，等级较低的也至少为鼎、甗或鼎、簋的组合型式。酒器方面，数量上较之前减少，甚至仅剩壶。在关中地区出土青铜壶的中型墓葬中，有食器、酒器、水器的组合方式，如长安普渡村长由墓，食器为鼎、簋、鬲、甗的组合，酒器为爵、觚、卣、罍、壶的组合，水器为盉、盘的组合方式；长安花园村M17，食器为鼎、簋、甗的组合，酒器为爵、觚、尊、卣、觯、壶的组合，水器为盉、盘的组合方式。由此可见，酒器数量虽减少，但器类依然丰富。而水器盉、盘的组合方式显然已稳固。然而在陕西扶风强家村Ml中，仅有食器与水器的组合，以及2件壶。因此，下面是对西周时期不同形制的壶，在器物功用、组合方式发生改变的一种推测，偏颇之处，还望各家批评指正。

通过之前（西周早期）对青铜壶功用的推测，认为关中地区在西周时期，壶可能由酒器向水器发生转变，形成这情况的原因应与壶的器形更替有关。本书第三章中提到，西周早期至中期时出现了青铜壶的第一次器形更替。商代的主流型壶——提梁壶消失不见，贯耳壶也仅剩D、E型，取而代之的是西周中期新出现的环耳壶。因此，在出土D、E型贯耳壶的墓葬中，仍有各类酒器存在，如长安普渡村长由墓等，可以看做是商代旧有制度的延续。然而，出土环耳壶的墓葬除壶以外，其他酒器均消失不见，如陕西扶风强家村Ml。如果将新出壶的功用视为水器，则西周中期部分墓葬的组合方式便有了大的改变，仅剩了食器与水器的组合。这或许是周人禁酒的最好例证。

由此可见，不同形制的青铜壶，在墓葬中的功用也应不相同，形成了不同的器物组合。在同一个墓葬中，既有作酒器之用，与酒器形成组合的壶，亦有作水器之用，与水器形成组合的壶，如陕西扶风县庄白白家村墓，出土青铜壶3件，其中饮壶2件、橄榄体贯耳壶1件。发掘时“圆鼎甗并列，爵和小方鼎放在圆鼎东侧，再东为盉，大饮壶与盘放在圆鼎和小方鼎上……”①，饮壶与盘置于鼎之上，这点与西周早期宝鸡竹园沟M4的情况相同，其功用可能与盘同为水器。而这组青铜器东北0.8米处又有一组“壶、大方鼎、簋”的器物，壶为橄榄体贯耳壶，应为酒器。这样便形成鼎、簋、甗的食器组合，觯、爵、橄榄体贯耳壶的酒器组合， 饮壶、盉、盘的水器组合。因此，在同一墓葬中的不同形制的青铜壶，其功用不一定是相同的。

总体看来，多数中型墓葬中酒器的数量明显减少，因此酒器在墓葬中的地位有所降低，就连山东地区所发掘的本期墓葬亦是如此，酒器组合的器类、数量均不同程度的缩减，个别墓葬还出现与关中地区相同的情况，仅剩食器与壶。关中地区的中型墓葬中，除食器组合外，盉、盘成为水器的固定组合形式，并且壶的功用极有可能随盘一样作为水器。由此可见，这一时期酒器已开始逐渐衰落，食器、水器却更进一步发展，青铜壶功用的转变，并不是毫无规律可循的。从青铜壶的器形发展看，西周中期出现数量可观的高大器形，恰巧说明了青铜壶得到了很好的发展，在器物组合中的地位也逐渐上升。

三、第五期：西周晚期

本期完整器物组合如表6-5所示（依墓地域、葬面积为排序）。

对于这一时期出土青铜壶的墓葬，通过考古发掘器物组合保存完整的有17座，其中20平方米以上的大型墓葬10座、中型墓葬5座，其余2座墓葬因发掘时已被破坏，故墓葬面积不详。

---

① 陕西周原考古队：《陕西扶风庄白一号西周青铜器窖藏发掘简报》，《文物》1978年第3期。

表6-5　西周晚期完整器物组合表

序号	出土地点	墓葬面积（平方米）	共出礼器	类型
1	山西晋侯墓地M63	38.35	鼎3、簋2、爵1、觯1、方彝1、壶2、盉1、盘1、方盒1、筒形器1	AⅡ环耳
2	山西晋侯墓地M62	36.35	鼎3、簋4、方彝1、尊1、爵1、壶1、盘1、匜1、方盒1	独·高肩
3	山西晋侯墓地M64	35.76	鼎5、簋4、簠1、甗1、尊4、爵1、壶2、盘1、匜1	BaⅡ环耳
4	山西晋侯墓地M92	29.24	鼎2、盨2、壶2、盉1、盘1	CⅢ贯耳
5	陕西韩城梁带村遗址M27	37.35	鼎7、簋7、方壶2、甗1、盉1、盘1、盖盆1、卣1、觚1、爵1、角1、盖尊1	BaⅡ环耳
6	陕西韩城梁带村遗址M19	26.9	鼎4、鬲4、簋4、甗1、壶2、盉1、盘1、盆1	BcⅠ环耳
7	河南上村岭虢国墓地M2012	20.78	鼎5、簋4、鬲8、甗1、簠2、铺2、壶2、罐2、盉1、盘1	BbⅡ环耳
8	河南平顶山应国墓地M95	15.56	鼎5、簋6、鬲4、盨3、甗1、方壶2、尊1、盘2、匜2	BaⅡ环耳
9	河南上村岭虢国墓地M2006	14.23	鼎3、鬲4、甗1、盨2、簠1、壶2、盘1	AⅡ环耳
10	河南平顶山市北滍村M1	13.65	鼎5、簋6、方甗1、壶2、盉1、盘1	BdⅠ环耳
11	河南上村岭虢国墓地M2001	19.98	鼎7、鬲8、簋6、甗1、盨4、簠2、铺2、壶4、盉1、盘1	AⅡ环耳 BbⅡ环耳
12	河南上村岭虢国墓地M1052	24.7	鼎7、簋6、鬲6、甗1、豆1、壶2、盉1、盘1、小罐1	BdⅠ环耳
13	河南上村岭虢国墓地M2011	24.5	鼎7、簋8、鬲6、甗1、铺1、壶4、盘1、匜1、盆1	AⅡ环耳 BbⅡ环耳
14	河南上村岭虢国墓地M2010	17.64	鼎5、簋4、甗1、方壶2、盘1、匜1	BeⅠ环耳
15	山东沂源县姑子坪M1	27.88	鼎5、簠2、簋2、方彝1、罍1、壶1、盘1、匕2	D贯-山东
16	湖北应城市孙堰村M1	不详	鼎1、鬲1、豆2、壶1	FⅡ贯耳
17	湖北谷城火龙岗	不详	鼎6、簠4、壶2、瓿2、钘1、盘1	AⅡ环耳

从这里上看，在山西靠近陕、豫地区的大型墓葬中，食器的组合形式主要为鼎、簋组合，有少数墓葬除鼎、簋组合外还有鬲、甗或簠同出作为食器组合，这也是延续了西周中期食器的组合形式。酒器方面，几乎已不见，仅在山西晋侯墓地中出土尊、爵、觯，组合形式依然存在，为爵、尊，或者爵、觯的一个简单酒器组合。

在5座中型墓葬里，商代时属于酒器的除壶、盉以外，其他酒器均消失不见。盉在西周中期与盘已经形成了固定的水器组合。故多有学者认为，青铜壶此时是墓葬礼器中仅剩的酒器。如果青铜壶在西周晚期仍作为酒器，那环耳壶作为西周晚期时青铜壶的主流器形，在墓葬中地位尤为重要。作为仅剩的酒器，不但成对出现，且独立摆放。与之前墓葬中作为酒器的提梁壶或贯耳壶相较之，地位上升之快不言而明。在墓葬的组合中，俨然已成为一类非常必要的器物。

在前文中我们推测壶也有作为水器的可能。如果将壶作为水器看待，那么西周晚期的中型墓葬中，水器均构成了盘、盉、壶，或盘、壶的组合方式。由此可见，盘依然是作为水器组合中必不可少的一类器物，相对而言，盉的地位就有所下降了。上文中说到，墓葬中壶的摆放位置已不再是搁置盘中，而是独立放置，并且均为成对出土。可见，壶与盘、盉构成的水器组合中，数量上占优。故在壶、盘、盉同出的墓葬中，壶的地位应高于盘、盉。在西周晚期的中型墓葬中，如果将壶视作水器，则酒器便已全然消失，仅剩食器和水器的组合方式。从这点上看，更加充分说明了西周晚期时，酒器的全面衰落。因而周人重食的这一文化特点，便完全地呈现出来。

第三节　春秋青铜壶在墓葬中的组合关系

一、第六期：春秋早期

本期完整器物组合如表6-6所示（依墓地域、葬面积为排序）。

表6-6　春秋早期完整器物组合表

序号	出土地点	墓葬面积（平方米）	共出礼器	类型
1	河南光山县黄君孟夫人墓	97.6	鼎2、鬲2、豆2、壶2、盉2、盘1、匜1、小罐1	特爬兽耳
2	河南平顶山应国墓地 M8	13.5	鼎5、甗1、簋4、尊1、爵1、方彝1、壶2、盘1、匜1	BeⅡ环耳
3	河南登封告城M3	19.9	鼎4、簋4、鬲4、甗1、方壶2、铫1、盘1、盆1，明器（盉）1	BeⅡ环耳
4	河南登封告城M1	19.44	鼎7、甗1、簋2、簠1、方壶2、盆2、盘1	BbⅢ环耳
5	河南洛阳润阳广场M9950	13.5	鼎5、簋5、方甗1、方壶2、盘2、盉2、匜1、方彝2、尊2、爵1	BaⅢ环耳
6	河南信阳平桥西春秋墓M3	11.4	鼎1、壶1、铏1	Gb贯耳
7	河南桐柏月河墓地M22	10.9	鼎2、壶2、盘1、匜1	GaⅠ贯耳
8	河南信阳市平西M5春秋墓	不详	鼎1、鬲2、壶1、盆4、尊1、箕1	GaⅠ贯耳
9	河南信阳县明港段湾	不详	鼎2、鬲2、壶2、盆1、盘1、勺1	FⅡ贯耳
10	陕西韩城梁带村遗址M26	24.9	鼎5、鬲5、簋4、甗1、簠2、壶2、盉1、盆2	Bd环耳

续表

序号	出土地点	墓葬面积（平方米）	共出礼器	类型
11	陕西户县宋村M3	23.4	鼎5、簋4、甗1、壶2、盘1、匜1	BcⅡ环耳
12	陕西陇县边家庄M5	18.2	鼎5、簋4、甗1、壶2、盉1、盘1	BcⅡ环耳
13	陕西韩城梁带村遗址M28	17.5	鼎5、簋4、壶2、鬲4、盉1、甗1、盘1、钟8	BbⅢ环耳
14	陕西陇县边家庄M1	不详	鼎6、簋4、甗1、壶2、盉1、盘1	BcⅡ环耳
15	甘肃礼县圆顶山98LDM1	20.31	鼎4、盖鼎1、簋6、簠1、方壶2、钍1、盉1、盘1、匜1	BdⅡ环耳
16	山西晋侯墓地M93	34.56	鼎5、簋6、壶2、盘1、匜1、甗1 明器（鼎、簋、尊、卣、爵、觯、盘、方彝）各1	BaⅢ环耳
17	山西芮城坛道村M1	11.63	鼎1、簋5、壶2、盉1、盘1	BbⅢ环耳
18	山西天马曲村遗址M102	14.66	鼎4、簋4、壶1、盘2、匜1、爵1 明器（簋、盉、方彝、觯）各1	BbⅢ环耳
19	山东滕州薛国故城M1	36.4	鼎8、簋6、鬲6、簠2、壶2、钾1、盘1、匜1、钍1（提链壶）	AⅢ环耳
20	山东长清仙人台西周墓地M6	20.7	鼎15、簋8、盖豆2、壶4、钍1、盂1、盘1、罐2	AⅢ环耳 BbⅢ环耳
21	山东滕州薛国故城M2	18	鼎8、簋6、鬲6、簠2、壶2、钾1、盘1、匜1、钍1（提链壶）	AⅢ环耳
22	山东莒县西大庄西周墓Ml	13.8	鼎3、簋4、鬲1、甗1、壶2、匜1、盘1、钾1	AⅢ环耳
23	山东滕州薛国故城M4	7.2	鼎10、簋6、簠2、壶2、钍1、盉1、盘1、匜1	A环耳
24	湖北应山吴店M1	16.12	鼎2、鬲2、甗1、簋2、壶2、盘1、匜1	AⅢ环耳
25	湖北随州桃花坡M1	6.2	鼎2、簋4、鬲4、壶1、盘1、匜1	A环耳
26	湖北枣阳县曾国葬	5	鼎3、簋4、壶2	Ea贯耳
27	湖北京山苏家垅	不详	鼎9、鬲9、簋7、豆2、甗1、壶2、盉1、盘1、匜1	BcⅡ环耳

春秋早期，壶的数量明显增多，出土壶的墓葬数量也大有增加，共27座，各地器物组合的方式也有所区别。

从已知墓葬的面积情况看，出土有壶的墓葬均为中型以上，可见，在本期使用青铜壶的墓葬等级依然很高。此时，酒器显然已经全面退化。中原地区除河南平顶山应国墓地 M8中出现尊1、爵1、方彝1的酒器组合外，其他墓葬中，除壶以外的酒器，均已消失不见。陕西、山西、山东、湖北等地的情况与之较为接近。故学界的普遍观点认为，西周中期以后，酒器在墓葬中的地位逐渐衰退，酒器的组合全面瓦解，若壶的功用不变则成为酒器组合中仅剩的器形，且常常成对出现在墓葬中。

陕西地区已知的5座墓葬中，器物组合以食器为主，水器为盉、盘组合方式，酒器为2件形制相同的环耳壶。山西地区的墓葬中，也均以食器为主，但水器的组合方式与陕西地区不同，主要有盘、匜、盘、盉两种组合方式。壶作为酒器，与陕西地区相同，均成对出现。山东地区器物的组合方式有自己的特点，在已知的5座墓葬中，食器组合中的器类减少，水器组合却有所增加。故单从器物种类上看，两类组合在墓葬中的地位相当，但食器的数量要远多于水器。壶作为唯一的酒器也是成对出现。水器组合中盘、匜、钘的组合方式固定。

在大型墓葬中，常有两种形制不同的青铜壶同出的情况。例如，山东枣庄滕州市薛国故城墓地M1中，墓葬的二层台上的随葬品，分三组放置，两组为铜器，一组为陶器。第一组为：鼎、壶、盘、匜，且匜在盘；另一组为簠、豆、簋。壶有两种形制，其中A型Ⅲ式环耳壶2件、Ab型提链壶1件[①]，因此，可认为两种不同形制的青铜壶，可能本身就构成了一种新的酒器组合。依此推测，在大型墓葬中，既有完整的食器、水器的组合，也存在不同形制壶所构成的酒器组合。春秋早期的墓葬中，青铜壶俨然已成为酒器组合的代表，在墓葬的礼器组合中起到了至关重要的作用。

在山西晋侯墓地M93中，有实用器与明器两组铜器，传统作为酒器的器类，爵、觯、卣、尊、方彝均已明器化，而鼎、簋、甗；盘、匜、壶仍作为实用礼器存在，若壶的功用仍为酒器，却为何没有被明器化？可见这样的说法是不符合常理的。

依照上文中对壶功用的推测，我们认为壶有可能是水器。这样一来，在春秋早期的墓葬中，酒器便消失不见了。水器为壶、盘、盉，或壶、盘、匜的组合方式。壶的数量均为2件以上，在水器中地位最高。在河南信阳平桥西春秋墓M3中，仅有鼎1、壶1、钘1。在这样的一组器物中，凸显出了壶的重要性，但壶无论是作为酒器还是水器，在器物组合中的地位，都应与鼎的在食器中的地位相当。

由此推测，如将青铜壶视作水器，那么在春秋早期出土青铜壶的墓葬中，除河南地区有一处例外，酒器在墓葬中已消失不见，只剩食器和水器。食器中地位最高的仍为鼎，壶在水器组合中俨然已成为最重要的一类器物，地位与鼎相当。

二、第七期：春秋中期

本期完整器物组合如表6-7所示（依墓地域、葬面积为排序）。

---

① 本书第三章第二节中已有详述，认为山东枣庄滕州市薛国故城墓地M1中出土平底钍应为提链遗失的提梁壶。

表6-7　春秋中期完整器物组合表

序号	出土地点	墓葬面积（平方米）	共出礼器	类型
1	河南辉县琉璃阁甲墓	113.3	鼎18、簋6、鬲5、簠5、豆8、甗1、钵1、盏1、敦2、方壶4、圆壶2、瓠壶1、罍2、钘1、洗1、鉴1、方炉1、炭箕1	BcⅢ环耳 Ab提链 A瓠
2	河南辉县琉璃阁乙墓	69.2	鼎10、鬲4、簋4、簠2、铺2、甗1、壶2、钘2、盘1、匜1、鉴2	BcⅢ环耳
3	河南辉县琉璃阁M55	46	鼎14、鬲6、簋4、簠4、豆2、方壶2、钘1	Bd环耳
4	河南辉县琉璃阁M80	35.5	鼎13、鬲6、簠4、甗1、罍2、壶1、钘2、盉1、盘1、匜1、鉴2	A瓠
5	河南辉县琉璃阁M60	35.7	鼎29、鬲6、簠6、甗1、簠4、豆1、壶3、罍2、钘1、盆1、盂1、盘2、鉴3	Ab提链
6	河南信阳平桥南山嘴春秋墓M1	13.6	鼎1、鬲2、壶1、盆1、盘1、匜1	GaⅡ贯耳
7	河南新郑郑韩故城东K6	4.3	鼎9、簋8、鬲9、方壶2、壶1、鉴1、豆1	AⅣ环耳 BcⅢ环耳
8	河南新郑郑韩故城东K15	4.7	鼎9、簋8、鬲9、方壶2、壶1、鉴1、豆1	AⅣ环耳 BcⅢ环耳
9	河南新郑郑韩故城东K2	不详	鼎9、簋8、鬲9、方壶2、壶1、鉴1、豆1	AⅣ环耳 BcⅢ环耳
10	河南新郑郑韩故城东K3	不详	鼎9、簋8、鬲9、方壶2、壶1、鉴1、豆1	AⅣ环耳 BcⅢ环耳
11	河南罗山县高店土坑墓	不详	鼎2、壶1、盆1、盘1、匜1、钘1	FⅢ贯耳
12	山西长治市分水岭M270	25.3	鼎10、敦2、簠2、方壶2、罍2、钘1、盉1、盘1、匜1	BcⅢ环耳
13	山西长治市分水岭M269	27	鼎9、敦2、簠2、鬲4、甗1、方壶2、钘1、盉1、罐2、鉴1、盘1、匕1	BcⅢ环耳
14	山东临沂凤凰岭东周墓	105	鼎10、甗1、簋3、簠2、敦3、盆1、卣3、壶1、盉1、钘2、盘1	BⅠ爬兽
15	山东沂水县刘家店子M1	102.4	鼎16、鬲9、甗1、簋7、罍4、瓿2、壶7、盆2、盉1、罐1、盘1、匜1、钘2、盂1	BⅠ爬兽
16	山东长清县仙人台M5	15.18	鼎3、甗1、敦2、壶1、钘2、盘1	BcⅢ环耳
17	山东海阳嘴子前M1	13	鼎1、豆2、敦1、壶1、钘1、盘1	Bd环耳
18	湖北随州刘家崖	19.6	鼎2、鬲4、壶2、勺2	AⅣ环耳

这一时期，器物组合完整的墓葬有18座，其中河南地区墓葬及铜器坑11座，大型墓葬有5座，中型墓葬1座，铜器坑4座。山东地区墓葬4座，大型墓葬2座，中型墓葬1座。山西地区墓葬2座，均为中型墓。

中原地区食器组合中，鼎的数量增多，食器组合以鼎为核心，墓葬的等级、大小均与鼎有密切的关系。西周晚期已基本消失的酒器罍，又再次出现在大型墓葬中，如河南辉县琉璃阁M55、M60、M80，这三座墓葬面均为30平方米以上的大型墓葬，均出土有酒器罍，与壶、鈉构成新的酒器组合。可见，春秋中期以来，酒器在中原地区的墓葬中地位有所上升，

山东地区大型墓葬中鼎的数量突增，如山东沂水县刘家店子M1，出土鼎16件；水器组中，盘、匜或盘、盉的数量均只有1件，故食器即显得的尤为重要。值得一提的是，刘家店子M1与中原地区的大型墓葬相同，酒器罍、瓿再次出现，与壶构成了新的组合形式，并且数量较多，为壶7、罍4、瓿2的组合方式。因此，山东地区在进入春秋中期以后，酒器在墓葬器物组合中的地位也有所上升。

山西地区的两座中型墓葬，其食器组合与山东、中原地区相同，鼎的数量增多，地位稳固。在山西长治市分水岭M270中，出土罍2件，与壶、鈉、盉，构成酒器组合，这种组合形式，与河南辉县琉璃阁M80相同。因此，可以说这种新的酒器组合方式已不仅是一个特例了，墓葬中食器、酒器、水器的组合形式更加清晰。

之前一直谈到壶有可能用作水器的说法，本期的墓葬组合中，凡出土有罍的墓葬，皆为新出现器形，如河南辉县琉璃阁M80中壶，为A型瓠壶；山东沂水县刘家店子M1中壶，为B型Ⅰ式爬兽耳壶。出土环耳壶的墓葬中无罍，如河南辉县琉璃阁乙墓。因此我们推测，青铜壶在西周早、中期，出现第一次器形更替时，新出现的环耳壶在墓葬中可能作为水器。而环耳壶这一型器，随着周人的衰落也逐渐消亡，这一说法也正巧符合周人重食忌酒的之说。

周王室的衰落致使饮酒之风再次兴盛，这也正符合青铜壶的器形演变。春秋中期以来，环耳壶便开始逐渐减少最终消亡，最终被春秋时期新出现的器形所取代。这种新出现的器形流散于各地，器形风格均有较大差异，应为各国自铸，加之制度上也早已不受周人禁酒的约束，所铸之器的功用也应符合自身的制度和文化特征，从酒器在墓葬中的地位上升来看，恰似给予了这点一个印证。青铜壶器形出现了再次更替，西周时的主流器形被逐步取代，新出现的壶形制也并未承袭周人之壶，反而是与西周时流行的壶完全不同，不同的器形，其所具有的功用或许也不相同①。由此可见，西周时期壶作为水器之说也不无道理，关于这一问题的探讨，仍需要更加深入的研究。

---

① 就这一问题我们注意到，河南辉县琉璃阁甲墓中，有环耳壶2件、提链壶2件、瓠壶1件。据此推测，瓠壶、提链壶为新出器形，可能是酒器，与罍、鈉组成酒器组合。环耳壶可能为水器。因此，随着环耳壶的消失，壶也不再被用作水器。

三、第八期：春秋晚期

本期完整器物组合如表6-8所示（依墓地域、葬面积为排序）。

表6-8　春秋晚期完整器物组合表

序号	出土地点	墓葬面积（平方米）	共出礼器	类型
1	河南淅川下寺M2	58.9	鼎19、簋2、鬲2、簠1、豆1、敦1、壶1、铏1、盆1、盏1	BⅡ爬兽
2	河南固始侯古堆M1	50.76	鼎9、簠4、豆2、罍1、壶3、盉1、匜1、铏2、盒1	独·三足
3	河南淅川下寺M1	31.35	鼎13、鬲2、簠2、簋1、壶2、盂1、盘1、匜1、尊缶2、浴缶2	BⅡ爬兽
4	河南淅川下寺M3	22.47	鼎6、簠4、浴缶2、尊缶2、壶1、盂1、鉴1、盘1、匜1、斗1、盒形器1	独·三足
5	河南洛阳C1M6112	10.1	鼎3、簠2、敦1、方壶2、铏1、盘1、匜1、勺1	BⅡ爬兽
6	河南洛阳汉河南M60	8.8	鼎5、簋4、豆1、壶1、盘1、匜1、铏2	AbⅠ提链
7	山西太原金胜村M251	61.2	鼎25、鬲6、甗1、簠1、豆14、盨1、鸟尊1、罍1、壶8、鉴6、铏3、盉1、盘3、匜2	AⅠ爬兽 AbⅠ提链 B瓠
8	山西长子县东周墓M7	31	鼎5，鬲2、簠2、甗1、敦1、豆5、壶3、盉1、鉴2、盘2、盆2	AaⅠ铺首
9	山西临猗县程村M1001	23.5	鼎5、豆2、甗1、簠1、壶2、铏2、盘1、匜1、鉴2	BⅡ爬兽
10	山西临猗县程村M1002	14.8	鼎5、敦2、簠2、方壶2、铏2、盘1、匜1、鉴2	BⅡ爬兽
11	山西侯马上马村M15	不详	鼎3、甗1、豆2、壶2、铏2、盘1、匜1	AⅠ爬兽
12	山东万荣县庙前村58M1	15.8	鼎7、敦2、鬲3、方壶2、罍2、铏2、鉴2	BⅡ爬兽
13	安徽寿县蔡侯墓	60	鼎18、鬲8、簋8、簠4、敦2、豆2、尊3、壶2、盉1、尊缶4、浴缶2、鉴4、盆3、盘4、匜1、瓢4	BⅡ爬兽
14	江苏邳州九女墩M3	104.5	鼎6、鬲1、豆5、壶1、尊1、盘5、罍1、缶1、盉1	AbⅠ提链
15	湖北随州义地岗M3	8.14	鼎1、豆1、壶1、盘1、匜1	AbⅠ提链
16	湖北随州义地岗M2	6.6	鼎1、簠1、壶1、盘1、匜1	独·小环耳
17	湖北随州义地岗M1	5.44	鼎1、簠2、壶1、盘1、匜1	独·小环耳

春秋晚期，器物组合完整的墓葬有17座，大型墓葬7座，中型墓葬9座，1座面积不明，但从出土器物数量上看至少应为中型墓。

河南地区出土有壶的大型墓3座、中型墓葬3座，与春秋中期相近，大型墓葬食器组合中，鼎的数量较中期更多，酒器中有罍或铏，与壶构成酒器组合，中型墓葬中酒器只有壶。

山西地区出土壶的大型墓2座、中型墓葬2座。与春秋中期相比，山西地区墓葬数量有所增加，可见晋国在当时的社会地位及影响力逐渐上升。山西太原金胜村M251这座大型墓葬中，鼎25件、壶8件，从数量上看，鼎为第一，壶为第三，由此可见，山西地区大型墓葬中，壶依然是酒器的中心。而墓葬中8件壶，是爬兽耳、提链、瓠三种不同的形制，除此之外酒器中还有尊、罍、钘，从器物组合上看，这种尊、罍、壶的酒器组合，从西周中期以来都未曾出现过。

山东地区出土有壶的这座中型墓葬，同样是罍、壶、钘的组合方式。而在安徽、江苏地区出土有壶的2座大型墓葬中，尊再次出现，可见酒器的地位上升。尤其是在江苏邳州九女墩M3，其酒器组合与山西太原金胜村一致，同为尊、罍、壶，而这种商时酒器固定组合的再次出现，更加清楚地说明了酒器的使用在这一时期已经得到了基本的恢复。

从整体上看，春秋晚期以来，酒器在墓葬中的地位再次上升，可见周人禁酒的制度在此时已基本瓦解。

第四节　战国青铜壶在墓葬中的组合关系

一、第九期：战国早期

本期完整器物组合（如表6-9）（依墓地域、葬面积为排序）。

表6-9　战国早期完整器物组合表

序号	出土地点	墓葬面积（平方米）	共出礼器	类型
1	河南淅川县徐家岭M10	179.4	鼎11、鬲5、簠2、簋4、敦2、豆4、壶4、尊缶2、浴缶2、鉴2、盘1、匜1	BⅢ爬兽 AaⅡ铺首
2	河南信阳长台关M1	174	鼎5、敦3、勺6、壶5、盉1、盘4、匜1	AaⅡ铺首
3	河南固始白狮子地	132	鼎2、壶2、匜2	不详
4	河南淅川县徐家岭M11	115	鼎5、簠3、缶1、甗、鬲1、敦1、壶2、盘1、匜1	AaⅡ铺首
5	河南汲县山彪镇M1	56.2	鼎14、簠2、鬲1、簋1、甗1、豆3、壶7、匜3、鉴3、盘1	BⅠ提链 AbⅡ铺首 AⅡ瓠
6	河南淅川和尚岭M2	55.1	鼎7、簠2、敦1、壶2、浴缶1、盘1、匜1	AbⅡ铺首
7	河南陕县后川M2040	40.7	鼎17、豆10、鬲3、甗1、簋2、壶5、钘1、簠1、盘2、匜2、鉴4	AⅡ爬兽
8	河南三门峡盆景园M8	17.6	鼎1、豆1、壶1、匜1、	BⅡ铺首

续表

序号	出土地点	墓葬面积（平方米）	共出礼器	类型
9	河南洛阳中州路M2717	15.8	鼎5、甗1、豆4、壶6、匜1、盘1	AaⅡ铺首
10	河南三门峡西苑小区 M1	13.5	鼎3、豆2、壶2、盘1	BⅡ铺首
11	河南洛阳王城广场M37	13.3	鼎2、豆2件、壶1、盘1、钢1	BⅠ提链
12	山西潞城县潞河村M7	36.5	鼎13、豆8、甗1、簠2、壶2、罍2、钢1、罐2、鉴4、盉1、盘3、匜1	AbⅡ提链
13	山西侯马上马村M5218	21.3	鼎1、鬲2、簠2、甗1、豆2、壶2、鉴2、盘1	AⅡ爬兽
14	山西芮城坛道村M2	15	鼎2、甗1、豆2、壶2	BⅡ铺首
15	山西临猗县程村M1022	11.8	鼎2、豆1、壶1	AⅡ爬兽
16	山西长子羊圈沟M1	11	鼎2、豆1、敦1、壶2、钢1	BⅡ铺首
17	山西潞城潞河M8	10.9	鼎1、敦1、壶2、匜1、盘1	独 · 无耳
18	山西屯留武家沟	5.3	鼎1、豆1、壶2、钢1	AbⅡ铺首
19	河北邯郸百家村M57	16.6	鼎3、豆2、甗1、壶2、钢1、盘1、匜1	AaⅡ铺首
20	河北唐县北城子M2	9	鼎2、甗1、豆1、簋1、壶1、罍1、匜1	独 · 方体
21	河北平山穆家庄M8102	7	鼎2、豆1、壶1、钢1、匜1	BⅠ提链
22	河北平山穆家庄M8101	7	鼎1、豆1、罍1、壶1、鉴1	AbⅡ提链
23	河北行唐李家庄	3	鼎1、豆1、壶2、	AbⅡ提链 AⅡ瓠
24	河北唐山贾各庄M18	不详	鼎1、豆1、簋1、壶1、盘1、匜1	AbⅡ提链
25	河北怀柔城北墓	不详	鼎1、豆1、壶1	AaⅡ铺首
26	山东临淄区东夏庄M6	505.8	鼎1、鬲2、豆4、敦2、壶1、罍1、钢3、盘2、匜2、罐2、尊1	提链 · 鹰口
27	山东临淄区东夏庄M5	147.3	鼎2、豆5、敦1、壶2、罍2、钢1、盘2、罐2	CⅠ提链
28	山东长岛王沟M10	50.3	鼎1、豆2、敦2、壶2、钢3、鉴1	AbⅡ铺首
29	山东阳信城关镇YCM	12	鼎2、豆2、圆壶 2、提壶1、敦4、罍1、小罐1、钢1、盘1、匜1	AbⅡ铺首
30	山东济南左家洼M1	6.9	鼎1、豆3、敦2、壶1、钢1、盘1	AbⅡ提链
31	山东邹平县大省村M3	6.6	鼎1、豆1、壶1、钢1、盘1	AbⅡ提链
32	山东滨州市阳信县西北村陪葬坑	不详	鼎2、豆2、敦4、壶3、壘1、钢1、盘1、匜1、小罐1	AbⅡ提链
33	湖北随州曾侯乙墓出土	220	鼎22、簋8、簠4、壶2、缶6、尊2、盘1	CⅠ提链 爬兽 · 连座
34	湖北江陵太湖港古M1	不详	鼎2、敦 2、壶2	不详
35	重庆巫山土城坡墓地M65	8	鼎1、壶1、匜1	AbⅡ铺首

战国早期是青铜壶发展的第三个高峰期，出土青铜壶墓葬的数量明显增多，仅组合完整的墓葬就有35座，主要集中在河南、山西、河北、山东等地区。从各地墓葬中的器物组合方式看，酒器虽不如商代发达，但在墓葬中已占有一席之地，而此时青铜壶已成为酒器组合之中不可或缺的器物。

河南地区出土青铜壶且组合完整的墓葬11座，其中大型墓葬7座、中型墓葬4座。从整体上看，礼器的组合方式与之前基本相同，食器依然是整个礼器组合的中心。而酒器组合中，却仅剩壶，不见其他器型，但壶的数量增多，如河南信阳长台关M1中，有壶5件；河南汲县山彪镇M1中，有壶7件，壶本身就形成了一组酒器组合，这种瓠壶、铺首、提链壶同出的情况，仅在大型墓葬中得以见到，绝非一般中、小墓葬所能有的。可见，青铜壶在河南地区墓葬组合中的地位之高，是其他器类所不能及的。

山西地区出土壶且组合完整的墓葬7座，除山西潞城县潞河村M7是大型墓葬以外，其他6座均为中型墓。从墓葬数量上看，中型墓葬较春秋晚期大有增加。大型墓葬潞河村M7中，器物的种类及数量均有所增加，器物的组合方式与河南地区不同，出现以鼎、豆、甗、簠构成的食器组合，种类虽不及河南地区丰富，但器物数量上近同。酒器中壶、罍、铆的组合方式承袭了春秋晚期，且为壶2、罍2、铆1的配搭方式，与河南地区只用壶构成酒器组合的方式相比，山西地区大型墓葬中，酒器组合更为完整，器类更为丰富。

战国时期，中山国在河北地区日益兴盛。通过统计我们发现，在战国早期时，河北地区出土壶的墓葬数量虽多，但均是中小型墓葬。墓葬中酒器的组合方式，也基本承袭了春秋晚期的常见组合形式，如邯郸百家村M57、平山穆家庄M8102两座墓中，为壶、铆的酒器组合；唐县北城子M2、平山穆家庄M8101两墓中，为壶、罍的酒器组合。由此，在战国早期的河北地区，青铜壶仍是酒器当中最为重要的一种器型。

此时山东、湖北及其他地区，不仅在墓葬的数量上多有增加，并且出土器物的质量上也有所提高，在器物组合中，壶已完全占据了酒器的领头地位，凡是出土青铜壶的墓葬绝大多数都扮演着独立地位。因此，在战国早期时青铜壶在墓葬中尤为重要。

二、第十期：战国中期

本期完整器物组合如表6-10所示（依墓地域、葬面积为排序）。

表6-10　战国中期完整器物组合表

序号	出土地点	墓葬面积（平方米）	共出礼器	类型
1	河南洛阳针织厂CIM5269	42	鼎5、盉2、方壶2、提链壶1	BⅡ提链
2	河南南阳市彭营楚墓	28	鼎4、壶2、杯1、盘2、匜2	AcⅢ铺首

续表

序号	出土地点	墓葬面积（平方米）	共出礼器	类型
3	河南洛阳中州中路C1M3750	16.5	鼎2、敦2、壶2、鐎1、盘1、匜1	AaⅢ铺首
4	河南洛阳中州中路C1M8371	13.3	鼎3、甗1、壶2	无耳Ⅱ
5	河南洛阳解放路一号墓陪葬坑CIM395	不详	鼎12、簋18、簠4、豆2、壶12、盒4、罐1、碗1、钘2、罍1、盘7、匜2、盆3、杯1、斗2、甑2、釜2	AcⅢ铺首
6	河北三汲乡灵寿故城中山王嚳墓M1	900	鼎15、鬲4、甗1、簠4、豆4、壶17、盉3、盘1、匜1	BⅡ提链 AaⅢ、AbⅢ、CⅠ铺首
7	河北三汲乡灵寿故城中山王陵M6	不详	鼎14、鬲4、甗2、簠2、豆4、壶9、兽形尊1、罐1、盉3、盘1、匜2	BⅡ提链 AaⅢ铺首
8	河北丰台贾家花园	不详	鼎2、壶1	CⅠ铺首
9	山东曲阜鲁国故城M58	124	鼎1、敦1、壶3、钵1、匜1、盉1、罐1、缶1、盘1	AbⅢ铺首
10	山东长岛王沟M10	50.3	鼎1、豆2、敦2、壶2、钘1、鉴1	AcⅢ铺首
11	山东诸城臧家庄战国墓	26	鼎5、豆5、壶2、提链壶1、铜杯2、罐1、瓠1	AcⅡ铺首
12	湖北麻城楚墓M1	77.7	鼎2、敦1、壶2、杯2	AbⅢ铺首
13	湖北随州擂鼓墩M2	50.3	鼎17、鬲10、甗1、簋8、豆3、釜1、簠4、壶4、缶6、盘1、匜1	BⅢ爬兽 AbⅢ铺首
14	湖北黄冈罗汉山楚墓	39	鼎2、壶2、盉2、匜1	AcⅢ铺首
15	湖北钟祥冢十包楚墓M5	34	鼎2、壶1	AbⅢ铺首
16	湖北江陵望山M1	大型墓	鼎9、敦2、壶4、缶2、盉1、盘2、匜2、浴缶1	不详
17	湖北鄂城鄂钢M53	22	鼎2、敦1、壶2	AbⅢ铺首
18	湖北江陵官坪楚墓M9	12.7	鼎2、壶1	AbⅢ铺首
19	湖北江陵车垱战国墓M1	6.7	鼎2、敦1、壶2、洗2、匜1	AbⅢ铺首
20	湖北江陵马山M2	不详	鼎1、敦2、盘2、匜1	AbⅢ铺首
21	湖北荆门黄付庙楚墓M18	3.6	鼎2、壶2	AbⅢ铺首
22	湖北江陵马山M16	不详	鼎1、壶1	AcⅢ铺首
23	湖南长沙三公里楚墓M1	79.6	鼎数不详、敦1、壶2、盉1	AbⅢ铺首
24	湖南长沙市马益顺巷M1	18.8	鼎2、敦1、壶1、盘1、匜1	AbⅢ铺首
25	湖南长沙茅亭子M1	不详	鼎2、壶2、敦1、盘1、匜1	AbⅢ铺首
26	重庆巫山水田湾M8	14	提链壶1、壶1、鍪3、甗1、洗2、碗1	不详
27	江苏武进孟河战国墓	2.3	鼎2、敦1、壶2	AbⅢ铺首

战国中期，青铜壶的发展缓慢，青铜壶的数量也略有下降。组合完整的墓葬有27座，主要集中在河南、河北、山东、湖北等地。整体上看，壶在墓葬中的地位凸显，尤其是在湖北地区的中型墓葬中，如江陵官坪楚墓M9、钟祥冢十包楚墓M5，器物组合均为鼎2、壶1。再如，湖北荆门黄付庙楚墓M18，器物组合为鼎2、壶2。可见壶的地位之重，与鼎并列。

河北地区中山王陵M1，其主室东、西两库未经盗扰，保存了丰富的遗存，仅各型式青铜壶就有17件之多，乃目前已知墓葬当中出土壶最多的墓葬。距其不远处的M6中，亦有丰富遗存，其中有青铜壶9件。虽M1的时代略晚于M6，但两座墓葬基本上保持了相近同的器物组合形式。食器组合中依然以鼎为中心，酒器以不同器形的壶构成酒器的组合，水器则以盘、匜作组合形式。这样的组合方式基本沿袭了战国早期的组合形式，尤其是酒器以不同形制的壶形成组合，这与战国早期河南汲县山彪镇M1的情况是完全相同的。

河南地区有5座完整的墓葬组合，其中大型墓葬1座、中型墓3座，另有陪葬坑一座（面积不详），但从出土器物的数量上看，有鼎12、簋18、壶12，仅次于河北中山王陵M1。这座陪葬坑有三组完整的器物组合，从出土位置看，食器的组合分属左、中、右三个区域，并分别与三组水器或酒器共同构成至少三组完整的器物组合。在这一陪葬坑内出土的12件青铜壶，均为铺首壶，其中11件Ac型Ⅲ式铺首，另1件器形特殊。从墓葬中放置的位置看，11件Ac型Ⅲ式铺首壶中10件排列在一起，位于陪葬坑正中两组鼎、簋食器组合之间，另1件则置于中间食器组的右侧，形制特殊壶则处在右侧器物组合的正中央。在这三组器物组合中，青铜壶显然已占有重要的地位。洛阳中州中路C1M3750中，还出现了大量仿铜陶器，与青铜器组合掺杂在一起，这一墓葬中青铜器组合集中在一起，以青铜鼎为中心环绕放置，鼎、敦为食器组合，盘、匜为水器组合，壶、罐应为新的酒器组合。

湖北地区的大型墓有5座，器物的组合形式与河南地区近同，但数量上差异较大，如随州擂鼓墩M2中，鼎17、壶4；江陵望山M1中，鼎9、壶4，其余3座大型墓葬中，壶均为2件。由此可见，在湖北地区的大型墓葬中，青铜壶的地位尚不及中原、河北地区。但在随州擂鼓墩M2中，江陵望山M1中，都出现了壶、缶这种酒器的新组合形式，这也是中原及其他地区所不曾见到的。

三、第十一期：战国晚期

本期完整器物组合如表6-11所示（依墓地域、葬面积为排序）。

表6-11　战国晚期完整器物组合表

序号	出土地点	墓葬面积（平方米）	共出礼器	类型
1	陕西咸阳市黄家沟M43	24	鼎2、壶2	AbⅣ铺首
2	陕西凤翔高庄秦墓M16	6.6	鼎1、壶1	CⅡ铺首
3	陕西凤翔高庄秦墓M47	5.1	鼎2、方壶1	CⅡ铺首
4	陕西凤翔高庄秦墓M17	3.5	鼎1、鍪1、甗1、方壶1、盘1	CⅡ铺首
5	山西长治分水岭M25	37.5	鼎6、豆2、鬲3、敦2、壶2、钘1、盘1、匜1、鉴2	AbⅣ铺首
6	河北平山县M2西库	49	鼎9、簠4、鬲4、豆3、方壶1、圆壶6	AcⅢ铺首
7	河北平山县M2东库	36	鼎5、盆1、筒形器1、甗1、扁壶4、方壶2、圆壶4、盉3、盘1、匜1、钵2、洗2、圆盒2	AcⅢ铺首
8	山东临淄赵家徐姚M1	111.7	鼎2、豆2、敦1、壶2、钘1、耳杯4、盘1、匜1、盒7、碗3	AbⅣ铺首 AcⅡ铺首 蒜头壶
9	山东临淄商王村M1	33.1	鼎5、盒9、釜4、钵1、勺2、壶4、罍4、钘2、耳杯4、盘3、匜3	AaⅣ铺首
10	湖北荆门市包山楚墓M2	53.4	鼎19、簠2、敦2、壶4、甗1、罍1、缶1、鉴1、盉1、盘1、匜1	AbⅣ铺首
11	湖北襄樊郑家山M17	18.13	鼎2、壶1、盂1、盘1、匜1、缶1	AcⅢ铺首
12	湖北省广水市彭家塆M1	5.8	鼎2、壶2、盘1、匜1	AbⅣ铺首
13	四川涪陵小田溪M5	6.6	壶1、釜1、鍪1、釜甑1、盆1	AcⅢ铺首
14	四川涪陵小田溪M4	不详	壶1、釜1、鍪1、釜甑1、单耳罐1、盆1	AcⅢ铺首
15	安徽六安M99	14	鼎2、壶2、洗1	AcⅢ铺首
16	安徽天长TSJ1	不详	鼎7、壶2、敦2、匜1、盘1、盆1	AbⅣ铺首
17	安徽潜山公山冈M24	5.5	铜鼎1、壶1	AbⅣ铺首
18	安徽潜山公山冈M73	5.4	铜鼎1、壶1	AbⅣ铺首
19	甘肃张家川马家塬M1	58.3	鼎2、壶2、茧形壶1	AbⅣ铺首 独 · 茧形
20	甘肃平凉庙庄M6	30	鼎1、壶3、洗2、匜1	AbⅣ铺首
21	甘肃张家川马家塬M14	10.34	鬲1、壶1	AbⅣ铺首

战国晚期，除墓葬分布范围变广泛外，各地出土墓葬的数量、面积、规格及出土器物的数量、质量等均不及以前。这一阶段共出土组合完整的墓葬21座，大型墓葬仅3座，较之前相比，壶在出土墓葬中的所占比例突降。器物的组合上，鼎、壶成为出土青铜礼器的墓葬中不可缺少的器物。除山西、山东两地出土的大型墓葬中仍存在较为完整的各类器物组合外，其余各地墓葬中器物组合均已简化，如陕西凤翔高庄秦墓M16中出土鼎1、方壶1、勺1、镜1，安徽六安M99中出土鼎2、壶2、洗1、勺2。

通过这些不难看出，青铜壶在战国晚期已成为墓葬中与鼎相当的一类器物，已经不单是大型墓葬中必不可少的器物，在面积较小的中型墓葬中，铜壶的地位也已经无法取代。

第五节　小　　结

通过以上分析，我们可以得出以下结论：青铜壶是商周礼器组合中十分重要的一员，贯穿于整个商周时期。在商代时期，青铜壶在墓葬中尚不为核心器物，由西周中期始青铜壶在墓葬中的重要性逐渐凸显，最终成为墓葬中不可或缺的器物。

商代时期，青铜壶多与尊、罍、爵、觚等形成酒器组合，体现了商人重酒的文化特质。西周时期，由于受到周初禁酒的政治影响力，使得原本墓葬中不可或缺的酒器，逐渐退出了历史舞台，青铜壶则出现了器形更替的现象，商时的主流器形①，至西周中期便不再出现，取而代之的是流行于西周中期至春秋早期的环耳壶。

随着商代主流器形的消亡，酒器在墓葬中的地位逐渐降低，这也符合商人重酒、周人重食禁酒一说。因此，自西周中期始，食器在墓葬中的地位上升，酒器的器类数量都全面缩减，至西周晚期之末，酒器中仅剩壶一类器。由此可见，壶成为酒器的代表，在墓葬组合中的作用之重，绝非其他器形可替代。

由于青铜壶在西周早、中期经历了第一次器形的更替，因此酒器组合中仅剩的壶，与商代墓葬中作为酒器的壶在形制上完全不同。此时，水器的地位逐步上升，大型墓葬中有完整的食器、水器的组合，却没有酒器组合②，这或许正是周人禁酒的最好印证，壶的功能可能发生改变，成为水器，与盘、盉或盘、匜组成水器的组合。当然，对于这种推测，仍缺乏相关的依据，这也是日后需要更进一步探讨的问题。

春秋中期以后，青铜壶出现了第二次器形更替，西周中期始现的环耳壶在这一阶段消失不见，取而代之的是提链壶及铺首衔环壶，这也是春秋中期直至战国晚期青铜壶的主流器形。罍、尊等酒器，又重新出现在大型墓葬中，与壶构成酒器组合。除此之外，新出现了酒器鉌，常见于中型墓葬中，与壶构成新的酒器组合。

战国以来，大型墓葬中酒器的组合形式已较为固定。中小型墓葬中，壶成为一种不可或缺的器物。可见，青铜壶经过春秋时期的发展，在墓葬中的重要性也大大得到了提升，最终成为与鼎地位相当的一类器物。

由于青铜壶流行时间长，由商代早期出现直至战国晚期，经过四个历史时代。使得青铜壶得到了连续的发展，加之器形的两次更替，新的器形更加符合时代的需求，

---

① 消失的器形有C型、F型、G型、H型提梁壶，A型贯耳壶，详参本文第五章第二节。

② 因此大部分学者均认为，墓葬中缺少酒器，而壶即是墓葬中唯一的酒器。

最终确立了其重要的地位。出土青铜壶的墓葬等级，主要是大中型墓葬，墓主人多为贵族或者更高的身份。

从礼制等问题上看，旧有的传统观念认为春秋、战国时期是将传统礼制破坏瓦解的时期，而根据墓葬中出土青铜礼器组合情况来看，非但没有破坏，反而有所恢复。除战国晚期，由于各国间的频繁征战，致使礼制受到影响外，春秋早期至战国中期的礼制均是不断发展的。商人重酒，周人重食，在商时食器组合不占优，酒器在墓葬中占有相对重要的位置，而西周时期，食器大量发展，酒器又逐渐消失，其实这也可以视作是对商人文化或是当时的传统文化的一破坏。而至春秋早期以后，并没有废除礼器或者食器，而是在旧有基础上继续发展，并且又将酒器增加到了墓葬的礼器中来，因此在这一时期的器物组合中，酒器组合多为壶、尊、罍或壶、鉌等，可以说是一种新的完备的酒器组合。由此可以看出，春秋战国时期的礼制应当是不断完善和加强的，并非传统所认为的礼制的衰败。

结　语

青铜壶最早出现在商代早期，形制为提梁壶，至商代晚期中原地区墓葬中出土贯耳圆壶，并出现了自名为“壶”的青铜壶，由此开始，人们对青铜壶的认识逐渐明确。西周早期始，出土青铜壶的中心，由中原地区转而向关中地区集中。至春秋以后逐渐向各地扩散，逐步形成了以围绕各文化区中心为轮廓的集中分布区。战国时期燕、齐、楚、曾等国的遗址中，所出土的青铜壶，以形成了各自的独特风格。由此可见，青铜壶这一类器物具有出现时间早、流行时间长、器物形制繁杂、分布区域广泛等特点。

商周时期青铜壶的研究，主要将出土及传世的青铜壶进行了收集整理，并按照类型学分析的原理，将青铜壶按照器物自身形制特点进行分类，通过对商周时期青铜壶的类型学分析，可以勾勒出商周时期青铜壶的发展序列。

按照商周时期青铜壶器物形制的主要特点，将商周时期青铜壶分为主流器形、非主流器形和特殊造型这三大类。

在主流型壶的类型学分析中，主要按照器物耳部的变化进行分型，分为其中主流器形有提梁壶、贯耳壶、环耳壶、爬兽耳壶、提链壶、铺首衔环壶这六类，每一类壶再分型式。在提梁壶的类型学分析中，按照器体形态的差异分型，将其分为A型细颈圆腹、B型直颈垂腹、C型短颈鼓腹、D型长颈鼓腹、E型长颈方腹、F型椭口圆、G型腹橄榄体、H型圆柱体提梁壶，共七型，其中D型按照腹部差异，分成Da、Db两个亚型；贯耳壶按照器口、颈、腹部的差别，分为A型椭口短颈、B型圆口无颈、C型圆口长颈、D型橄榄体、E型方口椭腹、F型圆口细颈、G型圆口宽颈，共七型，其中E型按颈、腹部的差别分二亚型，Ea型为束颈鼓腹、Eb型为直颈垂腹，G型按颈部差别分二亚型，Ga型为长束颈、Gb型为短束颈；环耳壶按照器体的差异分二型，A型为圆壶、B型为方壶，其中方壶根据器物的颈、腹部的变化，分Ba型短颈圆腹、Bb型短颈垂腹、Bc型长颈圆腹、Bd型长颈折腹、Be宽颈圆腹，共五个亚型；爬兽耳壶分二型，A型为圆壶、B型为方壶；提链壶器形上看根据颈部、腹部、器底间的差异，可分为四型。A型短颈鼓腹、B型侈口鼓腹、C型长颈圆腹，其中A型又分Aa型方直口、Ab型圆直口二亚型；铺首衔环壶按器体分A型圆体、B型长体、C型方体、D型宽体，共四型，其中A型按照颈、圈足的差异，分为Aa型短颈低圈足，Ab型长颈低圈足，Ac型长颈高圈足三亚型。非主流器分为瓠壶、无耳壶、蒜头壶、扁壶这四类，每一类壶再分型分式。通过对青铜壶做类型学分析后，完整地勾勒出了商周青铜壶的发展脉络，明确了壶的每个一型式在谱系中所处的位置。

在商周时期青铜壶的分期断代研究中发现，青铜壶的发展脉络主要存在三个较为明显的阶段，第一阶段由商代早期至西周早期，第二阶段由西周中期至春秋中期，第三阶段由春秋晚期至战国晚期。青铜壶于商代早期出现，经历商代中期、晚期，至西周早期，逐渐成为墓葬中较为常见的一类器物。商代早期最初出现的为提梁壶，中期后出现了贯耳圆壶，至商代晚期提梁壶与贯耳壶迅速发展，形成了青铜壶发展史上的第一个高峰期。进入西周时期，随着商式壶的逐步消失，又不断地出现了新的器形，在西周早期至中期，出现了第一次器形更替，标志着青铜壶逐步走向发展的第二阶段。西周中期以后，青铜壶的发展缓慢，数量上不见停滞增长，器形上也多为新器形发展的延续。经过西周中期、晚期的缓慢发展，至春秋早期，出现了青铜壶发展的第二个高峰期。春秋中期青铜壶在数量、质量等方面均有所退化。从春秋晚期始，进入了青铜壶发展的第三个阶段，再次出现器形的更替。环耳壶消失不见，而新出现的提链壶、铺首衔环壶，发展至战国早期，出现了第三个高峰期。至战国晚期铁器的出现，加之各国间连年的混战，致使对传统礼制发生改变，青铜壶最终走向了衰落。

在出土墓葬的器物组合关系上，青铜壶的功用和地位都在不断发生变化，经历了商代、西周、春秋、战国这四个阶段。商代青铜壶在墓葬的器物组合里，为酒器组合中的一类器物，在商代仅出现在等级较高的墓葬中，与尊、罍、卣、盉、觯等盛酒器，配以一定数量的觚、爵等饮酒器，一起构成酒器的组合方式。至西周时期，早期基本延续了商人的器物组合形式，酒器组合器类丰富，大型墓葬中多以觚、爵、角、卣、尊、觯、斝、觥、盉、罍等酒器，构成酒器组合。至西周中期以后，随着西周禁酒的制度的蔓延，酒器在墓葬中逐渐衰落。西周晚期墓葬中，酒器的类型和数量迅速减少，青铜壶逐渐成为酒器组合中仅剩之器，在墓葬中成对出现，可以说壶自身便充当了酒器组合。春秋时期，壶在墓葬中的地位不断上升，成为了墓葬当中无可替代的器物。战国早期，壶再次出现了器形更替。新出现的铺首衔环壶迅速发展。至战国中期以后的墓葬中，青铜壶在同一个墓葬中的数量突增，成为大、中型墓葬当中最为重要的一类器物，地位与鼎相当。

关于青铜壶的地域分布方面，主流型式壶，在商代至西周时期主要集中于中原、关中地区，从器物形态上看，各地区所发现的这一时期青铜壶与关中、中原地区在器物形态上基本保持一致，形制上较为统一，总体说来，各地域之间的器形差异不明显。以关中、中原地区的器物出土数量最多，器物铸造工艺也最精致。

进入东周以后，各国自立，仅山东地区就先后出现了鲁、薛、郑、邿、齐、莒、纪国等多个行政中心，发掘出了一批又一批价值很高的青铜器。而青铜壶的分布范围随之变得更为广泛，除关中、中原地区继续发展外，还出现了以山东、河北、山西、湖北、江苏等多个分布中心，亦分属于不同的文化区系，因此形成了较为明显的地域性差异。由此可见，各地文化区系中所出土的主流型式壶，是与关中、中原地区同源异路的。春秋晚期至战国早期，青铜壶旧有器形消亡，伴随着新器形的出现，传播的流向也不再是由中原、关中地区向周边扩散了。新出现的提连壶最先发现于山东地区，而后传入中原地区及两湖地区。从提链壶的流向便不难看出，进入东周以后，一改旧有的文化交流模式，各地域之间的交流，已不再是以中原、关中为核心的单向发展，而转为了多地区相互促进的双向发展。

本书通过对商周时期青铜壶发展脉络的梳理，对青铜壶的定名、功用、器形界定、发展演变历程、所属时代、在墓葬中的组合关系、各期区间的异同等相关问题进行初步研究和认识，但由于自身学识的限制，很多问题的探讨可能有失偏颇，或仍未能深入，望各位方家批评指正。

附录　胶东地区西周椭口短颈贯耳壶初探

西周时期的胶东地区（主要指现在的烟台、威海地区）存在一类特殊形制的贯耳壶，与传统的关中和洛阳地区流行贯耳壶相比，具有明显的地方特征，因此，对于这种现象值得深入讨论。

一、胶东地区贯耳壶的概况

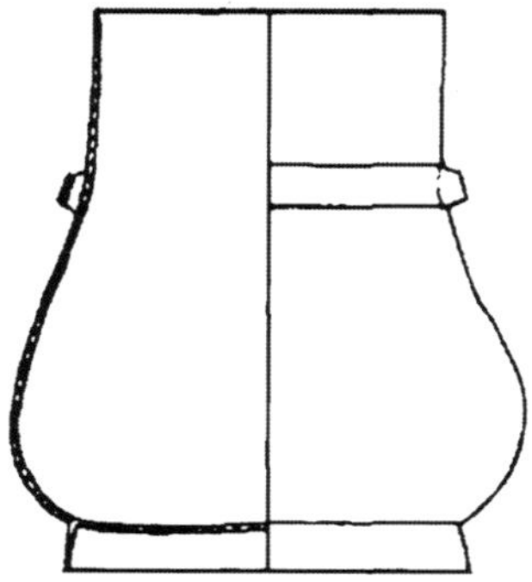

附图1　山东威海荣成学福村出土贯耳壶（M1：2）

西周时期的胶东地区还未完全融入周人文化体系中，在文化面貌上表现出较大的差异性。这种文化差异性表现在青铜器上，集中体现在部分青铜器的造型、纹饰明显有别于周式器，因此，应与中原、关中地区加以区分。

胶东的烟台、威海等地区出土的贯耳壶，数量虽少，但器体特殊[①]（附图1）。从器形上看，此类贯耳壶多侈口、束颈，颈部有两贯耳，椭圆腹下垂，圈足较矮；从纹饰上看，仅在颈部装饰两道弦纹，也有通体素面者。

王青在《海岱地区周代墓葬研究》一书中将威海M1、海阳上尚都等地出土的贯耳椭圆腹青铜壶定名为觯[②]。另外，由于存在一类弦纹觯与贯耳椭圆腹壶在造型上有相似之处，因此，也有学者将弦纹觯定名为壶的现象。如本书第三章第三节中提到的《山东潍坊地区商周遗址调查》[③]一文，将山东潍坊地区鞠家庄遗址出土西周早期的一器，定名为觯形壶。因此，有必要弄清楚胶东地区的这类铜壶与觯的关系。朱凤瀚指出："横截面多为圆形或椭圆形，敞口，或有盖，束颈，鼓腹较深，腹径略大于口径，或与口径接近，下有的较高圈足。"[④]山东潍坊鞠家庄遗址：2，敞口、侈沿、细长腹、

---

① 本书第四章中，已对山东地区贯耳壶做过初步介绍，本章中主要是对山东地区这类形制特殊贯耳壶的形制和时代，以及与中原地区贯耳壶的相互关系等问题的探讨。

② 王青：《海岱地区周代墓葬研究》，山东大学出版社，2002年，73页。

③ 潍坊市博物馆：《山东潍坊地区商周遗址调查》，《考古》1993年第9期。

④ 朱凤瀚：《中国青铜器综论》，上海古籍出版社，2009年，250、251页。

高圈足，口径接近腹径，显然报告中将其定名为觯形壶有所不妥，应归为觯类。

另外，需要指出的是，圆腹青铜壶外敞的口部、收紧的颈部的确与觯的口、颈等部位（附图2）神似，这当与两者在功能上有相通之处有关，因为古代倾倒液体的器皿多做成束颈、侈口状。至于胶东地区贯耳椭圆腹青铜壶颈部弦纹，与潍坊鞠家庄遗址颈部纹饰的雷同，当是因为西周时期山东地区的某些青铜器颈部常流行弦纹装饰，二者出现相同的弦纹纹饰当与时人的审美习惯有关。

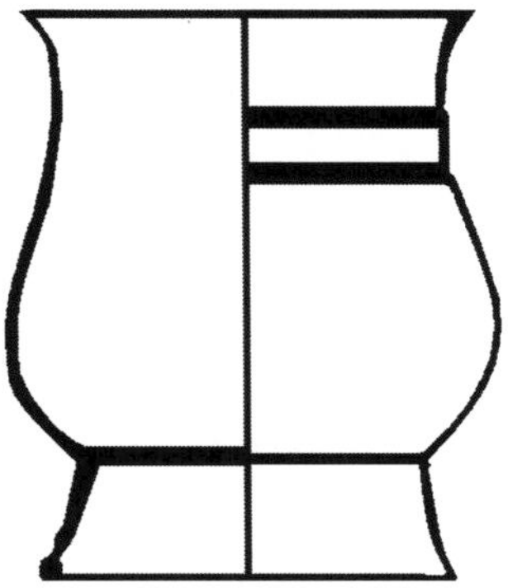
附图2　壶

二、胶东地区贯耳壶的型式分类

按照青铜壶的口沿、纹饰位置及体量的变化可将胶东地区的粗颈椭圆腹壶分为三式。

Ⅰ式：1件。器体宽大，微侈口，长颈，腹部微下垂，圈足较矮。

标本威海荣成M1：2，尖唇，长颈，矮圈足，颈部有一对贯耳。颈部饰两道凸弦纹，器表其他部分均为素面。口径27.5、高45.2厘米。

Ⅱ式：3件。壶体量变矮小，口部外敞，颈部内束，颈部两贯耳及纹饰皆接近口沿，亦有素面者。腹部下垂明显。圈足变矮，对称分布一对镂孔。

标本一：威海M1：6（附图3），尖唇，颈部变短，圈足较矮。口径24.4、高33.6厘米。

标本二：海阳上尚都C5：42（附图4），尖唇外折，贯耳，圈足两侧有方形镂孔。口径18.4、高31.3厘米。标本三：HG70，束颈，贯耳，圈足两侧有镂孔装饰。口径19.4、高31厘米。

器形演变：贯耳椭圆腹青铜壶颈部由微束到后来逐渐内束明显，口部越发外敞。器体由宽大变窄长，圈足逐渐变低矮。纹饰的位置逐渐靠近口沿，出现通体素面者。

结合宽颈椭圆腹青铜壶的形制演变规律及出土这类壶的墓葬、遗址年代，我们尝试对这类壶的相对年代做出判断。

Ⅰ式壶出土于威海荣成学福村M1。出土青铜尊1件，属有扉棱的筒形尊，器体较粗，腹稍鼓，圈足残。四扉棱微凸，上中下成一直线。腹部饰卷角兽面纹，并在两侧辅以龙纹，圈足饰夔纹。该尊在形制和纹饰上都与北京琉璃河燕国墓地M251出土父戊尊极为相似，父戊尊年代为西周早期。出土铜戈1件，直内，内后有岐刺。长援，尖锋，援中部起脊，横截面呈菱形。胡较长，上有三穿。援后部饰云雷纹，直内上饰

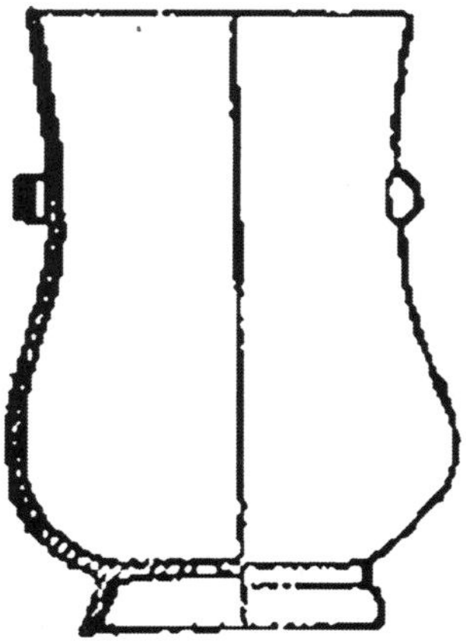

附图3　壶

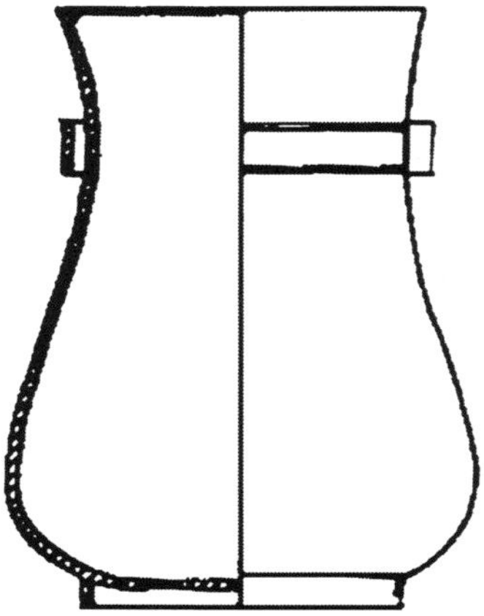

附图4　壶

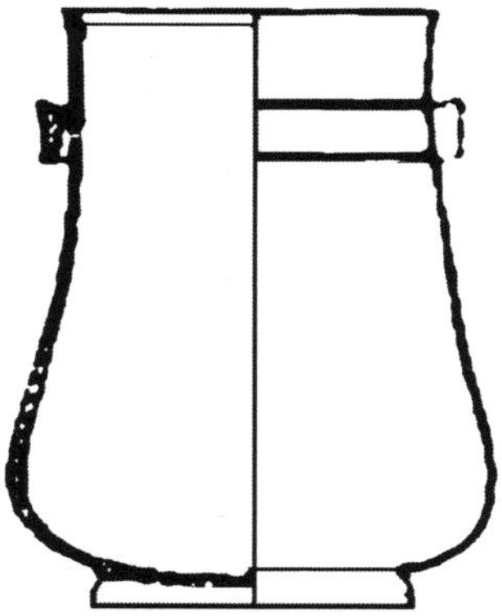

附图5　壶

鱼鳞状或波浪纹。该戈与滕州前掌大墓地M131：15较为相似，前掌大M131的年代为西周早期。镞3件，损坏严重，无法判断年代。因此，学福村M1的年代当在西周早期，而Ⅰ式壶的年代亦属西周早期。

Ⅱ式壶见于威海M1、海阳上尚都墓葬和黄县归城遗址（附图5），威海M1的年代定为西周中期，王青亦认为该墓年代为西周中期①。我们也认为将该墓葬的年代被定为西周中期是合理的。

关于海阳上尚都墓葬出土铜器的年代存在较多争议，有学者认为是西周早期②，徐基则认为西周中期③，王青则认为是西周晚期④。该墓葬出土钟的型制、纹饰与宝鸡茹家庄M1乙：28相近，年代应相仿，宝鸡茹家庄M1的年代为西周中期。青铜盘两耳高出口沿，圈足较高、盘腹部较高，再结合盘内装饰的龙纹、盘外的垂鳞纹，盘的年代应为西周中期较为合适。综合考虑，我们认为该墓葬年代定为西周中期是可行的。由此Ⅲ式壶的年代约为中期。

归城出土HG70青铜壶无伴出关系，因此对其年代的判断较为困难。原报告中与殷墟小屯M238出土椭圆腹青铜壶做比较，将其年代定为商代晚期⑤，而这一结论也为以后多数文章所引用。关于这件壶的年代判定应慎重，由商式椭圆腹壶演变（图7-6）我

① 王青：《海岱地区周代墓葬研究》，山东大学出版社，2002年，44页。
② 张真等：《山东海阳市上尚都出土西周青铜器》，《考古》2001年第9期。
③ 徐基：《山东商代考古研究的新进展》，《三代文明研究》（一），科学出版社，1999年。
④ 王青：《海岱地区周代墓葬研究》，山东大学出版社，2002年，36页。
⑤ 李步青、林仙庭：《山东黄县归城遗址的调查与发掘》，《考古》1991年第10期。

们可以发现，属商代中期偏晚的人民公园C7M9：4[①]（附图6，1）是目前发现的贯耳椭圆腹青铜壶的最早形态，属人民公园一期，其年代相当于商代中期到晚期过渡之际。之后这类青铜壶按照纹饰的不同逐步演变为肩部和圈足装饰兽面纹纹饰带青铜壶（附图6，2、3）、全身满花纹饰青铜壶（附图6，4、7）和单纯弦纹装饰青铜壶（附图6，5、6、8）三种类型的椭圆腹壶。很显然，小屯M238出土青铜壶属肩部和腹部装饰兽面纹饰带类椭圆腹壶，不同于归城遗址青铜壶类型，另外两者在形制上也有较大差别。因此，用小屯M238青铜壶作为归城HG70年代判断的参照物所得出的结论显然是不准确的。归城HG70应属单纯装饰弦纹纹饰类青铜壶，但从其相对窄小的颈部、下垂的腹部和低矮的圈足来看，其年代要比西北冈M1400：R1079[②]和安阳市博物馆藏青铜壶[③]（附图6，5、6）要晚得多。通过前文山东地区椭圆腹青铜壶的类型学分析我们发现，归城遗址HG70与海阳上尚都出土青铜壶在形制、纹饰及体量上都最为接近，年代也应相仿，所以我们认为归城采集到的这件青铜壶的年代，并不像人们一开始所认为的那样是商代晚期，其年代当在西周中期，这也与归城遗址的年代相合。

三、胶东地区贯耳壶与关中、中原地区的相互关系

西周时期关中和洛阳地区多流行腹部呈橄榄形的长体贯耳青铜壶，而胶东地区的这类贯耳青铜壶腹部呈椭圆形，颈部甚粗，与关中、洛阳地区此类青铜壶差异较大，另外，胶东地区的这类铜壶也不见于西周时期的其他地区。青铜器造型的地域差异直接反映了不同地区之间文化和族属上的差异性。西周时期的胶东地区还未完全融入周人文化体系中，当地的东夷势力仍然很强大，在文化面貌上表现出与关中、洛阳地区较大的差异性。那么胶东地区的这类青铜壶到底来源何处，为何族之器，这需要我们进一步探讨。

就其来源而言，胶东地区这类青铜壶应是在商式椭圆腹壶基础上经过本地文化的进一步加工而成的。威海M1：2是胶东地区目前发现年代最早的椭圆腹青铜壶，就其形制而言，宽颈、椭圆腹、弦纹装饰等与商代弦纹装饰椭圆腹青铜壶（附图6，5、6）最为接近，显然存在一定渊源关系。但两者之间又是存在一定差异性的，如西北冈M1400：R1079和安阳市博物馆藏弁壶颈部皆装饰三道弦纹，颈部微束，腹部外鼓明显，圈足较高。而胶东地区贯耳椭圆腹壶颈部装饰两道弦纹，越是到后期铜壶口部越

---

① 河南省文物考古研究所：《郑州商城——1953～1985年考古发掘报告》，文物出版社，2001年，917页。

② “中央”研究院历史语言研究所：《侯家庄（河南安阳侯家庄殷代墓地）》第九本：《1129、1400、1443号大墓》，“中央”研究院历史语言研究所，1996年。

③ 朱爱芹：《安阳市博物馆藏商代有铭铜器》，《文物》1986年第8期。

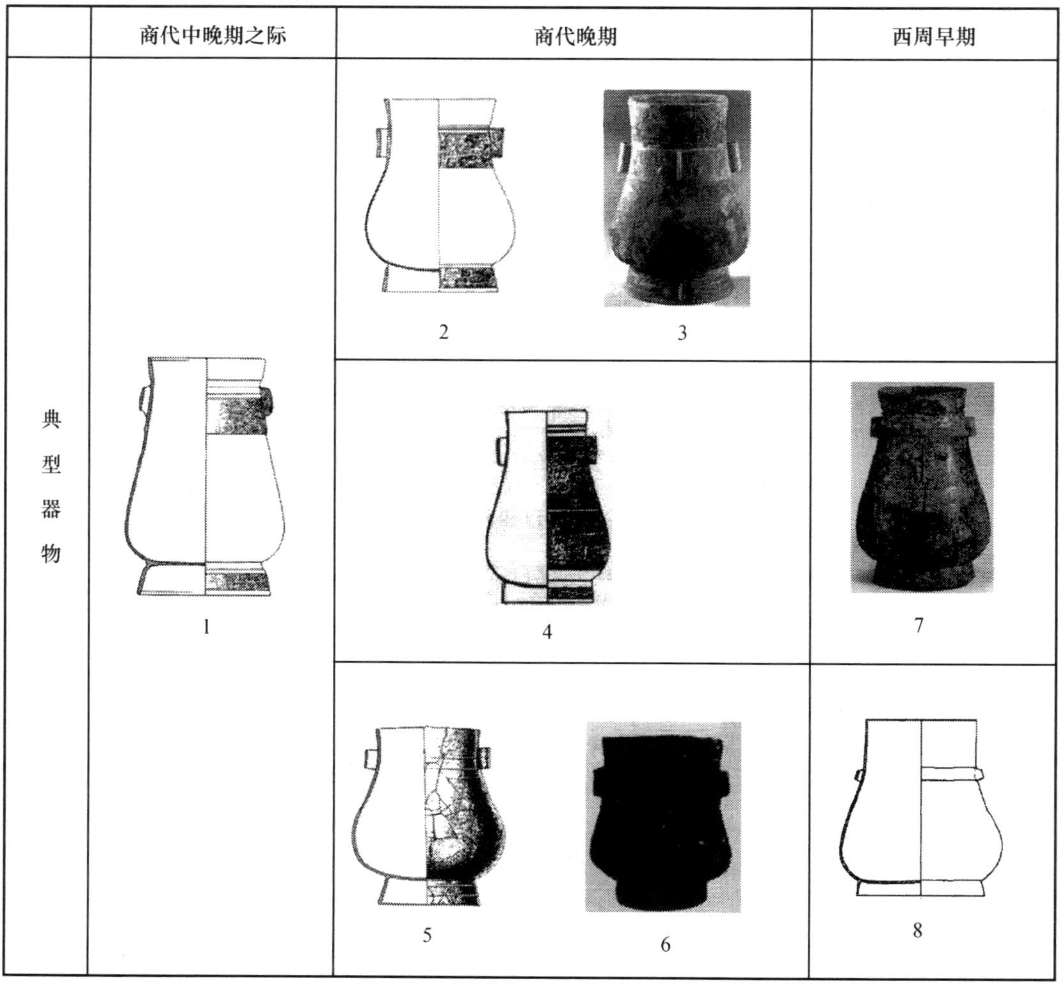

附图6 椭口短颈贯耳壶演变图表

1. 郑州人民公园C7M9：4 2. 安阳侯家庄东区小墓M1055：R1083 3. 高楼庄M8：18 4. YM238：R2065 5. 西北冈M1400：R1079 6. 安阳市博物馆藏𢍜壶 7. 上海博物馆藏“羌”壶 8. 威海荣成M1：2

发外敞，颈部内束越明显，且圈足越发低矮，这反映出不同于典型商式器物的特点。这说明胶东地区的贯耳椭圆腹青铜壶在商代的椭圆腹壶的基础上，经过本地文化的加工、改造，形成了独具地方特色的一类青铜壶。

胶东地区的这类贯耳椭圆腹青铜壶于西周早期开始出现于本地区，并于西周中期逐渐发展成熟，而到西周晚期已在本地区消失不见。这当与其使用族属的势力变化息息相关。就其使用者的族属来讲，其器形有别于典型的周文化青铜壶。显然其使用者不是周人。我们结合本地区出土束颈椭圆腹青铜壶的墓葬和遗址的考古学面貌看，发现其既受到了宗周文化的影响，但同时也表现出了强烈的地方特色。

威海荣成学福村墓葬[①]为土坑墓，葬具为一棺一椁，棺椁之间随葬有青铜器。该墓出土铜器3件，为铜尊、铜壶、铜戈。铜尊形制与关中地区同时代铜尊一致。铜戈从形制上与典型的周式兵器相似，但戈内纹饰呈鱼鳞状或波浪状，此类纹饰不见于中原地区，当是受本地近海文化的影响；黄县归城青铜壶无伴出器物，但结合归城遗址内的墓葬面貌来看，其墓葬形制多为土坑墓，头向多朝东，墓葬的头前棺内设头箱放置随葬品，这些都是夷人墓葬的典型特征。另外，部分陶器、铜器的造型也有别于中原地区[②]，具有明显的地方特色；威海M1[③]和海阳上尚都[④]出土墓葬都受到严重破坏，埋葬方式已然不明。但从出土器物来看，出土青铜器都具有西周青铜器的风格，但造型要略显古朴、纹饰也十分简洁。由此，我们认为出土宽颈椭圆腹壶的墓葬、遗址所反映出的文化面貌比较接近，其族属国别也应相近。

再结合胶东地区贯耳椭圆腹壶的分布地点来看（附图7），它们多分布于胶东半岛东部沿海的烟台海阳、龙口归城及威海等地，分布范围较大，显然其国族的势力也很强大。据文献记载，本地区曾是莱、过、夷等国的分布之地，纪国铭青铜器的发现说明，纪国的政治势力也曾到达这里[⑤]。而其中势力最为强大的只有莱国。因此我们推测这几处墓葬及遗址极有可能属于东夷莱国势力范围（虽然关于莱国的族属和存在范围一直是学术界争议的话题，但莱国中心范围目前学术界已基本取得一致意见，这就是以龙口归城遗址为中心，辐射周边蓬莱、莱阳、威海等的广大地区）。另外，从存在时间来看，莱国最为强盛的时期是在西周早期至西周中期，西周晚期之后逐渐衰落，这与青铜壶主要流行和衰亡的年代相符。因此，我们推测这类宽颈椭圆腹壶极有可能是古莱国人所专用的器类。

总而言之，胶东地区贯耳椭圆腹壶虽说数量较少，造型简单，但细加考量，这类器物在文化和族属上都为我们提供了许多有益的信息，因此值得我们去继续探讨。

---

① 刘晓燕、孙承晋：《山东荣成市学福村商周墓葬的清理》，《考古》2004年第9期。

② 李步青、林仙庭：《山东黄县归城遗址的调查与发掘》，《考古》1991年第10期。

③ 郑同修、隋裕仁：《山东威海市发现周代墓葬》，《考古》1995年第1期。

④ 张真、王志文：《山东海阳市上尚都出土西周青铜器》，《考古》2001年第9期。

⑤ 李学勤：《试论山东新出青铜器的意义》，《文物》1983年第12期。

珍珠门
大竹山岛
王沟
庄头
归城
3
柳格庄
东营周家
上夼
2
威海
吕家埠
1
学福
大北庄
杏家庄
刘家
小
沽
河
西古现
南黄庄
上尚都
嘴子前
4
胶
前河前
河
沽
大
莱
前古
东古
河
图 例
主要国都
墓葬地点
其他墓葬
遗址地点
…… 今海岸线
0
50千米

附图7　分布图

附　　表

附表一　出土商周青铜壶统计表

序号	器物	时间地点	墓葬及器号	通高×口径（厘米）	类型	分期	纹饰	铭文	资料来源	备注
1	兽面纹提梁壶	1974年湖北黄陂盘龙城	PLZM1：9	31×7.8	AⅠ提梁	一期	兽面纹、联珠纹、云雷纹	无	《盘龙城》P194	湖北博
2	兽面纹提梁壶	1977年北京平谷刘家河	无	22	AⅠ提梁	一期	变形象纹、兽面纹、联珠纹、弦纹	无	《铜全》1.138	北京所农民挖
3	兽面纹提梁壶	1981年陕西城固龙头镇	1981CHLTT：5	23.8×5.9	AⅡ提梁	一期	弦纹、夔纹、兽面纹	无	《城洋》P226，《文博》1988.6	陕历博
4	兽面纹壶	1982年郑州向阳回族食品厂	H1：11	50×12	B提梁	一期	云雷纹、兽面纹、联珠纹	无	《文物》1983.3，《铜全》1.136	河南所
5	凡壶	1955年陕西岐山县京当乡贺家村	馆藏号△9，九一2229	34.9×10.9	CⅠ提梁	二期晚段	兽面纹、目雷纹、云雷纹	内底1	《陕金》1.563，《陕图》51，《陕铜》1.21，《集成》04764，《总集》5041，《周青》10.2182，《青集》11971	陕历博，青集尺寸（38.7×10.7）
6	夔纹提梁壶	1999年安阳刘家庄北地	99ALNM1046：6	通盖高25.7	CⅠ提梁	二期晚段	夔纹、云雷纹、凸弦纹	无	《新收》216	
7	云纹提梁壶	西安东郊老牛坡	无	18.5×6.8	CⅠ提梁	二期晚段	凸弦纹、斜角云纹	无	《考与文》1990.5	出土时间不详农民挖
8	光壶（姜壶）	1985年平顶山薛庄乡北滍村	无	24.5× 7.2	CⅠ提梁	三期	凤纹、菱形雷纹、弦纹、鸟纹	盖内4	《中原》1988.1，《近出》584，《新收》85，《青集》12111	平顶山管农民挖

续表

序号	器物	时间地点	墓葬及器号	通高×口径（厘米）	类型	分期	纹饰	铭文	资料来源	备注
9	𪎮册竹父丁壶	1975年陕西扶风召李村	M1：6 馆藏号：0086	35.3×9.8	CⅡ提梁	三期	夔龙纹、雷纹、目雷纹	内底5字	《文物》1976.6，《陕金》1.591，《陕铜》3.33，《集成》09546，《总集》5660，《综览・卣》29，《赛克勒》1990P481，《周青》7.1335，《青集》12139	扶风博
10	父己壶	1976～1980年陕西宝鸡渭滨区竹园沟	M13：24	36.3×10.5	CⅡ提梁	三期	顾首龙纹、云雷纹、联珠纹	内底2 外底1	《宝鸡》P67《图》57.1、2，《近出》949，《新收》828，《青集》12072	宝鸡博，青集尺寸（33.8×10.5）
11	𪎮册父癸壶	1973年山东兖州磁山区李宫村	无	33	CⅡ提梁	三期	兽面纹、云雷纹	盖器同4	《文物》1990.7，《近出》581，《新收》1063，《青集》12099	兖州博，农民挖
12	[illegible]父乙壶	1988年陕西麟游后坪村四岭山	馆藏号：IA3-4	23.3×7.1	CⅡ提梁	三期	凸弦纹、兽面纹、目雷纹	盖内3	《考古》1990.10，《近出》567，《新收》847，《青集》12040	麟游博，窖藏，农民挖
13	戈父癸壶	1991年陕西泾阳兴隆乡高家堡	M3：6	24.6×8.3	CⅡ提梁	三期	小鸟纹、云雷纹	盖器同3	《新收》786，《近出》576，《青集》12077	陕西所
14	齐壶	1927年陕西宝鸡戴家湾	无	26.6×10	CⅡ提梁	三期	兽面纹、云雷纹	盖器同6	《考与文》1991.1，《三代》6.32.3，《续殷下》73.5，《双古上》19，《集成》05202，《总集》5366，《国史金》1200，《青集》12168	党玉琨盗掘原藏于省吾
15	山父丁壶	2003年陕西宝鸡金台区长青纸坊头	2003BZFM3：3	31.5×8.6	CⅡ提梁	三期	兽面纹、雷纹	内底3	《文物》2007.8，《青集》12069	宝鸡所

续表

序号	器物	时间地点	墓葬及器号	通高×口径（厘米）	类型	分期	纹饰	铭文	资料来源	备注
16	賛壶	1951年河南鲁山苍头村	无	37×11	CⅡ提梁	三期	回纹、兽面纹	内底7字	《参考》1958.5，《集成》05270，《青集》12197	河南博，农民挖
17	亀丁父壶	1999年郑州重阳街洼刘村西周墓	ZGW99M1：9	37×14.3	CⅡ提梁	三期	联珠纹、兽面纹、云雷纹	器盖同7	《文物》2001.6，《新收》596，《中原文物》2001.2，《青集》12203	郑州所
18	万父己壶	1962年山西翼城城关公社凤家坡西周墓葬	无	37×9	CⅡ提梁	三期	夔纹、云雷纹	盖器同3	《文物》1963.4，《考古》1963.4，《集成》04964，《山西珍》52，《山西精》41，《总集》5210，《青集》12073	翼城博，农民挖
19	史父乙壶	1998年山东滕州官桥镇前掌大村	M18：45	28×10.6	CⅡ提梁	三期	菱形纹、兽面纹、联珠纹	盖器同3	《前掌大》P275，《图》197.2，《青集》12056	社科院，青集尺寸（28.4×8）
20	兽面纹提梁壶	1998年山东滕州官桥镇前掌大村	M18：48	33.6×8.6	CⅡ提梁	三期	顾首龙纹、兽面纹、联珠纹	无	《前掌大》P275	
21	史子日癸壶	1998年山东滕州官桥镇前掌大村	M120：23	28.4×8	CⅡ提梁	三期	三角云纹、弦纹、兽面纹	盖内4	《前掌大》P275，《青集》12096	
22	兽面纹壶	1976年河南安阳殷墟小屯	M5：765	36.4×8.8	Da提梁	二期早段	雷纹、云纹、兽面纹	无	《妇好墓》P66	社科院
23	兽面纹壶	1976年河南安阳殷墟小屯	M5：829	35.4×8.9	Da提梁	二期早段	雷纹、云纹、兽面纹	无	《妇好墓》P67，《铜全》3.114	社科院
24	兽面纹壶	1977年河南安阳小屯北	M18：10	28×7.7	Db提梁	二期早段	云纹、涡纹、弦纹、兽面纹	无	《学报》1981.4，《铜全》3.115	社科院

续表

序号	器物	时间地点	墓葬及器号	通高×口径（厘米）	类型	分期	纹饰	铭文	资料来源	备注
25	夔纹壶	1935年河南安五官北地	M1022	28×4.7	Db提梁	二期早段	夔纹、云纹	无	五十三，图43，《铜全》3.116	台北院
26	兽面纹壶	河南安阳小屯	M238：R2065	30.7	Db提梁	二期早段	兽面纹	无	《小屯》	
27	北单壶	1950年河南安阳武官村北地一号商代大墓陪葬墓	E9	25.4×7.3	Db提梁	二期早段	雷纹、云雷纹、兽面纹	底1	《学报5册》，《河南（一）二七五》，《综览 · 卣》4，《辞典》109，《美全》4.27，《赛克勒》1987P356，《铜全》3.117，《集成》04779，《总集》5044，《青集》12542	国博
28	兽面纹方壶	1936年河南安阳小屯	M331：R2066	30.3	E提梁	二期早段	兽面纹	无	《铜全》3.133	台北院
29	兽面纹方壶	1989年江西新干大洋洲	XDM：47	27.8×7.3	E提梁	二期早段	兽面纹、龙纹、目雷纹、云纹、鳞纹	无	《新干》P70，《文物》1991.10	江西博
30	兽面纹提梁壶	1959年山西石楼桃花庄	无	42×（13.7×17.5）	FⅠ提梁	二期晚段	蝉纹、夔纹、雷纹、兽面纹	无	《铜全》4.139	山西博
31	兽面纹提梁壶	1956年湖南石门	无	47.5×11.8	FⅠ提梁	二期晚段	龙纹、兽面纹	无	《铜全》4.142	湖南博
32	趩父乙壶	1980年陕西宝鸡竹园沟	BZM4：8	33.2×（11.8×9）	FⅡ提梁	三期	兽面纹、云雷纹、十字带纹	盖器同3	《宝鸡》P158，图117.1、2，《文物》1983.2，《陕金》1.586，《辞典》463，《集成》09501，《总集》5624，《青集》12057	宝鸡博

续表

序号	器物	时间地点	墓葬及器号	通高×口径（厘米）	类型	分期	纹饰	铭文	资料来源	备注
33	顾首夔纹提梁壶	1966年陕西岐山贺家村	无	31.3（11.8×9.6）	FⅡ提梁	三期	顾首夔纹、弦纹	无	《周青》6.1098	农民挖
34	嵛族卂壶	2007年河南洛阳老城北大街	C2M130：8	33×12.6	FⅡ提梁	三期	夔龙纹、云雷纹、络带纹、弦纹	盖内7	《文物》2010.8，P7，《青集》12201	洛阳队
35	鬻壶	1975年北京琉璃河黄土坡燕国墓地	M253：4	25.4×11	FⅡ提梁	三期	夔纹、兽面纹	盖器同14	《琉璃河》P187，《集成》05374，《铭文选》126，《青集》12299	首博
36	作宝彝壶	1974年北京琉璃河黄土坡燕国墓地	M253：5	31.8×13	FⅡ提梁	三期	兽目纹、夔纹、兽面纹	盖器同3	《琉璃河》P191，《集成》05035，《青集》12083	首博
37	疒父乙壶（痓父乙壶）	1986年河南信阳浉河港西周墓	无	25.3×（9.4×14.2）	FⅡ提梁	三期	夔纹、兽面纹、凤鸟纹	内底3	《考古》1989.1，《近出》568，《新收》299，《青集》12060	农民挖
38	⿱父丁壶	1986年河南信阳浉河港西周墓	无	24.7×（10.2×12.4）	FⅡ提梁	三期	牛纹、夔龙纹	内底3	《考古》1989.1，《近出》571，《新收》307，《青集》12066	农民挖，盖失
39	曾侯壶	2011年湖北随州浙河镇蒋寨村叶家山	M65：31	44×（14.8×9.2）	FⅡ提梁	三期	弦纹、卷云纹、菱形纹	盖器同5	《江汉》2011.3，《青集》12132	随州博

续表

序号	器物	时间地点	墓葬及器号	通高×口径（厘米）	类型	分期	纹饰	铭文	资料来源	备注
40	幾壶	2001年山西曲沃曲村赵北村晋侯墓地	M113：102	33.3×13	FⅡ提梁	三期	鸟纹、夔纹、蝉纹、云雷纹	内壁7字	《文物》2001.8，《新收》913，《青集》12196	山西所
41	云雷纹壶	1997～1998年河南鹿邑太清宫长子口墓	M1：218	28	FⅡ提梁	三期	云雷纹、凸弦纹	无	《鹿邑》P113	
42	提梁壶	1972年陕西扶风刘家村丰姬墓	丰姬墓：5	45×9.8	GⅠ提梁	三期	素光	无	《陕西》（三）39	
43	夔凤纹壶	1976年陕西宝鸡竹园沟	M13：1	33.3×12.4	H提梁	三期	夔凤纹、直棱纹、凸棱纹	无	《宝鸡》P63	
44	夔凤纹壶	1976年陕西宝鸡竹园沟	M13：2	与上相近	H提梁	三期	夔凤纹、直棱纹、凸棱纹	无	《宝鸡》P65	
45	泾伯壶	1967年甘肃灵台白草坡	M1：13	29×12	H提梁	三期	夔龙纹	盖器同6	《文物》1972.12，《学报》1977.2，《总集》5362，《集成》05226，《铭文选》154，《铜全》6.192，《青集》13096	甘肃博，学报误为尊，总集4758尊重出
46	泾伯壶	1967年甘肃灵台白草坡	M1：14	25×10.5	H提梁	三期	夔龙纹	盖器同6	《文物》1972.12，《学报》1977.2，《总集》5363，《集成》05227，《综览·卣》156，《辞典》497，《青集》13097	甘肃博

续表

序号	器物	时间地点	墓葬及器号	通高×口径（厘米）	类型	分期	纹饰	铭文	资料来源	备注
47	[illegible]伯壶	1972年甘肃灵台白草坡	M2：8	32×13	H提梁	三期	三道凤纹、弦纹	盖器同6	《学报》1977.2，《集成》05224，《总集》5361，《综览·卣》155，《青集》13094	甘肃博
48	[illegible]伯壶	1972年甘肃灵台白草坡	M2：9	26×12	H提梁	三期	三道凤纹、弦纹	盖器同6	《学报》1977.2，《铜全》6.193，《集成》05225，《铭文选》155，《青集》13095	甘肃博
49	[illegible]父丁壶	1998年山东滕州前掌大商周墓地	M119.37	34.4×13.3	H提梁	三期	兽面纹、云纹、联珠纹	盖器同3	《前掌大》P292，《青集》12849	社科院
50	兽面纹壶	1954年河南郑州人民公园	C7M9：1	31.6×15.6	AⅠ贯耳	一期	兽面纹、夔纹、云雷纹	无	《郑州》P917	
51	妇好壶	1976年河南安阳殷墟小屯	M5：795	50.9×20.2	AⅡ贯耳	二期早段	兽面纹、夔纹	内底2	《妇好墓》P64图34.6，《集成》09487，《总集》5619，《综览·壶》19，《辞典》105，《美全》4.37，《赛克勒》1987P344，《青集》12000	
52	妇好壶	1976年河南安阳殷墟小屯	M5：863	52.2×20.5	AⅡ贯耳	二期早段	兽面纹、夔纹	内底2	《妇好墓》P65图34.9，《殷铜》23图47.7，《铜全》3.88，《集成》09486，《总集》5620，《青集》11999	青集尺寸（50.9×20.2）

续表

序号	器物	时间地点	墓葬及器号	通高×口径（厘米）	类型	分期	纹饰	铭文	资料来源	备注
53	兽面纹壶	河南安阳殷墟小屯	M238	37×18	AⅡ贯耳	二期早段	兽面纹、夔纹	无	中考报（三）	
54	兽面纹壶	河南安阳侯家庄东区	M1055：R1083	不详	AⅡ贯耳	二期早段	兽面纹、云雷纹	无	侯家庄十	
55	兽面纹壶	河南安阳侯家庄东区	M1055：R1082	不详	AⅡ贯耳	二期早段	兽面纹、云雷纹	无	中考报（三）·十小墓	
56	兽面纹壶	河南安阳侯家庄东区	M1055：R1081	不详	AⅡ贯耳	二期早段	兽面纹、云雷纹	无	侯家庄十	
57	兽面纹壶	1957年河南安阳殷墟高楼庄	M8：18	35×16.8	AⅡ贯耳	二期晚段	兽面纹、云雷纹	无	《河南》（一），二八六	河南博
58	兽面纹贯耳壶	河南安阳出土	馆藏0618	35 ×16.9	AⅡ贯耳	二期晚段	兽面纹、云雷纹	1	《殷墟》一〇五，《文物》1986.8	出土时间不详
59	戈壶	2004年河南安阳殷墟四盘磨村北商代墓	M9：6	33.5	AⅡ贯耳	二期晚段	兽面纹	口内1	《殷新》92，《青集》11953	
60	■壶	1934～1935年河南安阳侯家庄西北岗	M1708	17.7	AⅡ贯耳	二期早段	兽面纹、弦纹	口内1	《录遗》217，《古器物》5图版31，《综览·壶》30，《集成》09463，《总集》5606，《青集》11970	台北院
61	兽面纹壶	河南安阳西北冈	M1005	21.5	AⅡ贯耳	二期早期	云雷纹、兽面纹、弦纹	无	侯家庄十	台北院

续表

序号	器物	时间地点	墓葬及器号	通高×口径（厘米）	类型	分期	纹饰	铭文	资料来源	备注
62	弦纹壶	河南安阳西北冈	M1400	不详	AⅡ贯耳	二期早段	弦纹	无	中考报（三）·侯家庄九	
63	兽面纹壶	陕西榆林清涧解家沟	无	34.7	AⅡ贯耳	二期晚段	兽面纹、弦纹	无	《考古学集刊》2	出土时间不详
64	心𠙴壶	1976年河北藁城县前西关遗址	无	32.5×15.5	AⅡ贯耳	二期晚段	兽面纹、弦纹、云雷纹	内底2	《丛刊》1集P159，《集成》09488，《总集》5617，《青集》12011	河北所
65	兽面纹壶	1989年江西新干大洋洲商代大墓	XDM：45	34.8×17.7	AⅡ贯耳	二期晚段	云雷纹、兽面纹、弦纹	无	《新干》P65	
66	兽面纹壶	1989年江西新干大洋洲商代大墓	XDM：46	30.4×10.8	AⅡ贯耳	二期晚段	云雷纹、兽面纹、蝉纹	无	《新干》P65	
67	𢑚史子壶	2002年陕西延川县马家河乡毕家塬	馆藏号〇二31	35	AⅡ贯耳	二期晚段	云雷纹、兽面纹	内底3	《陕博刊》10，《新收》673，《陕北铜》185，《青集》12034	
68	兽面纹壶	陕西淳化	CHXM3	32.8×（11.2×14.2）	AⅢ贯耳	三期	兽面纹、云雷纹	无	《考与文》1986.5	出土时间不详
69	兽面纹壶	1952年河南安阳	新博0205	36.8×（14.8×18）	AⅢ贯耳	三期	兽面纹、云雷纹、夔纹	无	《河南》（一）335	新乡博
70	凸弦纹壶	山东黄县归城遗址	HG70	31×19.4	A贯-山东	三期	凸弦纹二道	无	《考古》1991.10	出土时间不详

续表

序号	器物	时间地点	墓葬及器号	通高×口径（厘米）	类型	分期	纹饰	铭文	资料来源	备注
71	贯耳壶	山东威海周代墓葬	M1：6	33.6×24.4	A贯-山东	四期	素光	无	《考古》1995.1	出土时间不详
72	兽面纹壶	1965年陕西绥德墕头村	无	32.7×10	B贯耳	二期晚段	兽面纹、垂叶纹、斜云纹	无	《文物》1975.2	农民挖，陕历博
73	夔纹壶	河南安阳殷墟	无	33.5×11.1	B贯耳	二期晚段	夔纹、云纹、三角蝉纹	无	《辞典》0102	农民挖，出土时间不详
74	夔纹壶	1989年江西新干大洋洲商代大墓	无	34.5×13.7	B贯耳	二期晚段	夔纹、云纹	无	《新干》P90	
75	仲姞壶	山西闻喜县东镇官庄村	无	35.7×11	CⅡ贯耳	四期	弦纹、鳞纹	盖顶10字	《文物报》2010.4.6，《青集》12257	闻喜博，自名壶 出土时间不详
76	仲姞壶	山西闻喜县东镇官庄村	无	29.5×9.5	CⅡ贯耳	四期	弦纹、鳞纹	盖顶10字	《文物报》2010.4.6，《青集》12257	闻喜博，自名壶 出土时间不详
77	𪓐𡟰壶	1981年陕西长安斗门镇花园村	M17：43	43.5×8.5	DⅠ贯耳	三期	素光	盖器同10	《文物》1986.1，《陕金》3.29，《集成》09595，《青集》12256	陕历博
78	夔凤纹壶	1969年山东烟台上夼村	无	43.5	DⅠ贯耳	三期	夔凤纹、云雷纹	无	《文物》1972.5	农民挖
79	曩𨟻夒壶	2011年湖北随州叶家山西周墓	M27：3	45.2×10.4	DⅠ贯耳	三期	夔龙纹、目雷纹	盖器同7	《文物》2011.11，《青集》12202	

续表

序号	器物	时间地点	墓葬及器号	通高×口径（厘米）	类型	分期	纹饰	铭文	资料来源	备注
80	贯耳壶	1975年北京昌平白浮村	M2：1	47	DⅠ贯耳	三期	素光	无	《考古》1976.4	
81	考母壶	1964年河南洛阳北窑庞家沟	M410：4	31×8	DⅡ贯耳	四期	兽面纹	盖器同5	《文物》1972.10，《北窑墓》P218，《集成》09527，《总集》5659，《综览·壶》68，《青集》12118	洛阳博
82	贯耳壶	1954年陕西长安普渡村	长由墓：012	34.9	DⅡ贯耳	四期	素光	无	《学报》1954.2	农民挖
83	长鸟纹壶	1976年陕西扶风庄白一号窖藏	76FZJ1：36	38.4×8.8	DⅡ贯耳	四期	长鸟纹、云雷纹	无	《文物》1978.3，《陕西》（二）	
84	鸟纹壶	1975年陕西扶风庄白村西周墓	无	48.7×12.5	DⅡ贯耳	四期	长尾鸟纹、云纹	无	《文物 》1976.6	农民挖
85	贯耳壶	1974～1975年陕西宝鸡茹家庄	M1：19	37.5×8.6	DⅡ贯耳	四期	素光	无	《宝鸡》P303，《文物》1976.4	
86	贯耳壶	1965年山东黄县归城遗址	M1：4	46	DⅡ贯耳	四期	素光	无	《文物》1972.5，《考古》1991.10	
87	贯耳壶	1965年河北唐县南伏城西周青铜器窖藏	无	38.3×9.3	DⅡ贯耳	四期	凤纹	无	《春秋》1991.1	农民挖
88	贯耳壶	1955年凌源海岛营子村	无	42	DⅡ贯耳	四期	十字带纹	无	《参考》1955.8	农民挖

续表

序号	器物	时间地点	墓葬及器号	通高×口径（厘米）	类型	分期	纹饰	铭文	资料来源	备注
89	夔龙纹壶	2001年山东沂源县姑子坪	M1：12	53.3×12.3	D贯-山东	五期	夔龙纹、窃曲纹	无	《考古》2003.1	
90	散车父壶	1960年陕西扶风召陈村西周窖藏	馆藏号：七二244	41×（11.1×14.6）	EaⅠ贯耳	四期	鸟纹、鳞纹、环带纹、夔龙纹	盖榫26	《文物》1972.6，《陕铜》3.123，《陕金》1.600，《铜全》5.147，《集成》09697，《总集》5774，《综览·壶》74，《赛克勒》1990P613，《铭文选》530甲，《辞典》741，《周青》2.194，《青集》12404	自名壶，农民挖，陕历博
91	散氏车父壶	1960年陕西扶风召陈村西周窖藏	馆藏号：七二235	41.2×（11.3×15.2）	EaⅠ贯耳	四期	鸟纹、鳞纹、环带纹、夔龙纹	盖口19	《陕西铜》3.124，《陕金》1.601，《文物》1972.6，《集成》09669，《总集》5755，《铭文选》530乙，《周青》2.200，《青集》12359	自名壶，农民挖，陕历博
92	鸟纹壶	1964年陕西长安张家坡西周墓	M：9	36.5（11.8×14.5）	EaⅠ贯耳	四期	鸟纹、鳞纹、带纹	无	《考古》1965.9	
93	鸟纹壶	1964年陕西长安张家坡西周墓	M：8	与上相近	EaⅠ贯耳	四期	鸟纹、鳞纹、带纹	无	《考古》1965.9	
94	鸟纹壶	1960年陕西扶风齐家村窖藏	无	52×17	EaⅠ贯耳	四期	鸟纹、带纹、垂鳞纹	无	《扶风》6	农民挖
95	鸟纹壶	1960年陕西扶风齐家村窖藏	无	52×17	EaⅠ贯耳	四期	鸟纹、带纹、垂鳞纹	无	《扶风》5	农民挖

续表

序号	器物	时间地点	墓葬及器号	通高×口径（厘米）	类型	分期	纹饰	铭文	资料来源	备注
96	应伯壶	1986年河南平顶山薛庄乡滍杨镇西周墓	M95：77	47×（16×11.8）	Ea Ⅰ贯耳	四期	环带纹、宽带十字纹	盖器同5	《华夏》1992.3，《新收》71，《青集》12146	河南所
97	幻伯隹壶	2002～2003年湖北枣阳郭家庙曾国墓地	M1：8	47.6×17	Ea贯-湖北	六期	宽带纹、弦纹、络带纹	盖榫14	《枣阳》P94，《新收》1200（盖），《曾铜》P86，《青集》12305	湖北所，自名壶
98	幻伯隹壶	2002～2003年湖北枣阳郭家庙曾国墓地	M1：9（残破）	与上相近	Ea贯-湖北	六期	宽带纹、弦纹、络带纹	盖榫14	《枣阳》P94	湖北所
99	贯耳壶	1993年河南洛阳东郊西周墓	C5M906	30×11.9	Eb Ⅱ贯耳	五期	弦纹	无	《考古》1995.9	农民挖
100	能奚壶	1980年山东黄县石良镇庄头村西周墓	M1	40×13	Eb贯-山东	三期	素光	盖内5字	《文物》1986.8，《近出》954，《新收》1100，《青集》12155	农民挖
101	番叔壶	1986年河南信阳五星乡平西村春秋墓	M5：10	25×8	F Ⅱ贯耳	六期	交连纹、蟠螭纹、绹索纹	颈12	《考古》1989.1，《铜全》7.118，《近出》961，《新收》297，《青集》12289	信阳管，农民挖，自名壶
102	贯耳壶	1978年河南信阳县明港	无	23.3×8.1	F Ⅱ贯耳	六期	蟠虺纹、鳞纹	无	《中原》1981.4	农民挖
103	兽面纹壶	1991年湖北应城孙堰村	M1：2	23.2×8.8	F Ⅱ贯耳	六期	兽面纹、鳞纹	无	《江汉》1996.4	

续表

序号	器物	时间地点	墓葬及器号	通高×口径（厘米）	类型	分期	纹饰	铭文	资料来源	备注
104	奚季宽车壶（奚季宿车壶）	1979年河南罗山县高店村春秋墓	无	33×11	FⅢ贯耳	七期	绹索纹	盖顶13 器颈15	《中原》1981.4，《铜全》7.96，《集成》09658，《青集》12326	农民挖，信阳管
105	贯耳壶甲	1978年河南信阳县明港	无	25.8×9.5×10.5	GaⅠ贯耳	六期	蟠虺纹、兽面纹	无	《中原》1981.4	农民挖
106	贯耳壶乙	1978年河南信阳县明港	无	与上相近	GaⅠ贯耳	六期	蟠虺纹、兽面纹	无	《中原》1981.4	农民挖
107	弦纹壶	2001年河南桐柏月河墓地	M22：1	26.9×12.9	GaⅠ贯耳	六期	三条弦纹带	无	《文物》2005.8	
108	弦纹壶	2001年河南桐柏月河墓地	M22：2	与上相近	GaⅠ贯耳	六期	三条弦纹带	无	《文物》2005.8	
109	樊夫人龙嬴壶	1978年河南信阳平桥南山嘴春秋墓	M1：5	26.8×12.6	GaⅡ贯耳	七期	窃曲纹	颈外壁13	《文物》1981.1，《集成》09637，《总集》5728，《综览·壶》16，《辞典》694，《青集》12296	自名壶，信阳管
110	贯耳壶	1981年河南信阳平桥西春秋墓	M3	24.5×11.2	Gb贯耳	七期	窃曲纹	无	《中原》1981.4	器号不详
111	云纹壶	山东临沂市相公公社王家黑墩村凤凰岭	M4：15	29.8×12	Gb贯耳	七期	蟠螭纹、云纹	无	《临沂》P14	

续表

序号	器物	时间地点	墓葬及器号	通高×口径（厘米）	类型	分期	纹饰	铭文	资料来源	备注
112	三年瘐壶	1976年陕西扶风庄白一号窖藏	H1：19 藏号0029	65.2×20.3	AⅠ环耳	四期	变形鸟纹、团鸟纹、云雷纹、窃曲纹、环带纹	盖器同60	《文物》1978.3，《陕金》1.605，《陕铜》2.31，《铜全》5.144，《集成》09726，《总集》5797，《综览·壶》81，《赛克勒》1990P91，《铭文选》256，《辞典》468，《周青》4.667，《青集》12441.	周原博，自名壶
113	三年瘐壶	1976年陕西扶风庄白一号窖藏	H1：20	65.4×19.7	AⅠ环耳	四期	变形鸟纹、团鸟纹、云雷纹、窃曲纹、环带纹	120	《文物》1978.3，《陕金》1.606，《陕铜》2.32，《集成》09727，《总集》5796，《周青》4.674，《青集》12442.	周原博，自名壶
114	十三年瘐壶	1976年陕西扶风庄白一号窖藏	H1：21 藏号0030	59.6×16.8	AⅠ环耳	四期	长鸟纹、重环纹、鳞带纹、云雷纹	盖榫及外颈同56	《文物》1978.3，《陕金》1.603，《陕铜》2.29，《铜全》5.140，《集成》09723.2（盖）09724.1（器），《总集》5792，《综览·壶》82，《铭文选》292，《辞典》469，《周青》4.692.693，《青集》12436.	周原博，集成拓片误置，铜全拓片误为H1：22

续表

序号	器物	时间地点	墓葬及器号	通高×口径（厘米）	类型	分期	纹饰	铭文	资料来源	备注
115	十三年瘐壶	1976年陕西扶风庄白一号窖藏	H1：22 藏号0031	59.9×16.8	A Ⅰ环耳	四期	长鸟纹、重环纹、鳞带纹、云雷纹	盖榫及外颈同56	《文物》1978.3《陕金》1.604，《陕铜》2.30，《集成》09723.1（盖），09724.2（器），《总集》5791，《铭文选》1.292，《周青》4.701.702，《青集》12437.	周原博，全集拓片重
116	仲南父壶	1975年陕西岐山董家村一号窖藏	75QDJ：33 馆藏号106	54.5×15.5 青集 （54.3×16）	A Ⅰ环耳	四期	鸟纹、鳞纹、雷纹、窃取纹	盖内16	《文物》1976.5，《陕金》1.597，《陕铜》1.177，《集成》09642，《总集》5744，《综览·壶》84，《塞克勒》1990P612.95.5，《周青》3.377，《三代补》937，《青集》12329	岐山博，自名壶
117	仲南父壶	1975年陕西岐山董家村一号窖藏	75QDJ：34 馆藏号107	53.8×15.6	A Ⅰ环耳	四期	鸟纹、鳞纹、雷纹、窃取纹	盖器同16	《文物》1976.5，《陕金》1.597，《陕金》1.596，《陕铜》1.176，《集成》09643，《总集》5745，《周青》3.382、383，《青集》12330	岐山博，自名壶 陕金盖误，集成倒置
118	圆壶甲	1981年陕西扶风强家村	M1	41.8×12.6	A Ⅰ环耳	四期	团鸟纹	无	《文博》1987.4	
119	圆壶乙	1981年陕西扶风强家村	M1	与上相近	A Ⅰ环耳	四期	团鸟纹	无	《文博》1987.4	

续表

序号	器物	时间地点	墓葬及器号	通高×口径（厘米）	类型	分期	纹饰	铭文	资料来源	备注
120	尚壶	1955年河南泌阳县前梁河村	无	40.7×16	AⅠ环耳	四期	圆涡纹、波曲纹、鳞纹、重环纹	盖器同14	《文物》1966.1，《集成》09618甲，《总集》5734，《辞典》473，《青集》12302	河南博，自名壶
121	尚壶	1955年河南泌阳县前梁河村	无	40.7×15.7	AⅠ环耳	四期	圆涡纹、波曲纹、鳞纹、重环纹	盖器同14	《文物》1966.1，《集成》09618乙，《辞典》473，《铜全》6.104，《青集》12303	河南博，自名壶
122	几父壶	1960年陕西扶风齐家村西周窖藏	藏号60.0.171	60×16	AⅠ环耳	五期	窃曲纹、环带纹、团鸟纹、云纹	口内57	《文物》1961.7，《陕金》1.607，《齐家村》3，《陕铜》2.134，《集成》09721，《总集》5793，《综览·壶》78，《辞典》466，《断代》P789，《周青》1.88，《青集》12438	农民挖，陕历博，自名壶
123	几父壶	1960年陕西扶风齐家村西周窖藏	馆藏号60.0.172	59	AⅠ环耳	五期	窃曲纹、环带纹、团鸟纹、云纹	口内57	《文物》1961.7，《陕金》1.607，《齐家村》4，《陕铜》2.135，《集成》09722，《总集》5794，《铭文选》277，《周青》1.96，《三代补》850，《青集》12439	农民挖，陕历博，自名壶
124	窃曲纹壶	1991～1992年三门峡虢国墓地太子墓	M2011：62	37.4×12.8	AⅡ环耳	五期	重环纹、瓦棱纹、窃曲纹	无	《虢国》P329	

续表

序号	器物	时间地点	墓葬及器号	通高×口径（厘米）	类型	分期	纹饰	铭文	资料来源	备注
125	窃曲纹壶	1991～1992年三门峡虢国墓地太子墓	M2011：215	38.8×14.2	AⅡ环耳	五期	窃曲纹、波曲纹、重环纹	无	《虢国》P329	
126	鳞纹壶	1990年河南上村岭虢国墓地	M2006：53	37.2×11.4	AⅡ环耳	五期	鳞纹、波曲纹、窃曲纹等	无	《文物》1995.1	
127	鳞纹壶	1990年河南上村岭虢国墓地	M2006：54	与上相近	AⅡ环耳	五期	鳞纹、波曲纹、窃曲纹等	无	《文物》1995.1	
128	楷侯宰夔壶	2006年山西黎城县西关村	M8：7	43	AⅡ环耳	五期	波曲纹、环带纹、瓦棱纹、夔龙纹、重环纹	盖内9字	《古文明总》34P38，《金与史》P31图9，《青集》12241	
129	楷侯宰夔壶	2006年山西黎城县西关村	M8	与上相近	AⅡ环耳	五期	波曲纹、环带纹、瓦棱纹、夔龙纹、重环纹	盖内9字	《青集》12241	
130	杨姞壶	1993年山西曲沃曲村北赵村晋侯墓地	M63：81	35.8×12.4	AⅡ环耳	五期	目雷纹、环带纹、鳞纹	盖器同9	《文物》1994.8《铜全》6.51，《近出》960，《新收》889，《青集》12239	山西所，自名壶
131	杨姞壶	1993年山西曲沃曲村北赵村晋侯墓地	M63：82	35.7×12.5	AⅡ环耳	五期	目雷纹、环带纹、鳞纹	盖器同9	《文物》1994.8，《晋国奇珍》P161，《新收》890，《青集》12240	山西所，自名壶
132	波曲纹壶	1977年湖北谷城火龙岗	谷：11	46.3×19.5	AⅡ环耳	五期	波曲纹、云纹、亚字纹	无	《考古》1987.5	农民挖

续表

序号	器物	时间地点	墓葬及器号	通高×口径（厘米）	类型	分期	纹饰	铭文	资料来源	备注
133	波曲纹壶	1977年湖北谷城火龙岗	无	46×19.5	AⅡ环耳	五期	波曲纹、云纹、亚字纹	无	《考古》1987.5	农民挖
134	波曲纹壶	1959年陕西蓝田寺坡村		不详	AⅡ环耳	五期	波曲纹	无	《文物》1960.2	农民挖，陕历博
135	凤鸟纹壶	1990～1991年三门峡虢国墓地	M2001：80	38.6×14	AⅡ环耳	五期	凤鸟纹、重环纹、细雷纹、窃曲纹	无	《虢国》P60	
136	凤鸟纹壶	1990～1991年三门峡虢国墓地	M2001：89	39×14	AⅡ环耳	五期	凤鸟纹、重环纹、细雷纹、窃曲纹	无	《虢国》P60	
137	垂鳞纹壶	1972年河南罗山县高店公社	无	35.5×12	AⅢ环耳	六期	窃曲纹、垂鳞纹	无	《文物》1980.1	农民挖
138	垂鳞纹壶	1972年河南罗山县高店公社	无	与上相近	AⅢ环耳	六期	窃曲纹、垂鳞纹	无	《文物》1980.1	农民挖
139	波曲纹壶	1996年山东莒县西大庄	M1：10	36.9×12.3	AⅢ环耳	六期	涡纹、鳞纹、夔龙纹、波曲纹	无	《考古》1999.7	
140	波曲纹壶	1996年山东莒县西大庄	M1：11	与上相近	AⅢ环耳	六期	涡纹、鳞纹、夔龙纹、波曲纹	无	《考古》1999.7	
141	窃曲纹壶	1978年山东滕州薛国故城	M1：52	41×14	AⅢ环耳	六期	窃曲纹、垂鳞纹	无	《学报》1991.4	
142	窃曲纹壶	1978年山东滕州薛国故城	M1：51	与上相近	AⅢ环耳	六期	窃曲纹、垂鳞纹	无	《学报》1991.4	
143	蟠螭纹壶	1978年山东滕州薛国故城	M2：123	39.6×15	AⅢ环耳	六期	蟠螭纹、鳞纹、窃曲纹	无	《学报》1991.4	

续表

序号	器物	时间地点	墓葬及器号	通高×口径（厘米）	类型	分期	纹饰	铭文	资料来源	备注
144	蟠螭纹壶	1978年山东滕州薛国故城	M2：122	与上相近	AⅢ环耳	六期	蟠螭纹、鳞纹、窃曲纹	无	《学报》1991.4	
145	圓君婦媿霝壶	2002年山东枣庄东江小邾国墓地	M3	45.3×17.4	AⅢ环耳	六期	瓦棱纹、变形蝉纹、鳞纹	颈部17	《小邾国》P65，《青集》12353	枣庄博
146	圓君婦媿霝壶	2002年山东枣庄东江小邾国墓地	M3	与上相近	AⅢ环耳	六期	瓦棱纹、变形蝉纹、鳞纹	颈部17	《小邾国》P65	枣庄博
147	郳君庆壶	2002年山东枣庄东江小邾国墓地	M2	46.4×14.9	AⅢ环耳	六期	龙纹、垂鳞纹、窃曲纹	盖器同16	《小邾国》P38，《青集》12333	枣庄博，自名壶
148	郳君庆壶	2002年山东枣庄东江小邾国墓地	M2	与上相近	AⅢ环耳	六期	龙纹、垂鳞纹、窃曲纹	盖器同16	《小邾国》P38，《青集》12333	枣庄博，自名壶
149	郳君庆壶	山东枣庄东江小邾国墓地	无	不详	AⅢ环耳	六期	龙纹、垂鳞纹、窃曲纹	盖器同16	《小邾国》P85，《青集》12334	盗掘，后回购出土时间不详
150	郳君庆壶	山东枣庄东江小邾国墓地	无	不详	AⅢ环耳	六期	龙纹、垂鳞纹、窃曲纹	盖器同16	《小邾国》P87，《青集》12335	盗掘，后回购出土时间不详
151	郳君庆壶	山东枣庄东江小邾国墓地	无	不详	AⅢ环耳	六期	龙纹、垂鳞纹、窃曲纹	盖器同16	《小邾国》P89，《青集》12336	盗掘，后回购出土时间不详
152	郳君庆壶	山东枣庄东江小邾国墓地	无	不详	AⅢ环耳	六期	龙纹、垂鳞纹、窃曲纹	盖器同16	《小邾国》P91，《青集》12337	盗掘，后回购出土时间不详
153	环带纹壶	1972年湖北枣阳县茶庵曾国	无	48.8×16.4	AⅢ环耳	六期	蟠螭纹、环带纹	无	《考古》1975.4	农民挖
154	环带纹壶	1972年湖北枣阳县茶庵曾国	无	48.8×16.4	AⅢ环耳	六期	蟠螭纹、环带纹	无	《考古》1975.4	农民挖

续表

序号	器物	时间地点	墓葬及器号	通高×口径（厘米）	类型	分期	纹饰	铭文	资料来源	备注
155	窃曲纹壶	1995年山东长清仙人台西周墓地	M6：B29	43.7×16.5	AⅢ环耳	六期	窃曲纹	无	《考古》1998.9	山东大
156	窃曲纹壶	1995年山东长清仙人台西周墓地	M6：B30	与上相近	AⅢ环耳	六期	窃曲纹	无	《考古》1998.9	山东大
157	窃曲纹壶	1976年湖北随州万店周家岗	无	37×12.5	AⅢ环耳	六期	波带纹、窃曲纹	无	《考古》1984.6	残，已修复，农民挖
158	窃曲纹壶	1976年湖北随州万店周家岗	无	与上相近	AⅢ环耳	六期	波带纹、窃曲纹	无	《考古》1984.6	残，农民挖
159	夔纹壶	1987年湖北应山吴店	M1：10	32.4×11.5	AⅢ环耳	六期	窃曲纹、夔纹、重环纹	无	《文物》1989.3	
160	夔纹壶	1987年湖北应山吴店	M1：11	与上相近	AⅢ环耳	六期	窃曲纹、夔纹、重环纹	无	《文物》1989.3	
161	波带纹壶	1996～1998年河南新郑郑韩故城	T615K6：29	41.3×13.8	AⅣ环耳	七期	波带纹、蟠虺纹	无	《文物》2005.10	
162	波曲纹壶	1996～1998年河南新郑郑韩故城	T602K15：12	39.9×13.6	AⅣ环耳	七期	弦纹、波曲纹	无	《文物》2005.10	
163	环耳圆壶	1996～1998年河南新郑郑韩故城	K2	与上相近	AⅣ环耳	七期	无	无	《文物》2005.10	简报省略，器号不详
164	环耳圆壶	1996～1998年河南新郑郑韩故城	K3	与上相近	AⅣ环耳	七期	无	无	《文物》2005.10	简报省略，器号不详

续表

序号	器物	时间地点	墓葬及器号	通高×口径（厘米）	类型	分期	纹饰	铭文	资料来源	备注
165	盗叔壶	1980年湖北随县均川刘家崖春秋墓	M1	39×15	AⅣ环耳	七期	三角云纹、环带纹	颈下12字	《考古》1982.2，《集成》09625，《总集》5719，《曾铜》P205，《随州》55，《青集》12287	随州博，自名壶
166	盗叔壶	1980年湖北随县均川刘家崖春秋墓	M1	39×15	AⅣ环耳	七期	三角云纹、环带纹	颈下13	《考古》1982.2，《集成》09626，《总集》5720，《曾铜》P205，《青集》12288	随州博，自名壶
167	公铸壶	1977年山东沂水县刘家店子村	M1：33	47×16.5	AⅣ环耳	七期	蟠螭纹、变形夔纹、三角纹	颈部3	《文物》1984.9，《铜全》9.75，《集成》09513，《综览·壶》17，《山东成》621，《青集》12091	山东所，同出7件，6件形制同，另1器形不明未收录
168	公铸壶	1977年山东沂水县刘家店子村	M1：34	与上相近	AⅣ环耳	七期	蟠螭纹、变形夔纹、三角纹	颈部3	《文物》1984.9	山东所
169	公铸壶	1977年山东沂水县刘家店子村	M1：35	与上相近	AⅣ环耳	七期	蟠螭纹、变形夔纹、三角纹	颈部3	《文物》1984.9	山东所
170	公铸壶	1977年山东沂水县刘家店子村	M1：36	与上相近	AⅣ环耳	七期	蟠螭纹、变形夔纹、三角纹	颈部3	《文物》1984.9	山东所
171	公铸壶	1977年山东沂水县刘家店子村	M1：37	与上相近	AⅣ环耳	七期	蟠螭纹、变形夔纹、三角纹	颈部3	《文物》1984.9	山东所
172	公铸壶	1977年山东沂水县刘家店子村	M1：38	与上相近	AⅣ环耳	七期	蟠螭纹、变形夔纹、三角纹	颈部3	《文物》1984.9	山东所
173	波带纹壶	湖北襄阳王坡春秋邓国墓地	M55：20	AⅣ环耳	AⅣ环耳	七期	波带纹、垂鳞纹、重环纹	无	襄阳	

续表

序号	器物	时间地点	墓葬及器号	通高×口径（厘米）	类型	分期	纹饰	铭文	资料来源	备注
174	波带纹壶	湖北襄阳王坡春秋邓国墓地	M55：21	AⅣ环耳	AⅣ环耳	七期	波带纹、垂鳞纹、重环纹	无	襄阳	
175	苏[勹+軍]壶	1988年陕西延长安沟乡岔口村	馆藏号：延长116	49×（16.8×12.4）	BaⅠ环耳	四期	夔龙纹、络带纹、大鸟纹、重环纹	盖17	《考与文》1993.5，《近出》967，《新收》677，《陕北铜》189，《青集》12343	窖藏，自名
176	梁其壶甲	1940年陕西扶风任家村西周窖藏	馆藏号：3544	35.6	BaⅡ环耳	五期	窃曲纹、交连纹、弦纹	盖18身137	《陕金》1.609，《陕图》70，《汇编》178，《铜全》5.148，《集成》09716，《总集》5787，《铭文选》401，《青集》12420	陕历博，自名壶
177	梁其壶乙	1940年陕西扶风任家村西周窖藏	无	51	BaⅡ环耳	五期	窃曲纹、交连纹、弦纹	盖8身37	《美集》R485、A699，《汇编》177，《陕金》2.271，《集成》09717，《总集》5788，《布伦戴奇图》59，《赛克勒》1990P613，《断代》P830，《三代补》P485，《青集》12421	自名壶，美国旧金山亚洲艺术馆
178	凤鸟纹壶	2005～2007年陕西韩城梁带村	M27：1001	49.1×17.2	BaⅡ环耳	五期	凤鸟纹、窃曲纹、波带纹	无	《考与文》2007.6	
179	凤鸟纹壶	2005～2007年陕西韩城梁带村	M27	与上相近	BaⅡ环耳	五期	凤鸟纹、窃曲纹、波带纹	无	《考与文》2007.6	

续表

序号	器物	时间地点	墓葬及器号	通高×口径（厘米）	类型	分期	纹饰	铭文	资料来源	备注
180	𠑹车父壶	1976年陕西临潼零口乡西段村西周窖藏	馆藏号306.1	51.5×（13.5×18.5）	BaⅡ环耳	五期	弦纹、波曲纹、环带纹、带络纹	盖器同9	《陕金》1.593，《文物》1977.8，《集成》09601（器）、09602（盖），《总集》5711，《综览·壶》90，《三代补》956（器）、957a（盖），《青集》12237	陕历博，西周窖藏，青集尺寸51.5×（13.5×18），集成盖器倒置
181	𠑹车父壶	1976年陕西临潼零口乡西段村西周窖藏	馆藏号306.2	51.5×（13.5×18）	BaⅡ环耳	五期	弦纹、波曲纹、环带纹、带络纹	盖器同9	《文物》1977.8，《陕金》1.594，《集成》09601，09602，《总集》5710，《三代补》957（器）、956a（盖），《青集》12238	临潼博，西周窖藏
182	十字带纹壶	1988年平顶山应国墓地	M95：77	47×（16×11.8）	BaⅡ环耳	五期	波曲纹、宽带十字纹	5	《华夏》1992.3	
183	十字带纹壶	1988年平顶山应国墓地	M95：78	47×（16×11.8）	BaⅡ环耳	五期	波曲纹、宽带十字纹	5	《华夏》1992.3	
184	窃曲纹壶	1993年山西曲沃曲村赵北村晋侯墓地	M64：103	54.5×22.6	BaⅡ环耳	五期	双头龙纹、窃曲纹、云纹	无	《文物》1994.8	
185	窃曲纹壶	1993年山西曲沃曲村赵北村晋侯墓地	M64：103	54.5×22	BaⅡ环耳	五期	双头龙纹、窃曲纹、云纹	无	《文物》1994.8	

续表

序号	器物	时间地点	墓葬及器号	通高×口径（厘米）	类型	分期	纹饰	铭文	资料来源	备注
186	窃曲纹壶	1991～1992年河南三门峡虢国墓地	M2011：63	46.8×（16.4×12）	BaⅡ环耳	五期	窃曲纹、凤鸟纹、细雷纹、斜角云纹	无	《虢国》，P332	
187	窃曲纹壶	1991～1992年河南三门峡虢国墓地	M2011：64	47×（17×11.8）	BaⅡ环耳	五期	窃曲纹、凤鸟纹、细雷纹、斜角云纹	无	《虢国》，P332	
188	窃曲纹壶	2008年河南洛阳涧阳广场	M9950：44	50.5×18.5×14.4	BaⅢ环耳	六期	窃曲纹、环带纹、三角纹、卷体龙纹	无	《考古》2009.12	
189	窃曲纹壶	2008年河南洛阳涧阳广场	M9950：31	与上相近	BaⅢ环耳	六期	窃曲纹、环带纹、三角纹、卷体龙纹	无	《考古》2009.12	
190	陈侯壶	1963年山东肥城县东孙楼小王庄	无	51×（16.8×12.2）	BaⅢ环耳	六期	弦纹、带络纹	盖器同13	《文物》1972.5，《铜全》6.98，《集成》09633，《总集》5729，《铭文选》578，《山东成》616，《青集》12294	自名壶，山东博，
191	陈侯壶	1963年山东肥城县东孙楼小王庄	无	50.4	BaⅢ环耳	六期	弦纹、带络纹	盖器同13	《文物》1972.5，《集成》09634，《辞典》691，《总集》5729，《综览·壶》99，《山东成》615，《青集》12295	自名壶，山东博
192	郳庆壶	山东枣庄市山亭区东江小郳国墓地	无	52.3×14.5	BaⅢ环耳	六期	络带纹	盖榫17字	《小郳国》P118，《青集》12352	安徽博

续表

序号	器物	时间地点	墓葬及器号	通高×口径（厘米）	类型	分期	纹饰	铭文	资料来源	备注
193	蟠虺纹壶	1963年陕西宝鸡阳平	M1∶18	27×9	BaⅢ环耳	六期	蟠虺纹	无	《考古》1965.7	
194	蟠虺纹壶	1963年陕西宝鸡阳平	M1∶21	与上相近	BaⅢ环耳	六期	蟠虺纹	无	《考古》1965.7	
195	蟠虺纹壶	1963年陕西宝鸡阳平	M2∶5	与上相近	BaⅢ环耳	六期	蟠虺纹	无	《考古》1965.7	
196	蟠虺纹壶	1963年陕西宝鸡阳平	M2∶12	与上相近	BaⅢ环耳	六期	蟠虺纹	无	《考古》1965.7	
197	晋叔家父壶	1994年山西曲沃曲村镇北赵村晋侯墓地	M93∶31	50.8×18.8	BaⅢ环耳	六期	兽纹、交连纹、斜角云纹	盖器同18	《文物》1995.7，《近出》968，《新收》908，《青集》12356	山西所，自名壶
198	晋叔家父壶	1994年山西曲沃曲村镇北赵村晋侯墓地	M93∶30	与上相近	BaⅢ环耳	六期	兽纹、交连纹、斜角云纹	盖器同18	《奇珍》P197，《青集》12357	山西所，自名壶
199	环带纹壶	1993年河南南阳桐柏月河	M1南坑∶1	?×（11.9×10.7）	BaⅣ环耳	七期	环带纹、卷云纹、变形S纹	无	《中原》1997.4	简报通高13cm，误
200	环带纹壶	1993年河南南阳桐柏月河	M1南坑∶2	与上相近	BaⅣ环耳	七期	环带纹、卷云纹、变形S纹	无	《中原》1997.4	
201	蟠螭纹壶	1972年山西长治分水岭	M269∶34	55×（16.5×13）	BaⅣ环耳	七期	蟠螭纹、云雷纹、勾连雷纹	无	《学报》1974.2	
202	蟠螭纹壶	1972年山西长治分水岭	M269∶35	与上相近	BaⅣ环耳	七期	蟠螭纹、云雷纹、勾连雷纹	无	《学报》1974.2	

续表

序号	器物	时间地点	墓葬及器号	通高×口径（厘米）	类型	分期	纹饰	铭文	资料来源	备注
203	[illegible]壶（劦壶）	1967年陕西长安沣西马王镇马王村	无	59×（20.3×15）	BbⅠ环耳	四期	重环纹、环带纹、兽面纹等	盖器同1	《考与文》1984.1，《陕金》1.584，《集成》09469，《青集》11979	窖藏，农民挖
204	[illegible]壶（劦壶）	1967年陕西长安沣西马王镇马王村	无	58.5×（20.1×15）	BbⅠ环耳	四期	重环纹、环带纹、兽面纹等	盖器同1	《考与文》1984.1，《陕金》1.585，《集成》09470，《青集》11980	窖藏，农民挖
205	十字带纹方壶	1993年山西曲沃曲村北赵村晋侯墓地	M31：1	不详	BbⅠ环耳	四期	十字带纹	无	《文物》1994.8	尺寸未注明
206	十字带纹方壶	1993年山西曲沃曲村北赵村晋侯墓地	M31：2	不详	BbⅠ环耳	四期	十字带纹	无	《文物》1994.8	尺寸未注明
207	晋侯断壶	1992年山西曲沃曲村北赵村晋侯墓地	M8：26	68.8×（22.8×18）	BbⅡ环耳	五期	交龙纹、目雷纹、环带纹、鳞纹	盖内25	《文物》1994.1，《铜全》6.49，《近出》969，《新收》868，《青集》12396	山西所
208	晋侯断壶	1992年山西曲沃曲村北赵村晋侯墓地	M8：25	67.2×（22.2×18）	BbⅡ环耳	五期	交龙纹、目雷纹、环带纹、鳞纹	盖内25	《文物》1994.1，《新收》867，《晋国奇珍》P97《青集》12397	山西所

续表

序号	器物	时间地点	墓葬及器号	通高×口径（厘米）	类型	分期	纹饰	铭文	资料来源	备注
209	单五父壶	2003年陕西眉县马家镇杨家村西周窖藏	2003MYJ：14	59.6×（20×15）青集尺寸58.2×（19.6×14.6）	BbⅡ环耳	五期	龙纹、环带纹、窃曲纹	盖器同19	《文物》2003.6，《青集》12349	宝鸡博
210	单五父壶	2003年陕西眉县马家镇杨家村西周窖藏	2003MYJ：19	58.8×（19.5×14.8）	BbⅡ环耳	五期	龙纹、环带纹、窃曲纹	盖器同19	《文物》2003.6，《新收》761，《青集》12350	宝鸡博，MYJ19为器盖，MYJ15为器身
211	宁戈壶	1976年陕西长安沣西马王镇新旺村	无	49×（18×12）	BbⅡ环耳	五期	波曲纹、环带纹、交龙纹	盖器同2	《考与文》1990.5，《近出》946，《新收》687，《西铜》62，《青集》12018	农民挖
212	窃曲纹壶	1991～1992年河南三门峡虢国墓地	M2012：16	48.6×（16.2×11.4）	BbⅡ环耳	五期	窃曲纹、波曲纹、卷云纹	无	《虢国》P252	
213	窃曲纹壶	1991～1992年河南三门峡虢国墓地	M2012：25	与上相近	BbⅡ环耳	五期	窃曲纹、波曲纹、卷云纹	无	《虢国》P252	
214	虢季壶	1990年河南三门峡虢国墓地	M2001：90	49.4×（17.6×11.6）	BbⅢ环耳	六期	波曲纹、斜角雷纹、长鸟纹、三角纹、宽带络纹	内底8	《虢国》P63，《近出》958，《新收》38，《青集》12221	三门峡博，自名壶，青集尺寸为49.5×（17.6×11.6）

续表

序号	器物	时间地点	墓葬及器号	通高×口径（厘米）	类型	分期	纹饰	铭文	资料来源	备注
215	虢季壶	1990年河南三门峡虢国墓地	M2001：92	48.1×（15.2×9.1）	BbⅢ环耳	六期	波曲纹、斜角雷纹、长鸟纹、三角纹、宽带络纹	内底8	《虢国》P65，《近出》959，《新收》39，《青集》12222	三门峡博，自名壶
216	窃曲纹壶	2005～2007年陕西韩城梁带村	M28：79	39.8×12.7	BbⅢ环耳	六期	窃曲纹、波曲纹	无	《考古》2009.4	
217	窃曲纹壶	2005～2007年陕西韩城梁带村	M28：81	不详	BbⅢ环耳	六期	窃曲纹、波曲纹	无	《考古》2009.4	
218	鲁侯壶	1995年河南登封告成春秋墓	M1：142	57×（20.9×14.6）	BbⅢ环耳	六期	鸟纹、垂鳞纹、十字络带纹	盖器同4	《文物》2009.9，《青集》12121	农民挖，登封局
219	鲁侯壶	1995年河南登封告成	M1：141	不详	BbⅢ环耳	六期	鸟纹、垂鳞纹、十字络带纹	盖器同4	《文物》2009.9，《青集》12122	农民挖，登封局
220	窃曲纹壶	1993年山西曲沃曲村赵北村晋侯墓地	M102：22	48.6×18.2	BbⅢ环耳	六期	重环纹、窃曲纹	无	《文物》1995.7	
221	䋣壶	1995年山东长清仙人台西周墓地	M6：B31	63.5×（20.2×15.5）	BbⅢ环耳	六期	龙纹、环带纹、垂鳞纹	盖器同1	《考古》1998.9，《新收》1044，《铜全》9，84，《山东成》626，《青集》11985	山东大
222	垂鳞纹壶	1995年山东长清仙人台西周墓地	M6：B33	与上相近	BbⅢ环耳	六期	龙纹、环带纹、垂鳞纹	1	《考古》1998.9，《新收》1044	山东大
223	窃曲纹方壶	1962年山西芮城坛道村	M1	31	BbⅢ环耳	六期	圆涡纹、鳞纹、重环纹、窃曲纹	无	《文物》1987.12	明器，农民挖

续表

序号	器物	时间地点	墓葬及器号	通高×口径（厘米）	类型	分期	纹饰	铭文	资料来源	备注
224	窃曲纹方壶	1962年山西芮城坛道村	M1	与上相近	BbⅢ环耳	六期	圆涡纹、鳞纹、重环纹、窃曲纹	无	《文物》1987.12	明器，农民挖
225	垂鳞纹壶	2005～2007年陕西韩城梁带村遗址	M19：192	38.6×（15.4×10.4）	BcⅠ环耳	五期	凸弦纹、窃曲纹、垂鳞纹、波曲纹	无	《考与文》2007.2	
226	垂鳞纹壶	2005～2007年陕西韩城梁带村遗址	M19：193	38×（15.4×10.4）	BcⅠ环耳	五期	凸弦纹、窃曲纹、垂鳞纹、波曲纹	无	《考与文》2007.2	
227	波曲纹壶	1974年陕西户县宋村	M3：9	不详	BcⅡ环耳	六期	波曲纹、瓦纹、蟠龙纹、云纹	无	《文物》1975.10	未注尺寸
228	波曲纹壶	1974年陕西户县宋村	M3：10	不详	BcⅡ环耳	六期	波曲纹、瓦纹、蟠龙纹、云纹	无	《文物》1975.10	未注尺寸
229	勾连雷纹壶	1960年宝鸡福临堡	M1：7	28.5×（10.7×8.8）	BcⅡ环耳	六期	勾连雷纹	无	《考古》1963.10	
230	勾连雷纹壶	1960年宝鸡福临堡	M1：8	与上相近	BcⅡ环耳	六期	勾连雷纹	无	《考古》1963.10	
231	曾仲斿父壶	1966年湖北京山县平坝公社苏家垅	无	66.7×（23.1×16.3）	BcⅡ环耳	六期	窃曲纹、波曲纹、垂鳞纹、环带纹	盖器同12	《文物》1972.1，《集成》09628，《总集》5718，《综览·壶》97，《铜全》10.104（盖），《铭文选》689，《三代补》888a（盖），《曾铜》P36（盖），《青集》12285	农民挖，湖北博，自名壶

续表

序号	器物	时间地点	墓葬及器号	通高×口径（厘米）	类型	分期	纹饰	铭文	资料来源	备注
232	曾仲斿父壶	1966年湖北京山县平坝公社苏家垅	无	66.7×23.8	BcⅡ环耳	六期	窃曲纹、环带纹、垂鳞纹	盖器同12	《文物》1972.1，《铜全》10.104（器），《集成》09629，《三代补》889b（器），《辞典》692，《青集》12286	农民挖，国博，自名壶
233	夔纹壶	1986年陕西陇县边家庄	M5：10	20.4×（6.4×5.2）	Bc环-明	六期	夔纹、窃曲纹	无	《文物》1988.11	陕西所
234	夔纹壶	1986年陕西陇县边家庄	M5：11	与上相近	Bc环-明	六期	夔纹、窃曲纹	无	《文物》1988.11	
235	交龙纹壶	1979年陕西陇县边家庄	M1	17.8×7	Bc环-明	六期	交龙纹	无	《铜全》7.42	陕历博
236	交龙纹壶	1986年陕西陇县边家庄	M1	20.4×96.4×5.2	Bc环-明	六期	兽体卷曲纹、交龙纹	无	《铜全》7.42	陕西所
237	环带纹壶	1968年河南新郑城关镇	无	70×23.5	BcⅢ环耳	七期	窃曲纹、环带纹、龙纹	无	《文物》1972.10	农民挖
238	环带纹壶	1968年河南新郑城关镇	无	与上相近	BcⅢ环耳	七期	窃曲纹、环带纹、龙纹	无	《文物》1972.10	农民挖
239	龙纹壶	1996～1998年河南新郑郑韩故城	T602K15：14	65.5×13.6	BcⅢ环耳	七期	蝉纹、龙纹、索纹、弦纹等	无	《文物》2005.10，《华夏》1998.4	
240	龙纹壶	1996～1998年河南新郑郑韩故城	T602K15：13	65.5×（19.8×12.2）	BcⅢ环耳	七期	蝉纹、龙纹、索纹、弦纹等	无	《文物》2005.10，《华夏》1998.4	
241	龙纹壶	1996～1998年河南新郑郑韩故城	T615K6：28	67.2×21.8	BcⅢ环耳	七期	蟠龙纹、鸟纹、蝉纹等	无	《文物》2005.10	

续表

序号	器物	时间地点	墓葬及器号	通高×口径（厘米）	类型	分期	纹饰	铭文	资料来源	备注
242	龙纹壶	1996～1998年河南新郑郑韩故城	T615K6：27	与上相近	BcⅢ环耳	七期	蟠龙纹、鸟纹、蝉纹等	无	《文物》2005.10	
243	方壶	1996～1998年河南新郑郑韩故城	K2	与上相近	BcⅢ环耳	七期	不详	无	《文物》2005.10	器号不详
244	方壶	1996～1998年河南新郑郑韩故城	K2	与上相近	BcⅢ环耳	七期	不详	无	《文物》2005.10	器号不详
245	方壶	1996～1998年河南新郑郑韩故城	K3	与上相近	BcⅢ环耳	七期	不详	无	《文物》2005.10	器号不详
246	方壶	1996～1998年河南新郑郑韩故城	K3	与上相近	BcⅢ环耳	七期	不详	无	《文物》2005.10	器号不详
247	蟠龙纹方壶	1936年河南辉县琉璃阁甲墓	14：1	64.7	BcⅢ环耳	七期	蟠龙纹、窃曲纹、蛟龙纹、波带纹	无	《琉璃阁》P92、94	台历史
248	蟠龙纹方壶	1936年河南辉县琉璃阁甲墓	14：2	62.5	BcⅢ环耳	七期	蟠龙纹、窃曲纹、蛟龙纹、波带纹	无	《琉璃阁》P92	台历史
249	鸟兽纹方壶	1936年河南辉县琉璃阁乙墓	11：1	63×20.7	BcⅢ环耳	七期	鸟纹、波带纹	无	《琉璃阁》P213	国博
250	鸟兽纹方壶	1936年河南辉县琉璃阁乙墓	11：2	63×（21.5×17）	BcⅢ环耳	七期	鸟纹、波带纹	无	《琉璃阁》P214	河南博
251	方壶	1998年河南洛阳613所	C1M6112：16	48.4×16.6	BcⅢ环耳	七期	素光	无	《文物》1999.8	
252	方壶	1998年河南洛阳613所	C1M6112：17	48.4×16.6	BcⅢ环耳	七期	素光	无	《文物》1999.8	

续表

序号	器物	时间地点	墓葬及器号	通高×口径（厘米）	类型	分期	纹饰	铭文	资料来源	备注
253	蟠虺纹壶	1972年山西长治分水岭	M270：15	55×（19×15）	BcⅢ环耳	七期	蟠虺纹	无	《学报》1974.2	
254	蟠虺纹壶	1972年山西长治分水岭	M270：16	55×（19×15）	BcⅢ环耳	七期	蟠虺纹	无	《学报》1974.2	
255	黄仲酉壶	1994年湖北随州义地岗曾国墓	M1：9	21.5×（10.1×8.6）	BcⅢ环耳	七期	素面	口内9字	《文物》2008.2，《曾铜》P347，《随州》54，《青集》12249	随州博
256	可壶	1994年湖北随州义地岗曾国墓	M2：8	24.9×（10.9×9.4）	BcⅢ环耳	七期	素面	盖器同4	《文物》2008.2，《曾铜》360，《青集》12123	随州博
257	鳞纹壶	河南平顶山市北滍村	M1：82	44×（16×11.7）	BdⅠ环耳	五期	窃曲纹、鳞纹	无	《华夏》1988.1	
258	鳞纹壶	河南平顶山市北滍村	M1：48	44×（16×11.7）	BdⅠ环耳	五期	窃曲纹、鳞纹	无	《华夏》1988.1	
259	窃曲纹壶	1990～1991年河南三门峡虢国墓地	M2008	34.6×11.2	BdⅠ环耳	五期	窃曲纹、波曲纹	无	《文物》 2009.2	
260	大鸟纹壶	1956年河南陕县上村岭	M1052：161	43	BdⅠ环耳	五期	大鸟纹、波曲纹	无	《上村岭》P28	
261	大鸟纹壶	1956年河南陕县上村岭	M1052：147	与上相近	BdⅠ环耳	五期	大鸟纹、波曲纹	无	《上村岭》P28	
262	云纹壶	河南陕县上村岭	M1810：23	不详	BdⅠ环耳	五期	斜角云纹、兽带纹	无	《上村岭》P18	尺寸未说明

续表

序号	器物	时间地点	墓葬及器号	通高×口径（厘米）	类型	分期	纹饰	铭文	资料来源	备注
263	云纹壶	河南陕县上村岭	M1810：24	不详	BdⅠ环耳	五期	斜角云纹、兽带纹	无	《上村岭》P18	尺寸未说明
264	夔纹壶	河南陕县上村岭	M1820：19	不详	BdⅠ环耳	五期	夔纹、重环纹、兽带纹	无	《上村岭》P39	尺寸未说明
265	夔纹壶	河南陕县上村岭	M1820：20	不详	BdⅠ环耳	五期	夔纹、重环纹、兽带纹	无	《上村岭》P39	尺寸未说明
266	十字纹壶	河南陕县上村岭	M1706：108	不详	BdⅠ环耳	五期	十字带纹	无	《上村岭》P34	尺寸未说明
267	十字纹壶	河南陕县上村岭	M1706：113	不详	BdⅠ环耳	五期	十字带纹	无	《上村岭》P34	尺寸未说明
268	窃曲纹壶	河南陕县上村岭	M1705：20	不详	BdⅠ环耳	五期	窃曲纹	无	《上村岭》P18	尺寸未说明
269	窃曲纹壶	河南陕县上村岭	M1705：27	不详	BdⅠ环耳	五期	窃曲纹	无	《上村岭》P18	尺寸未说明
270	兽面纹壶	河南陕县上村岭	M1765：2	不详	BdⅠ环耳	五期	兽面纹、垂鳞纹	无	《上村岭》P18	尺寸未说明
271	窃曲纹壶	陕西陇县边家庄	79LBM1：14	25.3×（12.5×6.6）	BdⅡ环耳	六期	窃曲纹	无	《考与文》1986.6	出土时间不详
272	窃曲纹壶	陕西陇县边家庄	79LBM1	与上相近	BdⅡ环耳	六期	窃曲纹	无	《考与文》1986.6	器号不详 出土时间不详
273	仲姜壶	2007年陕西韩城梁带村墓地	M26：140	53.6×（17.8×13.8）	BdⅡ环耳	六期	窃曲纹、重环纹、变形龙纹	盖内9字	《芮国金玉》87，《文物》2008.1，《青集》12247，	自名壶

续表

序号	器物	时间地点	墓葬及器号	通高×口径（厘米）	类型	分期	纹饰	铭文	资料来源	备注
274	仲姜壶	2007年陕西韩城梁带村墓地	M26：141	53.3×（17.8×13.8）	BdⅡ环耳	六期	窃曲纹、重环纹、变形龙纹	盖内9自	《文物》2008.1，《青集》12248	自名壶
275	蟠虺纹壶	2000年甘肃礼县圆顶山	98LDM1	49	BdⅡ环耳	六期	蟠虺纹、窃曲纹、凸弦纹	无	《文物》2002.2	
276	蟠虺纹壶	2000年甘肃礼县圆顶山	98LDM1	与上相近	BdⅡ环耳	六期	蟠虺纹、窃曲纹、凸弦纹	无	《文物》2002.2	
277	蟠虺纹壶	2000年甘肃礼县圆顶山	98LDM2：20	54.4×21.6	BdⅡ环耳	六期	蟠虺纹、瓦棱纹、波曲纹、窃曲纹	无	《文物》2005.2	
278	蟠虺纹壶	2000年甘肃礼县圆顶山	98LDM2：21	与上相近	BdⅡ环耳	六期	蟠虺纹、瓦棱纹、波曲纹、窃曲纹	无	《文物》2005.2	
279	蟠虺纹壶	2000年甘肃礼县圆顶山	2000LDM4	46.4×17.2	BdⅡ环耳	六期	重环纹、窃曲纹、蟠虺纹	无	《文物》2005.2	
280	波曲纹壶	1994年山东海阳县嘴子前	M4：92	42×（16.4×9.6）	Bd环-山东	七期	波曲纹、变体龙纹	无	《考古》1996.9	
281	波曲纹壶	1994年山东海阳县嘴子前	M4：91	与上相近	Bd环-山东	七期	波曲纹、变体龙纹	无	《考古》1996.9	
282	方壶	1990～1991年三门峡虢国墓地	M2010：117	31.4 ×13.4	BeⅠ环耳	五期	不详	无	《文物》2009.1	
283	方壶	1990～1991年三门峡虢国墓地	M2010	与上相近	BeⅠ环耳	五期	不详	无	《文物》2009.1	简报器号尺寸不详
284	重环纹壶	1995年河南登封告成	M3：4	35×17	BeⅡ环耳	六期	重环纹	无	《文物》2006.4	

续表

序号	器物	时间地点	墓葬及器号	通高×口径（厘米）	类型	分期	纹饰	铭文	资料来源	备注
285	重环纹壶	1995年河南登封告成	M3：9	与上相近	BeⅡ环耳	六期	重环纹	无	《文物》2006.4	
286	垂鳞纹壶	1989年河南平顶山应国墓	M8：16	28.4×（12×10.4）	BeⅡ环耳	六期	垂鳞纹、盘龙纹	无	《华夏》2007.1	
287	垂鳞纹壶	1989年河南平顶山应国墓	M8：9	28×（11.7×9.8）	BeⅡ环耳	六期	垂鳞纹、盘龙纹	无	《华夏》2007.1	
288	勾连纹壶	1982年江苏丹徒大港母子墩	无	49×（20×13.8）	Be环耳	三期	勾连纹、乳钉纹	无	《文物》1984.5	
289	蟠龙纹壶	1994年山西太原金胜村	无	47×15	AⅠ爬兽	八期	蟠龙纹、条索纹	无	《铜全》，8《卷》74	山西所
290	蟠龙纹壶	1957年河南陕县后川	M2040：28	46.3×15.3	AⅡ爬兽	九期	蟠龙纹、绹带纹、蝉纹、	无	《辞典》0859，《考古》1958.11	国博
291	蟠龙纹壶	1957年河南陕县后川	M2040：29	与上相近	AⅡ爬兽	九期	蟠龙纹、绹带纹、蝉纹、	无	《考古》1958.11	国博
292	曾侯乙壶	1978年湖北随县擂鼓墩曾侯乙墓	C132	99×33.8	A爬兽-连	九期	勾连纹、蟠螭纹	颈部7字	《曾侯》P221，《铜全》10.126，《集成》09582，《青集》12208	湖北博，连禁壶
293	曾侯乙壶	1978年湖北随县擂鼓墩曾侯乙墓	C133	99×32.6	A爬兽-连	九期	勾连纹、蟠螭纹	颈部7字	《曾侯》P221	湖北博，连禁壶
294	蟠龙纹壶	1960年山西侯马上马村	M15：7	84.5×23.5	BⅠ爬兽	七期	波纹、夔龙纹、蟠龙纹	无	《考古》1963.5	国博
295	蟠龙纹壶	1960年山西侯马上马村	M15	与上相近	BⅠ爬兽	七期	波纹、夔龙纹、蟠龙纹	无	《考古》1963.5	国博，器号不详

续表

序号	器物	时间地点	墓葬及器号	通高×口径（厘米）	类型	分期	纹饰	铭文	资料来源	备注
296	交龙纹壶	1923年河南新郑李家楼	无	93.3	BⅠ爬兽	七期	龙纹、交龙纹	无	《铜全》，7《卷》23	农民挖，台历史
297	蟠虺纹壶	1958年山西万荣庙前村	M1：33	不详	BⅠ爬兽	七期	环带纹、蟠虺纹	无	《文物》1958.12	残破，后修复
298	蟠虺纹壶	1958年山西万荣庙前村	M1：34	不详	BⅠ爬兽	七期	环带纹、蟠虺纹	无	《文物》1958.12	残破，后修复
299	夔龙纹壶	1988年山西太原金胜村赵卿墓	M251：579	66.7×23.4	BⅡ爬兽	八期	窃曲纹、夔龙纹、云纹、涡纹、瓦纹	无	《赵卿墓》P42	山西所
300	夔龙纹壶	1988年山西太原金胜村赵卿墓	M251：626	68×23.6	BⅡ爬兽	八期	窃曲纹、夔龙纹、云纹、涡纹、瓦纹	无	《赵卿墓》P42	山西所
301	夔龙纹壶	1988年山西太原金胜村赵卿墓	M251：629	70×23.6	BⅡ爬兽	八期	窃曲纹、夔龙纹、云纹、涡纹、瓦纹	无	《赵卿墓》P42	山西所
302	夔龙纹壶	1988年山西太原金胜村赵卿墓	M251：636	67×23.5	BⅡ爬兽	八期	窃曲纹、夔龙纹、云纹、涡纹、瓦纹	无	《赵卿墓》P42	山西所
303	蟠虺纹壶	河南淅川下寺乙组墓	M1：49	79×（18×22.7）	BⅡ爬兽	八期	蕉叶纹、蟠虺纹、龙纹	无	《淅川》P74	
304	蟠虺纹壶	河南淅川下寺乙组墓	M1：50	79.2×（18.6×22.7）	BⅡ爬兽	八期	蕉叶纹、蟠虺纹、龙纹	无	《淅川》P75	
305	蔡侯申壶	1955年安徽寿县西门蔡侯墓	15.1	80×（18.7×18.2）	BⅡ爬兽	八期	交连纹、雷纹、蟠螭纹	颈部6字	《蔡墓图版》34.1，《铜全》7.74，《集成》09573，《总集》5688，《铭文选》595，《辞典》703，《安徽金》62，《青集》12187	安徽博

续表

序号	器物	时间地点	墓葬及器号	通高×口径（厘米）	类型	分期	纹饰	铭文	资料来源	备注
306	蔡侯申壶	1955年安徽寿县西门蔡侯墓	15.2	与上相近	BⅡ爬兽	八期	交连纹、雷纹、蟠螭纹	颈部6字	《蔡墓图版》34.2，《集成》09574，《总集》5689，《徽铜》66，《青集》12188	安徽博
307	爬兽耳壶	出土地不详	无	70	BⅡ爬兽	八期	蟠虺纹	无	《文物》2008.1	青铜窖藏，报告及简报未见
308	爬兽耳壶	出土地不详	无	与上相近	BⅡ爬兽	八期	蟠虺纹	无	《文物》2008.1	青铜窖藏，报告及简报未见
309	龙耳方壶	1937年河南辉县琉璃阁	M55：39	不详	BⅡ爬兽	八期	蟠虺纹、蟠龙纹	无	《山彪镇》P57	尺寸未注明
310	龙耳方壶	1937年河南辉县琉璃阁	M55：40	不详	BⅡ爬兽	八期	蟠虺纹、蟠龙纹	无	《山彪镇》P57	尺寸未注明
311	龙耳方壶	1937年河南辉县琉璃阁	M60：31	62.6	BⅡ爬兽	八期	蟠虺纹、蟠龙纹	无	《山彪镇》P61	
312	龙耳方壶	1937年河南辉县琉璃阁	M60	与上相近	BⅡ爬兽	八期	蟠虺纹、蟠龙纹	无	《山彪镇》P61	器号未注明
313	龙耳方壶	1937年河南辉县琉璃阁	M60	与上相近	BⅡ爬兽	八期	蟠虺纹、蟠龙纹	无	《山彪镇》P61	器号未注明
314	龙耳方壶	1981年湖北随州擂鼓墩	M2：4	58×18	BⅢ爬兽	十期	蟠龙纹、蟠螭纹	无	《文物》1985.1	
315	龙耳方壶	1981年湖北随州擂鼓墩	M2：5	与上相近	BⅢ爬兽	十期	蟠龙纹、蟠螭纹	无	《文物》1985.1	

续表

序号	器物	时间地点	墓葬及器号	通高×口径（厘米）	类型	分期	纹饰	铭文	资料来源	备注
316	方壶	1975年湖北随县均川刘家崖	无	48.8×13.6	BⅢ爬兽	十期	环带纹、垂鳞纹	无	《考古》1982.2	农民挖
317	方壶	1975年湖北随县均川刘家崖	无	48.8×13.6	BⅢ爬兽	十期	环带纹、垂鳞纹	无	《考古》1982.2	农民挖
318	曾姬無卹壶	1933年安徽寿县朱家集楚王墓	馆藏号JW53-32	78.1×（21×18.9）	BⅢ爬兽	十期	蟠虺纹、十字宽带纹	内壁39	《三代》12.25.1，《善斋》4.56，《小校》4.92.2，《善图》105，《故图下下》286左，《汇编》168，《集成》09710，《总集》5782，《铭文选》700，《安徽金》26，《国史金》400，《曾铜》413右，《商酒》70，《青集》12424	台故宫，自名壶
319	曾姬無卹壶	1933年安徽寿县朱家集楚王墓	馆藏号JW53-32	78.6×（20.7×19）	BⅢ爬兽	十期	蟠虺纹、十字宽带纹	内壁39	《三代》12.25.2，《善斋》4.54，《小校》4.92.3，《善图》104，《故图下下》286右，《汇编》169，《集成》09711，《总集》5781，《曾铜》413左，《商酒》69，《青集》12425	台故宫，自名壶
320	薛侯壶	1978年山东滕州薛国故城	M3：9	22×6.8	Aa提链	六期	蟠螭纹	腹4	《学报》1991.4，《铜全》9.86，《近出》951，《新收》1131，《山东成》618，《青集》12120	青集误为1995出土

续表

序号	器物	时间地点	墓葬及器号	通高×口径（厘米）	类型	分期	纹饰	铭文	资料来源	备注
321	陈公孙㾃父旅壶	1978年山西闻喜上郭村	无	28.5×9.5	Aa提链	六期	夔龙纹	20	《铜全》8.60	农民挖，山西所
322	夔纹壶	1985年内蒙赤峰宁城小黑石沟		30.6	Aa提链	六期	波纹、夔纹	无	《文物》1995.5	
323	嵌红铜龙纹壶	1936年河南辉县琉璃阁甲墓	15：1	52	Ab提链	七期	龙纹、菱形花纹、鸟纹、象纹	无	《琉璃阁》P95	故宫
324	嵌红铜龙纹壶	1936年河南辉县琉璃阁甲墓	15：2	53×11.9	Ab提链	七期	龙纹、菱形花纹、鸟纹、象纹	无	《琉璃阁》 P96	河南博
325	公子土斧壶	1963年山东临朐杨善村	无	29.5	AbⅠ提链	八期	弦纹	颈39	《文物》1972.5，《铜全》9.25，《集成》09709，《总集》5780，《铭文选》851，《辞典》699，《山东成》619，《青集》12423	山东博，自名壶 青集尺寸44×8.5（厘米）
326	䣄伯斋多壶	1975年河南洛阳汉河南县城东北角	M60：22	30	AbⅠ提链	八期	素光	口内6字	《考古》1981.1，《总集》5686，《新收》379《青集》12189	洛阳博
327	曾仲姬壶	1994年湖北随州义地岗曾国墓	M3：20	30×10.9	AbⅠ提链	八期	圆涡纹、三角纹、龙形纹	上腹6字	《文物》2008.2，《曾铜》P367，《随州》55，《青集》12190	随州博
328	络带纹壶	1988年山西太原金胜村赵卿墓	M251：625	38.3×（14.3×12.3）	AbⅠ提链	八期	络带纹	无	《赵卿墓》，P51	山西所

续表

序号	器物	时间地点	墓葬及器号	通高×口径（厘米）	类型	分期	纹饰	铭文	资料来源	备注
329	提链壶	1965年河北唐县南伏城及北城子	M1	32.5×9.2	Ab Ⅰ提链	八期	绹纹、凹弦纹、蟠虺	无	《春秋》1991.1	
330	镶嵌兽纹壶	1923年山西浑源李峪村	无	32.8×10.3	Ab Ⅰ提链	八期	云纹、瓦纹	无	《铜全》8.68	农民挖，国博
331	提链壶	1980年山西昔阳阎庄民安村	无	32.2×12.4	Ab Ⅰ提链	八期	凸弦纹、	无	《铜全》8.200	农民挖，昔阳博
332	羽翅纹提链壶	1955年河北涞水永乐村	无	37×9	Ab Ⅰ提链	八期	蟠龙纹、羽翅纹	无	《铜全》9.120	农民挖，河北博
333	云雷纹提链壶	1950年河南辉县固围村	无	37.8×10.2	Ab Ⅰ提链	八期	绳纹、绹索纹、鳞纹、云纹、回纹	无	《铜全》8.186	农民挖，社科
334	带络纹壶	1993年江苏邳州市九女墩	M3：64	24.4×10.4	Ab Ⅰ提链	八期	带络纹	无	《考古》2002.5	
335	提链壶	1935年河南汲县山彪镇	M1：52	33.5×10.8	Ab Ⅰ提链	八期	素光	无	《山彪镇》P16	提梁失
336	蟠虺纹壶	1935年河南汲县山彪镇	M1：53	36×12	Ab Ⅰ提链	八期	蟠虺纹	无	《山彪镇》P16	
337	提链壶	2010～2011年山东临淄市临淄区辛店战国墓	M2Q：26	29×10	Ab Ⅱ提链	九期	涡弦纹、斜线纹、蟠虺纹、菱形纹	无	《考古》2013.1	
338	提链壶	2010～2011年山东临淄市临淄区辛店战国墓	M2Q：36	28（盖高）×6.5	Ab Ⅱ提链	九期	素光	无	《考古》2013.1	

续表

序号	器物	时间地点	墓葬及器号	通高×口径（厘米）	类型	分期	纹饰	铭文	资料来源	备注
339	提链壶	1985年山东济南市左家洼	LZM1：7	26.2×10	AbⅡ提链	九期	素光	无	《考古》1995.3	
340	提链壶	1993年山东肥城市王庄镇		23.1×6.4	AbⅡ提链	九期	凸起绳索纹	无	《考古》2003.6	
341	凸弦纹壶	1988年山东阳信城关镇西北村	M：22	35.5×6.3	AbⅡ提链	九期	一周凸弦纹	无	《考古》1990.3	
342	窃曲纹壶	1972年广东肇庆北岭松山墓	M1：10	30×7	AbⅡ提链	九期	窃曲纹、蝉纹	无	《文物》1974.11	广东博
343	提链壶	1979年山东邹平县大省村	M3：6	44×11	AbⅡ提链	九期	素光	无	《考古》1986.7	
344	狩猎纹壶	河北唐山贾各庄	M18	35.2×10.9	AbⅡ提链	九期	狩猎纹	无	《学报》1953，Z1，《辞典》P240	出土时间不详
345	络纹链壶	1970年河北平山三汲访驾庄	无	35.5×10.1	AbⅡ提链	九期	蟠螭纹、落绳纹	无	《铜全》9.157	农民挖，河北博
346	提链壶	1980年河北怀来甘子堡	无	27.4	AbⅡ提链	九期	嵌绿松石、凤鸟纹、凸棱纹	无	《铜全》15.202	张家口博
347	提链壶	1982年山西省潞城县潞河村	M7：149	57×10.5	AbⅡ提链	九期	写实动物纹、夔凤纹、云雷纹	无	《文物》1986.6	
348	弦纹链壶	2002～2003年河南洛阳王城广场	M37：30	24.5×8.4	BⅠ提链	九期	弦纹	无	《文物》2009.11	
349	蟠虺纹壶	1957年河南陕县后川墓地	M2040：31	不详	BⅠ提链	九期	弦纹、蟠虺纹	无	《考古》1958.11	

续表

序号	器物	时间地点	墓葬及器号	通高×口径（厘米）	类型	分期	纹饰	铭文	资料来源	备注
350	蟠虺纹壶	河南洛阳中州路	M2717：88	27.2	BⅠ提链	九期	弦纹、蟠虺纹	无	《中州路》P95	
351	梅花纹壶	1996年河南洛阳针织厂	CIM5269：50	19.5×4	BⅡ提链	十期	梅花纹、绹纹	无	《文物》2001.12	
352	提链壶	1977年河北平山县七汲村中山王●墓	M1dk：9	32.6×12.4	BⅡ提链	十期	素光	23	《中山王》P410	
353	三年左使车壶	1977年河北平山县七汲村中山王●墓	M1dk：8	44×12.4	BⅡ提链	十期	素光	圈足铸10刻13	《中山王》P410，《中山字》P122，《集成》09692，《青集》12382	河北所
354	提链壶	1974年河北平山县七汲村中山王●墓	M6xk：78	40×10.3	BⅡ提链	十期	素光	无	《中山国》P141	
355	蟠虺纹壶	1951年河南辉县赵固	M1：5	37.8×10.2	BⅡ提链	十期	蟠虺纹	无	《辉县》P115	
356	蟠虺纹壶	1951年河南辉县赵固	M1：1	36.6×8.4	BⅡ提链	十期	蟠虺纹	无	《辉县》P115	
357	曾侯乙壶	1978年湖北随县擂鼓墩曾侯乙墓	C182	42.5×10.7	CⅠ提链	九期	目纹、勾连纹、菱纹、蕉叶纹	颈7	《曾侯》P221，《美全》5.83，《铜全》10.127，《集成》09581，《青集》12206	湖北博
358	曾侯乙壶	1978年湖北随县擂鼓墩曾侯乙墓	C184	40.5×10.2	CⅠ提链	九期	目纹、勾连纹、菱纹、蕉叶纹	颈7	《曾侯》P221，《青集》12207	湖北博

续表

序号	器物	时间地点	墓葬及器号	通高×口径（厘米）	类型	分期	纹饰	铭文	资料来源	备注
359	提链壶	1980年山东临淄东夏庄	M5：105	41.7×10.2	CⅠ提链	九期	素光	无	《临淄》P88	
360	提链壶	1977～1978年山东曲阜鲁国故城	M3：31	37.5×8.6	CⅠ提链	九期	素光	无	《鲁国》P151	
361	提链壶	1977～1978年山东曲阜鲁国故城	M3：32	与上相近	CⅠ提链	九期	素光	无	《鲁国》P151	
362	提链壶	1977～1978年山东曲阜鲁国故城	M3：62	与上相近	CⅠ提链	九期	素光	无	《鲁国》P151	
363	提链壶	1977～1978年山东曲阜鲁国故城	M3：63	与上相近	CⅠ提链	九期	素光	无	《鲁国》P151	
364	提链壶	1977～1978年山东曲阜鲁国故城	M3：64	与上相近	CⅠ提链	九期	素光	无	《鲁国》P151	
365	提链壶	1980年山东临淄东夏庄	M5：114	47.4×9.6	CⅠ提链	九期	鳞纹、菱形纹	无	《临淄》P88	
366	变形龙纹提链壶	1957年湖南长沙烈士公园	无	37	CⅡ提链	十期	三角纹、云纹、龙纹等	无	《全集》10.41	湖南博
367	蟠螭纹壶	1975～1976年湖北江陵雨台山	M480：2	38.6×7.5	CⅢ提链	十一	蟠螭纹、云纹、绹索纹、三角云纹	无	《雨台山》P74	
368	羽纹壶	1982年湖北江陵马山	M1（17～21）	38.5	CⅢ提链	十一	三角云纹、兽纹、羽纹	无	《马山》P72	荆州博

续表

序号	器物	时间地点	墓葬及器号	通高×口径（厘米）	类型	分期	纹饰	铭文	资料来源	备注
369	云纹壶	1966年陕西咸阳塔儿坡	无	不详	C提链-方	十一	三角云纹	无	《文物》1975.6	农民挖，尺寸未注
370	鹰首壶	1970年山东诸城臧家庄	无	55×12.5	C提链-鹰	九期	弦纹	无	《文物》1975.2、1987. 12	
371	蟠虺纹壶	1977年山西长子县牛家坡东周墓	M7：8	29	AaⅠ铺首	八期	蟠虺纹	无	《学报》1984.4	
372	蟠螭纹壶	1977年山西长子县牛家坡东周墓	M7：6	41.4×27.8	AaⅠ铺首	八期	绹索纹、蕉叶纹、蟠螭纹	无	《学报》1984.4	
373	蟠螭纹壶	1977年山西长子县牛家坡东周墓	M7：7	与上相近	AaⅠ铺首	八期	绹索纹、蕉叶纹、蟠螭纹	无	《学报》1984.4	
374	君子壶	1993年山西稷山城关镇下廉城村春秋墓	无	41×11	AaⅠ铺首	八期	蟠螭纹、凸棱纹、斜角云纹	颈壁5字	《季刊》1997.1，《近出》952，《新收》992，《青集》12156	稷山博
375	蟠龙纹壶	1964年河北省怀来县北辛堡	M1：87	51×14.4	AaⅡ铺首	九期	蟠龙纹、绹索纹、斜角雷纹	无	《考古》1966.5	
376	铺首圆壶	1964～1965年四川成都百花潭	无	40.3×13.2	AaⅡ铺首	九期	卷云纹、嵌铅图像	无	《文物》1976.3	
377	蟠螭纹壶	山西襄汾县南贾镇大张墓地	M2	35.5×12	AaⅡ铺首	九期	蟠螭纹	无	《文物季刊》1996.3	
378	铺首圆壶	1990～1991年河南淅川县徐家岭	M11	27.7×9.8	AaⅡ铺首	九期	三角形纹、菱形卷云纹	无	《考古》2008.5	

续表

序号	器物	时间地点	墓葬及器号	通高 × 口径（厘米）	类型	分期	纹饰	铭文	资料来源	备注
379	铺首圆壶	1990～1991年河南淅川县徐家岭	M11	27.7 × 9.8	AaⅡ铺首	九期	三角形纹、菱形卷云纹	无	《考古》2008.5	
380	铺首圆壶	陕西延安	无	32.5 × 11.5	AaⅡ铺首	九期	凸弦纹	无	《铜全》7.44	陕历博 出土时间不详
381	铺首圆壶	1992年洛阳中州路	C1M3750	37.3 × 12	AaⅢ铺首	十期	凸弦纹、云雷纹	无	《文物》1995.8	
382	铺首圆壶	1992年洛阳中州路	C1M3750	37.3 × 12	AaⅢ铺首	十期	凸弦纹、云雷纹	无	《文物》1995.8	
383	左使车壶（工尼壶）	1977年河北平山县七汲村中山王譽墓	M1xk：19	43 × 14.4	AaⅢ铺首	十期	三道凸棱纹	圈足5字	《中山王》P430，《中山字》P128，《集成》09561，《青集》12158	河北所
384	左使车壶（工㬥壶）	1977年河北平山县七汲村中山王譽墓	M1xk：18	43 × 14.3	AaⅢ铺首	十期	三道凸棱纹	圈足5字	《中山王》P429，《中山字》P127，《集成》09562，《青集》12159	河北所
385	十一年右使车壶	1977年河北平山县七汲村中山王譽墓	M1xk：17	45.5 × 14	AaⅢ铺首	十期	两道凸棱纹	足21	《中山王》P407，《中山字》P128，《集成》09684，《青集》12385	河北所
386	十年右使壶	1977年河北平山县七汲村中山王譽墓	M1xk：16	44.3 × 14.1	AaⅢ铺首	十期	两道凸棱纹	足19	《中山王》P406，《中山字》P127，《集成》09674，《青集》12384	河北所

续表

序号	器物	时间地点	墓葬及器号	通高×口径（厘米）	类型	分期	纹饰	铭文	资料来源	备注
387	㚸蚉壶	1977年河北平山县七汲村中山王嚳墓	M1dk：6	44.5×14.5	AaⅢ铺首	十期	两道弦纹	腹182 足22	《文物》1979.1，《中山王》P409，《中山字》P93-96，P115-118，《铜全》9.156，《集成》09734，《总集》5803，《三代补》882，《铭文选》882，《青集》12454	河北所，集成09693足铭拓重出
388	十三年左使车壶	1977年河北平山县七汲村	M1dk：7	44.9×14.8	AaⅢ铺首	十期	两道弦纹	圈足铸13刻7	《文物》1979.1，《中山王》P431，《中山字》P122，《集成》09686，《青集》12387	河北所
389	蟠螭纹壶	1959年山西长治分水岭	M36：4	不详	AaⅢ铺首	十期	蟠螭纹、斜角云纹	无	《考古》1964.3	尺寸未注明
390	三角纹壶	1979年陕西凤翔高庄战国秦墓	M1：9	30.4×8.4	AaⅢ铺首	十期	凸弦纹、三角纹	无	《文物》1980.9	
391	铺首壶	1956年河南信阳长台关楚墓	M1：6	38.1×11.6	AaⅢ铺首	十期	素光	无	《信阳》P49	
392	铺首壶	1956年河南信阳长台关楚墓	M1：130	与上相近	AaⅢ铺首	十期	素光	无	《信阳》P49	
393	弦纹壶	1974年河北平山县七汲村中山王嚳墓	M6xk：77	44×13.4	AaⅢ铺首	十期	三道凸弦纹	无	《中山国》P141	河北所

续表

序号	器物	时间地点	墓葬及器号	通高×口径（厘米）	类型	分期	纹饰	铭文	资料来源	备注
394	弦纹壶	1974年河北平山县七汲村中山王嚳墓	M6xk：76	与上相近	AaⅢ铺首	十期	三道凸弦纹	无	《中山国》P141	河北所
395	弦纹壶	1974年河北平山县七汲村中山王嚳墓	M6xk：75	与上相近	AaⅢ铺首	十期	三道凸弦纹	无	《中山国》P141	河北所
396	弦纹壶	1974年河北平山县七汲村中山王嚳墓	M6xk：74	43.6×13	AaⅢ铺首	十期	三道凸弦纹	无	《中山国》P141	河北所
397	上白羽壶	1978年河南泌阳县官庄村	M3：13	32×12	AaⅣ铺首	十一	宽带纹、三角纹	腹3	《文物》1980. 9，《集成》09517，《总集》5642，《青集》12092	驻马店管，白羽壶
398	铺首壶	2001年山东临淄赵家徐姚	M1：13	34.8×10.5	AaⅣ铺首	十一	素光	无	《考古》2005，1	
399	安邑下官锺	1966年咸阳渭城区塔儿坡	馆藏号5-1073	56×19	AaⅣ铺首	十一	宽带纹、绿松石	口颈33	《文物》1975.6，《陕金》1.602，《集成》09707，《总集》5779，《美全》5.123，《青集》12419	农民挖，咸阳博
400	雍工敃壶	1966年咸阳渭城区塔儿坡	无	不详	AaⅣ铺首	十一	弦纹	腹部9字	《陕金》1.592，《考与文》1983.6，《集成》09605，《秦铭文图版》53，《青集》12254	咸阳博
401	蟠螭纹壶	1959年山西长治分水岭	M26：19	27.5×13.5	AaⅣ铺首	十一	蟠螭纹	无	《考古》1964.3	

续表

序号	器物	时间地点	墓葬及器号	通高×口径（厘米）	类型	分期	纹饰	铭文	资料来源	备注
402	夔龙纹壶	1959年山西长治分水岭	M25：26	43×13	AaⅣ铺首	十一	夔龙纹	无	《考古》1964.3	
403	夔龙纹壶	1959年山西长治分水岭	M25：27	与上相近	AaⅣ铺首	十一	夔龙纹	无	《考古》1964.3	
404	蟠螭纹壶	1959年山西长治分水岭	M25：28	与上相近	AaⅣ铺首	十一	蟠螭纹	无	《考古》1964.3	
405	圆壶	1953～1954年山西长治分水岭	M12	不详	AaⅣ铺首	十一	素光	无	《学报》1957.1	尺寸未注
406	圆壶	1953～1954年山西长治分水岭	M12	不详	AaⅣ铺首	十一	素光	无	《学报》1957.1	尺寸未注
407	铺首圆壶	1972年四川省涪陵县白涛区	M3	50	AbⅠ铺首	八期	云水纹	无	《文物》1973.1	
408	右𡨦尹壶	1966年河北容城县南阳村	无	50×13	AbⅠ铺首	八期	蕉叶纹、重环纹、蟠虺纹	盖3 口3 腹2	《考古》1993.3，《文物》1982.3，《集成》09563，《总集》5701，《青集》12227	农民挖
409	右𡨦尹壶	1981年河北容城县南阳村	无	50×13	AbⅠ铺首	八期	蟠虺纹、弦纹	肩3 口3 盖3	《文物》2002.1，《考古》1993.3，《近处》957，《新收》1298，《春秋》1999.2，《青集》12228	
410	铺首壶	1988年山东阳信城关镇	YCM：20	40.5×9.5	AbⅡ铺首	九期	素光	无	《考古》1990.3	
411	铺首壶	1988年山东阳信城关镇	YCM：21	与上相近	AbⅡ铺首	九期	素光	无	《考古》1990.3	

续表

序号	器物	时间地点	墓葬及器号	通高×口径（厘米）	类型	分期	纹饰	铭文	资料来源	备注
412	铺首壶	2004年重庆巫山土城坡	M65：5	34.7×12.8	AbⅡ铺首	九期	三道弦纹	无	《江汉》2009.2	
413	铺首圆壶甲	1970年山西屯留武家沟	无	28×9	AbⅡ铺首	九期	凤鸟纹、绹索纹	无	《考古》1983.3	农民挖
414	铺首圆壶乙	1970年山西屯留武家沟	无	与上相近	AbⅡ铺首	九期	凤鸟纹、绹索纹	无	《考古》1983.3	农民挖
415	狩猎纹壶	河南洛阳西工中州路	M2717：72	43.7	AbⅡ铺首	九期	狩猎纹	无	《中州路》P95	洛阳博
416	狩猎纹壶	河南洛阳西工中州路	M2717：81	不详	AbⅡ铺首	九期	狩猎纹	无	《中州路》P95	洛阳博
417	狩猎纹壶	河南洛阳西工中州路	M2717：87	不详	AbⅡ铺首	九期	狩猎纹	无	《中州路》P95	洛阳博
418	狩猎纹壶	河南洛阳西工中州路	M2717：93	不详	AbⅡ铺首	九期	狩猎纹	无	《中州路》P95	洛阳博
419	弦纹壶	1959年河北邯郸百家村战国墓	M57：8	35×10	AbⅡ铺首	九期	弦纹	无	《考古》1962.12	
420	弦纹壶	1959年河北邯郸百家村战国墓	M57：7	与上相近	AbⅡ铺首	九期	弦纹	无	《考古》1962.12	
421	弦纹壶	1935年河南汲县山彪镇	M1：25	60.5×14.6	AbⅡ铺首	九期	弦纹、蟠螭纹、十字花瓣纹	无	《山彪镇》，P14	
422	弦纹壶	1935年河南汲县山彪镇	M1：54	47.6×14.9	AbⅡ铺首	九期	弦纹、蟠虺纹	无	《山彪镇》P14	盖遗失

续表

序号	器物	时间地点	墓葬及器号	通高×口径（厘米）	类型	分期	纹饰	铭文	资料来源	备注
423	垂花纹壶	1935年河南汲县山彪镇	M1：36	50.8×13.2	AbⅡ铺首	九期	垂花纹、蟠螭纹、蝉纹	无	《山彪镇》P14	
424	垂花纹壶	1935年河南汲县山彪镇	M1：24	42.5.6×13.3	AbⅡ铺首	九期	垂花纹、蟠螭纹、蝉纹	无	《山彪镇》P14	
425	铺首壶	2010～2011年山东临淄市临淄区辛店战国墓	M2Q：12	44.4×12.6	AbⅡ铺首	九期	浮雕兽面纹	无	《考古》2013.1	
426	铺首壶	2010～2011年山东临淄市临淄区辛店战国墓	M2Q：14	与上相近	AbⅡ铺首	九期	浮雕兽面纹	无	《考古》2013.1	
427	弦纹铺首圆壶	1986～1987年湖北江陵雨台山楚墓	M217：3	32.5×9.6	AbⅡ铺首	九期	弦纹	无	《江汉》1990.3，《雨台山》P72	
428	弦纹铺首圆壶	1986～1987年湖北江陵雨台山楚墓	M323：3	与上相近	AbⅡ铺首	九期	弦纹	无	《江汉》1990.3《雨台山》P72	
429	弦纹铺首圆壶	1986～1987年湖北江陵雨台山楚墓	M314：4	30.5×9.2	AbⅡ铺首	九期	弦纹	无	《江汉》1990.3《雨台山》P72	
430	弦纹铺首圆壶	1986～1987年湖北江陵雨台山楚墓	M203：6	与上相近	AbⅡ铺首	九期	弦纹	无	《江汉》1990.3《雨台山》P72	

续表

序号	器物	时间地点	墓葬及器号	通高×口径（厘米）	类型	分期	纹饰	铭文	资料来源	备注
431	凸弦纹壶	1976年湖北鄂城鄂钢	M53：1	31.5×9.5	AbⅢ铺首	十期	凸弦纹	无	《考古》1978.4	简报口径误
432	凸弦纹壶	1976年湖北鄂城鄂钢	M53：2	与上相近	AbⅢ铺首	十期	凸弦纹	无	《考古》1978.4	
433	弦纹壶	1981年湖北随州擂鼓墩	M2：8	36×11	AbⅢ铺首	十期	弦纹	无	《文物》1985.1	
434	弦纹壶	1981年湖北随州擂鼓墩	M2：52	与上相近	AbⅢ铺首	十期	弦纹	无	《文物》1985.1	
435	卷云纹壶	1986年湖北江陵官坪楚墓	M9：9	32.8×10	AbⅢ铺首	十期	卷云纹、凹弦纹	无	《江汉》1989.3	
436	铺首圆壶	1992年湖北江陵车垱战国墓	M1：1	30.4×8.8	AbⅢ铺首	十期	素光	无	《江汉》1996.1	
437	铺首圆壶	1992年湖北江陵车垱战国墓	M1：2	与上相近	AbⅢ铺首	十期	素光	无	《江汉》1996.1	
438	铺首圆壶	1984～1985年湖北江陵马山楚墓	M2：7	30.5×9	AbⅢ铺首	十期	素光	无	《江汉》1988.3	
439	铺首圆壶	1984～1985年湖北江陵马山楚墓	M2：8	与上相近	AbⅢ铺首	十期	素光	无	《江汉》1988.3	
440	铺首圆壶	1984～1985年湖北江陵马山楚墓	M16：2	不详	AbⅢ铺首	十期	素光	无	《江汉》1988.3	尺寸未注明
441	卷云纹壶	1967年湖北襄阳山湾	无	27.5×8.4	AbⅢ铺首	十期	卷云纹	无	《江汉》1988.1	农民挖

续表

序号	器物	时间地点	墓葬及器号	通高×口径（厘米）	类型	分期	纹饰	铭文	资料来源	备注
442	铺首圆壶	1984年湖北麻城楚墓	M1：1	31.1×11	AbⅢ铺首	十期	素光	无	《江汉》1986.2	
443	铺首圆壶	1984年湖北麻城楚墓	M1：2	与上相近	AbⅢ铺首	十期	素光	无	《江汉》1986.2	
444	铺首圆壶	1993年湖北钟祥冢十包楚墓	M5：1	29.6	AbⅢ铺首	十期	素光	无	《考古》1999.2	
445	铺首圆壶	1993年湖北钟祥冢十包楚墓	M5：2	与上相近	AbⅢ铺首	十期	素光	无	《考古》1999.2	
446	铺首圆壶	2001年湖北荆门黄付庙楚墓	M18：2	30.8×8.8	AbⅢ铺首	十期	素光	无	《江汉》2005.1	
447	铺首圆壶	2001年湖北荆门黄付庙楚墓	无	与上相近	AbⅢ铺首	十期	素光	无	《江汉》2005.1	墓号不详
448	铺首圆壶	2001年湖北荆门黄付庙楚墓	无	与上相近	AbⅢ铺首	十期	素光	无	《江汉》2005.1	墓号不详
449	凸弦纹壶	2002年湖南长沙三公里楚墓	M1：47	盖径11.8、足径16	AbⅢ铺首	十期	凸弦纹	无	《文物》2007.12	出土残
450	凸弦纹壶	2002年湖南长沙三公里楚墓	M1：48	盖径11.8、足径16	AbⅢ铺首	十期	凸弦纹	无	《文物》2007.12	出土残
451	弦纹铺首壶	1996年湖南长沙茅亭子	96长茅M1：13	32.2×9.6	AbⅢ铺首	十期	弦纹	无	《考古》2003.4	
452	弦纹铺首壶	1996年湖南长沙茅亭子	96长茅M1：17	33×9.5	AbⅢ铺首	十期	弦纹	无	《考古》2003.4	

续表

序号	器物	时间地点	墓葬及器号	通高×口径（厘米）	类型	分期	纹饰	铭文	资料来源	备注
453	铺首壶	1992年湖南长沙马益顺巷	M1：78	42×10.6	AbⅢ铺首	十期	卷云纹	无	《考古》2003.4	
454	铺首壶甲	1980年江苏武进孟河战国墓	无	30×9.5	AbⅢ铺首	十期	素光	无	《考古》1984.2	农民挖
455	铺首壶乙	1980年江苏武进孟河战国墓	无	30×9.5	AbⅢ铺首	十期	素光	无	《考古》1984.2	农民挖
456	铺首壶	1977～1978年山东曲阜鲁国故城	M58：108	33×10.8	AbⅢ铺首	十期	素光	无	《鲁国》P151	
457	铺首壶	1977～1978年山东曲阜鲁国故城	M58：109	与上相近	AbⅢ铺首	十期	素光	无	《鲁国》P151	
458	铺首壶	1990年陕西山阳过凤楼	无	31	AbⅢ铺首	十期	素光	无	《考与文》1992.2	农民挖
459	铺首壶	1990年陕西山阳过凤楼	无	28	AbⅢ铺首	十期	素光	无	《考与文》1992.2	农民挖
460	十三年左使车壶	1977年河北平山县七汲村中山王譽墓	M1xk：20	21.2×6.4	AbⅢ铺首	十期	素光	足18	《中山王》P410，《中山字》P128，《集成》09675	河北所
461	铺首圆壶	1986年湖北省广水市彭家塆	M1：16	25×7.4	AbⅣ铺首	十一	素光	无	《江汉》1990.2	
462	铺首圆壶	1986年湖北省广水市彭家塆	M1：15	与上相近	AbⅣ铺首	十一	素光	无	《江汉》1990.2	

续表

序号	器物	时间地点	墓葬及器号	通高×口径（厘米）	类型	分期	纹饰	铭文	资料来源	备注
463	凸弦纹壶	2006年甘肃张家川马家塬	M1：1	口径9.9、腹径19.2	AbⅣ铺首	十一	凸弦纹	无	《文物》2008.9	鎏金
464	凸弦纹壶	2006年甘肃张家川马家塬	M1：2	与上相近	AbⅣ铺首	十一	凸弦纹	无	《文物》2008.9	鎏金
465	铺首圆壶	2003年安徽天长	TSJ1：9	33×9.3	AbⅣ铺首	十一	素光	无	《文物》2009.6	窖藏
466	铺首圆壶	2003年安徽天长	TSJ1：4	与上相近	AbⅣ铺首	十一	素光	无	《文物》2009.6	窖藏
467	弦纹壶	1975年陕西咸阳市黄家沟	M43：6	29.6×9.8	AbⅣ铺首	十一	弦纹	无	《考与文》1982.6	
468	弦纹壶	1975年陕西咸阳市黄家沟	M43：9	与上相近	AbⅣ铺首	十一	弦纹	无	《考与文》1982.6	
469	铺首圆壶	1974年甘肃平凉庙庄	M6：2	29.5×10.5	AbⅣ铺首	十一	弦棱线纹	无	《考与文》1982.5	
470	铺首圆壶	1974年甘肃平凉庙庄	M6：3	与上相近	AbⅣ铺首	十一	弦棱线纹	无	《考与文》1982.5	
471	铺首圆壶	1974年甘肃平凉庙庄	M7：5	与上相近	AbⅣ铺首	十一	弦棱线纹	无	《考与文》1982.5	
472	铺首圆壶	1992年安徽淮南唐山乡邱岗村	无	28.5×8.5	AbⅣ铺首	十一	凹弦纹、三角纹、云纹、	无	《江汉》1996.1	农民挖
473	凸弦纹壶	2007～2008年张家川马家塬	M14：1	29×9.2	AbⅣ铺首	十一	凸弦纹	无	《文物》2009.10	

续表

序号	器物	时间地点	墓葬及器号	通高×口径（厘米）	类型	分期	纹饰	铭文	资料来源	备注
474	铺首圆壶	1986年湖北荆门市包山楚墓	M2：154	33.5×9.3	AbⅣ铺首	十一	素光	无	《文物》1988.5	
475	铺首圆壶	1986年湖北荆门市包山楚墓	M2	与上相近	AbⅣ铺首	十一	素光	无	《文物》1988.5	器号不详
476	铺首圆壶	1986年湖北江陵秦家咀	M4	不详	AbⅣ铺首	十一	素光	无	《江汉》1988.2	器号尺寸不详
477	铺首圆壶	1986年湖北江陵秦家咀	M4	不详	AbⅣ铺首	十一	素光	无	《江汉》1988.2	器号尺寸不详
478	铺首圆壶	1986年湖北江陵秦家咀	不详	不详	AbⅣ铺首	十一	素光	无	《江汉》1988.2	墓号尺寸不详
479	铺首圆壶	1986年湖北江陵秦家咀	不详	不详	AbⅣ铺首	十一	素光	无	《江汉》1988.2	墓号尺寸不详
480	铺首圆壶	1986年湖北江陵秦家咀	不详	不详	AbⅣ铺首	十一	素光	无	《江汉》1988.2	墓号尺寸不详
481	铺首圆壶	1986年湖北江陵秦家咀	不详	不详	AbⅣ铺首	十一	素光	无	《江汉》1988.2	墓号尺寸不详
482	铺首圆壶	1986年湖北江陵秦家咀	不详	不详	AbⅣ铺首	十一	素光	无	《江汉》1988.2	墓号尺寸不详
483	铺首圆壶	1986年湖北江陵秦家咀	不详	不详	AbⅣ铺首	十一	素光	无	《江汉》1988.2	墓号尺寸不详
484	铺首圆壶	1998年安徽潜山公山岗	M24：2	33.4×9.4	AbⅣ铺首	十一	素光	无	《学报》2002.1	

续表

序号	器物	时间地点	墓葬及器号	通高×口径（厘米）	类型	分期	纹饰	铭文	资料来源	备注
485	铺首圆壶	1998年安徽潜山公山岗	M24	与上相近	AbⅣ铺首	十一	素光	无	《学报》2002.1	器号不详
486	铺首圆壶	1998年安徽潜山公山岗	M73：5	34.2×11	AbⅣ铺首	十一	素光	无	《学报》2002.1	
487	铺首圆壶	1998年安徽潜山公山岗	M73	与上相近	AbⅣ铺首	十一	素光	无	《学报》2002.1	器号不详
488	国子壶	1956年山东临淄市姚王村	无	44.3×14	AcⅠ铺首	九期	素光	2	《铜全》9.24，《新收》1174	山东博
489	铺首壶	2010～2011年山东临淄市临淄区辛店战国墓	M2Q：17	45.6×13.8	AcⅠ铺首	九期	三角纹、凤鸟纹、龙形纹、兽目交连纹	无	《考古》2013.1	
490	铺首壶	2010～2011年山东临淄市临淄区辛店战国墓	M2Q：25	与上相近	AcⅠ铺首	九期	三角纹、凤鸟纹、龙形纹、兽目交连纹	无	《考古》2013.1	
491	铺首壶甲	1988年河南南阳市彭营楚墓	无	30×10	AcⅡ铺首	十期	素光	无	《中原》1994.1	农民挖
492	铺首壶乙	1988年河南南阳市彭营楚墓	无	与上相近	AcⅡ铺首	十期	素光	无	《中原》1994.1	农民挖
493	铺首壶甲	1970年山东诸城臧家庄战国墓	无	44.5×12.5	AcⅡ铺首	十期	素光	无	《文物》1972.5、1987.12	墓号不详
494	铺首壶乙	1970年山东诸城臧家庄战国墓	无	43.8	AcⅡ铺首	十期	素光	无	《文物》1987.12	墓号不详

续表

序号	器物	时间地点	墓葬及器号	通高×口径（厘米）	类型	分期	纹饰	铭文	资料来源	备注
495	铺首圆壶	1982年河南洛阳解放路	CIM395：34	33×11.4	AcⅡ铺首	十期	素光	无	《学报》2002.3	
496	铺首圆壶	1982年河南洛阳解放路	CIM395：29	与上相近	AcⅡ铺首	十期	素光	无	《学报》2002.3	
497	铺首圆壶	1982年河南洛阳解放路	CIM395：30	与上相近	AcⅡ铺首	十期	素光	无	《学报》2002.3	
498	铺首圆壶	1982年河南洛阳解放路	CIM395：31	与上相近	AcⅡ铺首	十期	素光	无	《学报》2002.3	
499	铺首圆壶	1982年河南洛阳解放路	CIM395：32	与上相近	AcⅡ铺首	十期	素光	无	《学报》2002.3	
500	铺首圆壶	1982年河南洛阳解放路	CIM395：33	与上相近	AcⅡ铺首	十期	素光	无	《学报》2002.3	
501	铺首圆壶	1982年河南洛阳解放路	CIM395：35	与上相近	AcⅡ铺首	十期	素光	无	《学报》2002.3	
502	铺首圆壶	1982年河南洛阳解放路	CIM395：36	与上相近	AcⅡ铺首	十期	素光	无	《学报》2002.3	
503	铺首圆壶	1982年河南洛阳解放路	CIM395：123	26.5×9.4	AcⅡ铺首	十期	素光	无	《学报》2002.3	
504	铺首圆壶	1982年河南洛阳解放路	CIM395：92	与上相近	AcⅡ铺首	十期	素光	无	《学报》2002.3	
505	铺首圆壶	1982年河南洛阳解放路	CIM395：93	与上相近	AcⅡ铺首	十期	素光	无	《学报》2002.3	

续表

序号	器物	时间地点	墓葬及器号	通高×口径（厘米）	类型	分期	纹饰	铭文	资料来源	备注
506	铺首圆壶	1984～1985年湖北江陵马山	M16：2	不详	AcⅡ铺首	十期	素光	无	《江汉》1988.3	
507	铺首圆壶	湖北黄冈罗汉山楚墓	无	31.5×12	AcⅡ铺首	十期	素光	无	《江汉》1987.1	盗掘，后回购出土时间不详
508	铺首圆壶	湖北黄冈罗汉山楚墓	无	与上近同	AcⅡ铺首	十期	素光	无	《江汉》1987.1	盗掘，后回购出土时间不详
509	铺首壶	1980年四川涪陵小田溪	M4：11	34.2×11	AcⅢ铺首	十一	三角云纹	无	《考古》1985.1	
510	铺首壶	1980年四川涪陵小田溪	M5：12	不详	AcⅢ铺首	十一	凹弦纹	无	《考古》1985.1	出土残
511	铺首壶	1988年湖北枝城市中药材公司		23.8×8	AcⅢ铺首	十一	凹弦纹、三角云纹	无	《考古》1989.9	农民挖
512	铺首壶	安徽六安312国道北侧	M99：1	30.6×9.5	AcⅢ铺首	十一	蕉叶纹、三角纹、云纹、云雷纹	无	《文物》2007.11	出土时间不详
513	铺首壶	安徽六安312国道北侧	M99：2	30.2×10.8	AcⅢ铺首	十一	凹弦纹	无	《文物》2007.11	出土时间不详
514	铺首壶	1990～1991年湖北襄樊郑家山	M17	不详	AcⅢ铺首	十一	素光	无	《学报》1999.3	
515	工师初壶	（时间不详）陕西咸阳渭城区塔儿坡（1973年咸阳博物馆征集）	无	不详	AcⅢ铺首	十一	弦纹	腹15足2	《考与文》1983.6，《陕金》1.599，《集成》09673，《秦文字图版》32，《秦铭文图版》52，《青集》12354	咸阳博.尺寸不详

续表

序号	器物	时间地点	墓葬及器号	通高×口径（厘米）	类型	分期	纹饰	铭文	资料来源	备注
516	弦纹壶	河北平山县中山国譽王夫人墓	M2东库	44.5×32	AcⅢ铺首	十一	凸弦纹	24	《文物》1979.1	报告未有M2，仅简报有提及
517	弦纹壶	河北平山县中山国譽王夫人墓	M2东库	与上相近	AcⅢ铺首	十一	凸弦纹	24	《文物》1979.1	
518	弦纹壶	河北平山县中山国譽王夫人墓	M2东库	与上相近	AcⅢ铺首	十一	凸弦纹	24	《文物》1979.1	
519	弦纹壶	河北平山县中山国譽王夫人墓	M2东库	与上相近	AcⅢ铺首	十一	凸弦纹	24	《文物》1979.1	
520	铺首壶	河北平山县中山国譽王夫人墓	M2西库	不详	AcⅢ铺首	十一	素光	无	《文物》1979.1	
521	铺首壶	河北平山县中山国譽王夫人墓	M2西库	不详	AcⅢ铺首	十一	素光	无	《文物》1979.1	
522	铺首壶	河北平山县中山国譽王夫人墓	M2西库	不详	AcⅢ铺首	十一	素光	无	《文物》1979.1	
523	铺首壶	河北平山县中山国譽王夫人墓	M2西库	不详	AcⅢ铺首	十一	素光	无	《文物》1979.1	
524	铺首壶	河北平山县中山国譽王夫人墓	M2西库	不详	AcⅢ铺首	十一	素光	无	《文物》1979.1	
525	铺首壶	河北平山县中山国譽王夫人墓	M2西库	不详	AcⅢ铺首	十一	素光	无	《文物》1979.1	

续表

序号	器物	时间地点	墓葬及器号	通高×口径（厘米）	类型	分期	纹饰	铭文	资料来源	备注
526	余戁壶	1978年安徽舒城县杨店村尹庄战国楚墓	M1：5	29.5×9.6	AcⅢ铺首	十一	云纹、弦纹、	颈壁2	《新收》1320，《安徽金》107，《文研》6，P135，《青集》12025	舒城所
527	孝徛壶	1978年安徽舒城县杨店村尹庄战国楚墓	M1：6	29.5×9.6	AcⅢ铺首	十一	云纹、弦纹、	颈壁2	《新收》1321，《楚文图》P63，《安徽金》108，《青集》12024	舒城所
528	铺首壶	山西侯马下平望墓	无	34×10.2	BⅠ铺首	八期	素光	无	《季刊》1993.1	
529	蟠龙壶	1978年山西浑源李峪村	M3：1	44.2×16.5	BⅠ铺首	八期	蟠龙、鸟纹、牲畜等	无	《考古》1983.8，《商周》，图748	
530	夔龙纹壶	1982年山西潞城潞河墓	无	57×10.5	BⅠ铺首	八期	写实动物纹、夔凤纹	无	《铜全》，8卷141	农民挖，山西所
531	铺首壶	河南洛阳中州路西工段北侧	C1M203：5	24×8	BⅠ铺首	八期	云雷纹、乳钉纹	无	《中原》1984.3	
532	铺首壶	2003年三门峡市西苑小区	M1：13	32.8×12.5	BⅡ铺首	九期	带状绹纹	无	《文物》2008.2	
533	铺首壶	2003年三门峡市西苑小区	M1：14	32.8×12.5	BⅡ铺首	九期	带状绹纹	无	《文物》2008.2	
534	圆壶	1962年山西芮城东周墓	M2	29.2	BⅡ铺首	九期	弦纹	无	《文物》1987.12	残，农民挖
535	圆壶	1962年山西芮城东周墓	M2	与上相近	BⅡ铺首	九期	弦纹	无	《文物》1987.12	残，农民挖

续表

序号	器物	时间地点	墓葬及器号	通高×口径（厘米）	类型	分期	纹饰	铭文	资料来源	备注
536	铺首壶	1977年陕西凤翔县高王寺	无	40×10.8	BⅡ铺首	九期	射猎纹	无	《铜全》，7卷45	农民挖，凤翔馆，
537	弦纹壶	1973年山西长子羊圈沟	M1：1	31.4	BⅡ铺首	九期	弦纹	无	《学报》1984.4	
538	弦纹壶	1973年山西长子羊圈沟	M1：2	与上相近	BⅡ铺首	九期	弦纹	无	《学报》1984.4	
539	弦纹壶	1973年四川成都西郊战国墓	M：3	28.8×17.2	BⅢ铺首	十期	弦纹	无	《考古》1983.7	
540	中山王𪒠壶	1977年河北平山县七汲村中山王𪒠墓	M1xk：15	63×15	CⅠ铺首	十期	夔龙纹	四壁450	《文物》1979.1，《铜全》9.154，《中山王》P371-374，《中山字》P89-92、P111-114，《集成》09735，《总集》5805，《铭文选》881，《美全》5.98，《青集》12455	河北所
541	十四年壶	1977年河北平山县七汲村中山国𪒠王墓	M1dk：10	45.2×11.4	CⅠ铺首	十期	勾连云雷纹	下腹16	《文物》1979.1，《中山王》P424，《集成》09665，《青集》12340	河北所
542	十四年壶	1977年河北平山县七汲村中山国𪒠王墓	M1dk：11	45×11.3	CⅠ铺首	十期	勾连云雷纹	下腹16	《文物》1979.1，《中山王》P424，《集成》09666，《青集》12341	河北所
543	铜方壶	1996年河南洛阳针织厂	CIM5269：2	28.8×8.8	CⅠ铺首	十期	素光	无	《文物》2001.12	

续表

序号	器物	时间地点	墓葬及器号	通高×口径（厘米）	类型	分期	纹饰	铭文	资料来源	备注
544	铜方壶	1996年河南洛阳针织厂	CIM5269：3	与上相同	CⅠ铺首	十期	素光	无	《文物》2001.12	
545	铜方壶	陕西宁强县大安乡江林村	宁0113	36×5	CⅠ铺首	十期	素光	无	《文博》1995.1	出土时间不详
546	铜方壶	陕西宁强县大安乡江林村	无	与上相近	CⅠ铺首	十期	素光	无	《文博》1995.1	出土时间不详
547	铜方壶	陕西宁强县阳平关镇小鱼村	无	与上相近	CⅠ铺首	十期	素光	无	《文博》1995.1	出土时间不详
548	铜方壶	陕西宁强县阳平关镇黄家坝村	无	与上相近	CⅠ铺首	十期	素光	无	《文博》1995.1	出土时间不详
549	铜方壶	陕西宁强县阳平关镇黄家坝村	无	与上相近	CⅠ铺首	十期	素光	无	《文博》1995.1	出土时间不详
550	铜方壶	陕西宁强县	无	与上相近	CⅠ铺首	十期	素光	无	《文博》1995.1	出土时间不详具体地点不详
551	镶嵌绿松石方壶	1957年河南陕县后川	无	53	CⅡ铺首	十一	云纹、蟠螭纹、几何纹	无	《铜全》，8卷142	农民挖，国博
552	四斗𣄴客方壶	1931年河南洛阳市金村古墓	无	38.1×17.2	CⅡ铺首	十一	三角纹	足外14	《故铜》313，《集成》09648，《青集》12312	故宫

续表

序号	器物	时间地点	墓葬及器号	通高×口径（厘米）	类型	分期	纹饰	铭文	资料来源	备注
553	四斗鉰客方壶	1931年河南洛阳市金村古墓	无	38.4×（12.3×11.7）	CⅡ铺首	十一	三角纹	足14	《三代》12.14.3-4，《十二尊》12，《尊古》2.34.1，《集成》09649，《总集》5737，《国史金》387，《青集》12313	
554	四斗鉰客方壶	1931年河南洛阳市金村古墓	无	与上相近	CⅡ铺首	十一	三角纹	足15	《考古》1982.5，《洛墓》5，《青集》12314	清华大学图书馆
555	四斗鉰客方壶	1931年河南洛阳市金村古墓	无	与上相近	CⅡ铺首	十一	三角纹	足15	《金村》17，《战国式》117，《集成》09650，《国史金》388，《青集》12315，《日精华》5.399，《青集》12315	日本京都大学人文社科研究所
556	四斗鉰客方壶	1931年河南洛阳市金村古墓	无	37×（12.3×11.4）	CⅡ铺首	十一	三角纹	足15	度量衡附8，《青集》12316	清华大学图书馆
557	四斗鉰客方壶	1931年河南洛阳市金村古墓	无	与上相近	CⅡ铺首	十一	三角纹	足15	《考古》1982.5，洛阳1，《青集》12317	加拿大多伦多皇家安大略博物馆
558	四斗鉰客方壶	1931年河南洛阳市金村古墓	无	与上相近	CⅡ铺首	十一	三角纹	足15	《考古》1982.5，洛阳3，《青集》12318	加拿大多伦多皇家安大略博物馆
559	铜方壶	1991年陕西子长县史家畔	无	41×12	CⅡ铺首	十一	素光	无	《文博》1992.6，	农民挖
560	铜方壶	1991年陕西子长县史家畔	无	与上相近	CⅡ铺首	十一	素光	无	《文博》1992.6	农民挖

续表

序号	器物	时间地点	墓葬及器号	通高×口径（厘米）	类型	分期	纹饰	铭文	资料来源	备注
561	铜方壶	1953～1954年山西长治分水岭	M12	不详	CⅡ铺首	十一	素光	无	《学报》1957.1	尺寸未注
562	铜方壶	1953～1954年山西长治分水岭	M12	不详	CⅡ铺首	十一	素光	无	《学报》1957.1	尺寸未注
563	铜方壶	1977年陕西凤翔高庄秦墓	M47：2	40.8×11.1	CⅡ铺首	十一	素光	无	《考与文》1981.1	
564	铜方壶	1977年陕西凤翔高庄秦墓	M47：1	与上相近	CⅡ铺首	十一	素光	无	《考与文》1981.1	
565	铜方壶	四川成都羊子山	M127：23	37.2×10	CⅡ铺首	十一	鸟纹	无	《学报》1956.4	
566	铜方壶	四川成都羊子山	M127：3	与上相近	CⅡ铺首	十一	鸟纹	无	《学报》1956.4	
567	胜方壶	1977年北京丰台砂子口贾家花园战国墓	无	40×11.5	CⅡ铺首	十一	素光	盖足同1	《文物》1978.3，《集成》09477，《青集》11987	
568	带盖方壶	1966年陕西咸阳塔儿坡	无	42×9	CⅡ铺首	十一	素光	无	《文物》1975.6	农民挖
569	无盖方壶	1966年陕西咸阳塔儿坡	无	30.5×8.8	CⅡ铺首	十一	素光	无	《文物》1975.6	农民挖
570	无盖方壶	1966年陕西咸阳塔儿坡	无	与上相近	CⅡ铺首	十一	素光	无	《文物》1975.6	农民挖
571	铜方壶	1990～1991年湖北襄樊郑家山	M62：9	34×8.4	CⅡ铺首	十一	素光	无	《学报》1999.3	

续表

序号	器物	时间地点	墓葬及器号	通高×口径（厘米）	类型	分期	纹饰	铭文	资料来源	备注
572	铜方壶	1990～1991年湖北襄樊郑家山	M62	与上相近	CⅡ铺首	十一	素光	无	《学报》1999.3	器号不详
573	铜方壶	1990～1991年湖北襄樊郑家山	M12：6	41.2×10.8	CⅡ铺首	十一	素光	无	《学报》1999.3	
574	铜方壶	1990～1991年湖北襄樊郑家山	M12	与上相近	CⅡ铺首	十一	素光	无	《学报》1999.3	器号不详
575	云纹方壶	1990～1991年湖北襄樊郑家山	M67：3	20.8×7.6	CⅡ铺首	十一	卷云纹、弦纹、勾连卷云纹	无	《学报》1999.3	
576	铜方壶	1953～1954年山西长治分水岭	M11	不详	CⅡ铺首	十一	凸弦纹	无	《学报》1957.1	尺寸未注，器号不详
577	铜方壶	1953～1954年山西长治分水岭	M11	不详	CⅡ铺首	十一	凸弦纹	无	《学报》1957.1	尺寸未注，器号不详
578	永用休涅壶	1981年山西文水县上贤村	无	32×12.3	D铺首	十一	素光	肩9字	《文物》1984.6，《集成》09607，《山西珍》162，《青集》12255	铭文错银，青集尺寸32×12.3
579	无耳壶	河南安阳小屯	M388：R2075	19.9	无耳	二期晚段	弦纹	无	《综览·壶》17	殷墟三期
580	无耳壶	1982年山西潞城县潞河	M8：3	36	无耳Ⅰ	九期	素光	无	《文物》1986.6	
581	无耳壶	1982年山西潞城县潞河	M8：4	36	无耳Ⅰ	九期	素光	无	《文物》1986.6	
582	无耳壶	2004年河南洛阳中州中路	C1M8371	51.8 ×11.5	无耳Ⅱ	十期	素光	无	《文物》2006.3	

续表

序号	器物	时间地点	墓葬及器号	通高×口径（厘米）	类型	分期	纹饰	铭文	资料来源	备注
583	无耳壶	2004年河南洛阳中州中路	C1M8371	51.8 ×11.5	无耳Ⅱ	十期	素光	无	《文物》2006.3	
584	云雷纹壶	1987～1988年山西运城临猗程村	M1001：5	48.3×18.8	无耳	七期	云雷纹、变形龙纹	无	《临猗》P102	
585	云雷纹壶	1987～1988年山西运城临猗程村	M1001：4	48.3×18.8	无耳	七期	云雷纹、变形龙纹	无	《临猗》P102	
586	云雷纹壶	1987～1988年山西运城临猗程村	M1002：22	49×（17×14）	无耳	七期	云雷纹、变形龙纹	无	《临猗》P102	
587	云雷纹壶	1987～1988年山西运城临猗程村	M1002：24	49×（17×14）	无耳	七期	云雷纹、变形龙纹	无	《临猗》P102	
588	窃曲纹壶	2000年甘肃礼县圆顶山	2000LDM4：10	46.4×17.2	无耳	七期	重环纹、窃曲纹、蟠虺纹	无	《文物》2005.2	
589	圆壶	1963年山东临朐杨善乡	无	40	无耳	八期	波带纹、重环纹、窃曲纹	无	《文物》1972.5	农民挖
590	圆壶	1963年山东临朐杨善乡	无	与上相近	无耳	八期	波带纹、重环纹、窃曲纹	无	《文物》1972.5	农民挖，盖失
591	环带纹瓠壶	1979年湖北随县城郊八角楼	无	21．5	AⅠ瓠	六期	环带纹、雷纹、蕉叶纹、窃曲纹	无	《文物》1980.1	农民挖
592	瓠形壶	1936年河南辉县琉璃阁甲墓	16	35.5×12.9	AⅠ瓠	七期	素光	无	《琉璃阁》P98	故宫
593	瓠壶	1963年山东莒县天井汪	无	31	AⅠ瓠	七期	蟠虺纹、垂鳞纹	无	《文物》1972.5	

续表

序号	器物	时间地点	墓葬及器号	通高×口径（厘米）	类型	分期	纹饰	铭文	资料来源	备注
594	蟠虺纹壶	1937年河南辉县琉璃阁	M80：3	33	AⅡ瓠	九期	蟠虺纹、垂花纹	无	《山彪镇》P56	
595	瓠壶	1962年河北行唐县李家庄	无	21.8×4.5	AⅡ瓠	九期	素光	无	《文物》1963.4	农民挖，河北博
596	瓠壶	1962年河北行唐县李家庄	无	与上相近	AⅡ瓠	九期	素光	无	《文物》1963.4	农民挖，河北博
597	孝子平壶	1988年山东莒县中楼乡于家沟村	无	34.6×8.2	AⅡ瓠	九期	素光	颈28	《铜全》9.76，《新收》1088，《山东成》634，《青集》12358	莒县博，自名壶
598	瓠壶	1935年河南汲县山彪镇	M1：26	25.3×（3.9×4.2）	AⅡ瓠	九期	素光	无	《山彪镇》P16	
599	鳞纹壶	1988年山西太原金胜村赵卿墓	M251：599	40.8×6.7	B瓠	八期	蛇纹、重环纹、鳞纹、云纹	无	《赵卿墓》P52，《铜全》，8卷83	山西所
600	盘龙纹瓠壶	1967年陕西绥德	无	37.5×5.8	B瓠	八期	珠点纹	无	《铜全》，8卷84	农民挖，陕历博
601	蟠虺纹壶	1982年山西省潞城县潞河村	M7：72	57×10.5	B瓠	八期	蟠虺纹	无	《文物》 1986.6	
602	镶嵌红铜扁壶	1975年河南三门峡上村岭	无	34.3×12.5	扁Ⅰ	十期	垂叶纹、方格纹、蟠虺纹	无	《铜全》8.143	农民挖，河南博
603	扁壶	陕西宁强县	无	27	扁Ⅰ	十期	马蹄状弧纹	无	《文博》1995.1	具体地点不详出土时间不详

续表

序号	器物	时间地点	墓葬及器号	通高×口径（厘米）	类型	分期	纹饰	铭文	资料来源	备注
604	十二年左使车壶	1977年河北平山县七汲村中山王墓	M1dk：14	35×12.8	扁Ⅰ	十期	桃形凹陷纹	23	《文物》1979.1，《中山王》P409，《中山字》P123，《集成》09685，《青集》12386	河北所
605	十年壶	1977年河北平山县七汲村中山王墓	M1dk：15	29×11.8	扁Ⅰ	十期	宽带络纹	足19	《文物》1979.1，《中山王》P403，《集成》09683，《青集》12368	河北所
606	扁壶	1977年河北平山县七汲村中山王墓	M1dk：12	45.9×15	扁Ⅰ	十期	素光	无	《中山王》P121，《文物》1979.1，《铜全》，9卷159	农民挖，河北所
607	扁壶	1977年河北平山县七汲村中山王墓	M1dk：13	与上相近	扁Ⅰ	十期	宽带络纹	19	《中山王》P121，《文物》1979.1	河北所
608	扁壶	1974年河北平山县古灵寿城	M6xk：79	37.1×12.2	扁Ⅰ	十期	宽带络纹	无	《中山国》P143	河北所
609	扁壶	1974年河北平山县古灵寿城	M6xk：80	33.1×12.2	扁Ⅰ	十期	宽带络纹	无	《中山国》P143	河北所
610	卅六年壶	1981年湖北随州城东环城砖瓦厂	无	38.9×8.8	扁Ⅱ	十一	络带纹、蟠虺纹	颈内14	《文物》1986.4，《近出》966，《新收》1216，《青集》12309	农民挖，随州博
611	邦工师壶	1983年湖北随州东城朱家坡	无	38.9×8.8	扁Ⅱ	十一	络带纹、蟠虺纹	颈内15	《随州》66，《青集》12328	农民挖，随州博
612	蒜头扁壶	1966年陕西咸阳塔儿坡	无	30.5×3.2	扁Ⅱ	十一	素光	无	《文物》1975.6	农民挖

续表

序号	器物	时间地点	墓葬及器号	通高×口径（厘米）	类型	分期	纹饰	铭文	资料来源	备注
613	蒜头扁壶	1990～1991年湖北襄樊郑家山	M66：9	口径4	扁Ⅱ	十一	素光	无	《学报》1999.3	
614	蒜头壶	1979年陕西凤翔高庄战国秦墓	M1：10	28.2×6	蒜头	十一	素光	无	《文物》1980.9	
615	蒜头壶	1977年陕西凤翔高庄	M46：11	34.7×3.6	蒜头	十一	素光	无	《考与文》1981.1	
616	蒜头壶	1999年湖北荆州肖家山	M1：01	39×6.9	蒜头	十一	素光	无	《考古》2005.9	
617	蒜头壶	陕西宁强县燕子砭红棉村	宁0183	31×2.7	蒜头	十一	素光	无	《文博》1995.1	出土时间不详
618	蒜头壶	陕西宁强县阳平关镇黄家坝村	无	与上相近	蒜头	十一	素光	无	《文博》1995.1	出土时间不详
619	蒜头壶	陕西宁强县	无	与上相近	蒜头	十一	素光	无	《文博》1995.1	出土时间不详具体地点不详
620	蒜头壶	陕西宁强县	无	与上相近	蒜头	十一	素光	无	《文博》1995.1	出土时间不详具体地点不详
621	三足壶	1980年陕西城固龙头镇	1980CHLTT：5	31.5×8	独-三足	一期	雷纹、兽面纹、弦纹、夔纹	无	《城洋》P3，《文博》1988.6	
622	三足壶	1989年江西新干大洋洲商代大墓	XDM：49	38.5×10.4	独-三足	一期	联珠纹、兽面纹	无	《新干》P74	
623	三足壶	1978年河南固始侯古堆	M1P：7	19×7.5	独-三足	八期	虎斗花纹、火焰纹、回形纹	无	《固始侯》P46	三足盖壶

续表

序号	器物	时间地点	墓葬及器号	通高×口径（厘米）	类型	分期	纹饰	铭文	资料来源	备注
624	三足壶	1978年河南淅川下寺	M3：21	19×4.7	独-三足	八期	交体龙纹、三角几何纹	无	《淅川》P230，《铜全》，10卷36	河南博
625	三足壶	2001年山东临淄赵家徐姚	M1：5	22.4×8	独-三足	十一	素光	无	《考古》2005，1	
626	仲𦉜父壶	1984～1989年山西曲沃天马曲村	M6231：25	32×15.2	独-四足	三期	弦纹	盖11底14	《曲村》P440，《新收》955，《青集》12301	自名壶，北大考古文博学院
627	司䢅母壶	1976年河南安阳殷墟小屯妇好墓	M5：794	64.4×（23.4×19.8）	独·方体	二期早段	蝉纹、龙纹、兽面纹	内底3	《妇好墓》P64图38.5，《河南铜》1.151，《集成》09510，《总集》5627，《美全》4.38，《青集》12031	社科院
628	司䢅母壶	1976年河南安阳殷墟小屯妇好墓	M5：807	64×（23.5×19.5）	独·方体	二期早段	蝉纹、龙纹、兽面纹	内底3	《妇好墓》，P64图38.6，《殷铜》44，《中历博》32，《铜全》3.93，《集成》09511，《总集》5628，《综览·方壶》1，《赛克勒》1987P99，《辞典》106，《青集》12032	社科院
629	伯𢦚饮壶	1975年陕西扶风庄白	无	16.5×16	独·方体	四期	鸟纹、云纹	底5	《文物》1976.6	农民挖
630	伯𢦚饮壶	1975年陕西扶风庄白	无	14.5×11	独·方体	四期	鸟纹、云纹	底5	《文物》1976.6	农民挖
631	方壶	1981年陕西长安花园村西周墓	无	18×（9×11.5）	独·方体	四期	鸟纹、弦纹	盖器同8	《文博》1988.1，《铜全》，5卷123	

续表

序号	器物	时间地点	墓葬及器号	通高×口径（厘米）	类型	分期	纹饰	铭文	资料来源	备注
632	黄君孟壶	1983年河南光山县宝相寺上官岗砖瓦厂春秋墓	G1：A5	31.7×15.3	独·椭方体	六期	蟠螭纹	口15	《考古》1984.4，《铜全》7.84，《集成》09636，《新收》91，《青集》12324	河南博
633	黄君孟壶	1983年河南光山县宝相寺上官岗砖瓦厂春秋墓	G1：A6	与上相同	独·椭方体	六期	蟠虺纹	颈15	《考古》1984.4，《青集》12324	河南博，资料未发表
634	黄子壶	1983年河南光山县宝相寺上官岗砖瓦厂	G2：A14	30.7×（10.3×12）	独·椭方体	六期	窃曲纹、三角纹、蟠螭纹	颈16	《考古》1984.4，《铜全》7.85，《集成》09663，《综览·壶》14，《辞典》695，《美全》4.14，《青集》12338	信阳管
635	黄子壶	1983年河南光山县宝相寺上官岗砖瓦厂	G2：A15	28×（10.3×12）	独·椭方体	六期	窃曲纹、三角纹、蟠螭纹	颈16	《集成》09664，《青集》12339	河南所
636	高子父乙壶	1958年山西洪洞县坊堆村	无	21.3×9.4	独·圆提梁	二期晚段	鸟纹、三角纹	盖器同3	《山西》50，《集成》04919，《山西珍》62，《山西精》42，《总集》5122，《青集》12769	山西博
637	鱼父己壶	1961年河南鹤壁市庞村西周墓	0043	20×9	独·圆提梁	三期	素光	盖器同5	《集刊》3，P36，《铜全》6.32.《河南博》27，《集成》05162，《总集》5295，《综览·卣》104，《辞典》509，《青集》13041	河南博物院
638	圆壶	1976～1977年山东蓬莱县柳格庄	M6：56	不详	独·圆提梁	六期	素光	无	《考古》1990.9	尺寸有误

续表

序号	器物	时间地点	墓葬及器号	通高×口径（厘米）	类型	分期	纹饰	铭文	资料来源	备注
639	圆壶	1993年山西曲沃晋侯墓地	M62：75	21×6	独·高肩	五期	素光	无	《文物》1994.8	
640	侯母壶	1977年山东曲阜鲁国故城望父台春秋墓	M48：16	38×10.2	独·高肩	六期	龙纹、三角弦纹、垂鳞纹	盖器同15	《鲁国》P147，《铜全》6.69，《集成》09657，《辞典》472，《山东成》611，《青集》12323	曲阜管，自名壶
641	三角纹壶	1977年山东曲阜鲁国故城望父台春秋墓	M30：32	不详	独·高肩	六期	三角弦纹	30	《鲁国》P147	明器
642	镶嵌云纹壶	1973年湖北江陵藤店	M1器号不详	23.3×10.4	独·高肩	九期	蟠蛇纹、三角云纹	无	《文物》1973.9，《铜全》，10卷37	
643	镶嵌云纹壶	1973年湖北江陵藤店	M1器号不详	不详	独·高肩	九期	素光	无	《文物》1973.9，《铜全》，10卷37	
644	飞鸟纹壶	1972年广东肇庆北岭松山墓	M1：8	22×14.9	独·高肩	九期	云纹、飞鸟纹	无	《文物》1974.11	另说为罍，广东博
645	镶嵌龙纹壶	1986年湖北荆门市包山楚墓	M2器号不详	33.5×9.3	独·高肩	十期	云纹、龙纹	无	《文物》1988.5，《铜全》，10卷39	
646	镶嵌龙纹壶	1986年湖北荆门市包山楚墓	M2器号不详	与上相近	独·高肩	十期	云纹、龙纹	无	《文物》1988.5	
647	圆壶	1976～1977年山东蓬莱县柳格庄墓群	M6：6	7.9	独·高肩	六期	素光	无	《考古》1990.9	

续表

序号	器物	时间地点	墓葬及器号	通高×口径（厘米）	类型	分期	纹饰	铭文	资料来源	备注
648	陈璋壶	1982年江苏盱眙穆店乡南窑庄窖藏	无	24×12.8	独·高肩	十期	错金云纹、斜方格云纹	口内11 足外29	《考古》1988.3，《铜全》9.122，《集成》09975，《青集》12411	南京博，圈足内2-4无法辩识
649	伯壶	1961年陕西长安马王镇张家坡窖藏	器号34 馆藏号：六四48	64×17.5	独·小环耳	三期	素光	盖器同4	《学报》1962.1，《陕金》1.587，《张家坡》，图版26.1.2，《集成》09528，《总集》5658，《综览·壶》66，《断代》P759，《青集》12109	陕历博，，农民挖
650	伯壶	1961年陕西长安马王镇张家坡窖藏	器号33 馆藏号：六四49	64×17.5	独·小环耳	三期	素光	盖器同4	《学报》1962.1，《陕金》1.588，《集成》09529，《总集》5657，《青集》12110	陕历博，窖藏，农民挖
651	小环耳壶	1978年湖北随县何店贯庄	无	31.6×12.8	独·小环耳	六期	弦纹、兽纹、三角云纹	无	《考古》1982.2	农民挖
652	环带纹壶	1973年长安马王村	器号11	26×10	独·环耳	五期	斜角纹、环带纹、垂叶纹	无	《考古》1974.1	农民挖
653	龙纹壶	1998年宝鸡南阳村	M1：6	13.8×（5×3.5）	独·环耳	五期	变体龙纹	无	《考古》2001.7	
654	龙纹壶	1998年宝鸡南阳村	M1：7	与上相近	独·环耳	五期	变体龙纹	无	《考古》2001.7	
655	椭方壶甲	1978年河南信阳县明港		23×（9.1×11）	独·环耳	五期	蟠虺纹	无	《中原》1981.4	农民挖

续表

序号	器物	时间地点	墓葬及器号	通高×口径（厘米）	类型	分期	纹饰	铭文	资料来源	备注
656	椭方壶乙	1978年河南信阳县明港		与上相近	独·环耳	五期	蟠虺纹	无	中原1981.4	农民挖
657	已侯壶	1974年山东莱阳中荆公社前河前村西周墓	无	34.5×6.6	独·环耳	六期	三角纹、环带纹、夔龙纹、窃曲纹	外底13	《文物》1983.12，《铜全》6.87，《故宫刊》1993总129，《集成》09632，《铭文选》348，《辞典》474，《山东萃》114，《古文》19辑81，《山东成》614，《青集》12293	农民挖
658	窃曲纹壶	1979年湖北随县桃花坡	M1	40×11.6	独·环耳	六期	环带纹、窃曲纹、凤鸟纹	无	《文物》1982.12	农民挖
659	彭伯壶	1975年河南南阳西关春秋楚墓	无	50×15.5	独·环耳	六期	蟠龙纹、窃曲纹、鳞纹、环带纹	盖器同15	《华夏》1999.3，《近出》964，《新收》315，《青集》12321	南阳市博物馆，通高未包括盖，自名壶
660	彭伯壶	1975年河南南阳西关春秋楚墓	无	58.4×15.2	独·环耳	六期	蟠龙纹、窃曲纹、鳞纹、环带纹	盖器同15	《华夏》1999.3，《文物》1997.12，《近出》963，《新收》316，《青集》12322	南阳市博物馆，自名壶
661	窃曲纹壶	1978年山东滕州薛国故城	M4：34	38×16.5	独·环耳	七期	窃曲纹、勾云纹、垂鳞纹、三角雷纹	无	《学报》1991.4	
662	窃曲纹壶	1978年山东滕州薛国故城	M4：35	38×16	独·环耳	七期	窃曲纹、勾云纹、垂鳞纹、三角雷纹	无	《学报》1991.4	
663	弦纹壶	1993年河南三门峡盆景园	M8：12	29×10	独·环耳	九期	弦纹	无	《中原》2002.1	

续表

序号	器物	时间地点	墓葬及器号	通高×口径（厘米）	类型	分期	纹饰	铭文	资料来源	备注
664	弦纹壶	1993年河南三门峡盆景园	M8：13	与上相近	独 · 环耳	九期	弦纹	无	《中原》2002.1	
665	环耳壶	1982年河南洛阳解放路	CIM395：124	11.6×4.7	独 · 环耳	十期	素光	无	《学报》2002. 3	
666	环带纹壶	1977年陕西凤翔高庄秦墓	M1：10	20.2×9.4	独 · 环耳	十一	环带纹	无	《考与文》1981.1	明器
667	环带纹壶	1977年陕西凤翔高庄秦墓	M1：9	与上相近	独 · 环耳	十一	环带纹	无	《考与文》1981.1	明器
668	环带纹壶	1977年陕西凤翔高庄秦墓	M49：13	不详	独 · 环耳	十一	环带纹	无	《考与文》1981.1	明器，尺寸未注明
669	环带纹壶	1977年陕西凤翔高庄秦墓	M49：14	不详	独 · 环耳	十一	环带纹	无	《考与文》1981.1	明器，尺寸未注明
670	鞅壶	2006年甘肃张家川马家塬战国墓	M3：8	25.6×9.3	独 · 茧形	十一	蟠螭纹、绳纹、贝纹	底1	《文物》2008.9，《青集》11988	甘肃所，青集尺寸（26.5×9.3）
671	晋侯僰马壶	1994年山西曲沃曲村北赵村晋侯墓地	M92：4	42.6×16	独 · 兽耳	四期	凤鸟纹、云雷纹、宽带纹	盖器同12	《文物》1995.7《近出》962，《新收》904，《青集》12276	山西所，自名壶
672	晋侯僰马壶	1994年山西曲沃曲村北赵村晋侯墓地	M92：8	43.5×16	独 · 兽耳	四期	凤鸟纹、云雷纹、宽带纹	盖器同12	《文物》1995.7，《新收》906，《晋国奇珍》P69，《青集》12277	山西所，自名壶

续表

序号	器物	时间地点	墓葬及器号	通高×口径（厘米）	类型	分期	纹饰	铭文	资料来源	备注
673	凤鸟纹壶	1974～1975年陕西宝鸡茹家庄	M1：20	21.6×（8.4×8.9）	独·兽耳	四期	凤鸟纹、云雷纹	无	宝鸡P303，《文物》1976.4	残，后修复
674	莲鹤方壶	1923年河南新郑李家楼	郑公大墓	125.7×（54×30.5） 118×30.5（铜全） 3.72×（0.95×0.78）尺（新郑）	独·爬兽	八期	龙纹、交龙纹	无	《铜全》7.22，《郑冢》26，《新郑》100	故宫
675	莲鹤方壶	1923年河南新郑李家楼	郑公大墓	126.5×（54×30.5） 4.5×（1.07×0.9）尺（郑冢） 3.77×（0.95×0.78）尺（新郑）	独·爬兽	八期	龙纹、交龙纹	无	《郑冢》27，《新郑》108	河南博
676	曲颈蒜头壶	陕西米脂官庄出土	无	34.6×3.6	独·蒜头	十一	凸弦纹	无	《铜全》7卷46	米脂博

附表二　传世商周青铜壶统计表

序号	器名	类型	分期	通高×口径（厘米）	纹饰	铭文	出处	著录
1	甲壶	AⅠ提梁	一期	25.3×5	弦纹、目纹、兽面纹	圈足内1字	上博	《考古》2004.7，P95，《夏商周》91，《新收》1418，《青集》11951
2	曲折雷纹壶	AⅡ提梁	二期早段	26.5	火纹、云纹、联珠纹、雷纹	无	MIA	《铜全》4.150
3	兽面纹壶	AⅡ提梁	二期早段	9×2.3寸《考古图》	云雷纹、兽面纹	无	不详	《考古图》4.68（摹本）
4	龏子壶（甲）	CⅠ提梁	二期晚段	24×7.4	象鼻夔纹、云雷纹	盖内2字	东洋	《新收》1838，《青集》11991
5	龏子壶（乙）	CⅠ提梁	二期晚段	23.7	象鼻兽纹、云雷纹	内底2字	富士比	《近出》562，《流散欧》124，《青集》11992
6	冀叡壶	CⅠ提梁	二期晚段	28×9	兽面纹、云雷纹、弦纹	内底2字	山东费	《文物》1982.9，P41，《集成》04879，《山东成》453.4，《青集》，11996
7	[illegible]壶	CⅠ提梁	二期晚段	不详	联珠纹、兽面纹、云雷纹	盖器同铭各2字	不详	《三代》12.44.9-10，《贞松》8.6.2，《小校》4.11.3，《汇编》1302（盖），《伦敦图版》14.196，《集成》04866，《总集》5089，《国史金》223（盖），《青集》12015
8	鸢祖辛壶	CⅠ提梁	二期晚段	36.4	兽面纹	盖器同铭各3字	故宫	《三代》12.47.1，《西甲》8.17，《续殷上》72.1，《故铜》55，《集成》04897，《总集》5112，《青集》12035

续表

序号	器名	类型	分期	通高×口径（厘米）	纹饰	铭文	出处	著录
9	子父乙壶	CⅠ提梁	二期晚段	28×（9.8×10）	云雷纹、兽面纹、斜角目雷纹	内底3字	台故宫	《三代》12.2.7，《贞补上》36.1，《故宫》33期，《故图上下》142，《集成》09500，《总集》5630，《国史金》352，《商礼》63，《青集》12036（注:提梁、盖均遗失）
10	亚父乙壶	CⅠ提梁	二期晚段	11×（3.1×3）寸《博古》	夔纹、云雷纹	盖器同铭各3字	不详	《博古》11.11，《薛氏》26.6-7，《啸堂》40.1-2，《集成》04933，《青集》12038（摹本）
11	析父丙壶	CⅠ提梁	二期晚段	15.1×4.8寸《澂秋》	联珠纹、兽面纹、雷纹	内底铭文3字	不详	《三代》12.50.5，《殷存上》34.4，《澂秋》32，《小校》4.18.5，《集成》04936，《总集》5136，《国史金》234，《青集》12041
12	史父丁壶	CⅠ提梁	二期晚段	10.5×3.2寸《西甲》	兽面纹、夔纹	盖器同铭各3字	不详	《三代》12.50.6，《西甲》8.10，《集成》04941，《总集》5137，《青集》12042（摹本）
13	冉父己壶	CⅠ提梁	二期晚段	34.9×11	夔纹、兽面纹	盖器同铭各3字	赛克勒	《汇编》1473，《综览·卣》67，《集成》04963，《总集》5153，《赛克勒》（1990）P483，《青集》12046
14	翌父辛壶	CⅠ提梁	二期晚段	10.5×3.5寸《西清》	目雷纹、兽面纹、联珠纹	盖器同铭各3字	故宫	《三代》12.53.5-6，《西清》16.26，《贞松》8.9.2，《澂秋》33，《续殷上》75.6-7，《集成》04985，《总集》5169，《青集》12049
15	亚厷父乙壶	CⅠ提梁	二期晚段	28.8	云雷纹、兽面纹	盖器同铭各4字	不详	《缀遗》10.28.3，《综览·卣》6，《集成》05055，《青集》12098
16	亚麃椃父乙壶	CⅠ提梁	二期早段	不详	雷目纹、兽面纹、云雷纹	内底铸铭5字	故宫	《三代》12.6.3，《续殷上》65.1，《集成》05147，《总集》5662，《国史金》357.2，《青集》12129
17	葡[illegible]壶	CⅠ提梁	二期晚段	39.5	云雷纹、兽面纹	7字	佳士得	《近出》596，《流散欧》145，《青集》12194

续表

序号	器名	类型	分期	通高×口径（厘米）	纹饰	铭文	出处	著录
18	小子省壶	CⅠ提梁	二期晚段	35.9×10.6	夔龙纹、弯角鸟纹	盖器同铭各21字	上博	《三代》13.38.3-4，《贞松》8.29.1，《续殷上》86.4-5，《上藏》11，《汇编》284，《综览·卣》26，《集成》05394，《总集》5471，《铭文选》17，《夏商周》150，《辞典》112，《国史金》327，《青集》12374
19	四祀邲其壶	CⅠ提梁	二期晚段	34.5×10.3	方格纹、兽面纹、联珠纹	盖与内底各4外底42字	故宫	《录遗》275.1-3，《疑盦》12，《综览·卣》65，《故铜》65，《铜全》3.129，《集成》05413，《总集》5492，《铭文选》13，《辞典》113，《美全》4.67，《青集》12429
20	[illegible]佮壶	CⅠ提梁	二期晚段	通盖高7.3×2.1寸《博古》	方格纹、云雷纹、联珠纹	盖器同铭各25字	无	《考古图》4.5，《博古》9.32（摹本），《薛氏》31.3-32.1，《啸躺》34.1-2，《集成》05397，《青集》13304
21	[illegible]壶	CⅡ提梁	二期晚段	35×4.8	联珠纹、夔纹	盖器同铭各1字	国博	《历博刊》4，《集成》04799，《青集》11972
22	子孙壶	CⅡ提梁	二期晚段	通盖高10.5×3.2寸《西清》	云雷纹、兽面纹、联珠纹	盖器同铭各4字	不详	《西清》16.36（摹本）
23	鹌壶	CⅡ提梁	三期	36×10.5	云雷纹、兽面纹	内底1字	某藏家	《青集》11960
24	虘壶	CⅡ提梁	三期	36.5×10	云雷纹、联珠纹、兽面纹	盖器同铭各5字	某藏家	《青集》11961
25	[illegible]父癸壶	CⅡ提梁	三期	10.8×3.1寸《西清》	夔纹、兽面纹、云雷纹	盖器同铭各3字	故宫	《三代》12.56.1-2，《西清》16.34，《愙斋》18.8.1，《缀遗》11.1.1，《殷存上》33.1-2，《小校》4.24.2，《集成》04995，《总集》5173，《青集》12052（摹本）
26	倗兄丁壶	CⅡ提梁	三期	25.4×8.1	兽面纹、斜角云纹	盖器同铭各3字	FAM	《美集》R280、A601，《汇编》1134，《三代补》280，《集成》05003，《总集》5142，《青集》12054

续表

序号	器名	类型	分期	通高×口径（厘米）	纹饰	铭文	出处	著录
27	䜌父丁壶	CⅡ提梁	三期	21.5	兽面纹、目雷纹、云雷纹	盖器同铭各3字	藏家英	《新收》1811，《青集》12067
28	弓父庚壶	CⅡ提梁	三期	不详	云雷纹、夔纹	盖器同铭各3字	不详	《三代》12.53.1-2，《长安》1.21，《陕金》2.252，《攈古》1之2.33.1，《缀遗》10.19.3-4，《殷存上》31.12-32.1，《小校》4.22.1，《集成》04968，《总集》5155，《青集》12074（摹本）
29	旅父辛壶	CⅡ提梁	三期	25.3×8	兽面纹、弦纹	盖器同铭各3字	MIA	《三代》12.54.7-8，《贞续中》16.3-4，《美集》R159、A600，《汇编》1320，《三代补》159，《集成》05090，《总集》5161，《国史金》252，《青集》12075
30	史父癸壶	CⅡ提梁	三期	35.5×20.3	兽面纹、目雷纹	盖器同铭各3字	ROM	《美集》R476、A602，《三代补》476，《集成》04990，《总集》5174，《青集》12081
31	[illegible]牵父辛壶	CⅡ提梁	三期	29.2×12.7	联珠纹、兽面纹、目雷纹	盖器同铭各4字	藏家英	《新收》1908，《三代补》730，《青集》12103
32	守宫壶	CⅡ提梁	三期	26.3	云雷纹、兽面纹、目雷纹	内底铭文5字	玫茵堂	《近出》591，《流散欧》138，《玫茵堂》30，《青集》12133
33	臣辰父乙壶	CⅡ提梁	三期	39.7×10.6	云雷纹、兽面纹、联珠纹	盖器同铭各5字	故宫	《集成》05149，《国史金》291，《青集》12136
34	马天豕父丁壶	CⅡ提梁	三期	36.7	云雷纹、兽面纹、目雷纹	盖器同铭各5字	宁乐	《日精华》1.49，《汇编》1175，《三代补》632，《集成》05063，《总集》5141，《综览·卣》28，《青集》12140
35	应公壶	CⅡ提梁	三期	27.1×12.3	弦纹	盖器同铭各6字	台故宫	《三代》12.7.4-5，《贞松》7.26.4，《故图下上》138，《故周金》38，《集成》05220，《总集》5675，《国史金》377.1，《青集》12171

续表

序号	器名	类型	分期	通高×口径（厘米）	纹饰	铭文	出处	著录
36	夹壶	CⅡ提梁	三期	38	云雷纹、兽面纹	盖器同铭各8字	PJ	《三代》13.26.3-4，《贞松》8.23.2，《续殷上》83.7-8，《美集》R265、A599，《集成》05314，《总集》5387，《三代补》265，《国史金》306.2，《青集》12216
37	夔纹壶	CⅡ提梁	三期	不详	夔纹、弦纹	无	不详	《美集》A598，《综览·卣》105
38	作父乙壶	CⅡ提梁	三期	不详	素光	铭文6字	不详	《青集》12180
39	小臣儿壶	CⅡ提梁	三期	不详	兽面纹、联珠纹、斜角雷纹	铭文10字	不详	《三代》13.33.5，《长安》1.20，《陕金》2.256，《攈古》2之1.72.2，《缀遗》12.7.2，《奇觚》6.13.1，《周金》5.94.3，《续殷上》84.4，《小校》4.54.3，《集成》05351，《总集》5437，《郁华阁》486.1，《青集》12258（摹本）
40	亞址父己壶	CⅡ提梁	三期	12×3.4	云雷纹、兽面纹、弦纹、雷纹	盖器同铭各4字	不详	《考古图》4.25，《薛氏》20.2-3，《集成》05079，《青集》12958（摹本）
41	兽面纹壶	CⅡ提梁	三期	9.1×3.3寸《西乙》	云雷纹、兽面纹	无	不详	《西乙》8.50（摹本）器形为提梁壶，提梁失
42	倗叔壶	C提梁	四期	32.5×7.2	长鸟纹、云雷纹	盖内6器外底28字	某藏家	《青集》12401（C型提梁壶，西周中期，出土器中未见）
43	作宝彝壶	C提梁	四期	25.8×8	雷纹、云雷纹、鸟纹、目雷纹	口底3字	上崇源	《考与文》2006.6，P65，《青集》12084（C型提梁壶，西周中期）
44	鴞壶	Da提梁	二期早段	21.7×6.5	大鸟纹、涡纹、云雷纹	无	MIA	《美集》A595
45	立鸟兽面纹壶	Da提梁	二期早段	37.5	兽面纹、鸟纹、云雷纹	无	AMM	《综览·卣》11
46	兽面纹提梁壶	Da提梁	二期早段	34	兽面纹	无	不详	《综览·卣》12

续表

序号	器名	类型	分期	通高×口径（厘米）	纹饰	铭文	出处	著录
47	兽面纹提梁壶	Da提梁	二期早段	28.8	兽面纹	无	日国博	《综览·卣》13
48	亚束壶	Da提梁	二期晚段	23.8	弦纹	盖器同铭各9字	BML	《三代补》703，《青集》13223
49	葡壶	Db提梁	二期早段	29.7×7.5	兽面纹、云雷纹	外底1字	基美	《史语刊》51，《综览·卣》5，《集成》04781，《巴布选》P195，《青集》12581
50	告册壶	Db提梁	二期早段	29.9×9.5	鹰面纹、鸟纹、云雷纹	外底2字	赛克勒	《美集》R475、A594，《铜全》3.119，《三代》补475，《集成》04872，《总集》5098，《综览·卣》7，《赛克勒》（1987）P361，《流散欧》125，《青集》12697
51	𠚤子弓葡壶	Db提梁	二期早段	31.5	兽面纹、云雷纹	外底4字	赛克勒	《三代》12.5.2，《续殷上》64.10，《日精华》1.47，《赛克勒》（1987）P353，《汇编》1416，《集成》05142，《总集》5647，《国史金》357.1，《青集》12940
52	兽面纹壶	Db提梁	二期早段	32×（13.6×13.3）	兽面纹、云雷纹、菱格纹	无	BE	《庐目》35，《美集》A592
53	兽面纹壶	Db提梁	二期早段	30.6×（14×13.8）	兽面纹、弦纹	无	MIA	《美集》A593
54	鴞壶	Db提梁	二期早段	23.5	鹰面纹、鸟纹、云雷纹	无	MOK	《综览·卣》8
55	立鸟弦纹壶	Db提梁	二期早段	27.2	兽面纹、弦纹、云雷纹	无	MFE	《综览·卣》9

续表

序号	器名	类型	分期	通高×口径（厘米）	纹饰	铭文	出处	著录
56	亚疑方壶	E提梁	二期早段	39.5×11.4	兽面纹、鸟纹、夔纹、云雷纹	盖器同铭各2字	白鹤	《汇编》1040，《三代补》777，《综览·卣》24，《赛克勒》（1987）P358，《铜全》3.134，《集成》04813，《白鹤选》1，《青集》12650
57	兽面纹方腹壶	E提梁	二期早段	32.7	兽面纹、云纹、弦纹	无	MIA	《美集》A596，《综览·卣》25
58	亚𡔷延壶	FⅠ提梁	二期晚段	30.7×（9.7×12.3）	弦纹	盖器同铭各3字	旅顺博	《三代》12.43.9-10，《十二絜》12，《续殷上》71.5-6，《集成》05014，《总集》5079，《综览·卣》70，《国史金》232，《旅顺铜》44，《青集》12033
59	史父乙壶	FⅠ提梁	二期晚段	35	兽面纹、弦纹、云雷纹	口内壁3字	澳崇源	《中古》（2007）70，《青集》12037
60	爨父乙壶	FⅠ提梁	二期晚段	31.1×（9.4×12.9）	夔纹、弦纹	内壁3字	台故宫	《三代》12.49.8，《贞续中》15.2，《善斋》4.13，《续殷上》73.2，《小校》4.18.4，《善图》115，《故图下下》268，《北图拓》157，《集成》04926，《总集》5127，《续殷下》43.8，《青集》12039
61	剌壶	FⅠ提梁	二期晚段	10.6×（3.7×4.5）寸《西清》	兽面纹、鸟纹、夔龙纹	盖器同铭各9字	出光	《三代》13.30.7-8，《西清》15.25，《殷存上》40.4-5，《小校》4.51.2，《中铜》144，《汇编》574，《出光》P395，《综览·卣》106，《中艺图》72拓本58a（盖）、58b（器），《集成》05338，《总集》5426，《青集》12230
62	遽父己壶	FⅡ提梁	三期	33.2	宽带络纹	盖器同铭各3字	大阪博	《三代》12.51.7-8，《贞松》8.9.1，《续殷上》74.7-8，《小校》4.21.2，《综览·卣》119，《集成》04959，《总集》5147，《国史金》253，《青集》12045

续表

序号	器名	类型	分期	通高×口径（厘米）	纹饰	铭文	出处	著录
63	工册天父己壶	FⅡ提梁	三期	8.3×（4×3）寸《西清》	云雷纹、夔纹、宽带络纹、弦纹	内壁5字	不详	《西清》8.9，《集成》09547，《青集》1213
64	戈壶	FⅡ提梁	三期	29.8	牛纹、夔纹、兽面纹、长尾鸟纹	盖器同铭各1字	故宫	《集成》04706，《故精品》152，《青集》11977
65	戈壶	FⅡ提梁	三期	不详	云雷纹、夔龙纹	盖器同铭各1字	日国博	《汇编》1536，《综览·卣》118，《集成》04709，《总集》5008，《青集》11978
66	𠂆壶	FⅡ提梁	三期	34.5	云雷纹、小鸟纹	盖内1字	AAG	《美集》R251，《汇编》1498，《三代补》251，《集成》04766，《总集》5040，《青集》11984
67	子祖壬壶	FⅡ提梁	三期	25.3	宽带络纹	盖器同铭各3字	OR	《美集》R272、A605，《三代补》272，《集成》04898，《总集》5113，《青集》12055
68	史见壶	FⅡ提梁	三期	22.5×（11.8×9）	素光	盖器同铭各7字	AB	《三代》13.23.1-2，《美集》R334、A597
69	𠂆父丁壶	FⅡ提梁	三期	不详	鸟纹带、云雷纹	盖器同铭各3字	瑞列堡	《三代》6.13.6，《续殷上》73.10，《欧精华》1.82，《汇编》1506，《三代补》616，《集成》04940，《总集》5135，《国史金》258.1，《青集》12070
70	戈父癸壶	FⅡ提梁	三期	不详	顾首龙纹	盖器同铭各3字	洛阳店	《古文》27，P296，《青集》12076
71	爵父癸壶	FⅡ提梁	三期	25	鸟纹、宽带络纹	内壁3字	富士比	《近处》950，《流散欧》328，《青集》12079
72	旅父癸壶	FⅡ提梁	三期	33.7×（9.5×13）	双体龙纹、络带纹	盖器同铭各3字	上博	《夏商周》262，《新收》1443，《青集》12080
73	串父癸壶	FⅡ提梁	三期	9.6×3.2×4寸《西清》	云雷纹、络带纹	盖器同铭各3字	不详	《西清》16.9，《集成》04992，《青集》12051（摹本）

续表

序号	器名	类型	分期	通高×口径（厘米）	纹饰	铭文	出处	著录
74	彭女壶	FⅡ提梁	三期	不详	蝉纹、夔纹、兽面纹、弦纹、凤纹	内底4字	不详	《三代》2.41.2，《贞松》2.24.1，《续殷上》79.8，《双古上》28，《集成》05110，《总集》0597，《青集》12095
75	天黽父乙壶	FⅡ提梁	三期	33	夔龙纹、兽面纹、宽带络纹、弦纹	鋬内4字	澳崇源	《中国古董》（2006年）428，《收藏界》2006.6，P26，《青集》12097
76	臣辰父乙壶	FⅡ提梁	三期	29.8×（12.6.×9.1）	云雷纹、夔龙纹	盖器同铭各5字	EM	《三代》13.10.1-2，《十二尊》16，《美集》R306、A606，《三代补》306，《集成》05150，《总集》5291，《综览 · 卣》108，《青集》12137
77	臣辰父乙壶	FⅡ提梁	三期	35.2	云雷纹、鸟纹、兽面纹	盖器同铭各5字	FAM	《三代》13.9.8，《续殷上》80.1，《賸稿》26，《欧精华》1.84，《美集》R309，《汇编》1436，《三代补》309，《集成》05153，《总集》5290，《综览 · 卣》114，《赛克勒》（1990）491，P67.3，《国史金》292，《青集》12138
78	十字环带纹壶	FⅡ提梁	三期	27.1	十字带纹、夔纹	无	台故宫	《综览 · 卣》116
79	㸚益壶	FⅡ提梁	三期	不详	兽面纹、十字络带纹	盖器同铭各6字	PUM	《三代》13.21.3-4，《贞续中》18.2-3，《小校》4.41.2，《欧精华》83，《赛克勒》1990，P489，《汇编》698，《集成》05251，《总集》5348，《国史金》299，《青集》12170
80	伯矩壶	FⅡ提梁	三期	31.6	兽面纹、夔纹	盖器同铭各6字	PML	《三代》13.17.6-7，《周金》5.104.3-4，《美集》R445、A607，《集成》05228，《总集》5335，《综览 · 卣》109，《赛克勒》1990，P492，《青集》12175
81	伯矩壶	FⅡ提梁	三期	通盖高9.8×（4.3×3.4）寸《西清》	兽面纹、鸟纹	盖器同铭各6字	不详	《西清》16.4（摹本），本器与上件伯矩壶，器形铭文均同，但书体稍异

续表

序号	器名	类型	分期	通高×口径（厘米）	纹饰	铭文	出处	著录
82	[illegible]父己壶	FⅡ提梁	三期	9.7×3×4寸《西清》	鸟纹、云雷纹、宽带络纹	盖器同铭各7字	不详	《三代》13.25.2-3，《西清》16.37，《陶续》1.40，《续殷上》83.5-6，《汇编》620，《集成》05281，《总集》5383，《综览·卣》113，《青集》12193
83	子殷壶	FⅡ提梁	三期	32	云雷纹、兽面纹、弦纹	盖器同铭各7字	出光	《录遗》264.1-2，《中铜》154，《出光》P395，《综览·卣》110，《集成》05274，《总集》5399，《中艺图》71拓本57b，《青集》12199
84	[illegible]作妇日庚壶	FⅡ提梁	三期	37.5×（13×9.8）	长鸟纹、络带纹、夔龙纹、云雷纹	盖器同铭各8字	某藏家	《青集》12214
85	西壶	FⅡ提梁	三期	38	云雷纹、小鸟纹、络带纹	口内壁8字	不详	佳士得图录（伦敦）P114，《青集》12215
86	[illegible]壶	FⅡ提梁	三期	不详	夔龙纹、云雷纹、络带纹	盖器同铭各9字	川合	《三代》13.28.2-3，《贞松》8.25.1，《小校》4.52.4，《日精华》1.81，《汇编》571，《集成》05332，《总集》5423，《国史金》308，《青集》12234
87	洓伯疑壶（甲）	FⅡ提梁	三期	30.2	夔龙纹、长鸟纹	盖10器底11字	不详	《賸稿》29，《汇编》483，《三代补》757，《综览·卣》117，《使华》11，《集成》05363，《青集》12262
88	洓伯疑壶（乙）	FⅡ提梁	三期	35.8×20.6	夔龙纹、长鸟纹	盖10器底11字	出光	《尊古》2.14，《出光》P242，《铜全》6.31，《集成》05364，《中艺图》70拓本56b9（盖）56a（器），《赛克勒》（1990）P490，《青集》12263
89	牧壶	FⅡ提梁	三期	37.2	云雷纹、鸟纹带、络带纹	盖内12字	苏富比	《青集》12273

续表

序号	器名	类型	分期	通高×口径（厘米）	纹饰	铭文	出处	著录
90	萸壶	FⅡ提梁	三期	10.8×（3.5×4.6）寸《善图》	夔龙纹	盖内10器底2字	不详	《三代》13.32.2-3，《贞续中》19.2-3，《善斋》4.32，《续殷上》85.3-4，《小校》4.54.2，《善图》121，《意斋》6.486，《综览·卣》115，《巴洛》P145B9图版150a，《集成》05370，《总集》5434，《汇编》486，《国史金》318，《青集》12274
91	敹罛事丁壶	FⅡ提梁	三期	33	小鸟纹、弦纹	盖器同铭各13字	佳士得	《近出》600，《流散欧》147，《青集》12290
92	师卫壶（甲）	FⅡ提梁	三期	31×（12.9×9.9）	小鸟纹、云雷纹、络带纹、目雷纹、夔龙纹	盖器同铭各27字	某藏家	《青集》12402
93	师卫壶（乙）	FⅡ提梁	三期	不详	小鸟纹、云雷纹、络带纹、目雷纹、夔龙纹	盖器同铭各27字	某藏家	《青集》12403
94	作父辛壶	FⅡ提梁	三期	不详	络带纹	盖器同铭各6字	上博	《三代》13.15.2-3，《攀古上》29，《恒轩》59，《意斋》19.19.2，《缀遗》11.21.1-2，《殷存上》25.5，《小校》4.31.2（器），《小校》4.38.1（盖），《集成》05217，《总集》5325，《郁华阁》228.4（器），《郁华阁》229.1（盖），《青集》12181（摹本）
95	爵父丁壶	FⅡ提梁	三期	8.4×（3.7×2.7）寸《博古》	云雷纹、夔纹、宽带络纹	内底3字	不详	《博古》9.24，《薛氏》24.5，《啸堂》32.6，《集成》04942，《青集》12065（摹本）
96	子壶	FⅡ提梁	三期	通盖高7.5×（3×2.4）寸《西清》	云雷纹、夔纹、宽带纹	盖器同铭各2字	不详	《西清》16.35（摹本）

续表

序号	器名	类型	分期	通高×口径（厘米）	纹饰	铭文	出处	著录
97	亚醜壶	GⅠ提梁	二期晚段	29×10.6	兽面纹、云雷纹、	内底2字	台故宫	《三代》12.1.7，《西乙》8.39，《宝蕴》84，《贞松》7.23.1，《故图下下》275，《集成》04810，《总集》5613，《续殷附》3.9，《山东成》603，《商礼》93，《青集》12003
98	向壶	GⅡ提梁	三期	37	鸟纹、云雷纹、兽面纹	盖内6字	富士比	《流散欧》141，《青集》12169
99	亚古父己壶	H提梁	二期晚段	33.2×15.7	兽面纹、夔纹、云雷纹	盖器同铭各6字	上博	《上藏》10，《铜全》6.190，《集成》05215，《总集》5360，《综览·卣》157、《美全》4.124，夏商周237，《青集》13079
100	竟祖辛壶	H提梁	三期	29.3×（12.3×12）	鸟纹、直棱纹	盖内2字	MMA	《三代》12.46.8，《续殷上》71.11，《欧精华》1.85，《美集》R83、A608，《集成》04896，《总集》5107，《国史金》254，《青集》12841
101	鱼母乙壶	H提梁	三期	28.5×18	云雷纹、兽带纹	盖内3字	塞尔	《西清》16.3.《赛尔诺什》P174，《集成》04999，《青集》12862
102	作父戊壶甲	H提梁	三期	不详	云雷纹、直棱纹	内底5字		《赛克勒》1987，P387，《集成》05159，《青集》13043
103	作父戊壶乙	H提梁	三期	31.9×12.9	云雷纹、直棱纹	盖、内底各5字	白鹤	《白鹤选》24，《综览·卣》154，《集成》05160，《青集》13044
104	册亯壶	H提梁	三期	31	联珠纹、雷纹	内底5字	富士比	《近出》590，《流散欧》137，《青集》13045
105	亚其疑壶甲	H提梁	三期	31.8×14.5	云雷纹、鸟纹、直棱纹、夔纹	盖器同铭各7字	出光	《三代》13.16.1-2，《续殷上》81.9，82.1，《集成》05294，《总集》5369，《郁华》190.4，《青集》13150
106	亚其疑壶乙	H提梁	三期	29.2	云雷纹、鸟纹、直棱纹、夔纹	盖器同铭各7字	FGA	《三代》13.15.6-7，《小校》4.38.3，《美集》R144，《综览·卣》153，《集成》05292，《总集》5368《青集》13151

续表

序号	器名	类型	分期	通高×口径（厘米）	纹饰	铭文	出处	著录
107	兽面纹壶	AⅠ贯耳	二期早段	34.5	兽面纹、弦纹	无	AS	《综览壶》·8
108	戈壶	AⅡ贯耳	二期早段	39.5	兽面纹、涡纹、鸟纹、弦纹	口内壁1字	PUM	《综览壶》31，《集成》09472，《青集》11952
109	弓壶	AⅡ贯耳	二期早段	11.8×3.7寸《博古》	兽面纹、夔纹、云雷纹	盖内1字	不详	《博古》12.9，《薛氏》32.2，《啸堂》41.2，《集成》09473，《青集》11954（摹本）
110	寅壶	AⅡ贯耳	二期早段	34.6×（19×14.5）	兽面纹、夔纹、回纹	器底1字	故宫	《故铜》72，《集成》09474，《总集》5598，《青集》11955
111	𢍏壶	AⅡ贯耳	二期早段	25×（10.3×17）	弦纹	器底1字	安阳博	《文物》1986，8，P75，《集成》09464，《青集》11956
112	兴壶（甲）	AⅡ贯耳	二期早段	39×（17.5×14.5）	兽面纹、夔纹	内底1字	不详	《录遗》220，《美集》R5、A686，《综览·壶》23，《集成》09465，《总集》5609，《三代补》5，《青集》11957
113	兴壶（乙）	AⅡ贯耳	二期早段	38.5×（19×15.5）	兽面纹、夔纹	内底1字	不详	《录遗》219，《美集》R7、A687，《集成》09466，《总集》5608，《三代补》7，《青集》11958
114	旅壶	AⅡ贯耳	二期早段	40	兽面纹、云雷纹	口内壁1字	海藏家	《青集》11959
115	贮壶	AⅡ贯耳	二期早段	23×（10.3×12.5）	云雷纹、兽面纹	口内壁1字	苏州博	《青集》11962
116	嬰壶	AⅡ贯耳	二期早段	不详	夔龙纹、蝉纹、云雷纹	口内壁1字	上博	《集成》09460，《青集》11965
117	宊壶	AⅡ贯耳	二期早段	41.9×26.6	兽面纹、夔纹	圈足内阳文1字	博特兰	《美集》R478、A691，《综览·壶》33，《集成》09471，《总集》5604，《汇编》1495，《三代补》478，《青集》11973

续表

序号	器名	类型	分期	通高×口径（厘米）	纹饰	铭文	出处	著录
118	[illegible]壶	AⅡ贯耳	二期早段	36.7	兽面纹、夔龙纹、	内底1字	富士比	《近出》944，《新收》1930，《流散欧》326，《青集》11974
119	皀旅壶	AⅡ贯耳	二期早段	39×（19.1×14.7）	兽面纹、夔纹、云雷纹	口内壁2字	AAM	《美集》R158、A689，《汇编》1318，《布伦戴奇图》17，《集成》09480，《总集》5601，《三代补》158，《青集》11993
120	冉丁壶	AⅡ贯耳	二期早段	40.5	兽面纹、涡纹、鸟纹	内壁2字	松岗	《综览·壶》32，《集成》09484，《青集》12001
121	之矢壶	AⅡ贯耳	二期早段	30	云雷纹、兽面纹	内壁2字	台历博	《历博铜》P72，《新收》1682，《青集》12013
122	冉[illegible]壶	AⅡ贯耳	二期早段	36.8	夔龙纹、云雷纹、兽面纹	内底2字	富士比	《佳士图录》P54，《青集》12014
123	宁劦壶	AⅡ贯耳	二期早段	10×（4.9×4.2）寸《西清》	兽面纹、夔纹、云雷纹	内壁2字	故宫	《三代》12.1.3，《西清》10.15，《集成》09483，《总集》5603，《国史金》345，《青集》12016（摹本）
124	北单戈壶	AⅡ贯耳	二期早段	50.9	夔龙纹、兽面纹	内壁3字	传安阳	《日精华》1.33，《汇编》1313，《综览·壶》20，《中艺图》78拓本63a，《赛克勒》（1987）P432，77.6，《集成》09508，《总集》5623，《三代补》629，《青集》12029
125	妇好正壶	AⅡ贯耳	二期早段	22.8	兽面纹	盖器同铭各3字	不详	《日精华》2.118，《录遗》256.1-2，《汇编》1194，《综览·壶》18，《集成》09509，《总集》5280，《青集》12030
126	兽面纹壶	AⅡ贯耳	二期早段	38.3×22.5	兽面纹、云雷纹、夔纹	无	CTLC	《美集》A688

续表

序号	器名	类型	分期	通高×口径（厘米）	纹饰	铭文	出处	著录
127	兽面纹壶	AⅡ贯耳	二期早段	33	兽面纹、直棱纹	无	MFE	《综览壶》· 10
128	兽面纹壶	AⅡ贯耳	二期早段	32.2	兽面纹、云雷纹、弦纹	无	出光	《综览壶》· 14
129	兽面纹壶	AⅡ贯耳	二期早段	43.7	兽面纹、弦纹	无	不详	《综览壶》· 21
130	兽面纹壶	AⅡ贯耳	二期早段	35.5	兽面纹、云纹、垂鳞纹	无	AAM	《综览壶》· 39
131	兽面纹壶	AⅡ贯耳	二期早段	12.4×（6.2×4.6）寸《西乙》	兽面纹、云雷纹	无	无	《西乙》5.34
132	兽面纹壶	AⅡ贯耳	二期早段	10.1×（4.8×4）寸《博古》	兽面纹、云雷纹、弦纹	无	不详	《博古》12.18（摹本）
133	兽面纹壶	AⅡ贯耳	二期早段	1.15×（5.2×4）寸《博古》	夔纹、云雷纹	无	不详	《博古》12.19（摹本）
134	兽面纹壶	AⅡ贯耳	二期早段	10.9×（4.9×3.6）寸《博古》	兽面纹、云雷纹	无	不详	《博古》12.19（摹本）
135	兽面纹壶	AⅡ贯耳	二期晚段	29.7×（16.4×11）	弦纹、云纹、龙纹	无	上博	《铜全》，4卷146

续表

序号	器名	类型	分期	通高×口径（厘米）	纹饰	铭文	出处	著录
136	兽面纹壶	AⅡ贯耳	二期晚段	29.2	兽面纹、龙纹、云纹	无	BML	《铜全》，4卷147
137	兽面纹壶	AⅡ贯耳	二期晚段	24.5	兽面纹、云雷纹、卷云纹	无	卢昆斯	《美集》A690，《综览·壶》15
138	牛角纹壶	AⅡ贯耳	二期晚段	33.2×（16.7×12.5）	兽面纹、云雷纹、弦纹	无	BMS	《美集》A685
139	牛角纹壶	AⅡ贯耳	二期晚段	29.2	兽面纹、云雷纹、弦纹	无	BML	《综览·壶》42
140	蔔先壶	AⅡ贯耳	二期晚段	35.7	兽面纹、云雷纹	内壁2字	富士比	《近出》947，《流散欧》327，《青集》12012
141	瞪目兽壶	AⅡ贯耳	二期晚段	40.6	兽面纹、鸟纹	无	不详	《日精华》1.28，《综览壶》·34
142	先壶	AⅡ贯耳	二期晚段	33.4×（11.7×15.3）	兽面纹、目纹、云雷纹	内底1字	上博	《铜全》3.89，《集成》09457，《夏商周》148，《青集》11982
143	兽面纹壶	AⅡ贯耳	二期晚段	35.3	兽面纹	无	不详	《综览壶》·13
144	兽面纹壶	AⅡ贯耳	二期晚段	33.9	兽面纹、云雷纹、弦纹	无	不详	《综览壶》·16
145	兽面纹壶	AⅡ贯耳	二期晚段	31.4	云雷纹、兽面纹	无	故宫	《故图》214，《综览壶》·36
146	兽面纹壶	AⅡ贯耳	二期晚段	40	云雷纹、弦纹、兽面纹	无	台故宫	《故图下下》277，《综览壶》·35

续表

序号	器名	类型	分期	通高×口径（厘米）	纹饰	铭文	出处	著录
147	乡宁壶	AⅡ贯耳	二期晚段	11×（6×4.7）寸《善图》	兽面纹、垂叶纹、夔纹、云雷纹	内壁2字	不详	《三代》12.1.5，《贞松》7.22.4，《善斋》4.42，《续殷上》63.3，《小校》4.71.1，《善图》101，《综览・壶》24，《北图拓》147，《集成》09481，《总集》5612，《铜玉》80F，《国史金》343，《青集》11994
148	乡宁壶	AⅡ贯耳	二期晚段	33	云雷纹、兽面纹、弦纹	内底2字	AAM	《日精华》1.32，《综览・壶》43，《铜全》3.90，《集成》09482，《总集》5611，《汇编》1287，《三代补》628，《青集》11995
149	兽面纹壶	AⅡ贯耳	二期晚段	11.3×（5.2×4.2）寸《博古》	兽面纹、云雷纹	无	不详	《博古》12.18（摹本）
150	兽面纹壶	AⅡ贯耳	二期晚段	11.3×（5×4.3）寸《博古》	兽面纹、云雷纹	无	不详	《博古》12.20（摹本）
151	兽面纹壶	AⅡ贯耳	二期晚段	12×（5.7×4.5）寸《西清》	兽面纹、云雷纹	无	不详	《西清》19.22（摹本）
152	兽面纹壶	AⅡ贯耳	二期晚段	12.7×（6.1×5.2）寸《西清》	兽面纹、云雷纹	无	不详	《西清》20.27（摹本）
153	兽面纹壶	AⅡ贯耳	二期晚段	11.2×（5.6×4.5）寸《西甲》	兽面纹、云雷纹	1字	故宫	《西甲》8.44（摹本），《续殷上》63.4

续表

序号	器名	类型	分期	通高×口径（厘米）	纹饰	铭文	出处	著录
154	兽面纹壶	AⅢ贯耳	三期	40	云雷纹、弦纹、兽面纹	无	台故宫	《综览壶》·41
155	贯耳壶	AⅢ贯耳	三期	15.9×（6.2×7.4）寸《西清》	素光	无	不详	《西清》20.26（摹本）
156	贯耳壶	AⅢ贯耳	三期	10.1×（5×3.8）寸《西清》	素光	无	不详	《西清》20.31（摹本）
157	兽面纹壶	B贯耳	二期早段	35.5	兽面纹、弦纹	无	不详	《综览壶》·22
158	兽面纹壶	C贯耳	二期早段	13.5	兽面纹	无	AS	《综览·壶》3
159	夾壶	CⅠ贯耳	三期	12.4×（4×5.8）寸《善斋》	宽带络纹	盖器同铭各4字	不详	《三代》12.4.7-8，《善斋》4.45，《贞续中》11.3-4，《续殷上》64.1-2，《小校》4.73.1，《集成》09533，《总集》5645，《国史金》354，《青集》12108（摹本）
160	姪妊壶	CⅠ贯耳	三期	29×7.8	兽面纹、云雷纹	盖器同铭各5字	赛克勒	《三代》12.7.1，《积古》5.9.3-4，《攈古》1之3.33.2，《周金》5.57.1-2，《小校》4.75.1，《冠斝中》1，《集成》09556，《总集》5667，《综览·壶》54，《燕园聚珍》62，《青集》12149（青集尺寸误）
161	保侃母壶	CⅠ贯耳	三期	31.4×9.3	弦纹	盖器同铭各14字	故宫	《三代》12.12.4，《贞松》7.30，《录遗》231.1-2，《故铜》138，《集成》09646，《总集》5730，《国史金》389，《青集》12300

续表

序号	器名	类型	分期	通高×口径（厘米）	纹饰	铭文	出处	著录
162	𠭯壶	CⅠ贯耳	三期	不详	雷纹、鸟纹	内壁7字	上博	《三代》12.9.3，《恒轩》48，《愙斋》13.16.1，《缀遗》18.1.2，《殷存上》25.2，《小校》5.25.6，《集成》09577，《总集》5696，《国史金》358，《山东成》606，《青集》12198（摹本）
163	贯耳壶	CⅠ贯耳	四期	12.9×2.5寸《西清》	素光	无	不详	《西清》20.28（摹本）
164	贯耳壶	CⅠ贯耳	四期	9.4×2.2寸《西清》	素光	无	不详	《西清》20.34（摹本）
165	孟𢦏父壶	CⅡ贯耳	四期	10.8×3.8寸《西清》	带络纹、链条纹、鼻夔纹	内壁6字	国博	《三代》12.8.1，《西清》19.16，《贞松》7.26.3，《希古》5.5.5，《贞图上》42，《综览·壶》67，《集成》09571，《总集》5683，《郁华阁》279.3，《青集》12178
166	邢叔㚤壶	CⅡ贯耳	四期	40.8×11.3	夔鸟纹、蝉纹、云雷纹	盖器同铭各21字	不详	《青集》12375
167	贯耳壶	CⅡ贯耳	四期	13.2×4.5寸《西乙》	素光	无	不详	《西乙》9.14
168	鸟纹壶	CⅡ贯耳	四期	12×3.2寸《西清》	鸟纹、云雷纹	无	不详	《西清》20.29
169	伯鱼父壶（甲）	CⅢ贯耳	五期	34.6×11.2	横鳞纹、络带纹、夔纹	盖器同铭各9字	MIA	《录遗》229，《汇编》524，《综览·壶》85，《皮斯柏》51，《集成》09599，《总集》5709，《美集》R409a、b，《青集》12235
170	伯鱼父壶（乙）	CⅢ贯耳	五期	35	横鳞纹、络带纹、夔纹	盖器同铭各9字	MIA	《集成》09600、《美集》A705，《青集》12236

续表

序号	器名	类型	分期	通高×口径（厘米）	纹饰	铭文	出处	著录
171	弔父丁壶	DⅠ贯耳	三期	32×12.4	鸟纹、联珠纹、雷纹	盖内3字	MFA	《美集》R263、A695，《欧精华》2.137，《汇编》1650，《综览·壶》57，《集成》09503，《总集》5634，《三代补》263，《青集》12068
172	作旅壶	DⅠ贯耳	三期	34.5×8.5	鸟纹、云雷纹、目雷纹	盖器同铭各3字	白鹤	《日精华》3.290，《白鹤选》21，《综览·壶》56，《集成》09519，《总集》5640，《汇编》910，《三代补》782，《青集》12087
173	叔壶	DⅠ贯耳	三期	47.7	云雷纹、鸟纹	盖器同铭各3字	BML	《综览·壶》58，《猷氏》27，《集成》09512，《三代补》696，《青集》12089
174	双带纹壶	DⅠ贯耳	三期	43.5	双带纹	无	白鹤	《白鹤选》28，《综览壶》61
175	蜍壶	DⅠ贯耳	三期	43×9.3	素光	盖器同铭各4字	泉屋	《积古》2.1.3-2，《攈古》1之3.34.2，《续殷上》64.6-7，《泉屋》1.43，《泉博》120，《海外吉》105，《汇编》847，《集成》09531，《总集》5652，《三代补》770，《青集》12107
176	夺壶	DⅠ贯耳	三期	42.9	雷纹、夔鸟纹	盖器同铭各9字	白鹤	《日精华》4.289，《白鹤撰》22，《综览·壶》55，《赛克勒》（1990）P274，《集成》09592，《汇编》575，《青集》12232
177	辰壶	DⅠ贯耳	三期	26.3×5.8	素光	内壁4字	旅顺博	《三代》12.4.2，《贞松》7.24.1，《十二式》11，《续殷上》64.3，《小校》4.72.7，《集成》09525，《总集》5643，《国史金》356，《青集》12106
178	垂鳞纹壶	DⅠ贯耳	三期	不详	垂鳞纹	无	不详	《商周》，下706，《综览·壶》62
179	先壶	DⅠ贯耳	三期	41.7	素光	盖内1字	富士比	《近出》631，《流散欧》165，《青集》11983

续表

序号	器名	类型	分期	通高×口径（厘米）	纹饰	铭文	出处	著录
180	敀姬壶	DⅠ贯耳	三期	14.6寸《博古》	素光	盖内5字	不详	《博古》12.12，《薛氏》32.4，《啸堂》42.1，《集成》09557，《青集》12152
181	吴父壶	DⅠ贯耳	三期	11×2.8寸《二百》	素光	内壁7字	不详	《三代》12.8.6，《二百》1.10，《两罍》2.21，《愙斋》14.8.3，《缀遗》13.2.2，《殷存上》27.5，《小校》4.76.4，《集成》09578，《总集》5691，《青集》12200
182	吕壶	DⅠ贯耳	三期	13.4×2.8寸《西清》	素光	内壁20字	不详	《西清》19.8，《大系录》11.3，《集成》09689，《总集》5762，《铭文选》83，《青集》12372（摹本）
183	贯耳壶	DⅠ贯耳	三期	12.8×2.5寸《西甲》	素光	无	不详	《西甲》9.27（摹本）
184	员壶	DⅡ贯耳	四期	12.4×（4×5.8）寸《善斋》	素光	盖器同铭各4字	不详	《三代》12.4.3-4，《贞松》7.24.3，《续殷上》64.8-9，《善斋》4.44，《小校》4.74.1，《北图拓》149，《集成》09534，《总集》5641，《国史金》371，《青集》12113（摹本）
185	波带纹壶	DⅡ贯耳	四期	25.4	波带纹	无	AAM	《综览·壶》70
186	事从壶	DⅡ贯耳	四期	46	分尾鸟纹、对角云雷纹、回首鸟纹、云雷纹	盖内4字	CMA	《美集》R375、A694，《欧精华》2.139，《集成》09530，《总集》5654，《三代补》375，《青集》12119
187	伯彭壶	DⅡ贯耳	四期	38.2×7.4	素光	3字	不详	《赵氏》27，《新收》1963，《青集》12088
188	尧壶	DⅡ贯耳	四期	不详	素光	盖器同铭各3字	不详	《三代》12.3.6-7，《贞图上》41，《综览·壶》69，《集成》09518，《总集》5638，《国史金》362，《青集》12090
189	[illegible]册父庚壶	DⅡ贯耳	四期	38.1×8.4	鸟纹、垂鳞纹	口内5字	上博	《集成》09549，《夏商周》344，《中铜展》P67，《辞典》467，《青集》12141

续表

序号	器名	类型	分期	通高×口径（厘米）	纹饰	铭文	出处	著录
190	姪妫壶	DⅡ贯耳	四期	31.4×9	夔纹、兽面纹	口内5字	故宫	《三代》12.6.4，《故铜》137，《集成》09555，《总集》5663，《国史金》374.1，《青集》12151
191	伯㬎壶	DⅡ贯耳	四期	31.6×7.1	素光	口内壁7字	不详	《新收》1655，《青集》12204
192	豐壶	DⅡ贯耳	四期	36	素光	鋬内4字	某藏家	《青集》12114
193	交君子叕壶	DⅡ贯耳	五期	不详	重环纹	内壁16字	不详	《善斋》4.51，《小校》4.83.3，《善图》102，《汇编》374，《北图拓》153，《集成》09662，《国史金》392，《青集》12332
194	细颈鼓腹壶	D特	二期晚段	26.3×5.4	云雷纹、弦纹、卷云纹	无	MIA	《双古》1.18，《中国图符》13，《皮斯柏》21，《美集》A693
195	细颈鼓腹壶	D特	二期晚段	26.5	勾连雷纹、弦纹	无	MIA	《综览·壶》28
196	楷侯壶	D特	四期	10.1×3.5寸《西甲》	窃曲纹	内壁5字	不详	《西甲》8.45，《录遗》223，《集成》09553，《总集》5671，《青集》12148（摹本）
197	叔善父壶	EaⅠ贯耳	四期	不详	鸟纹带、云雷纹、络带纹	盖榫铭18字	某藏家	《青集》12355
198	十字环带纹壶	EaⅠ贯耳	四期	52	鸟纹、十字环带纹、波带纹	无	不详	《综览·壶》76
199	云纹壶	EaⅠ贯耳	四期	11.1×（5.6×4.5）寸《西清》	云雷纹、兽面纹	无	不详	《西清》20.4（摹本）
200	贯耳壶	EaⅠ贯耳	四期	14.8×（6×5）寸《西甲》	素光	无	不详	《西甲》9.28（摹本）

续表

序号	器名	类型	分期	通高×口径（厘米）	纹饰	铭文	出处	著录
201	鸟纹壶	EaⅠ贯耳	五期	11.2×（4.6×3.7）寸《西清》	鸟纹、变形龙纹、云雷纹	无	不详	《西清》20.30（摹本）
202	子叔壶	EaⅡ贯耳	五期	不详	重环纹、络带纹、弦纹	盖内9字器壁4字	江口	《三代》12.10.4-5，《贞补上》36.4，《日精华》4.298，《汇编》523，《综览·壶》103，《集成》09603，《总集》5707，《青集》12242
203	成伯邦父壶	EaⅡ贯耳	五期	34.5×（15.9×10）	重环纹、垂鳞纹	内壁10字	台中研	《小校》4.78.4，《善斋》4.48，《集成》09609，《总集》5717，《国史金》382，《青集》12259
204	司寇良父壶	EaⅡ贯耳	五期	38.2×（11.9×17）	带纹	口内15字	不详	《三代》12.15.2，《怀米下》17，《筠清》4.42.1，《攈古》2之2.19.2，《缀遗》13.11.2，《奇觚》18.11.2，《周金》5.51.1，《小校》4.83.2，《集成》09641，《总集》5740，《夏商周》462，《郁华阁》277.1，《青集》12331
205	矩叔壶（甲）	EaⅡ贯耳	五期	20.9×（6.9×4）寸（建初尺）	弦纹、络带纹	内壁17字	故宫	《三代》12.17.3，《攈古》2之2.54.4后，《澂秋》31，《集成》09651，《总集》5750，《青集》12344
206	矩叔壶（乙）	EaⅡ贯耳	五期	20.9×（6.9×4）寸（建初尺）	弦纹、络带纹	内壁17字	故宫	《三代》12.17.2，《攈古》2之2.54.4前，《澂秋》30，《小校》4.85.3，《集成》09652，《总集》5749，《铭文选》380，《青集》12345
207	中伯壶	EaⅡ贯耳	五期	41.4×（16.6×12.3）	鸟纹、云雷纹、络带纹、环带纹	内壁19字	赛克勒	《三代》12.18.1，《攈古》2之2.77.1，《缀遗》13.9.1，《周金》5.48.2，《小校》4.86.4，《汇编》318，《综览·壶》51，《赛克勒》（1990）P609，《集成》09668，《总集》5756，《郁华阁》276.2，《青集》12361

续表

序号	器名	类型	分期	通高×口径（厘米）	纹饰	铭文	出处	著录
208	尸曰壶	Eb贯耳	四期	30	宽带络纹	盖器同铭各5字	台历博	《历博铜》P73，《新收》1691，《青集》12154
209	刅壶	E贯耳	四期	9.2×（3.4×2.7）寸《西清》	兽面纹、目雷纹	盖内4字	王锡棨	《三代》12.5.3，《西清》19.13，《贞松》7.25.1，《续殷上》64.5，《集成》09532，《总集》5648，《青集》12112（摹本）
210	伯多人非壶	FⅠ贯耳	五期	21.8×7.4	三角形纹、兽纹、垂鳞纹	颈外壁11字	上博	《三代》12.10.3，《西清》19.9，《缀遗》13.17.1，《贞松》7.28.2，《希古》5.6.1，《小校》4.79.2，《集成》09613，《总集》5715，《夏商周》413，《郁华阁》278.2，《青集》12268
211	鱼父癸壶	AⅠ环耳	三期	不详	雷纹、联珠纹、鸟纹、云雷纹	内壁3字	上博	《三代》12.3.5，《攈古下》20，《恒轩》52，《窓斋》13.20.2，《缀遗》13.2.1，《殷存上》27.3，《小校》5.11.4，《集成》09506，《总集》5633，《郁华阁》274.2，《青集》12078（摹本）
212	皆壶	AⅠ环耳	四期	不详	素光	盖器同铭各4字	德国立	《三代》12.4.5-6，《缀遗》13.4，《周金》5.59.2-3，《贞松》7.24.4，《希古》5.5.1，《小校》4.73.2，《欧精华》2.133，《汇编》846，《集成》09535，《总集》5644，《郁华阁》277.2-3，《国史金》369，《青集》12115
213	王伯姜壶（甲）	AⅠ环耳	四期	34.3×12	波曲纹、环带纹、云纹	内壁12字	AAM	《三代》12.11.6，《周金》5.52.1，《小校》4.79.3，《陶续》2.6，《陕金》2.263，《铜全》5.145，《集成》09623，《总集》5723，《布伦戴奇图》57，《青集》12278
214	王伯姜壶（乙）	AⅠ环耳	四期	34×12	波曲纹、环带纹、云纹	内壁12字	AAM	《美集》R412、A703，《汇编》446，《综览·壶》96，《陕金》2.264，《集成》09624，《总集》5724，《铜全》5.145，《三代补》412，《青集》12279

续表

序号	器名	类型	分期	通高×口径（厘米）	纹饰	铭文	出处	著录
215	师望壶	AⅠ环耳	四期	44.8	环带纹、重环纹	内壁19字	BML	《三代》12.17.4，《窸斋》14.17.1，《缀遗》13.11.1，《周金》5.47.1，《小校》4.86.1，《双古上》20，《集成》09661，《总集》5753，《综览·壶》94，《铭文选》214，《流散欧》330，《青集》12360
216	番匊生壶	AⅠ环耳	四期	61	夔纹、环带纹	盖内32字	AAM	《三代》12.24.5，《贞松》7.32.1，《希古》5.7，《小校》4.92.1，《尊古》2.30，《大系录》130，《汇编》217，《综览·壶》77，《布伦戴奇图》56，《集成》09705，《总集》5778，《铭文选》309，《国史金》399，《青集》12416
217	天姬壶	AⅠ环耳	四期	不详	雷纹、双头夔纹	内壁5字	故宫	《三代》12.7.2，《攀古上》24，《恒轩》53，《窸斋》14.20.2，《缀遗》13.5，《周金》5.59.1，《小校》4.74.8，《集成》09552，《总集》5668，《郁华阁》278.3，《青集》12153
218	父己壶	AⅠ环耳	四期	8.7×3寸《西清》	兽面纹、目雷纹	内壁2字	不详	《西清》19.1，《集成》09493，《青集》12002（摹本，《青集》断为二期，器形符合四期特征，出土及传世壶中二期时均未出现环耳壶）
219	波曲纹壶	AⅡ环耳	五期	9.3×3.6寸《西清》	波曲纹、重环纹	无	不详	《西清》19.43（摹本）
220	波曲纹壶	AⅡ环耳	五期	8.2×3.5寸《西清》	波曲纹	无	不详	《西清》20.5（摹本）
221	汤伯壶	AⅡ环耳	五期	不详	长鸟纹、夔纹、云雷纹	盖器同铭各6字	虎泉齐	《青集》12172
222	柏侯壶	AⅡ环耳	五期	不详	波曲纹、环带纹	盖器同铭各8字	AAM	《汇编》577，《集成》09587，《总集》5702，《青集》12218

续表

序号	器名	类型	分期	通高×口径（厘米）	纹饰	铭文	出处	著录
223	应侯壶（甲）	AⅡ环耳	五期	54.3×18	兽体纹、环带纹	盖器同铭各11字	保利	《保金续》155左，《新收》80，《青集》12265
224	应侯壶（乙）	AⅡ环耳	五期	55×18.5	兽体纹、环带纹	盖器同铭各11字	保利	《保金续》155右，《新收》81，《青集》12266
225	伯庶父壶	AⅡ环耳	五期	33.5×10.1 10.6×3.2寸《西甲》	窃曲纹、带络纹，目雷纹	盖器同铭12字	台故宫	《三代》12.11.4-5，《西甲》8.40，《贞补上》37.1，《故宫》13期，《故图下上》145，《故周金》114，《综览·壶》83，《集成》09619，《总集》5722，《艺展》49，《青集》12280
226	吕王壶	AⅡ环耳	五期	30.4	环带纹、垂鳞纹	内壁13字	富士比	《三代》12.12.2，《窓斋》14.16.1，《周金》5.51.2，《小校》4.80.2，《集成》09630，《总集》5725，《明文选》503，《流散欧》329，《青集》12292
227	蔡侯壶	AⅡ环耳	五期	47.5×19	环带纹、垂鳞纹	内壁21字	台故宫	《三代》12.12.1，《贞松》7.29.1，《武英》105，《小校》4.80.1，《故图下》283，《综览·壶》95，《集成》09627，《总集》5721，《艺展》48，《国史金》393，《青集》12377
228	波带纹壶	AⅡ环耳	五期	51.4	波带纹、三角纹	无	不详	《美集》A702
229	波带纹壶	AⅡ环耳	五期	51.5	波带纹、三角纹	无	不详	《综览·壶》79
230	觞仲多壶	AⅡ环耳	五期	不详	环带纹、垂鳞纹	内壁6字	不详	《三代》12.7.6，《恒轩》54，《缀遗》13.8，《奇觚》6.28.1，《周金》5.56.2，《小校》4.76.4，《集成》09572，《总集》5678，《郁华阁》280.1，《青集》12179（自名壶，摹本）

续表

序号	器名	类型	分期	通高×口径（厘米）	纹饰	铭文	出处	著录
231	郑楙叔賓父壶	AⅡ环耳	五期	不详	环带纹、夔纹、窃曲纹	内壁15字	不详	《三代》12.15.1，《攈古下》21，《恒轩》55，《愙斋》14.14.1，《缀遗》13.18.1，《周金》5.50.2，《小校》4.83.1，《大系录》203，《集成》09631，《总集》5739，《郁华阁》279.1，《青集》12320（摹本）
232	伯克壶	AⅡ环耳	五期	15.5×4.6寸《博古》	环带纹、交龙纹	内壁58字	不详	《考古图》4.40，《博古》6.33，《薛氏》103，《啸堂》25.3，《大系录》93.1，《陕金》2.267，《集成》09725，《总集》5795，《断代》P855，《铭文选》298，《青集》12440（摹本）
233	蟠夔纹壶	AⅡ环耳	五期	9.8×4.6寸《西清》	重环纹、波曲纹、顾首龙纹、窃曲纹、鳞纹	无	不详	《西清》19.35（摹本）
234	波曲纹壶	AⅢ环耳	五期	8.6×4.4寸《西甲》	波曲纹、垂鳞纹	无	不详	《西甲》9.4（摹本）
235	秦公壶	AⅢ环耳	六期	48.2×13.6	环带纹、波曲纹、重环纹、垂鳞纹、瓦棱纹	口内壁6字	Chr	《文物报》2004.2.27，《新收》1346，《青集》12185
236	秦公壶	AⅢ环耳	六期	不详	波曲纹、环带纹、重环纹、瓦棱纹、垂鳞纹	口内壁6字	某藏家	《研讨》P237，《青集》12186
237	虢姜壶	AⅢ环耳	六期	39×14	波曲纹、环带纹、重环纹、垂鳞纹	盖器同铭各8字	虢国博	《文博》2009.1，P16，《青集》12223
238	曾侯宼壶	AⅢ环耳	六期	54×18.6	夔龙纹、环带纹、蟠螭纹、垂鳞纹	盖榫铸铭22字	不详	《青集》12390
239	蔡公子壶	AⅢ环耳	六期	29.8	夔龙纹、环带纹、瓦棱纹	口内30字	不详	《佳士得图录》P96，《青集》12409

续表

序号	器名	类型	分期	通高×口径（厘米）	纹饰	铭文	出处	著录
240	曾伯陭壶	AⅢ环耳	六期	41.2×14.1	环带纹、云纹、垂鳞纹	盖器同铭各41字	台故宫	《三代》12.26.1-27.2，《贞松》7.32.2，《故宫》5期，《山东存·曾》3-4，《大系录》208，《故宫下上》144，《故周金》115，《集成》09712，《总集》5783，《综览·壶》105，《艺展》45，《铭文选》475，《国史金》404，《曾铜》P120，《山东成》622-3，《青集》12427
241	復封壶（甲）	AⅢ环耳	六期	不详	窃曲纹、环带纹、鳞纹	颈部铭文136字	中藏家	《青集》12447
242	復封壶（乙）	AⅢ环耳	六期	不详	窃曲纹、环带纹、鳞纹	颈部铭文136字	中藏家	《青集》12448
243	冶仲丂父壶	AⅢ环耳	六期	15.2×7.7寸《博古》	双头兽纹	内壁37字	不详	《考古图》4.53.2，《博古》12.14，《薛氏》108.2，《啸堂》41.3，《集成》09708，《断代》P895，《青集》12422（摹本）
244	鳞纹壶	AⅢ环耳	六期	14.9×6寸《西清》	垂鳞纹	无	不详	《西清》20.8（摹本）
245	窃曲纹壶	AⅢ环耳	六期	14.6×5.2寸《西甲》	窃曲纹	器身54字	不详	《西甲》5.15（摹本）误为尊
246	蟠螭纹	AⅢ环耳	六期	19×5.5寸《西甲》	窃曲纹	无	不详	《西甲》5.49（摹本）误为尊
247	窃曲纹壶	AⅢ环耳	六期	11×3.5寸《西乙》	重环纹、窃曲纹、三角云纹、垂鳞纹	无	不详	《西乙》8.43（摹本）
248	波曲纹壶	AⅢ环耳	六期	12.9×4寸《西乙》	窃曲纹、三角云纹、波曲纹、垂鳞纹	无	不详	《西乙》8.47（摹本）

续表

序号	器名	类型	分期	通高×口径（厘米）	纹饰	铭文	出处	著录
249	云纹壶	AⅢ环耳	六期	7.9×3.5寸《西乙》	云纹	无	不详	《西乙》9.1（摹本）
250	蟠夔纹壶	AⅢ环耳	六期	8.9×3.9寸《西甲》	蟠夔纹	无	不详	《西甲》8.53（摹本）
251	洹子孟姜壶（甲）	AⅣ环耳	七期	22.1×13.4	环带纹、蟠螭纹	颈内壁144字	上博	《三代》12.34.1-2、35.1，《两罍》5.2.1-5.3.1，《筠清》2.37.1、39.1，《怀米下》13，《從古》10.25.1、28.1，《愙斋》14.4，《攈古》3之3.26，《周金》5.36.1，《奇觚》18.16.2、17.2，《汇编》23，《上藏》75，《铜全》9.23，《缀遗》13.27.1、28.2，《小校》4.101.1，《大系录》255，《集成》09730，《总集》5802，《铭文选》850甲，《辞典》700，《夏商周》512，《山东存·齐》13.2-15，《山东成》631-2，《青集》12449
252	洹子孟姜壶（乙）	AⅣ环耳	七期	10.2×4.3寸《两罍》	环带纹、蟠螭纹	颈内壁142字	国博	《三代》12.33.1-2，《两罍》4.2.1-4.3.2，《筠清》2.24.2-26.1，《愙斋》14.2，《從古》10.17.1-20.2，《攈古》3之3.23，《周金》5.37.1，《缀遗》13.22.1-23.1，《小校》4.100.1，《大系录》256，《汇编》24，《集成》09729，《总集》5801，《铭文选》850乙，《山东存·齐》12-13，《山东成》627-8，《青集》12450
253	陈喜壶	AⅣ环耳	七期	48.5×18.5	环带纹、弦纹、勾连云纹	口内26字	山西博	《铜全》9.26，《文物》1961.2，P45，《集成》09700，《铭文选》852，《山西珍》137，《山西精》53，《总集》5773，《山东成》635，《青集》12400

续表

序号	器名	类型	分期	通高×口径（厘米）	纹饰	铭文	出处	著录
254	叔汤壶	AⅣ环耳	七期	29.5	环带纹、目纹、夔纹	内壁31字	思源堂	中国文字新22期P151-164，《近出》970，《新收》1892，《青集》12415
255	嵋𫇨壶	BaⅠ环耳	四期	不详	凤鸟纹、云雷纹、络带纹、夔龙纹	内壁15字	根津	《青山莊》29，《汇编》391，《集成》09635，《总集》5738，《青集》12319
256	十字环带纹壶	BaⅠ环耳	四期	59	三角纹、鸟纹、十字环带纹	无	根津	《综览·壶》50
257	周𡧊壶（甲）	BaⅠ环耳	四期	18.2×（6.3×4.7）寸《西清》	云雷纹、分尾鸟纹、带络纹、蝉纹、变形兽体纹	盖器同铭各24字	诚源	《三代》12.20.3-4，《西清》19.11，《攈古》2之3.6.2，《窸斋》14.16.2（盖），《缀遗》13.6.1，《奇觚》6.30.1，《周金》5.45.2（盖），《贞补上》38.2，《希古》5.6.3，《善斋》4.53，《小校》4.88.3（盖），《集成》09691，《总集》5767，《郁华阁》276.3-4，《青集》12392
258	周𡧊壶（乙）	BaⅠ环耳	四期	48.3×（20×15.5）	云雷纹、分尾鸟纹、带络纹、蝉纹、变形兽体纹	盖器同铭各24字	台故宫	《三代》12.20.1-2，《西甲》5.22，《积古》5.11.1-2，《攈古》2之3.6.1，《奇觚》18.12.2，《周金》5.45.1（盖），《小校》4.88.2（盖），《故宫》25期，《故图下上》147，《故周金》74，《汇编》277，《综览·壶》52，《集成》09690，《总集》5766，《艺展》50，《青集》12393
259	子壶	BaⅠ环耳	四期	46.6	波带纹、鸟纹、夔纹	盖1字	不详	《综览·壶》46
260	伯㲋壶	未分	四期	4.7×（2.8×2.5）《二百》	窃曲纹	口内6字		《二百》3.5，《两罍》3.17，《缀遗》13.7.1，《集成》09569，《总集》5690，《青集》12176
261	贾伯壶（甲）	BaⅠ环耳	四期	48×30	夔龙纹、窃曲纹、长鸟纹、络带纹	盖榫33字	海藏家	《青集》12417

续表

序号	器名	类型	分期	通高×口径（厘米）	纹饰	铭文	出处	著录
262	贾伯壶（乙）	BaⅠ环耳	四期	48×30	夔龙纹、窃曲纹、长鸟纹、络带纹	盖榫33字	海藏家	《青集》12418
263	邓孟壶	BaⅡ环耳	五期	56.4×（13.1×9.3）	环带纹、络带纹、夔龙纹、窃曲纹、云雷纹	盖内14字	旅顺博	《三代》12.13.5，《陕金》2.265，《缀遗》14.17.2，《陶斋》3.3，《周金》5.47.2，《小校》4.82.2，《梦续》25，《大系录》190，《北图拓》152，《集成》09622，《总集》5732，《铭文选》769，《旅顺铜》47，《周集》12304
264	虢季氏子组壶	BaⅡ环耳	五期	13.3×（5.4×3.9）寸《两罍》	窃曲纹、络带纹、垂鳞纹	内壁17字	不详	《三代》12.16.3，《陕金》2.266，《两罍》7.5，《愙斋》14.10.1，《缀遗》13.19.1，《双王》17，《周金》5.50.1，《小校》4.85.1，《集成》09655，《总集》5748，《青集》12351
265	射壶（甲）	BaⅡ环耳	五期	51.2×12.7	络带纹、三角纹、重环纹	盖器铭近同，器60字	国博	《古文》28，P230-232，《青集》12443
266	射壶（乙）	BaⅡ环耳	五期	51.1×12.7	络带纹、三角纹、重环纹	盖器铭近同，器60字	国博	《古文》28，P233-234，《青集》12444
267	梁其壶	BaⅡ环耳	五期	51×（14.2×13.5）	窃曲纹、络带纹、蝉纹	颈37盖8	AAM	《美集》R485、A699，《综览·壶》93，《青集》12421
268	芮太子白壶	BaⅢ环耳	六期	48.6×（16.9×12.3）	窃曲纹、带络纹、大鸟纹、垂鳞纹	盖器同铭各14字	台故宫	《三代》12.13.7（盖），《三代》12.14.1（器），《贞松》7.29.2，《武英》103.1-2，《小校》4.81.1，《故图下下》282，《故周金》118，《汇编》406，《综览·壶》93，《集成》09645，《总集》5735，《铭文选》515，《国史金》386，《青集》12307

续表

序号	器名	类型	分期	通高×口径（厘米）	纹饰	铭文	出处	著录
269	芮太子白壶	BaⅢ环耳	六期	16×（5.3×3.8）寸《西甲》	夔纹、环带纹、垂鳞纹	盖内14字	不详	《西甲》8.41，《西拾》17，《集成》09644，《铭文选》1.515，《青集》12306（摹本）
270	杞伯每刃壶	BaⅢ环耳	六期	40.6×（13×17.5）	交连纹、络带纹、窃曲纹、弦纹	内壁21字	上博	《三代》12.19.3，《窸斋》14.12，《周金》5.46.1，《善斋》4.52，《小校》4.87.1，《大系录》234上，《山东存·杞》6.2，《铜全》9.83，《集成》09688，《总集》5765，《铭文选》803，《夏商周》461，《郁华阁》280.2，《山东成》613，《中铜展》P84，《青集》12379
271	仲大师壶	BaⅢ环耳	六期	45.7×（10.3×12）	重环纹、兽面纹、窃曲纹、垂鳞纹	口沿20字	某藏家	《青集》12370
272	交龙纹壶	BaⅢ环耳	六期	21.6	变形动物纹	无	不详	《综览·壶》101
273	蔡公子壶	BaⅢ环耳	六期	40.2	带纹、蟠龙纹、兽面纹、重环纹	底29字	故宫	《三代》12.24.4，《故铜》203，《集成》09701，《总集》5775，《青集》12408
274	子壶	BbⅠ环耳	四期	59.7	鸟纹、环带纹、兽面纹、波曲纹	内壁1字	佳士得	《近出》945，《流散欧》325，《青集》11981
275	㑡句壶	BbⅠ环耳	四期	58.5×（19.9×14.7）	环带纹、兽面纹、重环纹云雷纹	盖榫21字	台故宫	《三代》12.18.4，《贞松》7.31.2，《武英》100，《小校》4.88.1，《故图下下》281，《故周金》77，《汇编》319，《综览·壶》47，《艺展》47，《集成》09676，《总集》5763，《国史金》395，《商酒》51，《青集》12376
276	虞侯政壶	BbⅠ环耳	四期	40.6×（17.3×12.6）	鸟纹、络带纹、环带纹	颈内壁24字	山西博	《文物》1980.7，P46，《集成》09696，《山西珍》94，《铭文选》508，《辞典》475，《山西精》54，《青集》12391

续表

序号	器名	类型	分期	通高×口径（厘米）	纹饰	铭文	出处	著录
277	十字环带纹壶	BbⅠ环耳	四期	9.3×（3×4）寸《西甲》	重环纹、十字环带纹	无	不详	《西甲》6.4（摹本），误为尊
278	兽面纹壶	BbⅡ环耳	四期	47.2×20.7	半兽面、小鸟纹、顾首龙纹、波带纹	无	SLM	《美集》A698，《综览·壶》48
279	兽面纹壶	BbⅡ环耳	四期	48.5	半兽面、小鸟纹、顾首龙纹、波带纹	无	FGA	《综览·壶》49
280	颂壶甲	BbⅡ环耳	五期	63.9×（21×16.8）	波曲纹、蛟龙纹、环带纹、鳞纹	盖榫口内壁各151字	台故宫	《三代》12.30.1、12.31.2，《贞松》7.34.2，《小校》4.98.1-99，《武英》88-91，《大系录》57，《故图下下》280，《故周金》116，《铜全》5.151，《集成》09731，《总集》5799，《铭文选》436，《综览·壶》88，《赛克勒》（1990）P115，《周金》5.39.1-4，《汇编》20，《商酒》53，《青集》12451
281	颂壶乙	BbⅡ环耳	五期	51×（20.9×17.2）	波曲纹、蛟龙纹、环带纹、鳞纹	盖榫口内壁各150字	山东博	《三代》12.32.1-2（盖），《攈古》3之3.1（盖），《從古》11.12.1-14.1（盖），《积古》5.12.1-14.2（盖），《愙斋》14.10.2（盖），《奇觚》18.14.2-16.1（盖），《周金》5.38.1-4（盖），《小校》4.97.1，《大系录》56（盖），《集成》09732，《总集》5800（盖），《铭文选》436（器），《新收》1962（器），《青集》12452
282	双身龙纹壶（甲）	BbⅡ环耳	五期	50.5	双身龙纹、顾首龙纹、波带纹	无	AIC	《精华》135，《海外铜器》50，《柏景寒》34-36，《美集》A696
283	双身龙纹壶（乙）	BbⅡ环耳	五期	50.5	双身龙纹、顾首龙纹、波带纹	无	AIC	《精华》135，《海外铜器》50，《柏景寒》34-36，《美集》A697

续表

序号	器名	类型	分期	通高×口径（厘米）	纹饰	铭文	出处	著录
284	窃曲纹壶	BbⅡ环耳	五期	14.2×（5×3.5）寸《博古》	变形夔纹、三角纹、窃曲纹	无	不详	《博古》12.13（摹本）
285	秦公壶（甲）	BbⅢ环耳	六期	52	环带纹、蟠龙纹、窃曲纹	口内壁6字	御雅居	《考与文》1995.4，P64，《文物报》1994.10.30，《秦文字图版》9.1，《近出》955，《新收》1347，《青集》12182
286	秦公壶（乙）	BbⅢ环耳	六期	52	环带纹、蟠龙纹	口内壁6字	御雅居	《考与文》1995.4，P64，《文物报》1994.10.30，《秦文字图版》9.2，《近出》956，《新收》1348，《青集》12183
287	秦公壶	BbⅢ环耳	六期	42.3	龙纹、环带纹、蟠龙纹、兽目交连纹	口内壁6字	刘雨海	《文博》2008.2，《青集》12184
288	芮公壶（甲）	BbⅢ环耳	六期	37.3×（12.7×9.8）	鳞纹、波曲纹、环带纹、双尾龙纹	盖内9字	台故宫	《三代》12.9.6，《西清》19.4，《贞松》7.28.1，《故宫》7期，《故图下上》146，《故周金》117，《集成》09597，《总集》5704，《艺展》46，《青集》12244
289	芮公壶（乙）	BbⅢ环耳	六期	37.6	鳞纹、波曲纹、环带纹、双尾龙纹	盖内9字	故宫	《三代》12.9.7，《西清》19.5，《故铜》204，《集成》09598，《总集》5705，《铭文选》907，《青集》12245
290	变形动物纹壶	BbⅢ环耳	六期	74	变形动物纹	无	MGP	《欧精华》2.132，《综览·壶》104
291	波曲纹壶	BcⅡ-明	六期	5×（2.4×1.6）寸《西甲》	波曲纹、窃曲纹	无	不详	《西甲》5.44（摹本）误为尊，应为明器
292	波曲纹壶	BcⅡ环耳	六期	7.3×（2.2×2.6）寸《西甲》	波曲纹	无	不详	《西甲》5.51（摹本）误为尊

续表

序号	器名	类型	分期	通高×口径（厘米）	纹饰	铭文	出处	著录
293	云纹壶	BcⅡ环耳	六期	6.6×（2.2×1.8）寸《西甲》	盘云纹、云雷纹	无	不详	《西甲》9.3（摹本）
294	十字环带纹壶	BcⅡ环耳	六期	15.5×（4.6×5.7）寸《西乙》	十字环带纹、勾连雷纹	无	不详	《西乙》9.3
295	十字环带纹壶	BdⅡ环耳	六期	12.2×（4.9×2.8）寸《博古》	十字环带纹、顾首龙纹	无	不详	《博古》12.28（摹本）
296	波浪纹壶	BeⅠ环耳	五期	5.1×（1.4×1.8）寸《西甲》	波浪纹、重环纹	无	不详	《西甲》5.48（摹本）误为尊，疑明器
297	波曲纹壶	BeⅡ环耳	六期	31.6×（12.6×10.1）	波曲纹、重环纹、鳞纹	无	MMA	《美集》A700
298	赵孟庎壶（甲）	AⅠ爬兽耳	八期	14.49寸	垂叶纹、蟠虺纹	盖外沿19字	BML	《賸稿》20，《集成》09678，《总集》5759，《三代补》818，《柯尔》12，《甲骨学》12期P169图5，《青集》12365
299	赵孟庎壶（乙）	AⅠ爬兽耳	八期	14.49寸	垂叶纹、蟠虺纹	腹部19字	BML	《甲骨学》12期P169图6，《集成》09679，《青集》12366
300	动物纹壶	AⅠ爬兽耳	八期	46.4	写实动物纹	无	AAM	《铜全》·8卷70
301	绹索龙纹壶	AⅠ爬兽耳	八期	44.6	鸟兽纹、垂叶纹、龙纹	无	FGA	《铜全》·8卷64

续表

序号	器名	类型	分期	通高×口径（厘米）	纹饰	铭文	出处	著录
302	鸟兽龙纹壶	A Ⅰ爬兽耳	八期	44.1×16.5	狩猎纹	无	上博	《铜全》·8卷66
303	曾大醞尹壶甲	B Ⅱ爬兽耳	八期	35.5×（9×8.9）	蟠螭纹、垂叶纹	腹部8字	某藏家	《青集》12225
304	曾大醞尹壶乙	B Ⅱ爬兽耳	八期	35×（9×8.8）	蟠螭纹、垂叶纹	腹部8字	某藏家	《青集》12226
305	舆兵壶	B Ⅱ爬兽耳	八期	72	顾首龙纹、环带纹、络带纹	口内壁79字	不详	《古文》24，P234-236，《新收》1980，《青集》12445
306	云雷纹壶	特·爬兽耳	八期	11.2×4.5寸《西甲》	云雷纹、波浪纹	无	不详	《西甲》9.25
307	右走马嘉壶	Aa提链	六期	25×（6.7×7.2）	夔龙纹	内壁8字	苏州博	《三代》12.9.4，《贞松》7.27.2，《周金》5.55.3，《小校》4.77.4，《集成》09588，《总集》5679，《国史金》379.1，《青集》12224
308	叔师父壶	Aa提链	七期	32.4	蟠虺纹	颈外侧31字	根津	《青山莊》39，《日精华》4.301，《汇编》216，《铜全》7.10，《集成》09706，《总集》5777，《断代》P894，《三代补》672，《青集》12414
309	蟠龙纹壶	Aa提链	六期	9.8×（3.8×2.7）寸《西清》	三角云纹、蟠龙纹	无	不详	《西清》19.39（摹本），器形符合提链壶，链应遗失
310	蟠龙纹壶	Aa提链	六期	9.2×（3.6×2.9）寸《西清》	云雷纹、蟠龙纹	无	不详	《西清》19.40（摹本），器形符合提链壶，链应遗失

续表

序号	器名	类型	分期	通高×口径（厘米）	纹饰	铭文	出处	著录
311	络绳纹壶	Aa提链	六期	10×（3.6×2.8）寸《西甲》	络绳纹	无	不详	《西甲》9.11（摹本），器形符合提链壶，链应遗失
312	枤氏壶	AbⅠ提链	八期	不详	三道箍棱	壁41字	德国立	《三代》12.27.3-5，《贞松》7.34.1，《欧精华》3.207，《大系录》266，《集成》09715，《总集》5784，《铭文选》872，《国史金》402，《青集》12428
313	蟠螭纹壶	AbⅠ提链	八期	不详	蟠螭纹	无	BMA	《美集》A706
314	蟠虺纹壶	AbⅠ提链	八期	10.6×3.1寸《博古》	蟠虺纹、云龙纹	无	不详	《博古》12.27（摹本），器形符合Ab型提链壶，链应遗失
315	勾连雷纹壶	AbⅠ提链	八期	8.4×3.1寸《西清》	三角云纹、勾连雷纹	无	不详	《西清》17.28（摹本）
316	三角纹壶	AbⅡ提链	九期	8.9×2.7寸《西清》	三角云纹、窃曲纹	无	不详	《西清》17.30（摹本）
317	弦纹提链壶	AbⅡ提链	九期	通盖高8.9×3.1寸《西清》	弦纹	无	不详	《西清》17.18（摹本）
318	弦纹提链壶	AbⅡ提链	九期	通盖高8.8×1.9寸《西清》	弦纹	无	不详	《西清》17.20（摹本）
319	弦纹提链壶	AbⅡ提链	九期	通盖高8.5×3.1寸《西清》	弦纹	无	不详	《西清》17.22（摹本）
320	弦纹提链壶	AbⅡ提链	九期	通盖高7.3×12.4寸《西清》	弦纹	无	不详	《西清》17.23（摹本）

续表

序号	器名	类型	分期	通高×口径（厘米）	纹饰	铭文	出处	著录
321	蟠蛇纹壶	AbⅡ提链	九期	11×3.4寸《西乙》	蟠蛇纹	无	不详	《西乙》8.49（摹本）提链失
322	弦纹提链壶	AbⅡ提链	九期	通盖高7.8×2.6寸《西甲》	弦纹	无	不详	《西甲》8.25（摹本）
323	弦纹提链壶	AbⅡ提链	九期	通盖高9.1×3.1寸《西甲》	弦纹	无	不详	《西甲》8.26（摹本）
324	弦纹壶	AbⅡ提链	九期	7.5×3寸《西甲》	弦纹	无	不详	《西甲》9.10（摹本）器形为提链壶，提链应遗失
325	九年左使车壶	BⅡ提链	十期	37×9.6	素光	圈足20字	上博	《古文》27，P296，《青集》12383（应为中山王譻墓器）
326	蟠虺纹壶（甲）	BⅡ提链	十期	37.1×10.1	蟠虺纹	无	AK	《美集》A715
327	蟠虺纹壶（乙）	BⅡ提链	十期	不详	蟠虺纹	无	AK	《美集》A716
328	弦纹提链壶	CⅠ提链	十一	通盖高10×3寸《西清》	弦纹	无	不详	《西清》17.17（摹本）
329	弦纹提链壶	CⅠ提链	十一	通盖高8.3×2.9寸《西清》	弦纹	无	不详	《西清》17.27（摹本）
330	细云纹壶	CⅡ提链	十期	33	细云纹	无	WRN	《美集》A717
331	细云纹壶	CⅡ提链	十期	28.2×7.5	细云纹、三角蝉纹	无	BMA	《美集》A718
332	公子裙壶	CⅡ提链	十期	40.2×8.2	四条凸弦纹	颈上4字	台中研	《三代》12.5.6，《十二尊》11，《集成》09514，《总集》5651，《国史金》370，《青集》12124

续表

序号	器名	类型	分期	通高×口径（厘米）	纹饰	铭文	出处	著录
333	提链壶	CⅢ提链	十一	10.7×2.8寸《西清》	素光	无	不详	《西清》19.19（摹本）（器形为C型提梁壶，不见提链，可能遗失）
334	何壶	C提链-鹰	五期	12.3×5.2×3.5寸《两罍》	瓦棱纹	盖器同铭各9字	不详	《续殷上》65.3-4，《郁华阁》275.3，《两罍》7.2，《三代》12.1-2，《青集》12231（青集时代为商晚，器形看至少为春秋中期后，但铭文较早）
335	狩猎纹壶	AaⅠ铺首	八期	39	狩猎纹	无	CTLC	《美集》A722
336	狩猎纹壶	AaⅠ铺首	八期	35.2	狩猎纹	无	MIA	《美集》A723
337	狩猎纹壶	AaⅠ铺首	八期	39.4	狩猎纹	无	AAM	《铜全》，8卷69
338	月壶	AaⅠ铺首	八期	12.3×5.8寸《西清》	蛟龙纹	1字	不详	《西清》19.2（摹本），器铭与？壶相同，鸟壶
339	蟠虺纹壶	AaⅠ铺首	八期	10.8×3.4寸《西清》	蟠虺纹	无	不详	《西清》19.24（摹本）
340	舂成侯壶	AaⅠ铺首	八期	不详	三道宽带纹	内壁11字	不详	《三代》18.19.3，《贞松》11.9.1，《贞图中》40，《集成》09616，《总集》5717，《青集》12271
341	嵌绿松石壶	AaⅠ铺首	八期	36×9.8	变形动物纹	无	KM	《庐目》33-34，《美集》A730
342	铸大郤壶	AaⅡ铺首	九期	18.7×7.1	几何纹、绹索纹	颈上7字	WRN	《美集》R484、A713，《汇编》633，《集成》09580，《总集》5693，《三代补》484，《青集》12209
343	凸棱纹壶	AaⅡ铺首	九期	26.2	凸棱纹	无	MMA	《美集》A721
344	变形鸟纹壶	AaⅡ铺首	九期	33	变形鸟纹	无	CTLC	《精华》218、《美集》A729
345	错金绿松石壶	AaⅡ铺首	九期	30	卷云纹、动物纹、鸟纹	无	FAM	《美集》A731
346	错金壶	AaⅡ铺首	九期	27.9×9.2	错金动物纹	无	CMA	《美集》A732
347	双首龙纹壶	AaⅡ铺首	九期	33.5×11.9	双首龙纹	无	上博	《铜全》，7卷43

续表

序号	器名	类型	分期	通高×口径（厘米）	纹饰	铭文	出处	著录
348	交龙纹壶	AaⅡ铺首	九期	48×15	交龙纹	无	上博	《铜全》，8卷152
349	蝉纹壶	AaⅡ铺首	九期	9.4×3.9寸《西甲》	蝉纹、勾连雷纹	无	不详	《西甲》9.9（摹本）
350	弦纹壶	AaⅡ铺首	九期	14×5寸《西甲》	弦纹	无	不详	《西甲》9.21（摹本）
351	弦纹壶	AaⅡ铺首	九期	13.3×5.5寸《西甲》	弦纹	无	不详	《西甲》9.22（摹本）
352	蟠虺纹壶	AaⅢ铺首	十期	9.7×3.3寸《西清》	弦纹	无	不详	《西清》20.17（摹本）
353	赲君启妾壶	AaⅢ铺首	十期	29.7×11.8	三道宽带纹	肩部带纹4字	台故宫	《三代》12.5.5，《贞松》7.25.3，《小校》4.74.4，《武英》154，《故图下下》329，《集成》09537，《总集》5650，《国史金》366.2，《青集》12127
354	令狐君嗣子壶（甲）	AaⅢ铺首	十期	13.5寸《賸稿》	蟠螭纹	颈外50字	ROM	《三代》12.29.1-3，《大系录》278，《賸稿》21，《汇编》147，《集成》09719，《总集》5790，《青集》12434
355	令狐君嗣子壶（乙）	AaⅢ铺首	十期	46.5×14.8	蟠螭纹	颈外50字	国博	《三代》12.28.3-5，《美集》R430，《汇编》148，《中历博》71，《铜全》8.73，《集成》09720，《总集》5789，《美全》5.67，《三代补》430，《国史金》405，《青集》12435
356	∽纹壶	AaⅢ铺首	十期	29×11.5	凸棱纹、蟠虺纹、∽纹	无	MIA	《美集》A720
357	噚君壶	AaⅣ铺首	十一	33.7×11.9	三道弦纹	肩部4字	台故宫	《三代》12.6.1，《贞补上》36.2，《善斋》4.46，《小校》4.74.5，《故图下下》290，《集成》09542，《总集》5653，《国史金》367，《青集》12125

续表

序号	器名	类型	分期	通高×口径（厘米）	纹饰	铭文	出处	著录
358	嗙孝子壶	AaⅣ铺首	十一	不详	四道箍棱	颈部4字	故宫	《尊古》2.33，《集成》09516，《国史金》364，《青集》12126
359	铺首壶	AaⅣ铺首	十一	12.7×3.9寸《西甲》	素光	无	不详	《西甲》9.19（摹本）
360	铺首壶	AaⅣ铺首	十一	12.2×3.5寸《西乙》	素面	无	不详	《西乙》9.7（摹本）
361	圆点纹壶甲	AbⅠ铺首	八期	46	圆点纹、变形夔纹	无	CTLC	《美集》A708
362	圆点纹壶乙	AbⅠ铺首	八期	不详	圆点纹、变形夔纹	无	CTLC	《美集》A709
363	团云纹壶	AbⅠ铺首	八期	47.5×13	团云纹	无	FAM	《美集》A710
364	蟠螭纹壶	AbⅠ铺首	八期	32.3×10.5	变形蟠螭纹	无	不详	《美集》A712
365	龙纹壶	AbⅠ铺首	八期	54.5	变形龙纹	无	不详	《美集》A724
366	龙纹壶	AbⅠ铺首	八期	43	躬身龙纹	无	FAM	《美集》A725
367	躬身龙纹壶甲	AbⅠ铺首	八期	44.7	龙纹	无	AIC	《精华》208、《海外》205、《战国式》82、《柏景寒》59、《美集》A726
368	躬身龙纹壶乙	AbⅠ铺首	八期	44.3	龙纹	无	MMA	《美集》A727
369	细蛇纹壶	AbⅠ铺首	八期	46	变形夔纹、回纹、弦纹	无	赛克勒	《铜全》，8卷76
370	夔凤纹壶	AbⅠ铺首	八期	11.1×3.6寸《西甲》	云纹	无	不详	《西甲》8.47
371	云雷纹壶	AbⅡ铺首	九期	9.3×3寸《博古》	蟠螭纹	无	不详	《博古》12.29（摹本）

续表

序号	器名	类型	分期	通高×口径（厘米）	纹饰	铭文	出处	著录
372	蟠虺纹壶	AbⅡ铺首	九期	11.4×3.6寸《西清》	蟠虺纹、云纹	无	不详	《西清》19.27（摹本）
373	蟠夔纹壶	AbⅡ铺首	九期	13.9×4.1寸《西清》	蟠夔纹、三角云纹、云雷纹	无	不详	《西清》19.30（摹本）
374	兽面纹壶	AbⅡ铺首	九期	12.5×3.6寸《西清》	变形兽面纹、鱼纹	无	不详	《西清》19.31（摹本）
375	蟠夔纹壶	AbⅡ铺首	九期	10.8×3.7寸《西清》	蟠夔纹、三角云纹、云雷纹	无	不详	《西清》20.3（摹本）
376	粟纹壶	AbⅡ铺首	九期	9.8×3.3寸《西甲》	粟纹	无	不详	《西甲》9.14（摹本）
377	菱云绿松石壶	AbⅡ铺首	九期	35.2×12	菱形云纹、勾连雷纹	无	FAM	《精华》217、《山中目》1938，45、《美集》A728
378	嵌龙纹壶	AbⅡ铺首	九期	55.9	爬龙纹	无	AAM	《铜全》，7卷141
379	雉子褩壶	AbⅡ铺首	九期	14.1×4.3寸《善斋》	素光	颈部5字	不详	《筠清》2.22，《攈古》1之3.24.3，《善斋》4.47，《小校》4.75.3，《集成》09558，《总集》5670，《国史金》373，《青集》12157
380	子孎迊子壶	AbⅡ铺首	九期	10.9×4.1寸《怀米》	素光	足外圈5字	不详	《三代》12.7.3，《怀米下》27，《攈古》1之3.35.1，《缀遗》13.31，《敬吾下》30.1，《周金》5.58.1，《小校》4.75.4，《集成》09559，《总集》5669，《国史金》375.1，《青集》12160，（另有同铭壶1件，仅有铭文，不见器物，见附表四子孎迊子壶）

续表

序号	器名	类型	分期	通高×口径（厘米）	纹饰	铭文	出处	著录
381	蟠夔纹壶	AbⅡ铺首	九期	10.4×3.5寸《西清》	变形夔纹	无	不详	《西清》19.32（摹本）疑伪
382	兽纹壶	AbⅡ铺首	九期	10.1×3.7寸《西清》	爬兽纹	无	不详	《西清》19.41（摹本）
383	兽纹壶	AbⅡ铺首	九期	9.7×3.8寸《西清》	爬兽纹、顾首龙纹、菱形纹	无	不详	《西清》19.42（摹本）
384	狩猎纹壶	AbⅡ铺首	九期	11.5×3.7寸《西乙》	狩猎纹	无	不详	《西乙》8.40（摹本）
385	龙纹壶	AbⅡ铺首	九期	10.9×4.1寸《西乙》	变形夔纹	无	不详	《西乙》8.41（摹本）疑伪
386	蟠夔纹壶	AbⅡ铺首	九期	11.4×4寸《西乙》	蟠夔纹	无	不详	《西乙》8.42（摹本）
387	云纹壶	AbⅡ铺首	九期	11×4寸《西乙》	卷云纹、变形夔纹	无	不详	《西乙》8.51（摹本）
388	云雷纹壶	AbⅡ铺首	九期	13.5×5.5寸《西乙》	云雷纹、变形兽面纹	无	不详	《西乙》8.52（摹本）
389	弦纹壶	AbⅡ铺首	九期	9.4×3.1寸《西乙》	弦纹	无	不详	《西甲》9.17（摹本）
390	宴乐狩猎攻战纹壶	AbⅢ铺首	十期	40.7×24.6	狩猎纹	无	故博	《铜全》，7卷140
391	蟠虺纹壶	AbⅢ铺首	十期	11.4寸《考古图》	蟠虺纹、变形龙纹	无	不详	《考古图》4.64（摹本）

续表

序号	器名	类型	分期	通高×口径（厘米）	纹饰	铭文	出处	著录
392	蟠虺纹壶	AbⅢ铺首	十期	13.2寸《考古图》	蟠虺纹、三角云纹	无	不详	《考古图》4.65（摹本）
393	夔鹿纹壶	AbⅢ铺首	十期	12.2×4寸《西甲》	鹿纹、三角纹、云纹	无	不详	《西甲》8.48（摹本）
394	云纹壶	AbⅢ铺首	十期	10.3×3.5寸《西清》	云纹	无	不详	《西清》20.7（摹本）
395	弦纹壶	AbⅢ铺首	十期	9.3×3.2寸《西清》	弦纹	无	不详	《西清》20.9（摹本）
396	铺首壶	AbⅢ铺首	十期	10.1×3.5寸《西清》	素光	无	不详	《西清》20.13（摹本）
397	东周左官壶	AbⅣ铺首	十一	38.3×11.8	水浪纹、目雷纹	颈部13字	台故宫	《三代》12.12.3，《善斋》4.50，《小校》4.79.4，《故图下下》284，《集成》09640，《总集》5727，《国史金》385，《青集》12298
398	褱壶	AbⅣ铺首	十一	10.2×3.1寸《武英》	素光	圈足内阳文1字	不详	《武英》153，《集成》09476，《青集》11986
399	陵阳壶	AbⅣ铺首	十一	34.8×11.6	涡纹	口沿2字	首都	《北京文·铜》225，《青集》12023
400	三角云纹壶	AbⅣ铺首	十一	34.1	三角卷云纹	无	CTLC	《美集》A719
401	错金银壶甲	AbⅣ铺首	十一	14.6	错金银大云纹	无	AIC	《金村》23.1，《海外铜器》54，《柏景寒》58，《美集》A733
402	错金银壶乙	AbⅣ铺首	十一	13	错金银大云纹	无	CTLC	《金村》23.2，《美集》A734

续表

序号	器名	类型	分期	通高×口径（厘米）	纹饰	铭文	出处	著录
403	铺首圆壶	AbⅣ铺首	十一	15.9×4.2寸《西甲》	素光	无	不详	《西甲》9.15（摹本）
404	蟠夔纹壶	AcⅡ铺首	九期	8.8×3.2寸《西清》	蟠夔纹、蝉纹	无	不详	《西清》19.37（摹本）
405	蟠夔纹壶	AcⅡ铺首	九期	9.5×3.2寸《西清》	弦纹	无	不详	《西清》20.18（摹本）
406	铺首壶	AcⅡ铺首	九期	8.4×3.1寸《西清》	素光	无	不详	《西清》20.21（摹本）
407	三角云纹壶	AcⅡ铺首	九期	9.5×3.4寸《西乙》	三角云纹、弦纹	无	不详	《西乙》9.9（摹本）
408	弦纹壶	AcⅡ铺首	九期	13.7×5.2寸《西乙》	弦纹	无	不详	《西乙》9.10（摹本）
409	兽环耳壶	AcⅢ铺首	十期	9.7×3.2寸《西清》	三角云纹	无	不详	《西清》20.20（摹本）
410	弦纹壶	AcⅢ铺首	十期	15.1×6寸《西甲》	弦纹	无	不详	《西甲》9.16（摹本）
411	弦纹壶	AcⅢ铺首	十期	13.4×5.4寸《西甲》	弦纹	无	不详	《西甲》9.20（摹本）
412	兽环耳壶	AcⅢ铺首	十期	10×4寸《西清》	蟠虺纹、三角云纹	无	不详	《西清》19.33（摹本）
413	亲佗壶	AcⅢ铺首	十期	40	四道箍棱、蟠螭纹	颈壁14字	台历史	《新收》1695，《青集》12308

续表

序号	器名	类型	分期	通高×口径（厘米）	纹饰	铭文	出处	著录
414	庚壶	BⅠ铺首	八期	31.5×10.9	弦纹	颈及肩172字	台故宫	《西甲》16.9，《录遗》232.1-2，《大系录》250，《故图上上》151，《故宫季刊》16卷3期，《铜全》9.22，《集成》09733，《总集》5804，《铭文选》849，《商酒》72，《青集》12453
415	匽君壶	BⅠ铺首	八期	28.6×16.9	雷纹、绳索纹	内壁19字	台故宫	《三代》12.18.3，《西清》19.10，《故宫》27期，《故图下上》150，《汇编》320，《集成》09680，《总集》5758，《青集》12367（摹本）
416	蟠夔纹壶	BⅡ铺首	九期	14×4.6寸《西清》	蟠夔纹、云雷纹	无	不详	《西清》19.29（摹本）
417	蟠夔纹壶	BⅡ铺首	九期	9.6×3.4寸《西清》	蟠螭纹、绹索纹、三角云纹	无	不详	《西清》19.36（摹本）
418	铺首壶	BⅡ铺首	九期	10.9×3.6寸《西清》	素光	无	不详	《西清》20.14（摹本）
419	云纹壶	BⅡ铺首	九期	19.1×3.7寸《西甲》	细密云纹	无	不详	《西甲》9.7（摹本）
420	狩猎纹壶	CⅠ铺首	九期	37.2	射猎纹	无	FGA	《铜全》，8卷78
421	五斗方壶	CⅠ铺首	十期	不详	三角纹、漩涡羽纹	器表2字	牛津	《集成》09498，《沃森》58，《青集》12028
422	陈璋壶	CⅠ铺首	十期	37.2	几何纹	圈足29字	UMP	《三代》12.24.1-3，《欧精华》3.213，《山东存·齐》22.3-5，《美集》R433h、A741.1、A746.2-4，《大系录》261，《汇编》225，《铜全》9.121，《集成》09703，《总集》5772，《三代补》433，《铭文选》865，《国史金》398，《山东成》636-7，《青集》12410

续表

序号	器名	类型	分期	通高×口径（厘米）	纹饰	铭文	出处	著录
423	狩猎纹壶	CⅠ铺首	十期	不详	战斗纹、变形龙纹	无	TCLN	《美集》A745
424	卷云纹壶	CⅠ铺首	十期	35.8×9.8	卷云纹、弦纹	无	MIA	《皮斯百》54，《美集》A747
425	金钉壶甲	CⅠ铺首	十期	49	菱形纹、圆金钉	无	CTLC	《庐目》图版三二，73，《美集》A748
426	金钉壶乙	CⅠ铺首	十期	49×11.7	菱形纹、圆金钉	无	AAG	《美集》A749
427	方壶	CⅠ铺首	十期	不详	素光	无	不详	《考古图》4.63（摹本）
428	小方壶	CⅠ铺首	十期	5.6寸《考古图》	素光	无	不详	《考古图》4.72（摹本），疑似明器
429	花形纹壶	CⅠ铺首	十期	11×3.3寸《西清》	勾连雷纹、花形纹	无	不详	《西清》20.22（摹本）
430	公乘方壶	CⅡ铺首	十一	39×27.6	素光	器表2字	MFA	《美集》R432、A756，《欧精华》3.204，《集成》09496，《总集》5616，《汇编》971，《三代补》432，《青集》12022
431	盛季壶	CⅡ铺首	十一	不详	素光	器腹6字	不详	《三代》12.8.2-3，《贞松》7.27.1，《贞图上》43，《集成》09575，《总集》5682，《国史金》378，《青集》12191
432	邦右茜方壶	CⅡ铺首	十一	44.5	素光	腹壁6字	某藏家	《青集》12192
433	咸阳方壶	CⅡ铺首	十一	41.7×（10.9×10.9）	素光	腹部13肩9字	珍秦斋	《故宫院刊》2006.2，P87，《珍秦齐秦》P119-120，《珍秦琳琅》P236-237，《青集》12389
434	绿松石壶	CⅡ铺首	十一	52.6	云纹、绿松石、错金银	无	MM	《美集》A750，《精华》214，《战国式》46（2）
435	铜方壶	CⅡ铺首	十一	50	素光	无	DM	《美集》A754
436	铜方壶	CⅡ铺首	十一	35.6	素光	无	FMN	《美集》A755
437	廥宫左官壶	CⅡ铺首	十一	17.4×4寸《善斋》	素光	圈足9字	不详	《三代》12.16.1-2，《小校》4.84.2，《善斋》28.8，《集成》09591，《总集》57402，《青集》12251（摹本）

续表

序号	器名	类型	分期	通高×口径（厘米）	纹饰	铭文	出处	著录
438	廚宫左官方壶	CⅡ铺首	十一	17.2×4.6寸《善斋》	素光	圈足16字	不详	《三代》12.15.3-5，《善斋》28.6，《小校》4.84.1，《集成》09660，《总集》5741，《国史金》380，《青集》12310（摹本）另有一件，铭文相同，见表四
439	铺首方壶	CⅡ铺首	十一	11.7×3.7寸《西清》	素光	无	不详	《西甲》9.23（摹本）
440	铺首壶	D铺首	十一	9.2×3.5寸《西清》	三角纹	23字	不详	《西清》20.23（摹本）
441	菱云纹壶	无耳	二期早段	17.5	云雷纹、弦纹	无	MOK	《综览·壶》1；《铜全》3卷92
442	菱云纹壶	无耳	二期早段	16.6	云雷纹、弦纹	无	MGP	《综览·壶》2
443	勾连雷纹壶	无耳	二期早段	17.6	兽面纹、勾连雷纹、云纹	无	FGA	《世全集》2:59，《美集》A683，《综览·壶》7
444	勾连雷纹壶	无耳	二期早段	18	龙纹、勾连雷纹、云纹	无	PJ	《美集》A684
445	勾连雷纹壶	无耳	二期早段	18.4	弦纹、勾连雷纹、弦纹	无	AMA	《综览·壶》4

续表

序号	器名	类型	分期	通高×口径（厘米）	纹饰	铭文	出处	著录
446	伯矩壶	无耳	三期	24.7	兽面纹、小鸟纹、夔纹	盖器同铭各6字	OR	《三代》13.17.5（盖），《三代》13.17.8（器），《西清》8.31，《贞松》8.21.1（盖），《贞松》8.21.3后（器），《希古》5.10.2（盖），《希古》5.11.1（器），《周金》5.14.1-2，《小校》5.23.1，《欧精华》2.134，《美集》R302，A692，《汇编》711，《综览 · 壶》44，《赛克勒》（1990）P493，《弗里尔》（1967）P416，《集成》09567，《总集》5676，《郁华阁》189.4（盖），《郁华阁》190.1（器），《三代补》302，《青集》12173
447	芮伯壶	无耳	四期	11.5×4.9寸《陶斋》	鸟纹、蝉纹、环带纹、宽带络纹	盖器同铭8字	中心	《三代》12.9.1-2，《陕金》2.262，《陶斋》3.1，《周金》5.55.1-2，《海外吉》106，《小校》4.77.1，《日精华》4.296，《汇编》576，《集成》09585，《总集》5695，《铭文选》353，《青集》12220
448	百兽图壶	无耳	四期	16.5×5.8寸《博古》	三角蝉纹、蟠螭纹	无	不详	《博古》12.17（摹本）（注:疑伪）
449	云雷纹壶	无耳	四期	9×3.3寸《西甲》	云雷纹、兽面纹	无	不详	《西甲》9.8（摹本），（注:疑伪）
450	蟠夔纹壶	无耳	六期	8.8×4.1寸《西清》	卷云纹、三角纹、窃曲纹	无	不详	《西清》20.6（摹本），（注:疑伪）
451	蟠夔纹壶	无耳	七期	20.6×6.2寸《西清》	蟠夔纹	无	不详	《西清》19.38（摹本）
452	弦纹壶	无耳	十期	8.4×3寸《西清》	弦纹	无	不详	《西清》20.10（摹本）

续表

序号	器名	类型	分期	通高×口径（厘米）	纹饰	铭文	出处	著录
453	西壶	AⅠ瓠壶	六期	24.5×4.7	花形纹	内底1字伪	MK	《美集》R244、A759
454	垂鳞纹壶	AⅠ瓠壶	六期	29.8	垂鳞纹、变形夔纹	无	FMN	《美集》A760
455	错红铜躬身龙纹	AⅠ瓠壶	六期	31.5×4.8	躬身龙纹、云纹	无	AB	《美集》A761
456	瓠壶	AⅠ瓠壶	七期	9.4×1.5寸《西甲》	素光	无	不详	《西甲》9.5（摹本）
457	垂鳞纹壶	AⅡ瓠壶	九期	28.4	鸟纹、垂鳞纹	无	台故宫	《故图下上》160，《综览・壶》109
458	蟠螭纹壶	AⅡ瓠壶	九期	8.4×3寸《西清》	蟠螭纹、卷云纹	无	不详	《西清》20.36（摹本）
459	爬兽纹壶	B瓠壶	八期	8.4×3寸《西清》	爬兽纹	无	不详	《西清》20.35（摹本）
460	鸟首壶	B瓠壶	八期	26.2	波带纹	无	MFE	《综览・壶》108
461	蟠蛇纹匏壶	B瓠壶	八期	38×13.4	蟠蛇纹	无	赛克勒	《铜全》，8卷85
462	末昊壶	扁壶	十期	25.4×9.5	方格纹、蟠虺纹	足边2字	台故宫	《三代》12.2.4，《武英》122，《贞续中》11.1，《集成》09497，《总集》5618，《国史金》361，《青集》12027
463	襄安君壶	扁壶	十期	不详	素光	9字	国博	《三代》18.15.1-3，《攈古》2之1.44.2，《窸斋》14.21.1，《缀遗》26.16，《奇觚》11.10.2-4，《周金》5.35.1-3，《簠齐二饼》1，《小校》9.101.1，《尊古》2.39.2，《集成》09606，《总集》5806，《郁华阁》386.2，《青集》12253
464	变形龙纹扁壶	扁壶Ⅰ	十期	32.4	长方格纹、细密变形龙纹	无	AAM	《铜全》，7卷143

续表

序号	器名	类型	分期	通高×口径（厘米）	纹饰	铭文	出处	著录
465	错银几何纹壶	扁壶Ⅰ	十期	31.2	错银几何纹	无	FGA	《铜全》，7卷144
466	铺首扁壶	扁壶Ⅰ	十期	5.1×1.9寸《西清》	素光	无	不详	《西清》20.25（摹本）
467	铺首扁壶	扁壶Ⅰ	十期	9×2.4寸《西乙》	素光	无	不详	《西乙》9.13（摹本）
468	蒜头扁壶	扁壶Ⅰ	十期	9.5×1.2寸《西甲》	素光	无	不详	《西甲》9.24（摹本）
469	㞑氏扁壶	扁壶Ⅱ	十一	30.8×11.2	长方格纹、蟠螭纹	肩19字	上博	《文物》1964.7，P13，《集成》09682，《总集》5754，《夏商周》620，《青集》12369
470	方格扁壶甲	扁壶Ⅱ	十一	34×11	方格纹、蟠虺纹	无	MIA	《美集》A762
471	方格扁壶乙	扁壶Ⅱ	十一	36.2	方格纹、蟠虺纹	无	AIC	《海外铜器》53，《柏景寒》57，《美集》A763
472	方格扁壶丙	扁壶Ⅱ	十一	31.7	方格纹、蟠虺纹	无	CTLC	《美集》A764
473	方格扁壶丁	扁壶Ⅱ	十一	31	方格纹、蟠虺纹	无	FMN	《美集》A765
474	李痶壶	蒜头	十一	11.8×1.2寸《双吉》	素光	足底2字	故宫	《双吉上》28，《集成》09495，《总集》5615，《青集》12021
475	龑父丁壶	独·有流	二期晚段	25.5《流散欧》 11×3.6寸《澂秋》	小鸟纹、夔纹	盖器同铭3字	玫茵堂	《三代》14.4.3-4，《贞松》8.40.2，《澂秋》49，《集成》04939，《总集》5138，《国史金》1198，《欧遗》48，《近出》948，《新收》1820，《流散欧》127，《玫茵堂》31，《青集》12043

续表

序号	器名	类型	分期	通高×口径（厘米）	纹饰	铭文	出处	著录
476	㚘父庚壶	独·有流	二期晚段	25.7×8.4	兽面纹	内底3字	台故宫	《三代》14.5.4，《贞松》8.41.1，《故宫》3，《艺展》63，《故图下上》130，《集成》04967，《总集》5159，《综览·卣》68，《伦敦图版》14.22，《续殷下》71.3，《国史金》1199.1，《青集》12048
477	宂父已壶	独·有流	二期晚段	10.4×3.7寸《求古》	夔纹、云纹	盖器同铭各3字	不详	《积古》1.33.3，《求古》1.3，《愙斋》18.20.1（器），《敬吾下》67.1，《殷存上》31.10-11，《续殷上》74.3（器），《小校》4.19.4，《集成》04962，《总集》4384，《郁华阁》182.2，《国史金》114.1，《青集》12047（摹本）
478	趣父乙壶	独·有流	三期	不详	弦纹	内底3字	MFE	《综览·卣》69，《集成》04911，《青集》12058
479	国子山壶	独·有流	六期	40.6	羽毛纹、夔纹、蟠螭纹	颈后11字	不详	《青集》12270
480	枚父丁壶	独·提梁	二期晚段	22.8×8.9	弦纹	内底3字	清华	《考古》1986.9，P836，《青集》12783
481	隹壶甲	独·提梁	三期	30.7	勾连雷纹、兽面纹、云雷纹	盖器同铭各2字	富士比	《近处》563，《流散欧》123，《青集》12732
482	隹壶乙	独·提梁	三期	30.2×10.6	勾连雷纹、兽面纹、云雷纹	盖器同铭各2字	出光	《出光藏》73，《新收》1800，《青集》12731
483	高子父乙壶	独·提梁	二期晚段	21.3×9.4	鸟纹、三角纹	盖器同铭各3字	山西博	《山西》50，《集成》04919，《山西珍》62，《山西精》42，《总集》5122，《青集》12769
484	龙纹壶	独·椭方体	四期	36.4	鳞纹、鸟纹	无	AAM	《铜全》，5卷137
485	叔师父壶	独·椭方体	七期	不详	蟠虺纹	颈外31字	根津	《铜全》，7卷10《青集》12414

续表

序号	器名	类型	分期	通高×口径（厘米）	纹饰	铭文	出处	著录
486	重金壶	独·椭方体	十一	8.7×3.7寸《陶斋》	勾连云雷纹	圈足11字	美国	《三代》11.43.2，《陶斋》5.1，《周金》5.30.3，《小校》4.70.2，《集成》09617，《总集》5576，《青集》12272
487	燕王職壶	独·高肩	十一	20.4×12	几何纹、凹纹、弦纹	圈足28字	上博	《上博刊》8期P146图3，《夏商周》621，《新收》1483，《青集》12406（摹本）
488	亚羌壶	独·贯耳	二期晚段	12.9×3.3（寸）	兽面纹	内壁5字	不详	《西清》18.1，《集成》09544，《青集》12131（摹本）
489	蟠虺纹壶	独·贯耳	六期	14.1×5.2寸《西清》	蟠虺纹	无	不详	《西清》20.1（摹本）
490	蟠螭壶	独·贯耳	八期	11×（5.8×4）寸《西清》	云雷纹、联珠纹、兽面纹	无	不详	《西清》20.2（摹本）
491	伯矩壶	独·环耳	三期	不详	云雷纹、鸟纹、宽带络纹	内壁6字	不详	《三代》11.22.5，《缀遗》18.11.1，《贞松》7.11.3，《希古》5.2.4，《周金》5.15.2，《小校》5.22.8，《汇编》712，《综览·壶》45，《赛克勒》（1990）P610，《集成》09568，《总集》5677，《郁华阁》189.3，《国史金》169，《青集》12174
492	蟠虺纹壶	独·环耳	九期	9.1×3.4寸《西清》	蝉纹、蟠虺纹	无	不详	《西清》19.25（摹本）
493	蟠虺纹壶	独·环耳	九期	9.1×3.4寸《西清》	蟠虺纹	无	不详	《西清》19.26（摹本）
494	龙纹壶	独·环耳	九期	10×3.2寸《西清》	细身龙纹	无	不详	《西清》19.34（摹本）

续表

序号	器名	类型	分期	通高×口径（厘米）	纹饰	铭文	出处	著录
495	弦纹壶	独·环耳	九期	8.1×2.9寸《西清》	弦纹	无	不详	《西清》20.11（摹本）
496	伯遊父壶（甲）	独·爬兽耳	八期	37.4×（11.8×14.9）	交龙纹	颈外壁30字	上博	《上博刊》10，P118，《青集》12412
497	伯遊父壶（乙）	独·爬兽耳	八期	37.9×（12×15.1）	交龙纹	颈外壁30字	上博	《上博刊》10，P119，《青集》12413
498	蟠螭纹壶	独·爬兽耳	十期	14.8×4.4寸《西乙》	蟠虺纹、蝉纹、绹索纹	无	不详	《西乙》8.45（摹本）

附表三　仅存青铜壶盖统计表

序号	盖名	时间	出土地	器号	尺寸	分期	纹饰	铭文	出处
1	左屖壶盖	1966年	容城县晾马台公社阳村	无	不详	九期	圆环纹、重环纹、带纹、蟠虺纹	盖沿2字	《文物》1982.3，《考古》1993.3，《集成》09499，《总集》5622，《新收》1296，《青集》12020
2	宁戈父乙壶盖	不详	金兰坡	无	4×2.1寸《西清》	三期	素光	榫上4字	《三代》12.3.2，《西清》8.17，《憙齐》13.3.1，《缀遗》23.4，《敬吾上》44.6，《殷存上》27.2，《小校》4.72.1，《集成》09522，《总集》5632，《郁华阁》273.4，《国史金》350.2，《青集》12100
3	师隻壶盖	1963年	河南洛阳庞家沟北窑村	M6：2	4.9×10.4	三期	涡纹	内壁5字	《文物》1964.9，《北窑墓》P93，《集成》05194，《总集》5312，《青集》12134
4	康伯壶盖	1963年	河南洛阳庞家沟北窑村	M701.6	12.1×11.2	四期	分尾鸟纹、云雷纹	内壁5字	《北窑墓》P93，《近出》953，《文物》1995.11，《新收》362，《青集》12145
5	伯泺父壶盖	不详	故宫博物院藏	无	14×11.2	四期	素光	榫口6字	《三代》12.7.7，《贞续中》12.1，《北图拓》150，《集成》09570，《总集》5679，《国史金》376，《青集》12177
6	伯山父壶盖	1952年	不详	无	14.5×（10.5×14.5）	四期	垂冠回首鸟纹	内10字	《缀遗》13.3.1，《奇觚》17.5.3，《周金》5.52.2，《集成》09608，《总集》5712，《青集》12260
7	伯公父壶盖	1976年	陕西扶风县云塘村窖藏	H1：7	10.9×10.7	五期	卷夔纹、鳞纹、夔龙纹	内17字	《陕铜》3.92，《陕金》1.598，《文物》1987.11，《集成》09656，《总集》5751，《铭文选》303，《周青》3.485，《青集》12348

续表

序号	盖名	时间	出土地	器号	尺寸	分期	纹饰	铭文	出处
8	戚伯㝬生壶盖	不详	故宫博物院	无	4.1×3.9寸《善斋》	五期		榫面11字	《三代》12.11.3，《贞松》7.28.3，《善斋》4.49，《小校》4.79.1，《北图拓》151，《集成》09615，《总集》5716，《国史金》383，《山东成》607，《青集》12269
9	夆季壶盖	不详	传山东出土，某藏家	无	4×9	四期	云雷纹、长鸟纹	盖内12字	《青集》12275
10	吕壶盖	不详	1992年现于香港	无	5.5×（9×12）	三期	兽面纹	内壁21字	《新收》1894，《青集》12373
11	夷伯壶盖	1984年	陕西长安区马王镇大原村西周墓	M304.2	12.4×（12.2×7.6）	四期	云雷纹、勾卷纹	内29字	《张家坡》P158，《考古》1986.11，《集成》09702，《青集》12405
12	史懋壶盖	不详	上海博物馆	无	8.8×9	四期	长冠卷尾鸟纹、云雷纹	内壁41	《三代》12.28.1，《从古》1.6.1，《攈古3之》1.18.1，《窸齐》14.13.2，《缀遗》13.7.2，《周金》5.40.1，《小校》4.93.1，《集成》09714，《总集》5785，《铭文选》227，《夏商周》343，《青集》12426
13	晋侯僰马壶盖	1994年	山西曲沃曲村赵北晋侯墓地	M91.57	不详	四期	鸟纹、云雷纹	内41	《文物》1995.7，《近出》972，《新收》902《青集》12430
14	事季良父壶盖	不详	上博馆藏		不详	五期	垂冠回首鸟纹、云雷纹	口壁42字	《三代》12.28.2，《筠清》4.41.1-2，《攈古3之》1.17，《窸齐》14.13.1，《缀遗》13.14.2，《奇觚》18.13.2，《周金》5.40.2，《小校》4.93.2，《集成》09713，《总集》5786，《夏商周》345，《郁华阁》280.3，《山东成》608，《青集》12432

续表

序号	盖名	时间	出土地	器号	尺寸	分期	纹饰	铭文	出处
15	曶壶盖	不详	台北故宫博物院	馆藏号JW51-32	16.2×（14.1×9.1）	四期	弦纹、窃曲纹	盖榫102	《三代》12.29.4-5，《贞补上》39.2，《小校》4.94.2，《善斋》4.57，《尊古》2.31，《善图》103，《故图下下》278，《故周金》75，《汇编》45，《北图拓》154，《集成》09728，《总集》5798，《铭文选》296，《国史金》407，《商酒》52，《青集》12446
16	䰜父辛壶盖	不详	故宫博物院	无	4.5×4.2	二期早段	兽面纹、联珠纹	内壁3	《三代》12.55.7，《殷存上》36.7，《澂秋》35，《小校》4.23.3，《集成》04980，《总集》5171，《国史金》270，《青集》12808
17	爵父癸壶盖	不详	不详	无	2.9×（2.2×3.2）	三期	鸟纹、云雷纹	内底3字	《三代》12.55.8，《二百》1.6，《两罍》1.6，《攈古》1之2.8.4，《窸齐》18.6.2，《缀遗》10.27.1，《续殷上》75.8，《小校》4.23.5，《集成》04988，《总集》5172，《青集》12818
18	仲自父壶盖	不详	原藏清宫	无	1.3×2.8寸，《西清》	四期	素光	圈足内17	《三代》12.14.2，《西清》19.21，《贞补上》38.1，《集成》09672，《总集》5736，《青集》12342
19	黽壶盖	不详	湖南省博物馆	无	18.6×15.7	五期	窃曲纹	盖冠凸起花纹22	《考古》1963.12，《集成》09677，《总集》5760，《断代》P896，《青集》12364

附表四 仅见拓片的传世青铜壶统计表

序号	名称	时期	铭文	藏处	出处
1	先壶	二期早段	内底1字	原藏玉华阁	《三代》12.1.2，《贞松》7.22.3，《希古》5.4.2，《续殷上》63.2，《集成》09458，《总集》5599，《郁华阁》273.3，《国史金》344.1，《青集》11963
2	耳壶	二期早段	内底1字	不详	《录遗》218，《集成》09461，《总集》5607，《青集》11964
3	[illegible]壶	二期早段	内底1字	故宫	《集成》09456、《青集》11966
4	圃壶	二期早段	内底1字	不详	《录遗》216，《集成》09462，《总集》5605，《青集》11969
5	[illegible]壶	二期早段	内底1字	不详	《三代》12.1.4，《续殷上》63.1，《集成》09467，《总集》5600，《国史金》344.2，《青集》11975
6	亚倗壶	二期早段	内壁2字	原藏盛昱	《三代》12.1.8，《缀遗》5.13.2，《贞松》7.23.2，《续殷上》63.7，《小校》4.71.7，《汇编》1055.《集成》09478，《国史金》348，《青集》12004
7	亚弜壶	二期早段	内壁2字	不详	《三代》12.1.6，《集成》09479，《总集》5610，《国史金》347.1，《青集》12005
8	亚弜壶	二期早段	口内壁2字	不详	《汇编》1048，《青集》12006
9	子龙壶	二期早段	内壁2字	英国某地	《集成》09485，《青集》12007
10	天犬壶	二期早段	内壁2字	上博	《集成》09489，《青集》12008
11	[illegible]父丁壶	二期早段	内壁3字	不详	《北图拓》148，《青集》12044
12	亚[illegible]壶	二期早段	圈足6字	上博	《续殷下》63.7（误为觯），《集成》09565（05206重出），《郁华阁》216.3（误为卣），《青集》12166
13	[illegible]父丁壶	二期早段	内壁4字	不详	《录遗》221，《集成》09524，《总集》5655，《青集》12094
14	弔壶	二期晚段	圈足内1字	故宫	《集成》09468，《青集》11967
15	癸壶	二期晚段	内底1字	故宫	《集成》09475，《青集》11968

续表

序号	名称	时期	铭文	藏处	出处
16	史旋壶	二期晚段	内壁2字	上博	《集成》09490，《青集》12009
17	盟商壶	二期晚段	内壁2字	上博	《集成》09491，《青集》12010
18	冈父辛壶	二期晚段	内壁3字	不详	《三代》12.3.4，《攈古》1之2.39.2，《缀遗》13.1.1，《集成》09505，《总集》5636，《青集》12050
19	䶵兄辛壶	二期晚段	盖器同铭，各3字	上博	《集成》09507，《山东成》605，《青集》12053
20	尸壶	二期晚段	内壁7字	不详	《三代》12.8.5，《贞续中》12.2，《集成》09576，《总集》5685，《国史金》377.2，《青集》12195
21	沃壶	二期晚段	内壁8字	原藏潘祖荫	《三代》12.8.4，《贞补上》36.3，《小校》4.76.8，《集成》09566，《总集》5684，郁华阁274.1，《国史金》359，《青集》12213
22	鱼父乙壶	三期	内壁3字	不详	《小校》4.72.3，《青集》12061
23	重父乙壶	三期	内壁3字	原藏刘体智	《续殷上》63.9，《贞松》7.23.3，《青集》12062
24	酉父己壶	三期	内壁3字	不详	《三代》12.3.3，《集成》09504，《总集》5635，《国史金》353.1，《青集》12071
25	作旅彝壶	三期	内壁3字	不详	《三代》12.4.1，《窸斋》14.9.1，《小校》4.72.5，《集成》09520，《总集》5639，《青集》12085
26	作從彝壶	三期	内壁3字	原藏刘体智	《三代》12.3.8，《贞松》7.23.4，《小校》4.72.6，《集成》09521，《总集》5637，《国史金》363，《青集》12086
27	臣辰𠬝册壶	三期	盖器同铭，各4字	原藏刘体智	《三代》12.6.5-6，《贞松》7.26.2,（器），《小校》4.76.1（盖），4.76.2（器），《集成》09526，《总集》5665，《国史金》372.2（盖），《青集》12102
28	竟壶	三期	内壁4字	台故宫	《贞松》7.25.2，《国史金》366.1，《青集》12105
29	䚄壶	三期	内壁5	故宫	《录遗》200，《集成》09550，《总集》4723（作尊），《青集》12144
30	嬗妊壶	三期	颈内5字	不详	《周金》5.57.3,《青集》12150
31	恒壶	三期	内壁6字	不详	《录遗》224，《集成》09564，《小校》4.76.3，《国史金》375.2，《青集》12167
32	夺壶	三期	盖器同9字	不详	《录遗》226.1-2，《集成》09593，《总集》5699，《青集》12233

续表

序号	名称	时期	铭文	藏处	出处
33	宁戈父乙壶盖	三期	榫4字	故宫	《集成》09523，《青集》12101
34	史父丁壶盖	三期	内壁3字	故宫	《集成》09502，《续殷下》57.5（误为觶），《国史金》1118.1（误为觶），《青集》12064
35	王七祀壶盖	三期	盖内5字	原藏陈承裘	《希古》5.5.2，《汇编》781，《集成》09551，《总集》5674，《续殷下》62.10（误为觶），《新出》P299，《国史金》1145.1（误为觶），《青集》12143
36	[illegible]伯壶盖	三期	内壁5字	故宫	《三代》12.6.7，《集成》09554，《总集》5664，《国史金》374.2，《青集》12147
37	亚[illegible]壶	三期	内底5字	不详	《三代》12.5.4,《陶斋》3.4,《续殷上》64.4,《小校》4.72.2,《集成》09545,《总集》5649,《青集》12135
38	叔姜壶	四期	内壁2字	不详	《三代》12.2.5，《集成》09492，《总集》5625，《国史金》365.2，《青集》12017
39	[illegible]壶	四期	内壁4字	潘祖荫	《三代》12.5.1，《贞松》7.24.2，《希古》5.4.3，《小校》4.74.3，《集成》5646，《郁华阁》275.4，《国史金》372.1，《青集》12116
40	明我壶	四期	4字	不详	《郁华阁》278.4，《青集》12117
41	鬼壶	四期	内壁8字	不详	《录遗》225，《汇编》632，《集成》09584，《总集》5698，《青集》12217
42	伯濼父壶	四期	内壁12	上博	《集成》09620，《青集》12281，西周中期
43	大壶	四期	内壁13	不详	《积古》5.14.3，《攈古》2之1.84.2，《奇觚》18.10,《集成》09612，《青集》12291
44	鲁侯壶	五期	内壁7字	不详	《三代》12.8.7，《攈古》2之1.15.1，《小校》4.76.5，《山东存·鲁》2.1，《郁华阁》279.4，《山东成》610，《集成》09579，《总集》5694，《青集》12205
45	子叔壶	五期	内壁9字	旅顺博	《录遗》228，《集成》09604，《总集》5706，《青集》12243
46	孟上父壶	五期	盖内1，器内10	原藏潘祖荫	《三代》12.11.1-2，《缀遗》13.12.1，《奇觚》6.28.2，《周金》5.53.1器，《殷存上》27.1（盖）误为卣，《小校》4.78.3器，5.1.3（盖）误为尊，《汇编》487，《集成》09614，《总集》5713，《郁华阁》277.4（盖）278.1（器），《青集》12267
47	兮熬壶	五期	盖器同19	原藏素夢蟾	《筠清》4.42.2-4.43.1，《攈古》2之2.76.1，《奇觚》18.11，《集成》09671，《总集》5761《青集》12363

续表

序号	名称	时期	铭文	藏处	出处
48	番壶	五期	内壁21字	原藏叶东卿	《窸斋》14.15.2，《缀遗》13.12.2，《敬吾下》29.1，《周金》5.46.2，《小校》4.86.2，《集成》09670，《青集》12378
49	虞司寇伯吹壶	五期	盖内23	故宫	《三代》12.21.1-2，《窸斋》14.9.3（器），《攈古》2之3.30，《缀遗》13.13.2-14.1，《周金》5.43.1（盖）5.44.2（器），《小校》4.89.1（器）,4.89.2（盖），《集成》09694，《总集》5768，《青集》12394
50	虞司寇伯吹壶	五期	盖内23	故宫	《三代》12.21.1-2，《攈古》2之3.32，《周金》5.44.1（盖）5.43.2（器），《小校》4.89.1（盖）,4.90.1（器），《集成》09695，《总集》5769，《青集》12395
51	鼄史屖壶	五期	盖榫46字	蓝田馆	《集成》09718，《青集》12433
52	中伯壶盖	五期	内19	原藏陈介祺	《三代》12.18.2，《从古》13.27，《攈古》2之2.77.2，《窸斋》14.18.1，《缀遗》13.10.1，《奇觚》6.29，《敬吾下》31，《周金》5.48.1，《小校》4.86.3，《集成》09667，《总集》5757，《郁华阁》276.1，《青集》12362
53	芮公壶	六期	盖内9字	故宫	《三代》12.9.5，《窸斋》14.15.1，《缀遗》13.18.2，《周金》5.53.2，《小校》4.78.1，《集成》09596，《总集》5703，《郁华阁》279.2，《青集》12246，（该器铭文拓片与传世器表252芮公壶，拓片极为相似，可能为同一器物
54	华母壶	六期	口沿13	清华大学图书馆	《录遗》230，《集成》09638，《总集》5726，《青集》12297
55	江君妇和壶	六期	器壁15	不详	《三代》12.13.1-4，《筠清》4.44，《攈古》2之1.75.1，《缀遗》13.20，《奇觚》18.9.2，《集成》09639，《总集》5731，《铭文选》632，《青集》12325
56	宗妇鄁嬰壶	六期	盖器同铭各25字	南京博	《三代》12.23.1-2，《陕金》2.269，《窸斋》14.18.2（盖）14.19.1（器），《缀遗》13.15，《周金》5.41.1-2，《小校》4.91.1，《集成》09698，《总集》5770，《铭文选》915器，《郁华阁》275.1-2，《青集》12398
57	宗妇鄁嬰壶	六期	盖器同铭各25字	南京博	《三代》12.23.3-4，《陕金》2.270，《窸斋》14.19.2（盖）14.20.1（器），《缀遗》13.16.1-2，《周金》5.42.1-2，《小校》4.91.2，《集成》09699，《总集》5771，《铭文选》915盖，《郁华阁》274.3-4，《青集》12399

续表

序号	名称	时期	铭文	藏处	出处
58	杞伯每刃壶盖	六期	盖21字	原藏瞿世瑛	《三代》12.19.1-2，《筠清》3.3-4.1，《丛古》8.12.1-2，《缀遗》25.6.2-7.1，《攈古》2之3.7.1，《敬吾》31.2，《周金》5.45.3，《小校》4.87.2，《山东存·杞》6.1-2，《集成》09687，《总集》5764，《山东成》612，《青集》12380
59	齊皇壶	七期	内壁15字	不详	《三代》12.14.5，《缀遗》28.4，《贞松》7.31.1，《山东存·斋》24.1，《集成》09659，《总集》5743，《国史金》391，《山东成》625，《青集》12327
60	之壶	八期	腹2字	随州博	《考古》1982.2，《集成》09494，《青集》12019
61	蔓壶	九期	鸟篆1字	宋代出土	《薛氏》32.2，《鸟蟲书图》160，《鸟篆编下》128，《青集》11989
62	蔓壶	九期	鸟篆1字	不详	《攈古》1之1.14.1，《青集》11990（与上可能为同一器）
63	廚宫右官壶	十期	器4字	传洛阳出土	《集成》09543，《青集》12128
64	韩氏私官壶	十期	肩9字	故宫	《集成》09583，《青集》12250
65	子嫡逦子壶	十期	足外5字	不详	《集成》09560，《青集》12161
66	大臺锺	十一期	2处各2字	原藏赵氏山海楼	《赵氏》38，《文物天地》1993.1，《青集》12026,（通高45.7）
67	魏下官壶	十一	腹3字	不详	《三代》18.19.2，《愙斋》25.4.2，《缀遗》28.14，《集成》09515，《青集》12093
68	左孝子壶	十一期	器表5字	上博	《集成》09538，《青集》12162
69	左孝子壶	十一期	器表5字	上博	《集成》09539，《青集》12163
70	己孝子壶	十一期	器表5字	上博	《集成》09540，《青集》12164
71	己孝子壶	十一期	器表5字	上博	《集成》09541，《青集》12165
72	冢客之官壶	十一期	内壁8字	故宫	《录遗》227.1-3，《集成》09589，《总集》5700，《青集》12229
73	朝歌下官锺	十一期	腹7字	不详	《汇编》630，《新出》P299，《青集》12211
74	官斗壶	十一期	盖2、器5	不详	《美集》A767，《古文》17P33，《青集》12212

附表五　仅见拓片的出土青铜壶统计表

序号	器物	分期	出土地点	纹饰	铭文	藏处	出处
1	[illegible]父丙壶	三期	西安市长安区马王镇张家村	不详	内底3字	西安市文物保护考古所	《考与文》1990.5,《新收》722，《青集》12063
2	作[illegible]从彝壶	三期	1931山东益都县苏埠屯	21.8×12.5	耳内4字	山东博	山东成604，《青集》12104
3	子[illegible][illegible]壶	三期	2009年见于西安	34.7×10.7	盖内3字，器底8	某藏家	《青集》12264
4	吕季姜壶	五期	1943年陕西长安普渡村镐京故城	36.7×12	盖器同13	不详	《文物》1982.10，《集成》09610，《青集》12283
5	吕季姜壶	五期	1943年陕西长安普渡村镐京故城	36.7×12	盖器同13	不详	《文物》1982.10，《集成》09611，《青集》12284
6	竞孙不服壶	八期	2005河南上蔡县郭庄王1号春秋楚墓	不详	21字	河南所	《青集》12381
7	[illegible]驹壶	十一	1978安徽舒城秦家桥杨店村战国墓M2	30.8×10.5	颈10字	舒城所	安徽金109，《新收》1323，《青集》12261
8	廚宫左官方壶	十一	1931河南洛阳金村古墓	不详	圈足14字	旅顺博	《集成》09647，《青集》12311

简称说明

铭文

《二百》：《二百兰亭斋收藏金石记》
《小校》：《小校经阁金文拓本》
《贞松》：《贞松堂集古遗文》
《贞图》：《贞松堂吉金图》
《贞补》：《贞松堂集古遗文补遗》
《贞续》：《贞松堂集古遗文续编》
《十二》：《十二家吉金图录》
《双吉》：《双剑誃吉金图录》
《尊古》：《尊古斋所见吉金图》
《澂秋》：《澂秋馆吉金图》
《奇觚》：《奇觚室金文述》
《恒轩》：《恒轩吉金录》
《陶斋》：《陶斋吉金录》
《陶续》：《陶斋吉金续录》
《善斋》：《善斋吉金录》
《筠清》：《筠清馆金石》
《窸斋》：《窸斋集古录》
《郁华阁》：《郁华阁金文》
《薛氏》：《薛氏钟鼎彝器款识》
《啸堂》：《啸堂集古录》
《积古》：《积古斋钟鼎彝器款识》
《攈古》：《攈古楼彝器款识》
《攈古》：《攈古录金文》
《北图拓》：《北图中国历代石刻拓本汇编》
《冠斝》：《冠斝楼吉金图》
《海外》：《海外吉金图录》
《集成》：《殷周金文集成》

《总集》：《金文总集》
《三代》：《三代吉金文存》
《三代补》：《三代吉金文存补》
《大系》：《两周金文辞大系图录》
《缀遗》：《缀遗斋彝器款识考释》
《周金》：《周金文存》
《录遗》：《商周金文录遗》
《山东成》：《山东金文集成》
《山东存》：《山东金文集存·先秦编》
《殷存》：《殷文存》
《陕金》：《陕西金文汇编》
《秦铭文》：《秦铜器铭文编年》
《近出》：《近出殷周金文集录》
《安徽金》：《安徽金文》
《续殷》：《续殷文存》
《汇编》：《中日欧美澳纽所见所拓所摹金文汇编》
《铭文选》：《商周青铜器铭文选》

图像

《博古》：《博古图》
《两罍》：《两罍轩彝器图释》
《武英》：《武英殿彝器图录》
《宝蕴》：《宝蕴楼彝器图录》
《故图》：《故宫青铜器图录》
《善图》：《善斋彝器图录》
《西清》：《西清古鉴》
《西甲》：《西清古鉴甲编》
《西乙》：《西清古鉴乙编》
《西拾》：《西清彝器拾遗》
《五十三》：《殷墟出土伍拾叁件青铜容器之研究》
《郑冢》：《郑冢古器图考》
《金村》：《洛阳金村古墓聚英》
《賸稿》：《河南吉金图志稿賸》
《双吉》：《双剑誃吉器物图录》
《商周》：《商周彝器通考》

《海外铜器》：《海外中国铜器图录》
《日精华》：《日本蒐储支那古铜精华》
《欧精华》：《欧米蒐储支那古铜精华》
《精华》：《支那古铜精华》
《美集》：《美帝国主义劫掠的我国殷周铜器集录》
《综览》：《殷周时代青铜器の研究·殷周青铜器综览》
《新收》：《新收殷周青铜器铭文暨器影汇编》
《青集》：《商周青铜器铭文暨图像集成》
《遗珠》：《欧洲所藏中国青铜器遗珠》
《艺展》：《参加伦敦中国艺术国际展览会出品图说》
《中铜》：《中国古铜器》
《中铜展》：《中华人民共和国古代铜器展》
《白鹤集》：《白鹤吉金集》
《白鹤选》：《白鹤吉金选集》
《柉禁》：《柉禁之考古学的考察》
《古文明》：《古代文明通讯》
《文物报》：《中国文物报》
《赛克勒》：《赛克勒收藏的西周青铜礼器》
《世全集》：《世界美术全集》
《流散欧》：《流散欧美殷周有名青铜器集录》
《夏商周》：《夏商周青铜器研究》
《铜全》：《中国青铜器全集》
《国史金》：《国史金石志稿》
《故铜》：《故宫青铜器》
《旅顺》：《旅顺博物馆馆藏文物选粹：青铜器卷》
《铜玉》：《殷周铜器と玉》
《上藏》：《上海博物馆藏青铜器》
《历博》：《中国历史博物馆馆藏青铜器》
《河南（一）》：《河南出土商周青铜器》（一）
《陕铜》：《陕西出土商周青铜器》
《陕北铜》：《陕北出土青铜器》
《辞典》：《中国文物精华大辞典·青铜器卷》
《扶风》：《扶风齐家村出土青铜器群》
《殷新》：《殷墟新出土青铜器》
《奇珍》：《晋国奇珍——山西晋侯墓群出土文物精品》

《图录》：《中国青铜器图录》
《山西文》：《山西出土文物》
《山西珍》：《山西文物馆藏珍品 · 青铜器》
《山西精》：《山西省博物馆馆藏文物精华》
《中艺》：《中国の工艺：出光美术馆藏品图录》
《故精品》：《故宫博物院50年入藏文物精品集》
《美全》：《中国美术全集 · 工艺美术 · 青铜器》
《佳士图》：《佳士得图录》
《西铜》：《西安文物精华 · 青铜器》
《楚文图》：《楚文物图典》
《文研》：《文物研究》
《商礼》：《故宫商代青铜礼器图录》
《中古》：《中国古董》
《商酒》：《商周青铜酒器》
《周青》：《周原出土青铜器》
《陕图》：《陕西省博物馆、陕西省文物管理委员会青铜器图释》
《北京文》：《北京文物精粹大系》（青铜器卷）
《张家坡》：《长安张家坡西周青铜器群》
《度量衡》：《中国古代度量衡图集》
《柏景寒》：Chinese Bronzes from the Buckingham Collection.
《皮斯柏》：A Catalogue of the Chinese Bronzes in the Alfred F.
《中国图符》：Early Chinese Symbols and Literature, Vestiges and Speculations
《卢目》：C.T.Loo and Company
《伦敦》：The Chinese Exhibition,A Commemorative Catalogue of the International Exhibition of Chinese Art.

报告

《盘龙城》：《盘龙城：1963年～1994年考古发掘报告》
《城洋》：《城洋青铜器》
《宝鸡》：《宝鸡弜国墓地》
《前掌大》：《滕州前掌大墓地》
《妇好墓》：《殷墟妇好墓》
《郑州》：《郑州商城》
《殷墟》：《安阳殷墟青铜器》
《新干》：《新干商代大墓》

《琉璃阁》：《辉县琉璃阁甲乙二墓》
《枣阳》：《枣阳郭家庙曾国墓地》
《虢国》：《三门峡虢国墓》
《小邾国》：《小邾国遗珍》
《上村岭》：《上村岭虢国墓地》
《曾侯》：《曾侯乙墓》
《赵卿墓》：《太原晋国赵卿墓》
《鲁国》：《曲阜鲁国故城》
《临淄》：《临淄齐墓》（第一集）
《雨台山》：《江陵雨台山楚墓》
《马山》：《江陵马山一号墓》
《淅川》：《淅川下寺春秋楚墓》
《小屯》：《小屯第一本遗址的发现与发掘·丙编·殷墟墓葬之一——北组墓葬上》
《侯家庄十》：《侯家庄（河南安阳侯家庄殷代墓地）》第十本：小墓分述之一《1005、1062等八墓与殷代的司烜氏》
《中考报（三）·十小墓》：《中国考古学报千集之三：侯家庄》，《侯家庄十小墓分述（一）》
《中考报（三）·侯家庄九》：《中国考古学报告集之三：侯家庄》，《侯家庄九1129、1400、1443号大墓》
《襄阳》：《襄阳王坡东周秦汉墓》
《临沂》：《临沂凤凰岭东周墓》
《临猗》：《临猗程村墓地》
《中州路》：《洛阳中州路（西工段）》
《辉县》：《辉县发掘报告》
《信阳》：《信阳楚墓》
《鹿邑》：《鹿邑太清宫长子口墓》
《中山国》：《战国中山国灵寿城：1975~1993年考古发掘报告》
《中山王》：《嚳墓——战国中山国国王之墓》
《琉璃河》：《琉璃河西周燕国墓地》
《曾铜》：《曾国青铜器》
《蔡墓》：《寿县蔡侯墓出土遗物》
《徽铜》：《安徽省博物馆藏青铜器》
《保金续》：《保利藏金续》
《楚文图》：《楚文物图典》
《芮国金玉》：《芮国金玉选粹——陕西韩城春秋宝藏》

《塔尔坡》：《塔儿坡秦墓》

期刊、报纸

《学报》：《考古学报》
《考与文》：《考古与文物》
《中原》：《中原文物》
《春秋》：《文物春秋》
《江汉》：《江汉考古》
《华夏》：《华夏考古》
《季刊》：《文物季刊》
《参考》：《文物参考资料》
《专刊》：《文物参考资料专刊》
《中考报》：《中国考古学报》
《文物报》：《中国文物报》
《故宫》：《故宫》
《故宫季刊》：《故宫季刊》
《故宫月刊》：《故宫文物月刊》
《故宫刊》：《故宫博物院院刊》
古文明：《古代文明通讯》

研究专著

《断代》：《西周铜器断代》
《古文》：《古文字研究》
《金与史》：《新出金文与西周历史》
《战国式》：《战国式铜器の研究》

考古单位藏

社科院：中国社科院考古所
北京所：北京市文物研究所
中心：中国文物信息咨询中心
河北所：河北省文物研究所
山西所：山西省考古研究所
陕西所：陕西省考古研究所
宝鸡所：陕西宝鸡市考古研究所

山东大：山东大学历史系
湖北所：湖北省文物考古所
河南所：河南文物考古所
登封局：河南登封文物管理局
信阳管：河南信阳市文物管理委员会
平顶山管：河南平顶山市文物管理委员会
驻马店管：驻马店地区文物管理委员会
洛阳队：洛阳市文物工作队
台北院：台北“中央”研究院历史语言研究所

国内藏馆

国博：中国国家博物馆
故宫：北京故宫博物院
首博：首都博物馆
上博：上海博物馆
旅顺博：辽宁省大连市旅顺博物馆
山东博：山东省博物馆
枣庄博：山东枣庄市博物馆
莒县博：山东莒县博物馆
兖州博：山东兖州博物馆
河北博：河北省博物馆
张家口博：河北张家口市博物馆
山西博：山西博物院
昔阳博：山西昔阳县博物馆
稷山博：山西稷山县博物馆
翼城博：山西翼城县博物馆
闻喜博：山西闻喜县博物馆
陕历博：陕西省历史博物馆
咸阳博：陕西咸阳市博物馆
宝鸡博：陕西宝鸡青铜器博物馆
凤翔馆：陕西凤翔县文化馆
岐山博：陕西岐山县博物馆
周原博：陕西扶风县周原博物馆
麟游博：陕西麟游县博物馆
米脂博：陕西米脂县博物馆

甘肃博：甘肃省博物馆
河南博：河南博物院
郑州博：郑州博物馆
洛阳博：河南洛阳市博物馆
安阳博：河南安阳市博物馆
虢国博：河南三门峡市虢国博物馆
新乡博：河南新乡市博物馆
湖北博：湖北省博物馆
荆州博：湖北荆州市博物馆
随州博：湖北随州市博物馆
湖南博：湖南省博物院
苏州博：苏州博物馆
安徽博：安徽省博物馆
舒城所：安徽舒城县文物管理所
江西博：江西省博物馆
广东博：广东省博物馆
台故宫：台北故宫博物院
台历史：台北历史博物馆
清华：清华大学图书馆
保利：保利艺术博物馆

国外藏馆

亚洲
日国博：日本东京国立博物馆
出光：日本东京出光美术馆
根津：日本东京根津美术馆
松岗：日本东京松岗美术馆
泉屋：日本东京都泉屋博古馆
宁乐：日本奈良宁乐美术馆
白鹤：日本神户白鹤美术馆
大阪博：日本大阪市立博物馆

欧洲
BML：British Museum,London
（英国伦敦大英博物馆）

牛津：英国牛津东方美术馆
塞尔：法国巴黎塞尔诺什博物馆
德国立：Staatliche Museen zu Berlin
（德国柏林国立博物馆）
东洋：德国柏林东洋艺术博物馆
MFE：The Museum of Far Eastern Antiquities, Stockholm,Sweden .
（瑞典斯德哥尔摩远东博物馆）
瑞列堡：瑞士苏黎世瑞列堡博物馆
MOK：Museum fürOstasiatischeKunst Köln
（德国柏林科隆东亚艺术博物馆）
MGP：Musée Guimet-PARIS
（法国巴黎吉美国家亚洲艺术博物馆）

美洲
CMA：The Cleveland Museum of Art, Cleveland, Ohio
（美国俄亥俄州克利夫兰艺术博物馆）
ROM：Royal Ontario Museum,Toronto,Canada
（加拿大多伦多皇家安大略博物馆）
赛克勒：美国华盛顿赛克勒美术馆
BMS：Buffalo Museum of Science,Buffalo,New York
（纽约柏佛罗科学博物馆）
SLM：Saint Louis Art Museum, Missouri,America.
（美国密苏里州圣路易斯艺术博物馆）
PMA：Portland Museum of Art, Portland,Maine
（美国缅因州波特兰市波特兰美术博物馆）
AAM：Asian Art Museum of San Francisco, California.
（美国加利福尼亚州旧金山亚洲艺术博物馆）
FGA：Freer Gallery of Art, Smithsonian Institution , Washington ,D,C.
（华盛顿史密森学会弗里尔美术馆）
PML：The Pierpont Morgan Library ,New York New York.
（纽约莫尔根图书馆）
MMA：Metropolitan Museum of Art ,New York, New York
（纽约市纽约大都会艺术博物馆）
AAG：Albright Art Gallery, Buffalo, New York.
（纽约布法罗市奥尔勃莱特美术陈列馆）

AMA：The Nelson-Atkins Museum of Art, Kansas City, Missouri.
（密苏里州堪萨斯市阿特金斯美术博物馆）
BMA：Baltimore Museum of Art, Baltimore, Maryland.
（马里兰州巴尔的摩市巴尔的摩美术博物馆）
AIC：The Art Institute of Chicago, Chicago. Illinois.
（伊利诺伊州芝加哥市芝加哥美术馆）
FMN：Fied Museum of Natural History,Chicago,Illinois.
（伊利诺伊州芝加哥市菲尔德自然科学博物馆）
FAM：Fogg Art Museum,Harvard University, Cambridge, Massachusetts.
（马萨诸塞州坎布里奇哈佛大学福格艺术博物馆）
MFA：Museum of Fine Arts, Boston,Massachusetts.
（马萨诸塞州波士顿美术博物馆）
WRN：William Rockhill Nelson Gallery of Art, Atkins Museum of Fine Arts, Kansas City,Missouri.
（密苏里州堪萨斯市纳尔逊艾金斯美术馆）
UMP：University of Pennsylvania, Philadelphia, Pennsylvania.
（宾夕法尼亚州费城市宾夕法尼亚大学博物馆）
MIA：The Minneapolis Institute of Art, Minneapolis, Minnesota.
（明尼苏达州明尼阿波利斯市明尼阿波利斯美术馆）
DAB：Department of Fine Arts, Beloit College, Beloit, Wisconsin
（威斯康星州比洛特学院美术学院）
PUM：Princeton University Art Museum,Princeton,New Jersey .
（新泽西州普林斯顿市普林斯顿大学美术博物馆）
CMA：The Cleveland Museum of Art,Cleveland,Ohio.
（俄亥俄州克里夫兰美术博物馆）

私人藏家

AB：Avery C.Brundage,Chicago.
（芝加哥，布伦戴奇·艾利）
MK：Mrs.Otto H.Kahn,New York.
（纽约，康恩·奥拓夫人）
DM：David H.McAlpin,Princeton.
（普林斯顿，迈克阿尔平·戴维）
MM：Mrs.Agnes Eugean Meyer,Washington.D.C.
（华盛顿，艾格尼丝尤真梅耶夫人）
KM：Keith Mcleod,Boston.

（波士顿，迈克里德·铠斯）
AK：Dr. Arnold Knapp,New York.（纽约，克纳普）
PJ：Prof. John S.Thacher, Washington, D.C.
（华盛顿，赛车尔·约翰教授）
OR：Owen F. Roberts, New York.（纽约，罗伯兹）
BE：Baron Edward von derHeydt,Switzerland.（瑞士，赫伊特）
EM：Eric Mayell, San Francisco.（旧金山，梅叶尔）
AS：Dr.Arthur M. Sackler Collection, New York.
（纽约，阿瑟·姆·赛克勒博士）

刘雨海：台湾收藏家刘雨海
川合：日本东京川合定治郎
江口：日本大阪江口治郎
藏家〔中〕：中国收藏家
藏家〔英〕：英国收藏家
海藏家：海外某收藏家

商家及拍卖行

CTLC：C.T.Loo Company,New York.（纽约卢公司）
TCLN：Tonying and Company,Paris,London,New York.（纽约，通运公司）
富士比：北京富士比拍卖行
苏富比：美国纽约苏富比拍卖行
Chr：英国伦敦Christie's拍卖行
珍秦斋：澳门肖春源珍秦斋
玫茵堂：瑞士玫茵堂
诚源：上海诚源文化艺术公司
思源堂：香港思源堂
佳士得：伦敦佳士得拍卖行
澳崇源：澳门崇源国际春季拍卖会
上崇源：上海崇源艺术品拍卖公司
洛阳店：洛阳市文物商店

相传出土地

传安阳：传河南安阳市郊商墓出土
传山西：传山西出土
山东费：传山东费县出土

参考文献

一、历史文献

[1] （汉）司马迁. 史记［M］. 北京：中华书局，1982.
[2] （汉）班固. 汉书［M］. 北京：中华书局，1962.
[3] （汉）许慎. 说文解字［M］. 北京：中华书局，1963.
[4] （唐）李延寿. 北史［M］. 北京：中华书局，1974.
[5] （宋）朱熹. 四书章句集注［M］. 北京：中华书局，1983.
[6] （清）孙希旦. 礼记集解［M］. 北京：中华书局，1989.
[7] （清）阮元. 十三经注疏［M］. 北京：中华书局，1980.
[8] （清）孙诒让. 周礼正义［M］. 北京：中华书局，1996.
[9] （清）王先慎. 韩非子集解［M］. 北京：中华书局，2007.
[10] 周秉钧. 尚书易解［M］. 长沙：岳麓书社，1984.
[11] 何宁. 淮南子集释［M］. 北京：中华书局，1998.
[12] 周振甫. 诗经译注［M］. 北京：中华书局，2002.
[13] 杨天宇. 仪礼译注［M］. 上海：上海古籍出版社，2004.
[14] 杨伯峻. 春秋左传注［M］. 北京：中华书局，2005.

二、图　　录

[1] （宋）王黼. 博古图［M］. 吴万化宝古堂刻本，万历二十八年（1600）.
[2] （宋）吕大临. 考古图［M］. 四库全书文渊阁书录钱曾影钞宋刻本，乾隆四十六年（1781）.
[3] （宋）赵九成. 续考古图［M］. 四库全书文渊阁书录钱曾影钞宋刻本，乾隆四十六年（1781）.
[4] （宋）王俅. 啸堂集古录［M］. 涵芬楼影印本，民国十一年（1922）.
[5] （宋）薛尚功. 历代钟鼎彝器款识法帖［M］. 阮氏刻本，嘉庆二年（1797）.
[6] （明）胡文焕. 古器具名［M］. 自刻本，万历年间.
[7] （清）梁诗正. 西清古鉴［M］. 内府刻本，乾隆二十年（1755）.

[8] （清）王厚之. 钟鼎款识［M］. 自刻本，嘉庆九年（1804）.
[9] （清）阮元. 积古斋钟鼎彝器款识［M］. 自刻本，嘉庆九年（1804）.
[10] （清）张蓉镜. 啸堂集古录考异［M］. 鸳湖张氏醉经堂，嘉庆十七年（1812）.
[11] （清）吴荣光. 筠清馆金文［M］. 宜都杨氏重刻本，道光二十年（1840）.
[12] （清）曹载奎. 怀米山房吉金图［M］. 拓本，道光年间.
[13] （清）吴云. 二百兰亭斋收藏金石记［M］. 自刻本，咸丰六年（1856）.
[14] （清）吴云. 两罍轩彝器图释［M］. 自刻本，同治十一年（1872）.
[15] （清）潘祖荫. 攀古楼彝器款识［M］. 滂喜斋刻，同治十一年（1872）.
[16] （清）吴大澂. 恒轩所见所藏吉金录［M］. 自刻本，光绪十一年（1885）.
[17] （清）孙诒让. 古籀拾遗［M］. 温州雕版，光绪十六年（1890）.
[18] （清）刘心源. 古文审［M］. 刘氏龙江楼刻本，光绪十七年（1891）.
[19] （清）吴式芬. 攈古录金文［M］. 吴氏家刻本，光绪二十一年（1895）.
[20] （清）刘心源. 奇觚室吉金文述［M］. 石印本，光绪二十八年（1902）.
[21] （清）孙诒让. 古籀馀论［M］. 籀经楼，光绪二十九年（1903）.
[22] （清）徐同柏. 从古堂款识学［M］. 蒙学报馆影石印本，光绪三十二年（1906）.
[23] （清）端方. 陶斋吉金录［M］. 石印本，光绪三十四年（1908）.
[24] （清）朱善旂. 敬吾心室彝器款识［M］. 朱之溱石印本，光绪三十四年（1908）.
[25] （清）王杰. 西清续鉴甲编［M］. 涵芬楼石印宁寿宫写本，宣统三年（1911）.
[26] （清）梁诗正，王杰. 宁寿鉴古［M］. 涵芬楼依宁寿宫写本石印本，民国二年（1913）.
[27] （清）吴大澂. 愙斋集古录［M］. 涵芬楼影印本，民国七年（1918）.
[28] （清）王杰. 西清续鉴乙编［M］. 北平古物陈列所依宝蕴楼钞本石印本，民国二十年（1931）.
[29] （清）倪涛. 六艺之一录［M］. 北京：商务印书馆，民国二十四年（1935）.
[30] （清）方濬益. 缀遗斋彝器考释［M］. 涵芬楼影印本，民国二十四年（1935）.
[31] 王国维著，罗福颐校注. 三代秦汉金文著录表［M］. 墨缘堂影印本，民国三年（1914）.
[32] 王国维，罗福颐. 国朝金文著录表［M］. 上虞罗氏雪堂丛刻本，民国四年（1915）.
[33] 邹安. 周金文存［M］. 上海：仓圣明智大学刊本，民国五年（1916）.

[34] 邹安. 双王鉨斋金石图录［M］. 影印本，民国五年（1916）.
[35] 靳云鹗. 新郑出土古器图志初编［M］. 影印本，民国十二年（1923）.
[36] 靳云鹗. 新郑出土古器图志续编［M］. 影印本，民国十二年（1923）.
[37] 靳云鹗. 新郑出土古器图志附录［M］. 影印本，民国十二年（1923）.
[38] 邹寿祺. 梦坡室获古丛编［M］. 影印本，民国十六年（1927）.
[39] 关百益. 郑冢古器图考［M］. 中华书局影印本，民国十七年（1928）.
[40] 容庚. 宝蕴楼彝器图录［M］. 北平内政部古物陈列所，民国十八年（1929）.
[41] 孙壮. 澂秋馆吉金图［M］. 北平商务印书馆分馆石印本，民国十九年（1930）.
[42] 罗振玉. 贞松堂集古遗文［M］. 蟫隐庐石印本，民国十九年（1930）.
[43] 罗振玉. 贞松堂集古遗文补遗［M］. 蟫隐庐石印本，民国二十年（1931）.
[44] 鲍鼎. 国朝金文著录表补遗［M］. 石印本，民国二十年（1931）.
[45] 鲍鼎. 窓斋集古录校勘记［M］. 石印本，民国二十一年（1932）.
[46] 于省吾. 双剑誃吉金文选［M］. 石印本，民国二十二年（1933）.
[47] 〔日〕梅原末治. 欧米蒐储支那古铜精华［M］. 东京：大阪山中商会，1933.
[48] 〔日〕梅原末治. 支那古铜精华［M］. 东京：大阪山中商会，1933.
[49] 〔日〕梅原末治. 柉禁之考古学的考察［M］. 东京：大阪山中商会，1933.
[50] 于省吾. 双剑誃吉金图录［M］. 影印本，民国二十三年（1934）.
[51] 罗振玉. 贞松堂集古遗文续编［M］. 蟫隐庐石印本，民国二十三年（1934）.
[52] 容庚. 武英殿彝器图录［M］. 燕京大学哈佛燕京学社影印本，民国二十三年（1934）.
[53] 〔日〕嘉纳治兵卫. 白鹤吉金集. 小林写真制版所珂罗版影印，昭和九年（1934）
[54] 容庚. 海外吉金图录［M］. 考古学社专集第三种影印本，民国二十四年（1935）.
[55] 商承祚. 十二家吉金图录［M］. 燕京大学哈佛燕京学社影印本，民国二十四年（1935）.
[56] 郭沫若. 两周金文辞大系图录［M］. 上海：上海书店出版社，1935.
[57] 刘体智. 小校经阁金文拓本［M］. 庐江刘氏小校经阁，民国24年（1935）.
[58] 容庚. 善斋彝器图录［M］. 燕京大学哈佛燕京学社影印本，民国二十五年（1936）.
[59] 伦敦中国艺术国际展览会筹备委员会. 参加伦敦中国艺术国际展览会出品图说（第一册）［M］. 北京：商务印书馆出版，民国二十五年（1936）.
[60] 黄濬. 尊古斋所见吉金图［M］. 珂罗版印，民国二十五年（1936）.
[61] 孙海波. 新郑彝器［M］. 影印本，民国二十六年（1937）.

[62] 于省吾. 双剑誃古器物图录 [M]. 影印本，民国二十九年（1940）.
[63] 容庚. 西清彝器拾遗 [M]. 影印本，民国二十九年（1940）.
[64] 孙海波. 河南吉金图臜稿 [M]. 影印本，民国二十九年（1940）.
[65] 〔日〕梅原末治. 洛阳金村古墓聚英 [M]. 京都：小林写真制版所，1944.
[66] 于省吾. 商周金文录遗，北京：中华书局. 1957.
[67] 〔日〕梅原末治. 日本蒐储支那古铜精华 [M]. 便利堂珂罗版印本，1959.
[68] 〔日〕水野清一. 殷周铜器と玉 [M]. 东京：日本经济新闻社，1959.
[69] 陈梦家. 美帝国主义劫掠的我国殷周铜器集录 [M]. 北京：科学出版社，1962.
[70] 上海博物馆. 上海博物馆藏青铜器 [M]. 上海：上海人民美术出版社，1964.
[71] 中新昭明. 中华文物珍品图说 [M]. 北京：中新书局有限公司编辑部出版，1978.
[72] （清）罗振玉. 贞松堂吉金图 [M]. 台北：台联国风出版社，1978.
[73] 傅流广. 山东金文集存 [M]. 台北：台联国风出版社，1980.
[74] 河南出土商周青铜器编辑组. 河南出土商周青铜器 [M]. 北京：文物出版社出版，1981.
[75] 罗振玉. 三代吉金文存 [M]. 北京：中华书局，1983.
[76] 严一萍. 金文总集 [M]. 北京：艺文印书馆，1983.
[77] 陕西省考古研究所、陕西省文物管理委员会. 陕西出土商周青铜器 [M]. 北京：文物出版社，1984.
[78] 中国社会科学院考古研究所. 殷周金文集成 [M]. 北京：中华书局，1984.
[79] 〔日〕林巳奈夫. 殷周时代青铜器之研究——殷周青铜器综览 [M]. 东京：吉川弘文馆，1984.
[80] 吴哲夫，杨美莉，刘玉芬. 中华五千年文物集刊·青铜器篇六 [M]. 中华五千年文物集刊编辑委员会出版，1988.
[81] 台北故宫博物院编辑委员会. 海外遗珍 [M]. 台北：故宫博物院，1988.
[82] 吴镇烽. 陕西金文汇编 [M]. 西安：三秦出版社，1989.
[83] 王恩田. 东周齐国铜器的分期与年代 [M]. 北京：文物出版社，1993.
[84] 安阳市文物工作队，安阳市博物馆. 安阳殷墟青铜器 [M]. 郑州：中州古籍出版社，1993.
[85] 李学勤，艾兰. 欧洲所藏中国青铜器遗珠 [M]. 北京：文物出版社，1995.
[86] 国家文物局. 中国文物精华大辞典·青铜器卷 [M]. 上海：上海辞书出版社，1995.
[87] 中国青铜器编辑委员会. 中国青铜器全集 [M]. 北京：文物出版社，1997.
[88] 台北故宫博物院编辑委员会. 故宫商代青铜礼器图录 [M]. 台北：故宫博物

院，1998.
[89] 故宫博物院. 故宫青铜器 [M] . 北京：紫禁城出版社，1999.
[90] 北京文物精粹大系编委会等. 北京文物精粹大系（青铜器卷）[M] . 北京：北京出版社，2002.
[91] 刘雨、卢岩. 近出殷周金文集录 [M] . 北京：中华书局，2002.
[92] 王国维、罗福颐. 三代秦汉两宋隋唐元附金文著录表、清代金文著录表 [M] . 北京：北京图书馆出版社，2003.
[93] 樊文龙. 世界美术全集 [M] . 北京：光明日报出版社，2003.
[94] 王献唐. 国史金石志稿 [M] . 青岛：青岛出版社，2004.
[95] 陈佩芬. 夏商周青铜器研究 [M] . 上海：上海古籍出版社，2004.
[96] 曹玮. 周原出土青铜器 [M] . 成都：四川出版集团巴蜀书社，2005.
[97] 锺柏生、陈昭容、黄铭崇、袁国华. 新收殷周青铜器铭文暨器影汇编 [M] . 台北：台北艺文印书馆，2006.
[98] 刘雨、汪涛. 流散欧美殷周有名青铜器集录 [M] . 上海：上海辞书出版社，2007.
[99] 中国社会科学院考古研究所、安阳市文物考古研究所. 殷墟新出土青铜器 [M] . 昆明：云南人民出版社，2008.
[100] 山东省博物馆. 山东金文集成 [M] . 济南：齐鲁书社，2010.
[101] 吴镇烽. 商周青铜器铭文暨图像集成 [M] . 上海：上海古籍出版社，2012.

三、专　　著

[1] 方濬益. 缀遗斋彝器款识考释 [M] . 北京：商务印书馆印行，1935.
[2] 王辰撰. 续殷文存 [M] . 考古学社，1935年
[3] 郭沫若. 两周金文辞大系图录考释 [M] . 北京：科学出版社，1958.
[4] 李济、万家保. 殷墟出土伍拾叁件青铜容器之研究 [M] . 台北："中央"研究院历史语言研究所，1972.
[5] 容庚. 商周彝器通考 [M] . 台北：台湾大通书局印行，1973.
[6] 郭宝钧. 商周铜器群综合研究 [M] . 北京：文物出版社，1981.
[7] 马承源. 中国青铜器 [M] . 上海：上海古籍出版社，1984.
[8] 容庚、张维持. 殷周青铜器通论 [M] . 北京：文物出版社，1984.
[9] 尹盛平. 西周微氏家族青铜器群研究 [M] . 北京：文物出版社，1992.
[10] 刘彬徽. 山东地区青铜器研究 [M] . 长沙：湖南省博物馆，1993.
[11] 刘彬徽. 楚系青铜器研究 [M] . 武汉：湖北教育出版社，1995.

[12] 江西省博物馆，江西省文物考古研究所，新干县博物馆. 新干商代大墓［M］. 北京：文物出版社，1997年.
[13] 王世民，陈公柔，张长寿. 西周青铜器分期断代研究［M］. 北京：文物出版社，1999.
[14] 高明. 中原地区东周时代青铜礼器研究［M］. 北京：科学出版社，2001.
[15] 马承源. 中国青铜器研究［M］. 上海：上海古籍出版社，2002.
[16] 施劲松. 长江流域青铜器研究［M］. 北京：文物出版社，2003.
[17] 彭裕商. 西周青铜器年代综合研究［M］. 成都：巴蜀书社，2003.
[18] 肖梦龙，刘伟. 吴国青铜器综合研究［M］. 北京：科学出版社，2004.
[19] 陈梦家. 西周铜器断代［M］. 北京：中华书局，2004.
[20] 岳洪彬. 殷墟青铜礼器研究［M］. 北京：中国社会科学出版社，2006.
[21] 张懋镕. 古文字与青铜器论集第二辑［M］. 北京：科学出版社，2006.
[22] 赵丛苍. 城洋青铜器［M］. 北京：科学出版社，2006.
[23] 朱凤瀚. 中国青铜器综论［M］. 上海：上海古籍出版社，2009.

四、论　　文

[1] 李济. 记小屯出土之青铜器［J］. 中国考古学报，第三册，1948.
[2] 马承源. 鸟兽龙纹壶［J］. 文物，1960（4）.
[3] 张颔，张万钟. 庚儿鼎解［J］. 考古，1963（5）.
[4] 湖南省博物馆. 介绍几件馆藏周代铜器［J］. 考古，1963（12）.
[5] 马承源. 记上海博物馆新收集的青铜器［J］. 文物，1964（7）.
[6] 杨向奎. 满城汉墓出土铜壶（甲）释文［J］. 社会科学辑刊，1981（1）.
[7] 杜迺松. 美国收藏的中国青铜器［J］. 文物天地，1982（1）.
[8] 吴蒙. 盱眙南窑铜壶小议［J］. 文物，1982（11）.
[9] 黄盛璋. 关于壶的形制发展与名称演变考略［J］. 中原文物，1983（2）.
[10] 唐复年. 战国宴乐射猎攻战纹壶［J］. 故宫博物院院刊，1983（3）.
[11] 李学勤. 谈文水出土的错银铭铜壶［J］. 文物，1984（6）.
[12] 刘俊琪. 介绍首都博物馆藏的六件商代青铜器［J］. 文物，1985（8）.
[13] 金珣. 龙耳莲鹤铜壶［J］. 故宫博物院院刊，1986（1）.
[14] 陈千万. 谷城新店出土的春秋铜器［J］. 江汉考古，1986（3）.
[15] 襄樊市博物馆，谷城县文化馆. 襄樊市、谷城县馆藏青铜器［J］. 文物，1986（4）.
[16] 朱爱芹. 安阳市博物馆藏商代有铭铜器［J］. 文物，1986（8）.

［17］ 李学勤. 海外访古记（三）［J］. 文博，1987（2）.

［18］ 许俊臣、刘得祯. 战国铜扁壶［J］. 文物，1987（6）.

［19］ 王少泉. 襄樊市博物馆收藏的襄阳山湾铜器［J］. 江汉考古，1988（3）.

［20］ 高崇文. 两周时期铜壶的形态学研究，考古类型学理论与实践［J］. 文物出版社，1989年.

［21］ 王长启，高曼，尚民杰，茹新华. 介绍西安市藏珍贵文物［J］. 考古与文物，1989（5）.

［22］ 裘锡圭. 说鈚、榼、椑榼［J］. 中国历史博物馆馆刊，1989（13、14）.

［23］ 王长启. 西安市文物中心收藏的商周青铜器［J］. 考古与文物，1990（5）.

［24］ 陈国庆. 中原地区和东南沿海地区鸭形壶［J］. 东南文化，1991（5）.

［25］ 张丽端. 战国早期嵌红铜车猎纹钫［J］. 故宫文物月刊，1991（12）.

［26］ 李学勤. 海外访古续记（四）［J］. 文物天地，1993（2）.

［27］ 田口勇、斋藤努. 变样蟠螭瓠壶の分析科学的研究［J］. 泉屋博古馆纪要8，1992（3）.

［28］ 李学勤. 海外访古续记（八）［J］. 文物天地，1993（6）.

［29］ 韩建武，赵峰、朱天舒. 陕西历史博物馆新征集文物精萃［J］. 陕西历史博物馆馆刊（第1辑），1994.

［30］ 李烨. 宁强县馆藏铜器选介［J］. 文博，1995（1）.

［31］ 李朝远. 青铜扁壶说［J］. 中国文物世界，1995（7）.

［32］ 山西省考古研究所侯马工作站. 三件战国文物介绍［J］. 文物季刊，1996（3）.

［33］ 张丽敏. 错铜鸟兽纹铜壶赏析［J］. 文物春秋，1997（2）.

［34］ 王浩. 展翅欲飞莲鹤方壶［N］. 中国文物报，1998-4-12（3）.

［35］ 孙英名，张得水. 得天独厚精品荟萃——河南博物院藏品概述［J］. 文物天地，1998（5）.

［36］ 许天申，张得水. 楚器瑰宝王者气度民族史诗——河南博物院藏楚青铜器选粹［N］. 中国文物报，1999-2-28（3）.

［37］ 河南博物院藏品选粹［J］. 中原文物，1999（3）.

［38］ 蔡全法. 郑韩故城郑国祭祀遗址考古散记［J］. 文物天地，2000（3）.

［39］ 高西省. 精品荟萃异彩纷呈永恒的文明——洛阳文物精品陈列综述［J］. 中原文物，2000（3）.

［40］ 王亚庆. 一件东周铜钫［N］. 中国文物报，2001-5-20（6）.

［41］ 文炫. 晋国奇珍光耀浦江——山西晋侯墓群出土文物精品在沪展出［J］. 文物世界，2002（3）.

［42］ 高西省. 西周青铜壶研究 西周文明论集［J］. 朝华出版社，2004（1）.

[43] 贾文超. 流落到日本的勾连雷纹有盖铜爵 [N]. 中国文物报，2004-11-10 (8).
[44] 任江. 青铜器辨伪——从一件“春秋晚期青铜壶”的辨伪说起 [J]. 文物世界，2005 (2).
[45] 贾文超. 流落异域的青铜珍宝 [J]. 文物天地，2005 (6).
[46] 蒋潇榕. 西周重器周宜壶将在沪上拍卖 [N]. 中国文物报，2005-8-24 (6).
[47] 孙力楠. 东北师范大学收藏的一件铜高柄方壶 [J]. 文物，2005 (9).
[48] 崔敏侠. 略谈扁壶 [J]. 文博，2006 (1).
[49] 陈全方，陈馨. 新见商周青铜器瑰宝 [J]. 收藏，2006 (4).
[50] 贾树. 周宜壶的意义 [J]. 文物天地，2006 (5).
[51] 贾文超. 青铜饕餮纹三足壶 [N]. 中国文物报，2006-6-28 (8).
[52] 吴小平. 汉代铜壶的类型学研究 [J]. 考古学报，2007 (1).
[53] 张昌平. 论济南大辛庄遗址M139新出青铜器 [J]. 江汉考古，2011 (1).

五、考古报告

[1] 安徽省文物管理委员会，安徽省博物馆. 寿县蔡侯墓出土遗物 [R]. 北京：科学出版社，1956.
[2] 郭宝钧. 山彪镇与琉璃阁 [R]. 北京：科学出版社，1959.
[3] 中国科学院考古研究所. 洛阳中州路（西工段）[R]. 北京：科学出版社，1959.
[4] 陕西省博物馆，陕西省文物管理委员会. 扶风齐家村出土青铜器群 [R]. 北京：文物出版社，1963.
[5] 中国科学院考古研究所. 长安张家坡西周青铜器群 [R]. 北京：文物出版社，1965.
[6] 中国社会科学院考古研究所编. 殷墟妇好墓 [R]. 北京：文物出版社，1980.
[7] 山东省文物考古研究所等. 曲阜鲁国故城 [R]. 济南：齐鲁书社，1982.
[8] 山东省文物考古研究所等. 曲阜鲁国故城 [R]. 济南：齐鲁书社，1982.
[9] 湖北省荆州地区博物馆. 江陵雨台山楚墓 [R]. 北京：文物出版社，1984.
[10] 湖北省荆州地区博物馆. 江陵马山一号楚墓 [R]. 北京：文物出版社，1985.
[11] 山东省兖石铁路文物考古工作队. 临沂凤凰岭东周墓 [R]. 济南：齐鲁书社，1987.
[12] 卢连成，胡智生. 宝鸡弜国墓地 [R]. 北京：文物出版社，1988.
[13] 河南省文物研究所，河南省淡江水库地区考古队、淅川县博物馆. 淅川下寺春

秋楚墓 [R]. 北京：文物出版社，1991.
[14] 中国社会科学院考古研究所. 陕县东周秦汉墓 [R]. 北京：科学出版社，1994.
[15] 山西省考古研究所. 上马墓地 [R]. 北京：文物出版社，1994.
[16] 戴应新. 高家堡戈国墓 [R]. 西安：三秦出版社，1994.
[17] 山西省考古研究所侯马工作站. 晋都新田 [R]. 太原：山西人民出版社，1996.
[18] 山东省文物考古研究所. 大汶口续集：大汶口遗址第二、三次发掘报告 [R]. 北京：科学出版社，1997.
[19] 中国社会科学院考古研究所. 安阳殷墟郭家庄商代墓葬 [R]. 北京：中国大百科全书出版社，1998.
[20] 河南省文物研究所，三门峡市文物工作队. 三门峡虢国墓（第一卷）[R]. 北京：文物出版社，1999.
[21] 中国社会科学院考古研究所. 张家坡西周墓地 [R]. 北京：中国大百科全书出版社，1999.
[22] 河南省文物考古研究所，周口市文化局. 鹿邑太清宫长子口墓 [R]. 郑州：中州古籍出版社，2000.
[23] 北京大学考古系商周组，山西省文物考古研究所. 天马—曲村 [R]. 北京：科学出版社，2000.
[24] 河南省文物考古研究所. 郑州商城 [R]. 北京：文物出版社，2001.
[25] 中国社会科学院考古研究所，山西省考古研究所，运城市文物局，临猗县博物馆. 临猗程村墓地 [R]. 北京：中国大百科全书出版社，2003.
[26] 河南博物馆，台北历史博物馆. 辉县琉璃阁甲乙墓图集 [R]. 郑州：大象出版社，2003.
[27] 太原市文物考古研究所. 太原晋国赵卿墓 [R]. 北京：文物出版社，2004.
[28] 河南省文物考古研究所. 固始侯古堆一号墓 [R]. 河南：大象出版社，2004.
[29] 中国社会科学院考古研究所. 滕州前掌大墓地 [R]. 北京：文物出版社，2005.
[30] 任相宏等. 淄川考古 [R]. 济南：齐鲁书社，2006.
[31] 河南省文物考古研究所. 郑韩故城兴弘花园与热电厂墓地 [R]. 北京：文物出版社，2007.
[32] 山东省文物考古研究所. 临淄齐墓（第一集）[R]. 北京：文物出版社，2007.

六、简报与报道

1. 河北地区

[1] 石家庄地区文化局文物普查组. 河北省石家庄地区的考古新发现［J］. 文物资料集刊（第1集）.

[2] 罗平，程明远，唐云明. 邢台西南岗出土的战国铜器［J］. 文物参考资料，1956（12）.

[3] 郑绍宗. 行唐县李家庄发现战国铜器［J］. 文物，1963（4）.

[4] 敖承隆，李晓东. 河北省怀来县北辛堡出土的燕国铜器［J］. 文物，1964.

[5] 北京市文物管理处. 北京市平谷县发现商代墓葬［J］. 文物，1977（11）.

[6] 河北省文物管理处. 河北省平山县战国时期中山国墓葬发掘简报［J］. 文物，1979（1）.

[7] 孙继安，徐明甫. 河北省容城县出土战国铜器［J］. 文物，1982（3）.

[8] 郑绍宗. 唐县南伏城及北城子出土周代青铜器［J］. 文物春秋，1991（1）.

[9] 贺勇，刘建中. 河北怀来甘子堡发现的春秋墓群［J］. 文物春秋，1993（2）.

[10] 孙继安. 河北容城县南阳遗址调查［J］. 考古，1993（3）.

[11] 吴克贤. 河北抚宁县安庄村发现窖藏铜器［J］. 考古，2001（10）.

[12] 石家庄市文物局. 河北石家庄灵寿县出土一组战国青铜器［N］. 中国文物报，2006-8-16（2）.

2. 山东地区

[1] 山东省烟台地区文管组. 山东蓬莱县西周墓发掘简报［J］. 文物资料集刊（第3辑）.

[2] 王轩. 山东□县七家峪村出土的西周铜器［J］. 考古，1965（11）.

[3] 齐文涛. 概述近年来山东出土的商周青铜器［J］. 文物，1972（5）.

[4] 山东省博物馆，长清县文化馆. 山东长清岗辛战国墓［J］. 考古，1980（4）.

[5] 山东省烟台地区文物管理委员会. 烟台市上夼村出土（已其）国铜器［J］. 考古，1983（4）.

[6] 李步青. 山东莱阳县出土己国铜器［J］. 文物，1983（12）.

[7] 滕县博物馆. 山东滕县发现滕侯铜器墓［J］. 考古，1984（4）.

[8] 杨深富. 山东日照崮河崖出土一批青铜器［J］. 考古，1984（7）.

[9] 山东省文物考古研究所，沂水县文物管理站. 山东沂水刘家店子春秋墓发掘简报［J］. 文物，1984（9）.

[10] 滕鸿儒，王洪明. 山东海阳嘴子前村春秋墓出土铜器［J］. 文物，1985（3）.

[11] 程继林，吕继祥. 泰安城前村出土鲁侯铭文铜器 [J]. 文物，1986（4）.
[12] 山东惠民地区文物组，邹平县图书馆. 山东邹平县大省村东周墓 [J]. 考古，1986（7）.
[13] 王锡平，唐禄庭. 山东黄县庄头西周墓清理简报 [J]. 文物，1986（8）.
[14] 山东诸城县博物馆. 山东诸城臧家庄与葛布口村战国墓 [J]. 文物，1987（12）.
[15] 齐国故城遗址博物馆，临淄区文物管理所. 山东临淄齐国故城西周墓 [J]. 考古，1988（1）.
[16] 聊城地区博物馆. 山东阳谷县景阳岗村春秋墓 [J]. 考古，1988（1）.
[17] 惠民地区文物普查队，阳信县文化馆. 山东阳信城关镇西北村战国墓器物陪葬坑清理简报 [J]. 考古，1990（3）.
[18] 杨深富，胡膺，徐淑彬. 山东日照市周代文化遗存 [J]. 文物，1990（6）.
[19] 烟台市文物管理委员会. 山东蓬莱县柳格庄墓群发掘简报 [J]. 考古，1990（9）.
[20] 刘慧. 山东莱芜西上崮出土青铜器及双凤牙梳 [J]. 文物，1990（11）.
[21] 李晓峰，伊沛扬. 济南千佛山战国墓 [J]. 考古，1991（9）.
[22] 李步青，林仙庭. 山东黄县归城遗址的调查与发掘 [J]. 考古，1991（10）.
[23] 山东省济宁市文物管理局. 薛国故城勘查和墓葬发掘报告 [J]. 考古学报，1991（4）.
[24] 潍坊市博物馆. 山东潍坊地区商周遗址调查 [J]. 考古，1993（9）.
[25] 李步青，林仙庭，杨文玉. 山东招远出土西周青铜器 [J]. 考古，1994（4）.
[26] 林仙庭，王富强，孙洪福. 海阳嘴子前春秋墓葬发掘获重要成果 [N]. 中国文物报，1994-7-31（1）.
[27] 贾德民，辛保健，李志远. 安丘出土一批春秋青铜器 [N]. 中国文物报，1994-9-18（1）.
[28] 郑同修，隋裕仁. 山东威海市发现周代墓葬 [J]. 考古，1995（1）.
[29] 济南市文化局文物处，历城区文化局. 山东济南市左家洼出土战国青铜器 [J]. 考古，1995（3）.
[30] 烟台市文物管理委员会，海阳县博物馆. 山东海阳县嘴子前春秋墓的发掘 [J]. 考古，1996（9）.
[31] 程继林. 泰安发现战国墓群 [N]. 中国文物报，1999-6-6（1）.
[32] 莒县博物馆. 山东莒县西大庄西周墓葬 [J]. 考古，1999（7）.
[33] 张光明，吴宝亮. 沂源发掘西周贵族墓 [N]. 中国文物报，2000-7-30（1）.
[34] 山东海阳市尚都出土西周青铜器 [J]. 考古，2001（9）.
[35] 山东大学考古系，淄博市文物局，沂源县文管所. 山东沂源县姑子坪周代墓葬

[J]. 考古，2003（1）.
[36] 李光雨，张云. 山东枣庄春秋时期小邾国墓地的发掘 [J]. 中国历史文物，2003（5）.
[37] 张彬. 山东肥城市王庄镇出土战国铜器 [J]. 考古，2003（6）.
[38] 刘晓燕，孙承晋. 山东荣成市学福村商周墓葬的清理 [J]. 考古，2004（9）.
[39] 郑同修，胡常春，王瑞霞，庄明军. 山东青州西辛发掘一处大型战国齐墓 [N]. 中国文物报，2005-4-6（1）.
[40] 郑同修，胡常春，王瑞霞，庄明军. 青州西辛大型战国墓 [J]. 文物天地，2005（10）.
[41] 山东省文物考古所，新泰市博物馆. 山东新泰周家庄东周墓发掘简报 [J]. 文物，2013（4）.

3. 河南地区

[1] 河南省博物馆、新野县文化馆. 河南新野古墓葬清理简报 [J]. 文物资料集刊（第2辑）.
[2] 赵新来，韩绍诗，周到. 辉县战国甲墓和乙墓出土青铜器选记 [J]. 文物，1965（5）.
[3] 关玉翠，赵新来. 泌阳县出土的两件西周铜壶 [J]. 文物，1966（1）.
[4] 赵新来. 文物博物馆简讯 [J]. 文物，1966（1）.
[5] 洛阳博物馆. 洛阳庞家沟五座西周墓葬的清理 [J]. 文物，1972（10）.
[6] 杨宝顺. 新郑出土西周铜方壶 [J]. 文物，1972（10）.
[7] 崔墨林. 河南辉县三位营发现战国铜器 [J]. 文物，1975.
[8] 信阳地区文管会、罗山县文化馆. 河南罗山县发现春秋早期铜器 [J]. 文物，1980（1）.
[9] 驻马店地区文管会，泌阳县文教局. 河南泌阳秦墓 [J]. 文物，1980（9）.
[10] 河南省博物馆，信阳地区文管会、信阳市文化局. 河南信阳市平桥春秋墓发掘简报 [J]. 文物，1981（1）.
[11] 信阳地区文管会，罗山县文化馆. 罗山县高店公社又发现一批春秋时期青铜器 [J]. 中原文物，1981（4）.
[12] 信阳地区文管会，罗山县文化馆. 信阳县明港发现两批春秋早期青铜器 [J]. 中原文物，1981（4）.
[13] 信阳地区文管会，罗山县文化馆. 信阳市平桥西三号春秋墓发掘简报 [J]. 中原文物，1981（4）.
[14] 信阳地区文管会，固始县文化局. 固始白狮子地一号和二号墓葬清理简报 [J]. 中原文物，1981（4）.

［15］ 中国社会科学院考古研究所安阳工作队. 安阳小屯北的两座殷代墓［J］. 考古学报，1981（4）.
［16］ 王儒林，崔庆明. 南阳市西关出土一批春秋青铜器［J］. 中原文物，1982（1）.
［17］ 郑州市博物馆. 尉氏出土一批春秋时期青铜器［J］. 中原文物，1982（4）.
［18］ 南阳地区文物工作队. 河南桐柏县发现一批春秋铜器［J］. 考古，1983（8）.
［19］ 河南省文物研究所，郑州市博物馆. 郑州新发现商代窖藏青铜器［J］. 文物，1983（3）.
［20］ 河南信阳地区文管会，光山县文管会. 春秋早期黄君孟夫妇墓发掘报告［J］. 考古，1984（4）.
［21］ 洛阳市文物工作队. 洛阳西郊四号墓发掘简报［J］. 文物资料丛刊（第9辑），1985.
［22］ 洛阳博物馆. 洛阳金谷园新莽时期壁画墓［J］. 文物资料丛刊（第9辑），1985.
［23］ 河南省文物研究所，平顶山市文管会. 平顶山市北滍村两周墓地一号墓发掘简报［J］. 华夏考古，1988（1）.
［24］ 廖佳行，孙清源. 平顶山市新出土西周青铜器［J］. 中原文物，1988（1）.
［25］ 信阳地区文管会，信阳市文管会. 河南信阳市平西五号春秋墓发掘简报［J］. 考古，1989（1）.
［26］ 南阳市文物工作队. 南阳市彭营砖瓦厂战国楚墓［J］. 中原文物，1994（1）.
［27］ 董全生. 南阳月河春秋墓群发掘获重大成果［N］. 中国文物报，1994-12-25（1）.
［28］ 河南省文物考古研究所三门峡市文物工作队. 上村岭虢国墓地M2006的清理［J］. 文物，1995（1）.
［29］ 郑州市文物工作、新郑县文物保管所. 河南新郑大高庄东周墓［J］. 文物，1995（3）.
［30］ 洛阳市文物工作队. 洛阳市中州中路东周墓［J］. 文物，1995（8）.
［31］ 洛阳市文物工作队. 洛阳东郊C5M906号西周墓［J］. 考古，1995（9）.
［32］ 蔡全法、马俊才. 郑韩故城考古又获重大成果［N］. 中国文物报，1997-2-23（1）.
［33］ 南阳市文物研究所、桐柏县文物管理办公室. 桐柏月河一号春秋墓发掘简报［J］. 中原文物，1997（4）.
［34］ 河南省文物考古研究所新郑工作站. 郑韩故城青铜礼乐器坑与殉马坑的发掘［J］. 华夏考古，1998（4）.
［35］ 王炬. 洛阳东周王城内清理一批东周墓［N］. 中国文物报，1999-6-13（1）

[36] 王炬. 洛阳发掘两座大型战国古墓[N]. 中国文物报，1999-9-19（1）.
[37] 韩维龙，张志清. 鹿邑太清宫长子口墓出土青铜器[J]. 中原文物，2000（1）.
[38] 刘海旺，郭培育. 河南潢川春秋墓群发掘获初步成果[N]. 中国文物报，2000-1-16（1）.
[39] 杨伟灵，王玮. 固始侯古堆出土青铜器赏析[J]. 中原文物，2000（2）.
[40] 洛阳市文物工作队（王炬）. 洛阳市针织厂东周墓（CIM5269）的清理[J]. 文物，2001（12）.
[41] 张松林，张文霞，姜楠，刘彦峰. 郑州市洼刘村西周早期墓葬（ZGW99M1）发掘简报[J]. 文物，2001（6）.
[42] 三门峡市文物工作队. 三门峡市盆景园8号战国墓[J]. 中原文物，2002（1）.
[43] 洛阳市文物工作队. 洛阳解放路战国陪葬坑发掘报告[J]. 考古学报，2002（3）.
[44] 胡小龙，许海星，刘宇翔. 河南三门峡市老城东8号战国墓[J]. 考古，2004（2）.
[45] 河南省文物考古研究所，南阳市文物考古研究所，淅川县博物馆. 河南淅川许家岭一号楚墓发掘简报[J]. 文物，2004（3）.
[46] 河南省文物考古研究所，信阳市文物工作队. 河南信阳长台观七号楚墓发掘简报[J]. 文物，2004（3）.
[47] 岳洪彬，岳占伟，何毓灵. 河南安阳殷墟大司空遗址发掘获重要发现[N]. 中国文物报，2005-4-20（1）.
[48] 河南省文物考古研究所、桐柏县文物管理委员会. 河南桐柏月河墓地第二次发掘[J]. 文物，2005（8）.
[49] 河南省文物考古研究所. 河南新郑郑韩故城东周祭祀遗址[J]. 文物，2005（10）.
[50] 洛阳市文物工作队. 洛阳中州中路东周墓发掘简报[J]. 文物，2006（3）.
[51] 郑州市文物考古研究所、登封市文物局. 河南登封告成东周墓地三号墓[J]. 文物，2006（4）.
[52] 中国社会科学院考古研究所安阳工作队. 殷墟大司空M303发掘报告[J]. 考古学报，2008（3）.
[53] 洛阳市文物工作队. 洛阳老城北大街西周墓[J]. 文物，2010（8）.

4. 山西地区

[1] 戴遵德. 原平峙峪出土的东周铜器[J]. 文物，1972（4）.
[2] 曾广亮. 山西省文物商店收进春秋虞候壶[J]. 文物，1980（7）.

［3］　长治市博物馆. 山西屯留武家沟出土战国铜器［J］. 考古，1983（3）.
［4］　山西省考古研究所. 山西浑源县李峪村东周墓［J］. 考古，1983（8）.
［5］　山西省考古研究所山西长子县东周墓［J］. 考古学报，1984（4）.
［6］　胡振祺. 山西文水县上贤村发现青铜器［J］. 文物，1984（6）.
［7］　山西省考研究所，山西省晋东南地区文化局. 山西省潞城县潞河战国墓［J］. 文物，1986（6）.
［8］　山西忻州地区文物管理处. 原平县刘庄塔岗梁东周墓［J］. 文物，1986（11）.
［9］　山西省文物工作委员会，洪洞县文化馆. 山西洪洞永凝堡西周墓葬［J］. 文物，1987（2）.
［10］　山西省考古研究所（邓林秀）. 山西芮城东周墓［J］. 文物，1987（12）.
［11］　赵慧民，李百勤，李春喜. 山西临猗县程村两座东周墓［J］. 考古，1991（11）.
［12］　王进先，杨晓宏. 山西武乡县上城村出土一批晚商青铜器［J］. 文物，1992（4）.
［13］　范文谦. 山西侯马下平望墓地出土的东周铜器［J］. 文物季刊，1993（1）.
［14］　雷云贵. 平朔十年考古发掘获重大成果［N］. 中国文物报，1993-12-19（1）.
［15］　山西省考古研究所. 万荣庙前东周墓葬发掘收获［J］. 三晋考古（第1辑），1994.
［16］　朱华. 闻喜上郭村古墓群试掘［J］. 三晋考古（第1辑），1994.
［17］　山西省考古研究所. 1976年闻喜上郭村周代墓葬清理记［J］. 三晋考古（第1辑），1994.
［18］　北京大学考古学系，山西省考古研究所. 天马—曲村遗址北赵晋侯墓地第二次发掘［J］. 文物，1994（1）.
［19］　山西省考古研究所，北京大学考古学系. 天马—曲村遗址北赵晋侯墓地第三次发掘［J］. 文物，1994（8）.
［20］　山西省考古研究所，北京大学考古学系. 天马—曲村遗址北赵晋侯墓地第四次发掘［J］. 文物，1994（8）.
［21］　北京大学考古学系，山西省考古研究所. 天马—曲村遗址北赵晋侯墓地第五次发掘［J］. 文物，1995（7）.
［22］　田雷. 忻州出土一批春秋文物［N］. 中国文物报，1995-12-10（1）.
［23］　范文谦，王金平. 侯马祁遗址发掘获重要成果［N］. 中国文物报，1999-4-21（1）.
［24］　程书林，郑喜梅. 长子发掘一座大型战国古墓［N］. 中国文物报，1999-7-25（1）.
［25］　吉琨璋，王金平，孙永和，孙丽萍. 山西曲沃望绛墓地去年发掘获新成果

[N]. 中国文物报，2000-1-6（1）.
[26] 北京大学考古文博学院，山西省考古研究所. 天马—曲村遗址北赵晋侯墓地第六次发掘[J]. 文物，2001（8）.
[27] 山西省考古研究所侯马工作站. 山西侯马市虒祁墓地的发掘[J]. 考古，2002（4）.
[28] 杨及耘，范文谦. 山西首次发掘夏县崔家河墓地[N]. 中国文物报，2005-3-4（1）.
[29] 宋建忠，吉琨璋，田建文. 山西绛县横水发掘大型西周墓葬[N]. 中国文物报，2005-12-7（1-2）.
[30] 山西省考古研究所、运城市文物工作站、绛县文化局. 山西绛县横水西周墓地[J]. 考古，2006（7）.
[31] 山西省考古研究所，运城市文物工作站、绛县文化局. 山西绛县横水西周墓地发掘简报[J]. 文物，2006（8）.

5. 陕西地区

[1] 李长庆. 陕西长安斗门镇发现周代文物[J]. 文物参考资料，1955（2）.
[2] 陕西省文管会. 陕西兴平、凤翔发现铜器[J]. 文物，1961（7）.
[3] 中国科学院考古研究所沣西工作组. 关于长安县张家坡铜器群出土情况的说明[J]. 考古学报，1962（1）.
[4] 段绍嘉. 扶风齐家村出土西周青铜器简介[J]. 扶风齐家村青铜器群，1963.
[5] 中国科学院考古研究所，沣西考古队. 陕西长安张家坡西周墓清理简报[J]. 考古，1965（9）.
[6] 史言. 扶风庄白大队出土的一批西周铜器[J]. 文物，1972（6）.
[7] 黑光，朱捷元. 陕西绥德焉头村发现一批窖藏商代铜器[J]. 文物，1975（2）.
[8] 陕西文管会秦墓发掘小组. 陕西户县宋村春秋秦墓发掘简报[J]. 文物，1975（10）.
[9] 庞怀清，吴镇烽，雒忠如，尚志儒. 陕西省岐山县董家村西周铜器窖穴发掘简报[J]. 文物，1976（5）.
[10] 罗西章，吴镇烽，雒忠如. 陕西扶风出土西周伯冬诸器[J]. 文物，1976（6）.
[11] 罗西章，吴镇烽，尚志儒. 陕西扶风县召李村一号周墓清理简报[J]. 文物，1976（6）.
[12] 临潼县文化馆. 陕西临潼发现武王征商簋[J]. 文物，1977（8）.
[13] 陕西周原考古队. 陕西扶风庄白一号西周青铜器窖藏发掘简报[J]. 文物，

1978（3）.
［14］ 陕西周原考古队. 陕西扶风县云塘、庄白二号西周铜器窖藏［J］. 文物，1978（11）.
［15］ 王光永. 宝鸡市渭滨区姜城堡东周墓葬［J］. 考古，1979（6）.
［16］ 戴应新. 陕西清涧、米脂、佳县出土古代铜器［J］. 考古，1980（1）.
［17］ 韩伟，曹明檀. 陕西凤翔高王寺战国铜器窖藏［J］. 文物，1981（1）.
［18］ 吴镇烽，尚志儒. 陕西凤翔高庄秦墓地发掘简报［J］. 考古与文物，1981（1）.
［19］ 秦都咸阳考古队. 咸阳市黄家沟战国墓发掘简报［J］. 考古与文物，1982（6）.
［20］ 秦都咸阳考古队. 咸阳市黄家沟战国墓发掘简报［J］. 考古与文物，1982（6）.
［21］ 宝鸡市博物馆. 宝鸡竹园沟西周墓地发掘简报［J］. 文物，1983（2）.
［22］ 珠葆. 长安沣西马王村出土“鄦男”铜鼎［J］. 考古与文物，1984（1）.
［23］ 陕西省文物管理委员会. 西周镐京附近部分墓葬发掘简报［J］. 文物，1986（1）.
［24］ 淳化县文化馆 姚生民. 陕西淳化县出土的商周青铜器［J］. 考古与文物，1986（5）.
［25］ 咸阳市博物馆. 咸阳任家嘴殉人秦墓清理简报［J］. 考古与文物，1986（6）.
［26］ 尹盛平，张天恩. 陕西陇县边家庄一号春秋秦墓［J］. 考古与文物，1986（6）.
［27］ 周原扶风文管所. 陕西扶风强家一号西周墓［J］. 文博，1987（4）.
［28］ 王寿芝. 陕西城固出土的商代青铜器［J］. 文博，1988（6）.
［29］ 陕西省考古研究所宝鸡工作站，宝鸡市考古工作队. 陕西陇县边家庄五号春秋墓发掘简报［J］. 文物，1988（11）.
［30］ 曹发展. 陕西户县南关春秋秦墓清理记［J］. 文博，1989（2）.
［31］ 卢建国，贾靖. 宝鸡市在打击盗掘、走私文物斗争中保护的部分青铜器和铁器［J］. 考古与文物，1990（4）.
［32］ 蔺德智. 陕西山阳过风楼出土战国铜器［J］. 考古与文物，1992（5）.
［33］ 施昌成，刘康利. 安康地区博物馆藏部分战国青铜器［J］. 文博，1992（5）.
［34］ 李亮亮. 子长县发现的青铜器［J］. 文博，1992（6）.
［35］ 姬乃军，陈明德. 陕西延长出土一批西周青铜器［J］. 考古与文物，1993（5）.
［36］ 罗红侠. 扶风黄堆老堡三座西周残墓清理简报［J］. 考古与文物，1994（3）.
［37］ 宝鸡市考古工作队，宝鸡县博物馆. 陕西宝鸡县南阳村春秋秦墓的清理［J］.

考古，2001（7）.
［38］ 陕西省考古研究所，宝鸡市考古工作队、眉县文化馆联合考古队. 陕西眉县杨家村西周青铜器，窖藏发掘简报［J］. 文物，2003（6）.
［39］ 田亚歧，王颢，景宏伟，刘阳阳，刘思哲. 陕西凤翔孙家南头周秦墓地以及其他考古取得重大收获［N］. 中国文物报，2004-9-8（1）.
［40］ 孙秉君，张伟，陈建凌. 程蕊萍. 陕西韩城梁带村遗址两周考古取得重大收获［N］. 中国文物报，2005-12-28（1-2）.
［41］ 陕西省考古研究所. 西北农林科大战国秦墓发掘简报［J］. 考古与文物，2006（5）.

6. 湖北地区

［1］ 京山发现曾国铜器［J］. 文物，1972（1）.
［2］ 湖北省博物馆. 湖北京山发现曾国铜器［J］. 文物，1972（2）.
［3］ 湖北省博物馆. 湖北枝江百里洲发现春秋铜器［J］. 文物，1972（3）.
［4］ 鄂兵. 湖北随县发现曾国铜器［J］. 文物，1973（5）.
［5］ 湖北省博物馆. 湖北枣阳县发现曾国墓葬［J］. 考古，1975（4）.
［6］ 鄂钢基建指挥部文物组、鄂城县博物馆. 湖北鄂城鄂钢五十三号墓发掘简报［J］. 考古，1978（4）.
［7］ 随县博物馆. 湖北随县城郊发现春秋墓葬和铜器［J］. 文物，1980（1）.
［8］ 湖北省荆州地区博物馆. 江陵天星观1号楚墓［J］. 考古学报，1982（1）.
［9］ 随州市博物馆. 湖北随县刘家崖发现古代铜器［J］. 考古，1982（2）.
［10］ 随州市博物馆. 湖北随县新发现古代青铜器［J］. 考古，1982（2）.
［11］ 随州市博物馆. 湖北随县安居出土青铜器［J］. 文物，1982（12）.
［12］ 荆州地区博物馆. 湖北江陵马山砖厂一号墓出土大批战国时期丝织品［J］. 文物，1982（10）.
［13］ 湖北省鄂城县博物馆. 鄂城楚墓［J］. 考古学报，1983（2）.
［14］ 随州市博物馆. 湖北随县发现商周青铜器［J］. 考古，1984（6）.
［15］ 湖北省博物馆，随州市博物馆. 湖北随州擂鼓墩二号墓发掘简报［J］. 文物，1985（1）.
［16］ 湖北省博物馆江陵工作站，麻城县革命博物馆. 麻城楚墓［J］. 江汉考古，1986（2）.
［17］ 王家德. 鄂西发现一批周代巴蜀青铜器［J］. 四川文物，1987（1）.
［18］ 黄州古墓发掘队. 黄冈罗汉山楚墓［J］. 江汉考古，1987（1）.
［19］ 襄樊市博物馆. 湖北谷城、枣阳出土周代青铜器［J］. 考古，1987（5）.
［20］ 湖北省博物馆. 襄阳山湾出土的东周青铜器［J］. 江汉考古，1988（1）.

[21]　江陵文物局. 江陵太湖港古遗址与墓葬调查清理简报 [J]. 江汉考古，1988（2）.

[22]　荆沙铁路考古队. 江陵秦家咀楚墓发掘简报 [J]. 江汉考古，1988（2）.

[23]　湖北省博物馆江陵工作站. 江陵马山十座楚墓 [J]. 江汉考古，1988（3）.

[24]　湖北省荆沙铁路考古队，包山墓地整理小组. 荆门市包山楚墓发掘简报 [J]. 文物，1988（5）.

[25]　江陵县文物局. 江陵官坪楚墓发掘简报 [J]. 江汉考古，1989（3）.

[26]　刘昌银. 荆州抢救清理一东周墓群 [N]. 中国文物报，1989-4-14（2）.

[27]　黎泽高，赵平. 枝城市博物馆藏青铜器 [J]. 考古，1989（9）.

[28]　安陆市博物馆. 安陆发现一批东周时期青铜器 [J]. 江汉考古，1990（2）.

[29]　广水市博物馆. 湖北省广水市彭家塆古墓清理简报 [J]. 江汉考古，1990（2）.

[30]　王晓宁. 湖北鄂西自治州博物馆藏青铜器 [J]. 文物，1990（3）.

[31]　湖北省文物考古研究所. 江陵雨台山楚墓发掘简报 [J]. 江汉考古，1990（3）.

[32]　荆门市博物馆. 荆门市子陵岗古墓发掘简报 [J]. 江汉考古，1990（4）.

[33]　刘卫东. 杨必新父子主动交献文物 [N]. 中国文物报，1991-3-17（1）.

[34]　赵冬菊. 鄂西首次发现一批青铜器 [J]. 江汉考古，1992（3）.

[35]　陈树祥. 宜黄公路工程考古发掘获重大成果 [N]. 中国文物报，1992-11-22（1）.

[36]　王奕庚、黄洪珍、龙福廷. 郴州发掘战国墓群 [N]. 中国文物报，1995-1-22（1）.

[37]　杨定爱，韩楚文. 湖北江陵县九店东周墓发掘纪要 [J]. 考古，1995（7）.

[38]　荆沙市文物处. 江陵车垱战国墓清理简报 [J]. 江汉考古，1996（1）.

[39]　李怡南，汪艳明. 应城市孙堰村发现一座两周之际墓葬 [J]. 江汉考古，1996（4）.

[40]　张昌平，王新成. 随州擂鼓墩墓群又有新发现 [N]. 中国文物报，1997-10-19（1）.

[41]　陈树祥，李桃元. 丹江水库消落区文物勘探发掘获重要成果 [N]. 中国文报，1998-6-28（1）.

[42]　湖北省文物考古研究所，荆州市博物馆，钟祥市博物馆. 湖北钟祥市冢十包楚墓的发掘 [J]. 考古，1999（2）.

[43]　湖北省文物考古研究所，襄樊市博物馆. 湖北襄樊郑家山战国秦汉墓 [J]. 考古学报，1999（3）.

[44]　湖北省文物考古研究所. 盘龙城：1963年～1994年考古发掘报告 [J]. 北京：

文物出版社，2001年.
[45] 刘国胜. 湖北枣阳九连墩楚墓获重大发现［J］. 江汉考古，2003（2）.
[46] 郧阳地区博物馆. 湖北郧阳肖家河出土春秋唐国铜器［J］. 江汉考古，2003（1）.
[47] 荆门市博物馆. 湖北荆门黄付庙楚墓发掘报告［J］. 江汉考古，2005（1）.
[48] 荆州博物馆. 湖北荆州市沙市区肖家山一号秦墓［J］. 考古，2005（9）.
[49] 湖北省文物考古研究所，随州市曾都区考古队，随州市博物馆. 湖北随州义地岗墓地曾国墓1994年发掘简报［J］. 文物，2008（2）.
[50] 湖北省文物考古研究所，随州市博物馆. 湖北随州叶家山M65发掘简报［J］. 江汉考古，2011（3）.

7. 湖南地区

[1] 湘乡县博物馆. 湘乡县五里桥、何家湾古墓葬发掘简报［J］. 湖南考古辑刊（第三辑），1986.
[2] 熊传薪. 汨罗县东周、秦、西汉、南朝墓发掘报告［J］. 湖南考古学辑刊（第三辑），1986.
[3] 常德地区文物工作队，桃源县文化局. 桃源三元村一号楚墓［J］. 湖南考古辑刊（第四辑），1987.
[4] 长沙市文物工作队. 长沙市荷花池1号战国木椁墓发掘报告［J］. 湖南考古辑刊（第五辑），1989.
[5] 邢敏建. 田发万等交献文物［N］. 中国文物报，1991-5-19.
[6] 长沙市文物工作队. 长沙市白泥塘5号战国墓发掘简报［J］. 文物，1995（12）.
[7] 龙朝彬，郑祖梅. 德山清理一批战国汉代墓葬［N］. 中国文物报，1998-3-22（1）.
[8] 长沙市文物考古研究所. 长沙市马益顺巷一号楚墓［J］. 考古，2003（4）.
[9] 长沙市文物考古研究所. 长沙市茅亭子楚墓的发掘［J］. 考古，2003（4）.

8. 四川地区

[1] 涪陵县文化馆. 四川省涪陵县白涛区小田溪发现春秋战国时期巴人墓葬［J］. 文物，1973（1）.
[2] 四川省博物馆. 成都百花潭中学十号墓发掘记［J］. 文物，1976（3）.
[3] 四川省博物馆. 成都西郊战国墓［J］. 考古，1983（7）.
[4] 四川省文物管理委员会，涪陵地区文化局，张才俊. 四川涪陵小田溪四座战国墓［J］. 考古，1985（1）.

[5] 成都市博物馆考古队. 成都京川饭店战国墓 [J] . 文物，1989 (2) .
[6] 成都市文物管理处. 成都三洞桥青羊小区战国墓 [J] . 文物，1989 (5) .
[7] 成都市博物馆. 成都出土一批战国铜器 [J] . 文物，1990 (11) .
[8] 成都市文物考古研究所. 成都十二桥遗址新一村发掘简报 [J] . 2002年成都考古发现，科学出版社，2004.
[9] 徐鹏章. 成都羊子山第172号墓发掘报告 [J] . 四川历史考古文集，四川大学出版社，2005.

9. 重庆地区

[1] 黄伟，李永宪，白彬. 三峡库区李家坝遗址发掘获重大成果 [N] . 中国文物报，1999-2-21 (1) .
[2] 袁东山，白九江. 奉节上关遗址发掘一批重要墓葬 [N] . 中国文物报，1999-7-18 (1) .
[3] 尹检顺. 三峡麦沱墓群两度发掘获丰收 [N] . 中国文物报，1999-8-25 (1) .
[4] 四川大学历史文化学院考古学系，重庆市文化局，云阳县文物管理所. 重庆云阳李家坝东周墓地1997年发掘报告 [J] . 考古学报，2002 (1) .
[5] 重庆市文化局，湖南省文物考古研究所，巫山县文物管理所. 巫山麦沱古墓群第二次发掘报告 [J] . 重庆库区考古报告集1998卷，科学出版社，2003.
[6] 四川大学历史文化学院考古系，云阳县文物管理所. 云阳李家坝巴人墓地发掘报告 [J] . 重庆库区考古报告集1998卷，科学出版社，2003.
[7] 重庆市文物考古所. 奉节上关遗址发掘简报 [J] . 重庆库区考古报告集1998卷，科学出版社，2003.
[8] 北京大学考古文博学院三峡考古队，重庆市忠县文物管理所. 忠县崖脚墓地发掘报告 [J] . 重庆库区考古报告集1998卷，科学出版社，2003.
[9] 重庆市文化局，湖南省文物考古研究所，巫山县文物管理所. 巫山麦沱古墓群第二次发掘报告 [J] . 考古学报，2005 (2) .
[10] 武汉市文物考古研究所，巫山县文物管理所. 重庆巫山水田湾东周、西汉墓发掘报告 [J] . 文物，2005 (9) .
[11] 盛定国，周创华. 重庆万州大坪发现东周巴文化墓群 [N] . 中国文物报，2005-2-25 (1) .

10. 甘肃地区

[1] 甘肃省博物馆文物队：灵台百草坡西周墓 [J] . 文物，1972 (12) .
[2] 甘肃省博物馆文物队：甘肃灵台百草坡西周墓 [J] . 考古学报，1977 (2) .
[3] 魏怀珩. 甘肃平凉朝庄的两座战国墓 [J] . 考古与文物，1982 (5) .

［4］ 甘肃省文物考古研究所，礼县博物馆. 礼县圆顶山春秋秦墓［J］. 文物，2002（2）.
［5］ 祝中熹，陇右. 大堡子山秦陵出土器物信息梳理［J］. 文博，2004（1）.
［6］ 甘肃省文物考古研究所，礼县博物馆. 甘肃礼县圆顶山98LDM2、2000LDM4春秋秦墓［J］. 文物，2005（2）.

11. 辽宁地区

热河省博物馆筹备组. 热河凌源县海岛营子村发现的古代青铜器［J］. 文物参考资料，1955（8）.

12. 江苏地区

［1］ 苏州博物馆考古组. 苏州虎立东周墓［J］. 文物，1981（11）.
［2］ 姚迁，纪仲庆. 一次重大的考古发现——记江苏省盱眙县新出土的一批珍贵文物［J］. 江海学刊，1982（3）.
［3］ 镇江市博物馆. 江苏武进孟河战国墓［J］. 考古，1984（2）.
［4］ 镇江博物馆，丹徒县文管会. 江苏丹徒大港母子墩西周铜器墓发掘简报［J］. 文物，1984（5）.
［5］ 谢晓鸣，丁卫平. 盱眙村干部策划盗墓被捕［J］. 中国文物报，1998-8-9（1）.
［6］ 孔令远，陈永清. 江苏邳州市九女墩三号墩的发掘［J］. 考古，2002（5）.

13. 安徽地区

［1］ 孙百朋. 介绍蚌埠市出土的几件有文字铜器［J］. 文物参考资料，1957（7）.
［2］ 胡文. 安徽屯溪弈棋又出土大批西周珍贵文物［J］. 文物，1965（6）.
［3］ 安徽省文物考古研究所，舒城县文物管理所. 安徽舒城县河口春秋墓［J］. 文物，1990（6）.
［4］ 徐孝忠. 安徽省淮南市唐山乡出土一批楚文物［J］. 江汉考古，1996（1）.
［5］ 汤雷、孙晋. 舒城出土战国青铜器［N］. 中国文物报，1996-3-24（1）.
［6］ 安徽省文物考古研究所，潜山县文物管理所. 安徽潜山公山岗战国墓发掘报告［J］. 考古学报，2002（1）.
［7］ 刘海超，杨玉彬. 安徽涡阳稽山汉代崖墓［J］. 文物，2003（9）.
［8］ 巢湖市文物管理所. 巢湖市战国墓清理简报［J］. 文物研究，第十四辑，黄山书社，2005.
［9］ 安徽省文物考古研究所，潜山县文物管理所. 安徽潜山彭岭战国西汉墓［J］. 考古学报，2006（2）.

14. 江西地区

[1] 江西省文物考古研究所、江西省新干县博物馆. 江西新干大洋洲商墓发掘简报［J］. 文物，1991（10）.

[2] 杨帆. 滇青铜文化墓葬考古又有新发现［N］. 中国文物报，1999-4-14（1）.

15. 云南地区

[1] 云南省博物馆文物工作队. 呈贡小松山竖穴土坑墓的清理［J］. 云南文物，1984（6）.

[2] 腾冲县文物管理所 李正. 云南腾冲出土春秋战国时期青铜器［J］. 文物，1995（7）.

七、索　引　类

[1] 孙稚雏. 金文著录简目［M］. 北京：中华书局，1981.

[2] 孙稚雏. 青铜器论文索引［M］. 北京：中华书局，1986.

[3] 张亚初. 殷周金文集成引得［M］. 北京：中华书局，2001.

[4] 张懋镕，张仲立. 青铜器论文索引［M］.（1983年至2001年）. 香港：香港明石馆，2005.

[5] 张懋镕. 青铜器论文索引［M］.（2002年至2006年）北京：线装书局，2008.

八、外文资料

[1] Exhibition of Chinese Art. C. T. Loo and Company，New York： 1941.

[2] Waterbury F. Early Chinese Symbols and Literature，Vestiges and Speculations. E. Weyhe，New York： 1942.

[3] Kelley C F， Ch’en MengChia. Chinese Bronzes from the Buckingham Collection. The Art Institute of Chicago，1946.

[4] Karlgren B. A Catalogue of the Chinese Bronzes in the Alfred F. Pillsbury Collection.University of Minnesota Press：1950.

[5] JESSICA RAWSON.WESTERN ZHOU RITUAL BRONZES FROM THE ARTHUR M.SacklerCollections.The Arthur M.Sackler Foundation，Washington，D.C.1990.

后　记

时荏苒，光飞逝。自始投身学术今已足八个冬夏。2008年大学渐入尾末，就读于西安文理学院历史系历史学专业的我，在求学之路上与张懋镕先生相识。时至今日，还清晰地记得那日清晨张先生古文字的课堂。

冬降至，寒意侵。先生身着棕色装，米色裤，挎黑色布包，周身素装显得格外精神。课堂之上先生治学热忱，严谨幽默，平易近人。这堂课不仅点醒了我，更为我开启了为之努力的人生方向。自幼受到家庭环境的熏陶，我喜好古文字，热衷篆刻、书法。年少时多有习练，而后忙于中高考，无奈搁置。2009年步入陕西师范大学历史文化学院进行硕士阶段的学习，投身于张懋镕先生门下。自此，开始跟随张先生研习古文字与青铜器。一次，在闲聊时先生得知我有篆刻的喜好，甚是欣喜，不久后亲书“志存高远”四字相赠与我，给予一种鼓励，一份希望。正是在张先生不断的关怀与鼓舞之下，使我在学术之路上有着充足的动力，走得更高更远。从事学术研究之路，使我在心理上愈发成熟，知识的厚度不断增加，令我在人生中更具有责任和担当。每当看到悬于床头之上先生的亲笔，即是我日日前行的源动力。

爱别离，求不得。张先生为我开启了学术研究之路，经过硕士阶段不断的学习和成长，2012年秋，我进入西北大学文化遗产学院，攻读博士学位。在此之前，本书的底稿经过一年多的努力终得以落成，即我的硕士学位论文《商周青铜壶研究》。在我毕业论文写作的过程中，张先生倾注了大量心血，从课题的选择到开题报告，从写作提纲到每稿中的具体问题，先生总是耐心讲述，细致严格。张先生如此费心操劳，也使得我进步飞速。然而，硕士阶段的告别离去，那种依依惜别不舍之情，竟无以言表。

鸡鸣起，星月夜。博士学习阶段，对于学术的理解更为深刻，逐渐有了独立思考和研究的能力。一次，张先生问我是否乐意在硕士论文的基础上，修订并作为专著出版。承蒙先生对我的信任和能力的认可，自是欣喜不已。在博士学习的3年期间，对本书资料进行了重新梳理，内容不断完善和修正。壶的数量由原先的721件，增加至1174件，并提出了大量新的观点和认识。在此期间，张先生学术精神令我钦佩，所提出书中每处细节上的失误，都令我既感动又兴叹。感动源于先生为我所投注的心力和所设立的学术标尺，兴叹只因先生对待学术的严谨态度和面对问题时坚定的严肃情怀。

本书的竣稿已经历了6年的时间，2015年夏我已进入北京大学博士后流动站，于考古文博学院继续我的学术研究之路。而这部《商周青铜壶整理与研究》即是由张先生带领我，经过多年的来努力，加之无法割舍的情感所铸就而成。张懋镕先生不仅给予我知识，更传授给我人生的智慧和哲学，也见证了我的成长，造就了我的未来。

2016年4月26日 于赴京列车